U0722667

杨适文集

③

杨适　著

人民出版社

目 录

伊壁鸠鲁

爱比克泰德

伊壁鸠鲁

自序

坦率地说，我对伊壁鸠鲁有一点偏爱。

伊壁鸠鲁的名字，对于学习和研究过西方哲学史的人来说不算生疏。在以前我国大陆的哲学界尤其如此，因为他被认为是一位重要的唯物论者，同柏拉图唯心论路线相对立的德谟克里特原子论路线的坚持者，一位著名的无神论者，特别是由于马克思写了那篇关于他的博士论文。不过实在说，真正研究他的人很少，几十年来专门讨论他的文章或著作几乎等于零。我自己在很长时间里也是如此，每次给学生讲哲学史课程时都不过形式上强调一下他的重要性，实际内容点一下就算是交代过去了。这原因，大概是觉得他的思想离我们的生活太远吧。

只是在经过了许多磨难之后，在更多地熟悉和研究了西方哲学之后，又对中国文化和西方文化的长处短处以及它的特点实质作过相当长时间的比较思考之后，看问题有了一些新的角度，我才逐渐感到伊壁鸠鲁有某些特别的优点和价值，引起了我的兴趣。

我发现，他的思想和哲学其实比较贴近人生和个人，亲切易行而坦诚。他的思想虽然出现在古代，而且后来有相当长时间受到贬低排斥，但实际上是融化保持在西方人的生活方式里面，成为一个基因而传承下来。这是因为他的那种思想学说原是希腊人留给后世的一笔带有基础性的宝贵遗产。在现代西方人的生活中，的确到处泛滥着无止境的享乐主义；不过对许多正直善良的普通人来说，无论他们是否知道或研究过伊壁鸠鲁，从他们的实际生活中我们仍然随时可见他的那些教导的因素在起着影响和作用，甚至同他们的基督教信仰共生并存。这是很有意思的。另外，在我看来，他的思想学说对于我们中国人和中国文化，也大有参考和学习的价值。这就是我为什么愿意写他的一个原因。

在中西诸哲中，我对有些人深为崇敬，觉得他们胸怀博大或体系精深，能激发人的高尚理想，能教导人作深入的思考。如孔孟和宋明大儒，还有柏拉图、亚里士多德、康德、黑格尔等人。苏格拉底、卢梭、马克思也是这样，或者说更是这样。他们注重世界和人类整体性的大问题，关怀人类群体如家国、城邦和人类的命运和前途，关怀受苦难的人和受剥削压迫的阶级与民族的解放，关怀社会历史和全人类的未来。他们当然是我们学习的重点。我自己生活在一个中国人面临国家民族危亡和奋力复兴的时代，从青少年起在五四运动的影响下，经历过抗日战争、解放战争和祖国建设的伟大斗争和其中的各种艰苦困难，有那么一种激情，在转化为哲学思考时首先集中关注于上述那些大哲的思想，是十分自然的。另外，西方哲学中的那些注重逻辑分析的哲学，虽然对人提高思想的清晰性极有益处，我也略略学习过一点，并且认为它对于在这方面相当欠缺的中国哲学是一大针砭，却也一直提不起太大的兴趣。觉得学一点是必要的，可也不必那样全力以赴，哲学应当关心的实质和中心终究不在这里，而在人和他的命运。

我应该承认，在有了几十年的生活经历之后，思想和心情都有了不少微妙的变迁。伟大的中国革命和伟大的思想与哲学已经大大改变了中国的面貌，中国独立了，也比较强大了，现在又开始富裕起来了。当然问题还很多，还要努力建设我们的国家和社会，所以伟大的思想和哲学仍然要学要发展。但是只注重总体性或群体社会的大事而不注重个体的问题,终究是一个很大的缺陷。因为个体性与整体性并非总是对立的,也是深刻统一的,无总体性固然无真实的个体性,反之,无个体性也就无真正的整体性。那种抹杀个体独立自主和发展的社会整体,很难真正具有活力而反倒容易畸变,并且容易萎靡不振地走向衰落。这是历史已经一再证明了的真理。另外我们还必须承认,这个问题其实并不仅是个在中国今天才有,或者只存在于社会和政治生活方面的问题;在我国历史中长期存在和发展过来的文化里,就有不尊重甚至抹杀人的个体性的传统,只不过到如今这个时代它显得更加突出而已。遗憾的是,在我们这里直到如今对此还没有深加注意和认真作哲学的研究。

有感于此,近年来我试着进行过一些在中西文化比较基础上的对于中国文化传统的探讨。现在把自己的看法略作说明,也许对说明问题的根源,以及说明我为什么关注伊壁鸠鲁,愿意把他介绍给我们中国人,会有些益处。

中国文化传统历来以人伦之道为中心和基础。人伦文化基本上是人文主义的,而人伦之道按其本义说是注重人与人的天然亲密联系的,如亲子、兄弟、夫妇间的血缘和婚姻关系,这些关系是人自身的生产关系,它们在世代中综合形成家庭家族关系,许多家族又在更大范围中结成社会的经济、政治、文化的社会联系,在初民中形成部落联盟,后来形成国家,于是在家族群体之外有朋友关系,之上有政治性的结合并发展出“君臣”关系。所以人伦是一种个人和个人之间的关系。但是它不是抽象的人和抽象的关系,原是极具体的。例如讲人伦时,每个人都有一个特定的地位,他或是父或是母或是子或是女,或是夫或是妻,或是兄或是弟,或是长者或是幼者,或是君或是臣,没有一个是从全然抽象的角度去看的人;

他的对方总是正好同自己相对着的另一个具体的个人，他同对方结成的关系因而也总是具体的关系（人伦关系中的一种）。所以我们不能认为中国人和中国文化传统根本不讲个人，不重视个体，相反，在这个意义上是很重视个体的。问题只在于每一个中国人总生活在数不清的这些人伦关系之中，每一个这样的人伦联系就像一根或粗或细的丝线，总合起来就是一张网，他就生活在这张网中。这张网和其中的每一条丝线，是这个人的生命线，他的自然生命从这里来又回到那里去，他的经济的、政治的、思想的、社会的生命也是从这里获得，并且在这里展开，取得意义。这样人伦之网所形成的群体，包括家族、乡党、各种社会集体、国家，就成为对个人有决定意义的存在。个人就融合、浸没在其中，或者说，只有在个人对人伦之道是否符合，对在人伦之道基础上的中国历史文化有功或有过的意义上，才有自己的价值和意义，才有可能成为杰出的或著名的个人。所以，中国人不是不承认个人，只是不承认有脱离人伦关系和人伦群体的个人。这是中国文化的长处，其中有深刻的根源和道理。中华民族源远流长的存在和发展，同这个结构有最深刻的关系。但是不能不承认，这种人伦文化也有它的不足和问题。即使是最好的人伦结构，也有对个人的某种束缚。因为人不仅是个在人伦之网中的存在。每个人到这世界上来还有他自己的独特性。其中有些独特性能够在人伦之网中发挥，有些则不能。还有，因为每个人所处的人伦关系都是很具体的，有的比较正常，有的却非常扭曲，他所面对的各种同他发生人伦关系的人也都是具体的，有的能促成他的成长，有的则力求限制、压抑、扭曲他的正当意愿和行动；一个人事事都要考虑、照顾到这些别人对他的人伦要求，他作为个人的独特性首创性必定不免要受到极大的束缚，不能获得独立生动的发展。何况，在历史上人伦形态是变迁的，几千年来的宗法制度使人伦关系变形歪曲，因而大多数的下层人民，和几乎所有的个人，不能不经常处于个性更加受限制受压抑的状态。

中国的人伦结构自从进入三代以后，就演变成宗法性的，是宗法人伦。孔孟儒家虽然是讲人伦之道最突出的派别，但是他们强调君臣父子的支配服从关系（礼教），所以尽管重视礼同仁的结合一致，即把宗法等级制度同人伦亲爱之道融合为一，也只能说是在提倡一种宗法人伦。那绝不是“大道之行也，天下为公”的人伦，或本来意义上的天然的人伦。宗法人伦虽然讲仁爱的人伦之道，还是掩盖不了它对人的压迫性质（这一点到秦汉以降明确提出君为臣纲、父为子纲、夫为妻纲之后，就更鲜明突出了）。因此有墨家和农家这些代表下层民众要求的反对派出来，提出人和人应当互利和兼爱的另一种人伦观（它后来在民间和农民中演化为“均平”主张）。另外，宗法人伦的社会结构和礼教规范对于具有独立品格的士人，也常常是一种难以忍受的枷锁，因此有老庄道家这种反对派出来，要求返回天道自然人伦，庄子出于对宗法人伦的敌视，甚至主张对一般人伦也弃于不顾，要求个人的绝对自由——在实际上无法冲破宗法人伦网络的情况下，至少要肯定和追求个人心灵和人格方面的独立自由（法家是强化宗法人伦结构中的宗法性方面的学派，同儒家有差别，终究在维护宗法人伦制度上又相通，在此不必多说）。

我们不必在这里列举中国传统社会历史上那些数不清的罪恶和对个人的压抑的事实。仅就上述三派思想的对立而言，就足以证明中国的人伦结构和明伦文化确实有阻碍个人独立自由的弊病。中国传统文化中唯一强调个人自由的只是道家，特别是庄子的哲学。但是它从来没有在实际上改变中国文化的主流。

中国人中间出现个人个性独立解放的要求和自觉，始于近代，始于西方文化的传入。（学者认为明末以来中国资本主义萌芽时期已经产生了这种因素,实际上也仅是某些萌芽的因素而已,其影响和作用是不能同近代特别是五四运动相比的。)这一点我们不能不归功于西方。尽管西方重个人的文化有其严重的弊病,我们绝不赞成全盘接受。

同中国不同,西方人从古希腊起,就逐步突破了他们源于远古的氏族制家族制度,因而也就逐步改变了他们的人伦关系和社会结构。商品市场的经济渗透进原来的结构使这些关系解体,建立起个人(及个体家庭)对个人的一种与以往人伦关系全然不同的联系。这是一种通过物(商品、货币)的价值交换来形成的人际关系,借助物,一物的主人同另一个物的主人形成对立的联系。每个人都为自己,以对方作手段,彼此进行着不讲情感只问利益的计较。另一方面,每个人又必须承认对方作为其商品主人的主权,承认对方在交换中自愿的意志,承认平等的自愿的交换法则。这些都是违反人伦关系性质的。同这种社会经济交往方式相应,希腊人也改变了自己原来城邦中氏族贵族制度,建立起公民间民主自由的政治制度——城邦民主制度。不必说,上述这些变化当然是与希腊人的思想变化同时和相互作用的进程。在这种历史过程中,希腊人逐步摆脱了氏族和家族的人伦结构制度,演变成一种新型的人——即所谓"自由人"。(以上我们只谈到希腊历史的内在演变。因为我们在这里不能详细说明这些内在的变化和希腊人的地理和外部世界环境的关系,这些环境和希腊人同其他民族以及希腊人内部的对立,造成他们特有的众多分立的城邦,这些城邦具有各自的特点、独立性和自由,造成同希腊人的自由不可分的对于异族的对抗和奴役他们的奴隶制。)

希腊的自由公民和自由城邦是一种新型的人和他们的新社会结构,它使人的个性和首创性得到了巨大发挥。所以希腊的古典时代虽然不过短短两百来年,却创造出了极其生动和具有永恒魅力的文化艺术和思想学术,以及影响西方和人类历史至为深远的哲学。

但是人间的一切和人性纵然有抽象永恒的、美好的东西,它们又只能实现于历史的具体境况之中,这些具体的人性和种种事物在具有永恒和美好方面的同时也有其并不永恒美好的方面。在进入文明时出现的希腊人的自由,同中国人东方人进入文明中人伦演变成宗法性的东西类似,有它的两重性。这种自由,因为是同在商品交换中形成的个人之间的对立不可分的,也同希腊人与异族的对立和战争,同希腊内部各城邦之间以及每个城邦内部的各个阶层、个人之间的对立、斗争和战争,同奴隶制不可分。他们的自由既在这些关系中形成,就很自然地包含着极其复杂的矛盾性质和内在毁灭的种子。对立的斗争和战争几乎伴随着希腊人的全部生活和历史,终于导致希腊城邦的灭亡。

可见这种自由是一种偏重人与人之间的分离和对立的文明,其特点正好和注重人与人的联结和和谐的人伦文化形成对照。在古代社会和国家中,重人伦文化的比较稳定连续,而希腊历史则脆弱而易于断裂；但是,在古代民族中有哪个能比希腊人拥有那么多的自由自主性格和能力呢? 人类不能没有人伦和群体的团结,也不能没有人与人之间适当的分离、自由和个体的自主性格。后者是希腊人留给西方的遗产,也是留给整个人类的一份珍贵的文化遗产。事实上,我们中国人在以前的历史上还一直没有获得充分发展这一方面性格和能力的机会。

在马其顿入侵和建立其大帝国的进程中,希腊人丧失了维护其独立自由的城邦制度,先成为马其顿专制下的附庸,后来成了罗马帝国的行省。由于失去了城邦自由,他们的个人自由也就跟着丧失了相当大的部分。失去了政治自由参与权的希腊人,只是在经济上和思想文化上还保持着部分的个人自由,在希腊化帝国和罗马帝国的巨大范围内,在专制的政治制度的某种保护下,这些个人自由甚至还得到了空前的扩大和传播。但是这种个人自由是残缺的、畸形的,在专制的政治暴力和社会动荡中没有保障,人们的生活和命运乃至他们的人身和生命,犹如风浪中大海上的一叶小舟,随时面临着覆灭的危险。正是在这种情况下,伊壁鸠鲁继承了总结性地表现希腊人自由观的原子论哲学,加以新的改造论证,使之适应新的时代,适应人们在新形势下的精神需要。是的,单靠思想和哲学并不能使人获得实际社会的自由,但是,伊壁鸠鲁告诉人们,即使实际社会不能保障自由,人仍然可能在自己能力的范围内,在自己所生活的境况中,实际地保持个人的一定的自由,从而保持住自己作为一个人的本质和尊严(同庄子仅仅讲个人的精神自由不同,伊壁鸠鲁强调个人的精神自由是同实际地保持个人的生活自由一致的)。这条路并不遥远,就在自己的身上和心中。伊壁鸠鲁的思想和哲学为把希腊人的自由文化保存在往后历史中作出了最为宝贵的贡献。

伊壁鸠鲁只能强调人、个人在心灵上的自由自主与和平宁静,似乎比较消极。然而这也有一大优点,就是它不再像以前的希腊人及其哲学家的观念那样骄傲,那样强调同他人的对立,而是强调独立的个人与他人的友爱与和谐。所以他的哲学也是对希腊传统自由观的一种带根本性质的修正。就此而言,我认为他的思想比西方许多富有侵略性的个人自由观念更好些,更值得我们中国人尊重吸取。

“五四”以来,我国知识界大力吸取了西方的个人自由观念,对于改造中国传统文化有极大的好处。但是我们以前对西方自由文化还缺少真切的了解和分析,在遇到它的负面时不免又迷惘了,似乎觉得不能要它,还是国粹最好。另外,在国家民族的危亡和革命的时期,整体性问题最突出,个人自由好像只是一种奢侈品。所以即使对西方文化十分熟悉尊重的孙中山先生,也认为不应多讲个人自由,否则就没有党国的自由。毛泽东在领导革命和建设中更突出地"反对自由主义"、"反对个人主义"。他在把马克思主义同中国文化结合时,实际上更多地结合的乃是中国农民和下层人民中的那种均平兼爱形态的人伦传统。他和孙先生一样都很向往"天下为公"和"大同"的人伦理想。这在组织和发动大批群众投入革命和战争事业上无疑有其威力,在大规模建设的某个阶段也有一定作用,但是,真正要进行和平的经济文化和社会的建设,没有人民的个人自主性的高度发挥也是绝对成功的,现代化比过去任何时候更加需要加强社会整体和集体的团结和谐,同时也比过去任何时候都更加需要发展个体的自主性;否则怎么能够有一种健全的基础,使社会的各个成员有保证地充分发挥出他们创造活力和潜力,积极参与社会建设,从而保证经济的高速增长,政治的不断进步和清明,社会各种关系的不断改进,精神文化上的蓬勃繁荣、健康提升呢?

这自然不是说要排斥我们自家的文化传统。相反,我们主张的是都要有分析和选择地去继承、改造和发扬。所谓分析选择,不是说中国和西方文化都可以分为好的方面和坏的方面,而我们应当选取前者抛弃后者这类简单的办法,那是浮面的看法,不可能真正奏效。因为一种文化原是一个有机体,优缺点是这同一个东西的两面,是从一个根源中发生发展出来的,所以只有从根本上、总体上和相互联结上予以澄清,才有可能找出正当可行的批判吸取的途径。我们在研究伊壁鸠鲁的时候,同研究其他任何一种中国的和西方的思想文化一样,需要有更深入一些的做法,那就是历史的、科学的分析方法。

由于有了上述想法，所以在我访美期间同傅伟勋教授见面并成为好友，他对我谈到他和韦政通先生主编了“世界哲学家丛书”，要我也为此丛书写一两本时，我就欣然同意了，而我首先想到的就是伊壁鸠鲁。我衷心感谢伟勋兄和韦先生给我这样一个机会，促成我把一些想法整理出来成书。

本书写作中得到了王太庆教授的大力帮助。王先生是我国著名的西方哲学研究家、翻译家，他为了忠实地和尽善尽美地把西方哲学介绍给中国学者，已经辛勤工作了半个世纪之久，我们的大学生和研究生至今所用的西方哲学原著的基本资料差不多都经过了他的手，或者是他自己译，或者是由他校译和编辑出版，现在七十多岁高龄仍在翻译柏拉图全集。他是我的老师，后来又同事多年，他的严谨学风和对朋友的诚挚，使我们结下了持久深厚的友谊。他总是那么关心我的研究，所以我在写作或翻译中时时请他当参谋，交换看法，听取他的指正意见，这不仅使我受益甚多，也给我许多温暖和促进。这一次也同样如此。在许多工作堆积在案的忙碌中，他仍然挤出时间看了全部书稿，提出了不少重要的意见，帮助此书得到改进。对此我不能不表示深深的谢意。

我的妻子芮金兰女士几十年来在各种风雨和磨难中一直和我同甘苦，支持我的工作。她不仅在物质生活和精神上给我尽力支持，就是在学术研究中也时常以她对生活的深深体验给我以启发，本书的写作同样如此。对于她的默默奉献，我总是怀有一种难以表述的尊重和感激之情。

最后，东大图书公司的诸位先生为出版此书付出了许多辛劳，在此也一并表示我诚恳的谢意。

杨适　谨识

1995年8月14日于北京大学承泽园

第一章　生平和时代

……那么，他就是一个神，——
听我说，一个神，崇高的明米佑。
因为是他首先发现那个生命的原则，
它现在被称为智慧；借他的技巧
他把生命从那样汹涌的波涛中，
从那样巨大的黑暗中，驾驶到
如此清朗而风平浪静的港口里来停泊。
试拿古代他人那些神圣的发现来比较：
传说丝里丝为人类创立谷物的种植，
而巴库斯则教人用葡萄浆来制酒，
但没有这些东西人们仍然能够活着，
据说现在有些民族就是这样过生活。
但如果没有一个清净的心胸，
人的幸福生活就将不可能。
因此那个人就更应该算是一个神，
这个人所给予的生命的甜蜜的慰藉，
被远远地传播于各个盛大的民族国家
现在还带给人的心灵以抚慰。

——卢克莱修《物性论》第五卷序诗①

---

① 卢克莱修：《物性论·卷五》序诗，方书春译，商务印书馆1962年版，第262—263页。

一、一个比喻中的形象

对于伊壁鸠鲁的弟子和许多接受过他的教导的普通人来说，伊壁鸠鲁给他们带来了使生活幸福的福音，伊壁鸠鲁就是他们的神。卢克莱修的这一描述，深深地表现了一个巨大时代的人的需要。

这种时代需要，在一个一再重复的形象主题中得到了深刻的体现。这个形象就是：在大风大浪的海洋中一只小船，船上的人们正在恐惧万分，但是却有一个人十分安详，并且指示人何以平安得救……

人们最熟悉的是耶稣基督在加利利平息风浪的故事。那故事说：

> 耶稣上了船，门徒跟着他。海里忽然起了暴风，甚至船被浪掩盖，耶稣却睡着了。门徒来叫醒了他，说："主啊，救我们！我们丧命啦！"
>
> 耶稣说："你们这小信的人哪，为什么胆怯呢？"于是起来，斥责风和海，风和海就大大的平静了。
>
> 众人稀奇说："这是怎样的人？连风和海也听从他了！"①

《新约圣经·马太福音》第十四章里还说，耶稣在起风浪的加利利海面上行走，并且叫彼得过去。"彼得就从船上下去，在水面上走，要到耶稣那里去，只因见风甚大，就害怕，将要沉下去，便喊着说：'主啊，救我！'耶稣赶紧伸手拉住他，说：'你这小信的人

---

① 《新约圣经·马太福音》8:23—27。另见《新约圣经·马可福音》4:36—41；《新约圣经·路加福音》8:22—25。

哪，为什么疑惑呢？’他们上了船，风就住了。在船上的人都拜他，说：‘你真是神的儿子了。’”

但是在福音书故事传播之前三四百年，在希腊化时代刚开始的时候，关于皮罗也有一个他如何在风浪中保持平静的逸事。《第欧根尼·拉尔修》记载了波塞多纽讲的这则故事说，当海上起了风暴，船上的众人都惊慌失措时，皮罗保持着平静和信念，他指着船上的一口还在吃食的小猪对大家说，这就是有智慧的人应当保持的无纷扰的状态。[①]

同上述两个故事类似，伊壁鸠鲁的门徒们对他们的老师和学说也作了这样的比喻。我们上面已经引录了卢克莱修的那段话，就把他形容为一个将生命从汹涌波涛中引到清朗而风平浪静的港口的智慧的人，是一个神。还有一段也很有趣，它特别显示出伊壁鸠鲁派的特殊旨趣：

> 当狂风在大海里卷起波浪的时候，
> 自己却从陆地上看别人在远处拼命挣扎，
> 这该是如何的一件乐事；
> 并非因为我们乐于看见别人遭受苦难，
> 引以为幸的是因为我们看见
> 我们自己免于受到如何的灾害。
> 这同样也是一件乐事，去瞭望
> 远处平原上两军布成阵势大战方酣，
> 而我们自己却不是危险的分受者；
> 但再没有什么更胜于守住宁静的高原，
> 自身为圣贤的教训所武装，

① *Diogenes Laertiius*（《第欧根尼·拉尔修》，以下简称D.L.），第9卷第68页（以下用9.68的方式表示）。

从那里你能瞭望下面别的人们，
看他们四处漂泊，全部迷途，
当他们各自寻求着生的道路的时候；
他们彼此较量天才，争取名位，
夜以继日地用最大的卖命苦干，
企图攫取高高的权位和对世事的支配。
啊！可怜虫的精神！冥顽不灵的心！
在惶惶不可终日中，在黑暗的生活中
人们度过了他们极其短促的岁月。
竟然看不见自然为她自己
并不要求任何别的东西，
除了使痛苦勿近，叫它离开肉体，
除了要精神享受愉快的感觉，无忧无虑。
因此我们看见我们有形的生命
所需要的东西根本很少，
只是那些能把痛苦去掉，
又能撒下一些欢乐的东西。
更愉快的无过于有的时候……
还能去和朋友在柔软的草地上逍遥
在流水边，在大树的绿荫底下
开怀行乐养息身体而所费不多，
……
既然财富名位或君主的光荣
都无所裨益于我们的身体，
所以应该认为它们也同样无益于精神。①

三个故事，各有其深意在，依据也各不相同。粗略说来，伊壁鸠鲁作为一个哲学家当然没有耶稣基督那样作为上帝之子有着能命

① 卢克莱修：《物性论·卷二》序诗，方书春译，商务印书馆1962年版，第61—63页。

令风和海平静下来的神力，他甚至也缺乏基督和甚至某些哲学家也有的那种消除各种罪恶和实行普世拯救的气魄。他只是说人可以躲开世人的名利争夺，寻求自己作为个人的在正义范围内的幸福和快乐的生活，达到内心的宁静。

可是就此而论，他又还是比皮罗要积极得多。皮罗实际上并不相信人能对实际状况有任何作用，包括对个人自己的命运也如此，认为解脱之道只能是在随波逐流的混世中求得每个人自己心灵的无动于衷；伊壁鸠鲁则认为，尽管对于世上的风波人无能为力，但是每一个人对于自己的生活和生命如何得到快乐和避免痛苦，还是有着由自己来进行选择和作出决定的方法和力量。

在他看来，这个世界或时代，是一片到处都在争权夺利的战场，是狂风暴雨中的海洋。伊壁鸠鲁要设法在这个世界里为每个人自己把握住自己的命运提供一种指导。这也许是“个人主义”，但这种个人主义并不损害社会和他人，相反，它不仅与社会的正义和对他人的友爱并容，而且这种独立自主的个人正好从一个方面为社会的正义和友爱创造了必要条件。

但是，让我们还是先问：为什么上面的几个伟大思想家都用了类似背景的比喻？人类社会自从走出了伊甸园以来，几乎总在风浪中曲折地走着。原来希腊世界不也是总有战争、冲突、风暴吗？可是我们读那个时代的哲学家作品，却很少见到用这类比方来形容他们的世界和他们自己的处境。就连处在伯罗奔尼撒战争的严重灾难中，深刻思考了生活的伟大苏格拉底，也没用这类比拟。现在却一再出现了这种比喻。

皮罗和伊壁鸠鲁已经生活在另一个时代了，这就是所谓希腊化时代。我们必须明白，“希腊化”和“古典希腊”可不是同一个概念。苏格拉底是希腊时代的人，而皮罗、伊壁鸠鲁和耶稣基督是希腊化—罗马时代的人,他们的哲学和基督教是在希腊化和罗马的世界里提出来的和得到发展传播的。

所以我觉得,"在风暴海洋中的一叶扁舟"这个形象,很值得我们玩味。它既凸显了时代的某种基本特征,又写出了生活于这时代里人心中的真正感受。它也告诉我们这时代、这世界需要怎样的哲学和宗教。

要认识伊壁鸠鲁,不能不首先知道这个时代的变迁。

二、时代的大转折 —— 从城邦希腊到希腊化世界

伊壁鸠鲁(Epicurus,公元前342—前270年)是一个地道的希腊人,而且是雅典公民。但是他生活在西方古代史的一个最大的历史转折时期,这时雅典和整个希腊的光辉时代已经过去,因为马其顿的腓力大王和他的儿子亚历山大大帝这时已经征服了全希腊;换言之,古代的城邦社会结构已成为过去,代之而起的是一个巨大的帝国,一个统一的世界。

"希腊化"世界和罗马世界的文化,并不是城邦希腊世界文化的直接继续。它们之间有非常不同的特点。

公元前338年,希腊反马其顿各邦与马其顿王腓力的军队决战于喀罗尼亚,以失败告终。雅典又一次订了城下之盟,成为马其顿的盟邦之一。腓力严厉镇压底比斯,宽待雅典,分化希腊各邦和雅典内部,打击其中的反马其顿派。次年(公元前337年),希腊各邦

在科林斯会议上，实际承认了对马其顿的屈服。据传世碑文[①]，各邦都宣誓与腓力订立和约，不得攻击他邦，不得侵占他邦城堡、港口，不得侵犯他邦现行宪法，并应听从同盟议会和首领的决定，与违约者作战。按和约内容，各邦不但对腓力，而且对他的子孙的“王权”不得有所侵犯。这样，科林斯会议便成为马其顿在实质上统治希腊各邦的开始。马其顿的军队驻扎在希腊一些重要的地方。这次会议组成的马其顿和希腊各邦的同盟，从形式上看与以前斯巴达为首的伯罗奔尼撒同盟或雅典为首的提洛同盟相似，并且也号称为“希腊人”的同盟，与雅典海上同盟同一称号，但是从本质上看，它和过去的希腊城邦联盟是极不同的。腓力已经使自己的城邦成为一个伟大的希腊 — 马其顿联盟的领导国家。这个统一便成为一个更大的统一，即把希腊同埃及、波斯帝国范围内东西方诸多民族包括在内的一个世界性国家的序幕。科林斯会议结束了希腊城邦制的古典时期。此后希腊各邦名存实亡，已经失去独立的地位。西方古代史上的最重大的转折，就是由科林斯会议开始的。

科林斯会议的次年（公元前336年），腓力遇刺身亡。他的儿子亚历山大继位。亚历山大以空前辉煌的历史业绩实现了他父亲的宏伟计划。他平定了马其顿和希腊各邦的叛乱，底比斯被攻破了，受到了极其残暴的对待，所有的建筑物除了一座庙宇和诗人品达的住屋以外，全被夷为平地，3万人被卖为奴隶。希腊被打昏了，雅典又一次投降了。对于马其顿，希腊现在事实上是被征服的土地，腓力生前建立的希腊同盟，从公元前335年之后已经成为马其顿君主统治希腊的工具。于是，在前334年，亚历山大便率领马其顿、希

① Hicks and Hill，No.154. 转引自《世界上古史纲》下册，人民出版社1981年版，第204页。

腊的军队去东征了。

亚历山大以其伟大的军事才能,在短短的几年里就彻底战胜了原先占极大优势的波斯。公元前332年年底,亚历山大进入了埃及,完全控制了东地中海的制海权,成为埃及的君主、法老、阿蒙·拉太阳神的儿子。他在埃及尼罗河的一个河口建立了一座新城,即亚历山大城。这座城在后来的马其顿、罗马的历史和文化史上起到了非常重大、突出的作用。公元前331年10月,亚历山大与波斯王大流士决战于阿尔比勒,亚历山大大获全胜,大流士撤退逃走,不久便死于他的将领之手。亚历山大征服了东方,一直到达中亚和印度。他在所到之处,到处建立以他的名字来命名的城市,所以有许多亚历山大城,标志他的胜利和新帝国、新世界的辉煌业绩。

亚历山大死于公元前323年,只有33岁。在他死后,希腊各邦以雅典为首,又掀起反马其顿统治的斗争。但拉米亚一役,希腊雇佣军虽获胜,最后仍被马其顿所败。马其顿戍军驻入邻近雅典的穆涅奇亚,雅典公民权仅仅给予家产有2000德拉马克以上的富人,为数仅9000人,其余12000人失去公民权利。[①] 反马其顿派首领德谟斯梯尼自杀。此后雅典和希腊各邦的历史尽管仍充满着反马其顿人统治的斗争、内部亲马其顿派和反马其顿派的斗争,却只能争得马其顿统治下自治城市的地位,不可能恢复原先独立自主的城邦国家。

亚历山大过早和突然的死亡,使他建立的这个空前大帝国不能得到巩固与有秩序的继承,立刻就陷入野心家们彼此争夺的罪

---

① 带奥多拉斯,XVⅢ,18,4-5。转引自《世界上古史纲》下册,人民出版社1981年版,第207页。

恶与混乱之中。经过争夺,它不久就被三个马其顿的将军所瓜分:马其顿和希腊这部分本土落到了安提戈努斯之手,为马其顿王国;塞琉古占领了原波斯帝国的大部分地区,他建立了一个王朝,是为塞琉古王朝;托勒密掌握了埃及,他以亚历山大城作为他的首都,并建立了海上优势,把塞浦路斯和腓尼基以及小亚细亚的大部分海岸保持在自己手中。相比之下,托勒密的埃及帝国持续的时间最长(直至公元前31年屋大维战胜安东尼,托勒密王朝的最后一位女王克里奥帕特拉自杀时止),塞琉古帝国次之,小亚细亚和巴尔干的政府形式较不稳定。埃及、塞琉古、马其顿这三个国家虽然是亚历山大帝国版图的瓜分,但是它们中的每一个仍是相当大的帝国,不是原先的希腊任何城邦可以与之比拟的。这表明,尽管亚历山大大帝及其后继者并没有实现一个较为稳定持久的大一统局面,西方历史毕竟已经越出了作为其开端的希腊城邦时代。新的时代——"希腊化时代"是多民族组合在一起的世界性国家的时代。

通过马其顿人的统治,希腊文化和东方文化实现了"联姻"、交流,这为西方历史的发展开辟了前所未有的前景。在此之前,唯一有系统的政治哲学只是以小城邦的经验为根据的,希腊人头脑里从没想到过实现一个统一的国家。自从有了亚历山大,关于建立一种世界性的政治和法律的国家组织的想法,已是一个可以考虑和为之努力的概念了。

亚历山大的事业对西方历史及其文化而言,是世界可能统一、将要统一的预示或起点。它后来由另一个伟大的民族罗马人完成了。罗马帝国的规模及其稳固、强大和持续性远胜于亚历山大及其后继者的业绩。但无论如何,马其顿人所建立的世界已经非常不同于希腊人的城邦世界,开始了西方历史中的新阶段。

概括地说,马其顿和罗马人的征服与统治,在古代西方历史上，以取消小型的独立城邦的自由的形式，第一次创造出了一个当时人类所能知道的最大可能的统一的世界。希腊人的城邦已经不是氏族和家族那种最古老久远的人类社会结构，而是在商品经济瓦解了人们的氏族结构后重建的新型国家和社会的形式；但是由于每个城邦原来是亲密的氏族部落联盟，由于城邦范围地小人少大家相互熟悉，由于在同外族及其他城邦的对立中，同一城邦的公民有着最切身的共同利益需要维护，更由于雅典等城邦建立起了全体公民管理社会政治的民主制度，使个人和集体处于生动的一致之中，因而城邦共同体对于希腊人来说，是他们非常亲切的祖国和家园。城邦是希腊人安全和自由的保障，是他们掌握自己命运和未来的希望所在，所以那时尽管希腊人面临的外部内部纷争冲突不断，有时灾难也极为严重，但是人们却总还有盼望。例如，苏格拉底在伯罗奔尼撒战争期间和以后雅典最艰难的时期的哲学说教，虽然在指责人们道德堕落时十分激烈，但目的还是要鞭策雅典公民们为了城邦而改善自己的灵魂，可见他对雅典城邦仍然保持着坚定的信念。但是在进入希腊化时期后，希腊人的城邦已经名存实亡，希腊人失去了家园感，无家可归。那马其顿帝国的大世界，尽管空前扩大了希腊人的活动范围，可是这世界对他们毕竟是陌生的、异己的，充满着大风浪和不可捉摸的神秘性，个人同这个世界没有沟通的可靠通道，没有联结。因此人心总是惶惶不定，没有安宁，处于很深刻的痛苦中。这也许就是“海洋里起了大风暴，在大风大浪中的一条小船”形象所要写照的实际情境和心境。

希腊人现在必须适应新的情况。除了实际的生活，他们的精神生活——包括哲学在内，必须有所转变。有三个有名人物，亚历山大、亚里士多德和犬儒学派的第欧根尼，他们去世的时间几乎同时（公元前325、前323、前322年）。亚历山大曾是亚里士多德的学生，但是后来他却更倾心于第欧根尼。有一段逸闻说，一次，他站在一无所有的第欧根尼面前，问他想得到什么礼物。第欧根尼的回答是："走开，别挡住我的阳光。" 据说亚历山大的说法是，"如果我不是亚历山大，我就愿意当一个第欧根尼。"① 犬儒第欧根尼已经提出了一种新的对人的看法和以此做基础的价值观。他不像他的前辈苏格拉底那样执着于自己的城邦，他的道德价值全然不管什么城邦、民族和人的社会地位，所关心的只是作为个人的"自然"或"本性"（φύσις，即 nature，有此两义，其原始本义为"客观的、本来的东西"，即"返璞归真"）；认为做人的要务就是要按自己的本性返于自然。在这时代，亚历山大征服的是外部的世界，第欧根尼则指示出人们应如何去征服他们自己的恐惧和欲求，达到内心的平静和新环境下可能允许的幸福感。亚里士多德是第欧根尼同时代人，彼此却很少有共同之处。亚里士多德在新时期被人冷落遗忘不是偶然的。

犬儒学派对文明和传统的价值不屑一顾的否定批判态度，和只管个人的善，只以所谓"自然"作为生活的指导的思想，预示了新时期哲学中许多有重要意义的倾向。然而最能表示时代哲学转折的，还要数皮罗所代表的怀疑主义。皮罗主义只承认变幻不定的现象显现而拒绝对它作任何判断，拒绝给现象显现规定任何确定的原因和理由、本原或本体，因此否定了以往所有的哲学体系，认为它们都是没有基础的武断。他们认为只要对一切判断都悬疑，就否定了是非，摆脱了精神上的烦恼，获得了内心的宁静。

---

① D.L.，6.32.

但是,皮罗派的怀疑主义毕竟太消极。希腊人虽然失去了自己的城邦和政治上的独立自由,也从新世界开阔了自己的活动范围与眼界,克服了从前那种希腊至上的狭隘盲目骄傲心理,学会了同其他民族平等共处;另外,希腊人是享受过公民个人自由的伟大民族,尽管实现它的条件现在改变了,但是已经吃过禁果的同从没尝过它的滋味的人总是不一样,这种传统仍然活在希腊人心中,保留在希腊化的文化里,这就给出了一种可能性,去创造一种比较积极地适应这个世界,求得个人心灵宁静的救人救己的救世药方。伊壁鸠鲁就是展现这种可能性的一个最卓越的榜样。

三、伊壁鸠鲁的生平和学派流传

就在这场大变动的最初年代,伊壁鸠鲁诞生在靠近小亚细亚的萨摩斯岛上,他的父亲是一个在萨摩斯岛移民的雅典公民纽克勒斯(Neocles),母亲名克蕾斯特拉(Chaerestrate),他们于公元前352或前351年移居萨摩斯,但保持着雅典公民的身份。伊壁鸠鲁生在那里,是在公元前341年,并且在萨摩斯长大直到公元前323年他18岁时。他有三兄弟,与其父亲同名的纽克勒斯、卡勒得姆斯和阿里斯脱布鲁。一家子一起生活得和谐幸福,伊壁鸠鲁一生始终对他的父母和兄弟有着厚爱。

他父亲是一位学校校长,伊壁鸠鲁从他那里受到初等教育。有些攻击者嘲笑他是一个很差劲的基础学校(grammalodidaskalos)教员的儿子,这种小学教育在古代被视为穷人的低级教育而受人轻视。可是伊壁鸠鲁在幼年就已表现出智力上可贵的品质和独立思考能力。塞克斯都·恩披里可报道说,在伊壁鸠鲁14岁时,有一次，他的老师教赫西阿德的诗篇《神谱》，读到其中一行："真的，最初创生万物的乃是混沌"，伊壁鸠鲁就问他的老师，如果最初是混沌创造万物，那么混沌是从哪里来的。当这位老师说这不是他的事，只能由那些叫作哲学家的人才能教人明白这类事情时，伊壁鸠鲁就说："那好，要是有人懂得真理，我就要去找他们。"① 这使他转向了哲学。于是他跟从一个名叫庞费鲁斯（Pamphilus）的柏拉图派学者学习约4年之久。

公元前323年他18岁时到了雅典，这一年亚历山大大帝突然去世，希腊和雅典借此机会掀起了反马其顿的浪潮。为了避免雅典掀起的反马其顿浪潮的冲击，亚里士多德离开雅典躲避到卡尔西斯岛。这是形势非常动荡的一年。伊壁鸠鲁到雅典是为了履行他两年服兵役的公民义务。未来新喜剧的著名作家米南德是他服兵役时的伙伴。人们认为伊壁鸠鲁在这个时期，会去柏拉图派的学园和亚里士多德派的吕克昂听一些课程。这一次他在雅典只有两年。

在公元前321年，当他服完兵役后回家时，到了科罗封。这是地处小亚细亚的一个希腊城市，据说荷马就出生在那里。当时马其顿在小亚细亚的长官下令要在萨摩斯的雅典移民搬迁到科罗封，所以他的父母便带着全家去了。在科罗封，伊壁鸠鲁生活了10年，这期间对他在哲学上的成长相当重要。据史家阿波罗多洛说，伊壁鸠鲁去罗得岛跟一位名叫普拉克希芬尼（Praxiphanes）的著名逍遥派哲学家学过一段时间，不过伊壁鸠鲁本人否认这件事。比较确切的是他跟一个德谟克里特派原子论者瑙西芬尼（Nausiphanes）学习过。据第欧根尼·拉尔修说，瑙西芬尼年轻时对怀疑主义者皮罗

① Sextus Empiricus, *Against the Physicists*, 2.18-19, tr.by R.G.Bury, Harvard University Press, 1936.

非常佩服，在各种场合时常说，我们在生活气质上应该仿效皮罗，但不是在学说方面。[①]

皮罗（Pyrrho，公元前365—前270年）是生活在这个希腊和西方古代历史大转折时期的最重要的思想家之一。我们也可以说正是他，是这个转折在哲学上的首要标志。他的影响，对伊壁鸠鲁产生自己的哲学有极其重要的意义。

皮罗原是一个普通的穷画家，早年向麦加拉派的斯提尔波学过些逻辑或所谓“辩证法”。后来他跟阿那克萨库斯（Anaxarchus）学习并且与这位亚历山大大帝的宫廷哲学家做伴，随亚历山大东征的队伍漫游世界各地。阿那克萨库斯是德谟克里特的二传弟子，即德谟克里特的学生梅特罗多洛的学生。德谟克里特的哲学原有相当浓厚的怀疑论色彩（不相信感觉和现象世界及关于它的知识有什么可靠性），梅特罗多洛发展了这种倾向，其名言是：“我不知道什么，甚至不知道‘我不知道’是怎么一回事。”阿那克萨库斯也是如此。皮罗受到这方面的影响，特别是他到世界各地，见多识广，据说同印度的裸体智者、波斯的僧侣有很深的思想交往，生活在亚历山大所引起巨大变动的时代，他从个人的角度有许多亲身的了解体验。从这些因素中，他形成了自己特有的以彻底怀疑主义为特征的人生态度和哲学思想，其中心就是以对一切都“悬疑”的方式来保持个人内心的无纷扰和“宁静”。

第欧根尼·拉尔修说到阿那克萨库斯惨死的事件，我想它一定会给皮罗留下永不能磨灭的印象，对我们认识皮罗哲学的实质很有帮助。这故事是这样的：阿那克萨库斯得罪了塞浦路斯的君主尼可克瑞翁（Nicocreon），因为在一次宴会上亚历山大问阿那克

① D.L.，9.64.

萨库斯对酒宴是否喜欢，他答道："君王，这一切都很气派，只是缺了一样东西，那就是某个总督的脑袋应该放在这张桌子上。"这指的就是尼可克瑞翁，于是两人就结下了深仇大恨。亚历山大死后，尼可克瑞翁迫使阿那克萨库斯到了塞浦路斯，并把他抓起来放在一个大石臼里，下令用铁杵把他捣成肉酱。在这个恐怖的时刻，据说阿那克萨库斯说了如下的话："捣吧，捣，捣那装着阿那克萨库斯的臭皮囊，但捣的并不是阿那克萨库斯。"当尼可克瑞翁下令割掉他的舌头时，传说他把自己的舌头咬下来啐向他的敌人。由于阿那克萨库斯的坚忍自得，被称作"幸福的人"。[①] 这真是一种特别的人生幸福观。

恐怕我们只能从那个时代才能体会这也能算作是一种幸福。阿那克萨库斯曾是亚历山大大帝宠爱的座上客，且有可能置别人于死地，转眼之间，靠山一倒，就成为仇敌的俎上肉。作为纯个人遭遇，这类事别的时代一样会有。但是在失去了城邦独立自主，掌握自己命运已没有可能的世界里，这类人世祸福变幻的感受就会引起普遍共鸣。既然实际生活里不可能有解决办法，那么就只能从自己的精神上找出路。皮罗无疑从阿那克萨库斯身上学了不少东西，包括其德谟克里特派怀疑论因素和与之结合的实际生活实践。

皮罗喜爱离世独处，因为他有一次听到印度裸体智者批评阿那克萨库斯的话，说只要他还在宫廷里伺候君王，就决不能教导人什么是善。[②] 事实上阿那克萨库斯投靠权力固然曾得意一时，却种下了后来遭到惨祸的根源。皮罗要看得透些，他遗世独立，对一切东西，包括权力和财富，以及世上的所谓"得失"与"是非"，都

---

① D.L., 9.58-60.

② D.L., 9.63.

置于不顾。为了使人看透这些，他从思想上论说世上的一切都是不可能弄清它们是什么的，因而不必过问并应远离所有的是非。人只是任凭感觉来生活就行了，这样心便可以离开烦恼，获得安宁。从而他提出了西方古代最彻底的怀疑主义哲学来服务于追求内心的宁静。

第欧根尼·拉尔修在皮罗传记中报道说，伊壁鸠鲁十分赞扬皮罗的生活方式，常常询问瑙西芬尼有关皮罗的故事。[①] 我们也许可以认为，伊壁鸠鲁把获得宁静作为基本的生活信念，可以追溯到这一段皮罗对他的影响。

看来伊壁鸠鲁对于瑙西芬尼和其他哲学家给他的哲学教育是很不满意的。后来，这位对普通人很和善的思想家，对他不满意的哲学家骂起来却相当尖刻。他说瑙西芬尼是个没意思的人，因为他也喜欢有点想法就动不动自吹，同许多有奴性的人一样。还时常把他叫作"海蜇"[②]，一个缺少教育的人，一个"骗子"、"懒婆娘"。伊壁鸠鲁还称柏拉图的弟子是"拍狄奥尼苏斯的马屁的人"，亚里士多德是个浪子，普罗泰哥拉只是个给德谟克里特拎皮包和当秘书的，是个乡下教师，赫拉克利特是个制造混乱者，德谟克里特是个瞎说的贩子，犬儒派是希腊的敌人，而皮罗则是个无知的乡巴佬。[③] 这些骂人的话，恐怕只能从公元前4世纪后期以后各派哲学之间的相互攻击谩骂的背景来了解。当时别人辱骂伊壁鸠鲁很难听，诬蔑之词更多，伊壁鸠鲁为了回敬，说得难听可以谅解。此外，还有一个重要因素，那就是伊壁鸠鲁特别强调他是"自学"的，也就是说要突出他自己的独立的旗帜，不愿被人认为他同其他哲学家和派别

① D.L.，9.64.

② 据 R.D.Hicks 注，这个绰号的意思当指迟钝和麻木，不是指软弱。

③ D.L.，10.8.

有联系及受其影响。我们从他早年就富于独立思考和批判精神可知，他的这种强调不是没有道理的。我们不仅要看到他的哲学对前人的继承，恐怕更应注意到他的独创性。

在科罗封的年代，伊壁鸠鲁主要致力于独立的钻研和沉思，形成了他的学说的基本思想，这是他的关于人生的哲学。后来他在《致美诺寇的信》的起头就写道："当一个人年轻的时候，不要让他耽搁了对智慧的寻求，当他年老的时候，也不要让他对他的研究产生厌倦，因为对于关心心灵健康的人来说，决没有太早或太晚的问题。"[①] 这里也包含着他自己在这一段期间的生活和学习思考的体验。

列斯波斯岛上的城市米提林，曾经是希腊文明的一个中心，出过一些著名人物，如诗人萨福（Sappho）、阿卡乌斯（Alcaeus），亚里士多德在这里当过教师，他的门生继承他为逍遥学派首领的泰奥弗拉斯特也出生在列斯波斯。现在伊壁鸠鲁在科罗封十年之后，也到这里来试一下自己的理论能力。不过他在米提林只住了一年。因为别的派别对他的敌视和攻击很厉害。他已经同瑙西芬尼争吵，由于他轻视数学、辩证法和修辞学，很容易招致柏拉图派和亚里士多德派的厌恶。这些敌对和烦恼使他不得不离开米提林，跑到朗卜沙柯（Lampsacus）。

第欧根尼·拉尔修说："当他三十二岁时他建立了一个哲学派别，起初在米提林和朗卜沙柯，五年后移往雅典……"[②] 这个说法似乎把伊壁鸠鲁派建立的时间说得过早，但在这个时期已经显示出他建立独立的新哲学学派的意图和最初努力，是可信的。这一

---

① D.L.，10.122.

② D.L.，10.15.

点在他去朗卜沙柯时是特别明显的。

朗卜沙柯是位于小亚细亚西北的城市,他在那里住了约五年(公元前310—前306年),致力于吸引他的追随者,取得了重要的成就。他在雅典建立学派的许多主要成员就是在这个时期聚集起来的。如赫马库斯(Hermarchus),后来成为他的继承人即第二任的学派领袖,他同梅特罗多洛(Metrodorus)建立了终生的友谊,还有伊多梅纽(Idomeneus),里奥丢(Leonteus)和他的妻子苔米丝达(Themista),科罗特(Colotes),毕陀克勒(Pythocles),等等。其中有的人后来在物质上对伊壁鸠鲁也有重要帮助,这些对于伊壁鸠鲁派的建立和维持都有十分重要的关系。

这些成功显然鼓舞了伊壁鸠鲁,也鼓舞了他的同伴。伊壁鸠鲁同他的学生和朋友所建立起来的友谊,使他坚信"在智慧所能提供给人生的一切幸福中,以获得友谊为最重要"[①]。

有了自己的观点和哲学,又有了一批稳定的拥护者,也有了经济条件,伊壁鸠鲁就可以着手建立自家的新学派了。他选择雅典来作为建立学派的地方,从哲学家的角度和那个时代的情况看是很自然的事。于是伊壁鸠鲁于公元前306年回到了雅典。他花了80麦那(minae,古希腊货币单位,每麦那合100块drachma)购置了位于美里特(Melite)的一所房屋和附近的一个小花园,作为建立自己学派所需的生活和研究的基地或学校。"有一段时间他的研究和其他哲学家一样,但后来他便提出了以他的名字来命名的这个学派所依据的独立的见解。"[②] 通常认为这一年是他的学派建立的时间。这时他35岁,从他14岁开始接触哲学,到这时已有了二十载

① 伊壁鸠鲁:《主要原理》第27条,D.L.,10.148。

② D.L.,10.2.

研究思索和生活的体验。

伊壁鸠鲁建立的团体与柏拉图的学园、亚里士多德的吕克昂学校非常不同，它与其说是一所学院或研究中心，倒不如说是一个按共同原则在一起生活的人们所组成的非常友爱的小社会。在伊壁鸠鲁的学说和团体里，友爱具有特殊重要的意义和价值，而“花园”就是实现他们友爱的一块乐土。在这里有他的三个兄弟、一些朋友和他们的妻子孩子，其中还有一些原来是奴隶和妓女的人们。伊壁鸠鲁亲自掌管这所学校，他的兄弟和一些亲信的弟子协助他的工作。“来自各方的朋友到他这里同他一起生活在这所‘花园’。…… 但是伊壁鸠鲁并不认为财产共有是正确的，像毕达哥拉斯派关于友善的格言所要求的那样。按照伊壁鸠鲁的意见，毕达哥拉斯派的这种实践包含着不信任，而没有信任也就没有友谊。”[①]“花园”是伊壁鸠鲁实践他自己的友谊观的地方，是一所他私人的学校，在这里他向他的朋友们显示他对人的真诚友谊，其中包括了妇女和奴隶，它是希腊第一所也向着妇女开放的哲学学校。

在“花园”里伊壁鸠鲁和他的弟子们“过着非常简朴的生活，有半品脱的薄酒就很可满足了，通常则饮清水”，伊壁鸠鲁本人是简单需要和生活清净的样板，“他满足于平常的面包和水，他说，‘送我一小罐奶酪，那，在我需要的时候，就很惬意觉得够奢侈的了’。”[②]

伊壁鸠鲁得到了许多忠实的弟子和朋友，他最喜爱的梅特罗多洛很有才智，写了不少著作，可惜先于老师而死，使伊壁鸠鲁非常哀痛。科罗特也是很有才能的忠实的伊壁鸠鲁主义者，他批评柏

① D.L.，10.11.

② D.L.，10.11.

拉图派和其他学派有力，普鲁塔克后来专门写有《答科罗特》来答辩。赫马库斯是他临终时委托的学派继承人。

伊壁鸠鲁的新哲学不但同古典时代的那些很有影响的大哲学家及其派别不同，也同皮罗和学园怀疑派以及斯多亚派有尖锐的分歧，他和他的弟子必须不断地同这些很有影响力的竞争者进行斗争。不仅有思想学术方面，而且还必须抵御对手的人身攻击，其中斯多亚派一些人无论在伊壁鸠鲁生前和以后都比较突出。例如有些敌对者以“花园”中有当过妓女的妇女为由，作为诽谤伊壁鸠鲁和他的这派的理由之一。第欧根尼·拉尔修在转述了那些攻击之后写道：“讲这些话的人真是疯了，有大量的证据说明我们的哲学家对于一切人的善意，那是没有人能超过的，他的故乡为他立铜像表示尊敬，他的朋友之多不计其数，了解他的人都为他的学说倾倒，他的学派在他和他的同伴都去世后没有中断地继续着，他对父母孝敬，对他的仆人宽厚有礼，他们都成了学派团体的成员这个事实就可以证明他的心地，其中最突出的一点是他对于奴隶米斯（Mys）的爱；一般说来，他的仁爱及于全人类。他对神的虔敬和对祖国的情感是无法用语言表达的。”①

伊壁鸠鲁主张人应生活得快乐幸福。但这是同他的关于什么是幸福的整个学说相一致的，完全不是那些中伤者所说的放荡纵欲，因为放荡纵欲正是伊壁鸠鲁不赞成的行为。“我们认为知足是一件大善，并不是因为我们在任何时候都只能有很少的东西享用，而是因为如果我们没有很多的东西，我们可以满足于很少的东西。…… 当我们说快乐是一个主要的善时，我们并不是指放荡者的快乐或肉体享受的快乐，如有些人由于无知、偏见和有意歪曲的

① D.L., 10.9-11.

那样。我们所说的快乐，是指身体的无痛苦和灵魂的无纷扰。”[①]

他的团体生活得非常简朴，饮食主要是面包和水，伊壁鸠鲁觉得这也是很可满意的了：因为这是最合于自然的需要，比较容易得到。讲究和奢侈的东西虽然能给人快乐，却由于不易得到，就会使追求它的人陷于烦恼。他给朋友写信请他们捐助粮食、干酪和很有限的金钱，作为“我们的神圣团体”的生活必需之用。

伊壁鸠鲁的哲学完全是为人的生活实践所用的，而他自己就成为这一派人的生活典范。他备受疾病折磨，临终前他在给他的朋友和弟子伊多梅纽（Idomeneus）的信里写道：“在我生活的最后时刻，这个可祝福的日子，我给你写这封信。我的痛性尿淋漓症和胃病一直持续着，没有什么痛苦能比之更剧烈了。但是我心中追忆着我们谈话的快乐，却位于这些痛苦之上。请照顾梅特罗多洛的孩子们吧，正如我可以期望于你永远爱我和哲学那样。”[②]他写下遗嘱，在仔细交代后事时，谆谆嘱咐弟子们要照顾好团体成员们特别是去世的朋友的孩子们，并使奴隶们（如 Mys，Nicias，Lycon 和女奴 Phaedrium）获得自由。然后洗了一个澡，要了一杯葡萄酒，叮咛朋友们记住他的教导，就咽了气。在病痛和死亡面前，伊壁鸠鲁十分自然地安详宁静，实践了自己的哲学，达到了很高的福乐境界。

德维特（N.W.De Witt）说伊壁鸠鲁主义可以恰当地被称作“希腊人中产生的唯一福音哲学”[③]，通过在雅典以及在朗卜沙柯、米提林等各地的门徒，伊壁鸠鲁的人生福音传播到希腊化世界各地，在东方的安条古和埃及的亚历山大城这两大城市，伊壁鸠鲁派

---

① 伊壁鸠鲁：《致美诺寇的信》，D.L.，10.130-132。

② D.L.，10.22.

③ N.W.De Witt，*Epicurus and his Philosophy*，Minneapolis 1954，p.329.

很早建立起自己的影响，后来又广泛传播到意大利和高卢。西塞罗（他不赞成伊壁鸠鲁主义）在公元前1世纪中叶写道："（罗马的）伊壁鸠鲁派以他们的著作占领了全意大利。"[①] 当时一些著名的罗马人物信仰伊壁鸠鲁主义，连恺撒也予以赞许。在罗马共和国覆灭前，伊壁鸠鲁主义达到了它的最盛期。后来它在罗马斯多亚派和基督教的竞争中才逐渐衰落下来。

即使如此，斯多亚派的著名哲学家塞内卡也极为称赞伊壁鸠鲁的道德学说，经常大量引证他的话。这似乎可以表明伊壁鸠鲁主义后来在别的形态中仍继续起着一种值得我们注意的作用。德国著名哲学史家蔡勒（Zeller）列举了罗马帝国后期一连串伊壁鸠鲁主义者的名单。生活在公元3世纪上半叶的第欧根尼·拉尔修虽然不是一个严格意义上的伊壁鸠鲁主义者，至少也是它的一位同情者和好朋友。蔡勒指出伊壁鸠鲁主义比大多数其他学派活得时间更长，直至基督诞生后的第四个世纪。[②] 特别值得提到的一件事是，1884年在现今土耳其内地一个古代叫作奥伊罗安达（Oenoanda）的地方，发现了一位名叫第欧根尼的老人在公元2世纪时在一块巨石上镌刻的一个长篇哲学铭文。这是第欧根尼为了帮助他的同胞和人类成为幸福的人，而向他们讲述的一个伊壁鸠鲁学说的纲要。这篇铭文不仅增加了我们对伊壁鸠鲁主义的了解，也证实它的那种福音传播的长期性和生动性。

---

① Tusc.4.6-7.

② E.Zeller，*The Stoics*，*Epicureans,and Sceptics*，Tr.in English by Oswald J.Reichel，London，1870，pp.392-393.

四、著作和有关研究资料

伊壁鸠鲁本人写作极丰,第欧根尼·拉尔修提到他的“最好著作”的题目有41种,共300卷,主要的有《论自然》37卷和《论准则》,以及包括《论生活》、《论目的》和《论弃取》在内的伦理学著作,还有些与人论战的作品,以及书信。第欧根尼·拉尔修全文引录了他的3封书信,认为这是他对自己全部哲学所写的纲要。他还全文引录了《主要原理》40条,以及某些他认为有价值的其他的语录,他说知道了这些,人们就能从一切方面研究伊壁鸠鲁的哲学并知道如何判断他。[①]

伊壁鸠鲁的绝大多数著作都没有留下来,但是这对于我们了解他并不是很大的问题,他本人也强调“概要”能使无法仔细阅读他的全部著作的人“牢牢记住最基本的原则”,有研究的人也应牢记它,“因为基本原则是经常需要的,而细节很少用得着”[②]。

3封信中,《致希罗多德的信》是他的原子论自然哲学的纲要,《致毕陀克勒的信》阐述他对于天象之类问题的见解,《致美诺寇的信》对于他的伦理学提供了一个纲要。《主要原理》(英译“*Principal Doctrines*”,或译为“*Chief Sayings*”,“*Sovereign Maxims*”)汇集了伊壁鸠鲁基本观点40条,在古代极其著名。它可能是某个忠实弟子从伊壁鸠鲁卷帙浩繁的著作中摘引汇编而成,但在古代人们都视为伊壁鸠鲁本人所撰写。由于伊壁鸠鲁总对弟子们强调要牢记他的学说的纲要,也亲手写过这类纲要,所以这40条也有可能是他本人的作品。如果说3封信从不同方面提出了观点

① D.L., 10.27-29.

② 伊壁鸠鲁:《致希罗多德的信》, D.L., 10.35。

纲要,《主要原理》则是一个更加全面的总纲。

另外,还有一份在1888年被发现的14世纪的梵蒂冈手稿本中找到的“伊壁鸠鲁语录”,称作 The Vatican Sayings。其中许多条和《主要原理》相同或相仿,可以参考。但原手稿有残损,有些条被认为并非属于伊壁鸠鲁。

在留存下来的这个学派的文献中,最重要的是罗马诗人卢克莱修的《物性论》(*De Rerum Natura*)。卢克莱修生平不详,长诗本身表明作者是一位忠诚热情的伊壁鸠鲁主义信徒。他认为伊壁鸠鲁的教导是人类得救的唯一思想源泉,作品详细论证和表述了伊壁鸠鲁整个学说。我们在研究伊壁鸠鲁的著作时有不明之处,可以用他的作品作为忠实的解释。

另外,18世纪在意大利赫尔库兰(Herculaneum)出土的某罗马富人图书馆里的纸草卷中,保留了一位伊壁鸠鲁派哲学家噶达拉的费洛得姆(Philodemus of Gadara)的著作残篇和伊壁鸠鲁《论自然》的某些残篇。我们上面提到的那位奥伊罗安达的第欧根尼的刻石碑文,也很有价值。这是考古发现的可信原始资料。此外,西塞罗、普鲁塔克在论战中保存了一些有关伊壁鸠鲁派的资料。塞内卡引用过大量伊壁鸠鲁的言论,塞克斯都·恩披里柯对于伊壁鸠鲁哲学也提供了十分有用的知识,都可作为重要参考。

一般说来,研究伊壁鸠鲁派哲学也就是研究伊壁鸠鲁本人的观点。因为这一派的理论,就其理论形态本身而言,在他们的师祖之后几乎没有多少改变。学者们说这可以归因于伊壁鸠鲁本人的态度,他宣称他的学说已经完备,并且是由他独立发现的,既无求于前人也无须后人予以改进。所以这一派一代代的信徒都满足于遵从导师的学说。例如卢克莱修《物性论》虽然详尽地发挥了伊壁鸠鲁学说,但是人们一般并不视为一种新发展。甚至有人猜测它可能是伊壁鸠鲁本人留传下来的一份大的纲要的发挥,其理由是伊壁鸠鲁在《致赫罗多德的信》中说他已写有一个纲要,而这封信本身只是一份简短的纲要;在《致毕陀克勒的信》中又说他的致赫罗多德信讲的只是个"较小的纲要"(Lesser Epitome)[①],因此人们认定他写有一个"较大的纲要"(Greater Epitome)。据此人们猜测卢克莱修的大作很可能是以这份"较大的纲要"为蓝本和思想源泉的。[②]

伊壁鸠鲁派学说一以贯之地传承却很少改变,可能同他和他的弟子的保守态度有关,不过这一派既然能持存许久而不衰,却不能只用他们的主观理由来说明,我们认为,这应该说是表明了这个学说本身包含着持久的要素,至少我们可以认为,它在一定程度上相当适合那个时代的某种精神上的需要。

---

① D.L., X.35-37A, 85A.

② 最近美国出了一本大谈卢克莱修同伊壁鸠鲁有重大分歧的小书,但是没有提出值得注意的论点和理由,我认为还不值得给予重视。

第二章　学说宗旨和概貌

一、求知不是目的，人生才是目的

伊壁鸠鲁哲学有一个体系，分为准则学、物理学和伦理学三个部分。但是我们在讨论这个体系之前，需要对他的整个思想有一个概观。因为伊壁鸠鲁和他这一派同以前的传统哲学家不同，他们认为哲学追求的目的就是知识，而伊壁鸠鲁认为人之所以要对自然知识社会知识和原子论等有兴趣并加以研讨，只是为了人生，为了使生活得到快乐。近人柯普勒斯通（Copleston，S.J.）说："伊壁鸠鲁对认识论的兴趣只在于他的物理学需要某些准则，而他对物理学的兴趣只在于他的伦理学需要这种物理学，因此伊壁鸠鲁集中注意于伦理学的程度比斯多亚派更甚。"[①] 可以认为这个说法大体上是正确的。这里说的"伦理学"，就是伊壁鸠鲁对人生的看法。所以如果我们一上来只注意他的学说体系，在没有好好领会他们的学说所要服务的目的之前就随着这三部分的内容走，并不是理解伊壁鸠鲁思想的好办法。

同亚里士多德把"求知"规定为哲学的目的不同，伊壁鸠鲁明确地把获得人生的快乐幸福当作他的哲学的目的。他认为知识

---

① Copleston，S.J.，*A History of Philosophy*，Vol.1，p.402.

以至哲学的智慧本身并不是我们应当关心的基本问题。他说,如果不是由于人们对天象的异常现象、死亡等等的畏惧和忧虑有待消除,那么我们就根本无须研究自然哲学。我们研究它的目的只是为了得到心灵中纯净的快乐(《主要原理》第10、11条)。他还说过这样的话:那些不能为人的苦难提供治疗的哲学家的言辞是空话。正如:

> 医学知识若对身体的疾病不能治疗就毫无用处一样,哲学若不能驱除灵魂的痛苦也是毫无用处的。[①]

在伊壁鸠鲁看来,哲学只是在能够成为救治人的心灵病痛的有效药方时才有意义。所以他对于哲学的说法也不大一致。如有时他似乎很贬低哲学,认为还不如处事谨慎重要。他说:"这一切(去苦得福)的开始与主要的善,乃是审慎。因此审慎甚至比哲学还要可贵。"[②]有时又把哲学抬得极高,如说:"一个人在年轻时不要放松对哲学的学习,到老年时也不要对之厌倦,因为对于照顾灵魂的健康来说决不会嫌早或嫌晚。说研究哲学的时间还没到来或已经过去,就如同说要享福乐的时刻还嫌太早或已经太晚一样。因此,年轻人和老年人都应研习哲学。…… 所以我们一定要研究能给我们带来幸福的学说。因为有了它我们就有了一切,要是缺少了它,我们就应当尽一切努力来得到它。"[③]不过这两种说法只不过是形式上有点分别,实际上完全是一致的:如果把哲学同"审慎"分

---

① 引自 Porphyry, To Marcella 31(Usener 221),转引自 A.A.Long & D.N.Sedley, The Hellenistic Philosophers(以下简称 HP), p.155。

② 伊壁鸠鲁:《致美诺寇的信》, D.L., 10.132B。

③ 伊壁鸠鲁:《致美诺寇的信》, D.L., 10.122。

开来说，也就是说，如果把哲学的理性智慧孤立起来，同生活中的实践智慧分开，那它就没有多大意义，甚至不如后者重要。但如果把哲学就当作生活福乐的理性指南，同实践的智慧结合，那么哲学就是极其重要的东西——获得幸福的基本手段。因此伊壁鸠鲁和他这派强调他们的哲学重要，其理由显然是，这种哲学不同于以往那些与人生福乐无关的空论，而是一种新的赐福予人的人生哲学。

二、《主要原理》是全面了解伊壁鸠鲁的一把钥匙

伊壁鸠鲁的人生哲学—伦理学虽然集中见于他的《致美诺寇的信》，但是这些学理方面还只是他的有关人生的思考的一部分。而最能全面谈及这些人生思考的我认为是《主要原理》40条。例如，首先在其1—4条中，就提出了被后来罗马的伊壁鸠鲁派人物费罗德姆概括为"四重疗法"（tetrapharmakos，the fourfold remedy）[①] 的内容。它很鲜明地表现了伊壁鸠鲁的救治心灵痛苦的思想宗旨。4条的前两条抓住了人们普遍感到最可怕的两大问题，神灵和死亡的问题，提出了解决的药方；接着在后两条中指出：去掉痛苦即是快乐，而肉体的痛苦是暂时的容易忍受的，因而人可以并且不难获得快乐。这4条突出了伊壁鸠鲁思想中的重点，显明了学术宗旨。可以说，《主要原理》40条的全部内容都是围绕着这个救人离苦求乐的宗旨，从各个方面展开的。

其中关于哲学体系中物理学和准则学的方面共有7条（11—

① Philodemus，*Againgst the sophists*，4.9-14,，HP，p.156.

13、22—25条）。伊壁鸠鲁指出，为了排除对死亡和天象等等的恐惧，应该认识自然研究自然哲学，而若我们没有这等烦恼，“我们就无须研究自然知识了”（第11条）。按照这个观点，物理学和准则学两部分在40条中只占7条即17.5%的比例，有助于我们认识到自然哲学和认识论在伊壁鸠鲁学说中的地位。它们虽然重要，但本身不是他研究的目的，只是服务于人去苦取乐（四重疗法）目的的手段。换言之，只处于辅助的地位。

余下29条涉及许多方面，错综交织，都是从这一宗旨出发所作的运用。因此，尽管许多条看上去同纯学说的哲学没有直接关系，却由于它们同伊壁鸠鲁的人生思想学说紧密相关，仍然具有很大的重要性。

所以我认为《主要原理》是我们认识伊壁鸠鲁的一把钥匙。让我们从分析它来开始我们的研究。

三、快乐即幸福即善的规定及其4条要目

在《主要原理》的开头，第1—4条，就提出了关于如何理解和获得快乐的4条要目。费罗德姆所说的“四重疗法”这一概括，显然源于伊壁鸠鲁本人的论述（见《致美诺寇信》及其结尾部分，D.L.10.133），而在《主要原理》中得到鲜明的表现。它是伊壁鸠鲁全部学说的中心、出发点和归宿。要了解伊壁鸠鲁必须从这里开始。现在我们来看一看他关于这四方面的基本论点。

第1条。论神：

那幸福和永恒的存在，自身没有烦恼，也不使任何别的存在物

烦恼；因此它摆脱了愤怒或偏爱的制约。这类情感只存在于弱者之中。

这条是说：神无可畏。从消极方面说，神不管人间的事，决不使人畏惧。那些用神的赏罚来恐吓人的宗教和迷信，是没有根据的胡说。从积极方面说，自足的神是福乐的象征和榜样，也即是最有福乐的人的象征和榜样。他在《致美诺寇的信》的最末一句说："你要日夜奉行这些诫命和与之相关的诫命，自己去做，并且同与你心思类似的朋友一道去做，这样，你就永远不会被醒时或梦中的妄念所扰，你就会在人群中像一尊神似的活着，因为生活在不朽的幸福之中的人已经完全不像有死的生物了。"①

伊壁鸠鲁关于神的学说在他的全部学说中占有极重要的地位。这不仅是由于人们有重视神的宗教传统，而且是因为那个时代各色宗教比先前更盛行，更影响人的精神状况。伊壁鸠鲁认为这些宗教迷信不仅不能解除人的痛苦，反而使人陷于更严重的恐惧之中。必须解除这个痛苦。但是他并没有因此就否定神的存在和意义，不是如许多人所认为的那样他是什么无神论者。他不过是提出了一种新的神的观念。他的神是由他的快乐主义哲学来规定的，是一种福乐之神 — 它不干涉人和人事，只是人应当效法的榜样。在他看来，人虽然皆有死而不能像神那样不朽，但除这一点外，人都可达到与神类似的境界（只要时时按伊壁鸠鲁的教导实践）。因此，我们可以认为，伊壁鸠鲁的神，也就是福乐的人生境界在哲学或神学上的升华，或是这派理想的"哲人"（Wise man）形象。—— 所以毫不足怪，他的门人一直把他尊奉为神。认为伊壁鸠鲁是无神论

① D.L.，10.135.

的说法并不符合事实，只是他的神学比较特别而已。

伊壁鸠鲁对于他所认为的神，从认识论和自然哲学上作了正面论证，同时激烈批评了其他的宗教神学和迷信。所以第1条同他的原子论和关于自然现象的学说有关，也涉及他的准则学。并且同他对于社会和人的观点也有非常默契的关系。

第2条：

> 死对于我们来说是无所谓的。因为那分解了的东西没有感觉，而那无感觉的东西同我们就没有关系。

在人所害怕的各种事情里，怕死可能是最突出的一条。在那个动荡不定的时代，个人的命运乃至生命缺少保障，死亡的威胁时时像一口悬在人们头顶上的利剑。这种环境当然是他无法改变的，哲人的办法是从主体或主观方面，即自己可以做主的方面来解决问题。落实到伊壁鸠鲁，就是要着重解除人对死的恐惧。人对死畏惧什么呢？ 当你活着时，死亡还没有到来，自然不必畏惧；而一旦死亡到来，你什么都感觉不到，没有痛苦，何惧之有。这种观点应当说是唯物的，既明白浅显也非常卓越。在这个问题上，他的感觉主义和原子论提供了论证的有力武器。他认为人对死都无所畏惧，活着就更没有什么可怕的了。伊壁鸠鲁本人临终时的安详和福乐感，给他的门人和所有人以极为深刻的印象。这是他的哲学要解决的主要问题之一，也是其哲学的快乐主义特色的一个主要表现。

第3条：

> 消除一切痛苦，是快乐在量上的限度。只要快乐存在和持存，就不存在痛苦和不幸。

这条涉及伊壁鸠鲁对其中心概念“快乐”的定义，我们在谈过第4条后再来讨论。

第4条：

> 肉体的痛苦不会持续很久。极度的痛苦总是为时短暂的。在肉体中超过了快乐的痛苦不会持续许多天。在久病中可以有胜过痛苦的快乐。

伊壁鸠鲁是个尊重感觉经验的唯物主义者，他承认肉体的苦乐感觉不是靠思想所能抹杀的。人生谁没有生病受伤一类的痛苦呢，有时非常剧烈难忍，但剧痛一般都是一阵子就过去了，所以他说还是可忍受的；久病很使人苦恼，伊壁鸠鲁说，那中间也可以有快乐。这些话说来虽是老生常谈，却也符合实际经验。伊壁鸠鲁本人临终前的两封信，表明他对于自己难以忍受的病痛有多么安详的态度。友谊的快乐虽不能取消肉体的痛苦，却能在比较中胜过，使人仍能生活于幸福之中。

神不必畏，死无可畏，因为这二者与尘世的活着的我们无涉。这样我们在精神上的最大恐惧担忧就消除了。再者我们肉体的痛苦是实存的，但我们总还是可以忍受，使之很快过去，或予以缓和、抵消。伊壁鸠鲁认为此三项是人生担忧的主要问题，他都有救治的办法。而这，即去除痛苦，他认为就等于快乐。

第3条是个总的提法：快乐的极限就在于一切痛苦的消除。这里有两点可以注意和讨论。一个是把快乐定义为没有痛苦是否恰当，是否只是个消极的定义？另一个是消除一切痛苦是可能的吗？关于后者，伊壁鸠鲁似乎并没有论证。他至少不否认人总有病痛之苦，所以他不可能主张达到一切痛苦之消除。根据伊壁鸠鲁的各种进一步分析，可以认为他主张的乃是通过哲学的理性，和对于欲望的清醒的权衡计算，达到最大可能的心灵无烦恼和肉体的无痛苦。伊壁鸠鲁认为，这是可以达到而且是容易达到的（当然是指按他的哲学去实践而言），所以上引的费罗德姆对"四重疗法"的第3条简述为"快乐易得"。

现在我们来讨论一下他的"快乐"定义是否纯属消极性的。第3条点明他所谓的"快乐"的含义就是消除痛苦。显然伊壁鸠鲁快乐主义哲学的宗旨只在去除人生诸苦。

人们会说，这只是个对快乐的极其消极的定义，因为人在物质和精神上的快乐和福利是需要发展扩大的，消极的无痛苦少痛苦并不等于福乐。这种批评不无道理。不过，快乐首先总是要尽量减少痛苦；而人对快乐的追求究竟能实现到什么程度，则要看时代的状况和每个人在社会生活中的处境。当人们不能得到更多的发展和快乐时，能够自保和尽量减少痛苦也就很不错了。对于在希腊化时代的那些原先生活在自由城邦的希腊自由公民来说，情况正是这样。他们往日那种自由快乐，由于失去了基本保障，已经一去不复返了。不错，有少数人在新环境中得到了新的发展和往上爬的机会与幸运，但是事实总在表明这种快乐完全不可靠，不可预料的灾难和悲惨随时在等待着他们。这也就从另一方面更加证实着伊壁鸠鲁教导的适用性。

我们知道昔勒尼派（Cyrenaics）在伊壁鸠鲁之前已经提倡了快乐主义，主张感觉是包括真和善在内的一切的标准，哲学的目的是个人为自己寻求快乐的感觉和满足。初看起来，伊壁鸠鲁与之有很相近之处，但实在有天渊之别。第欧根尼·拉尔修说："他（伊壁鸠鲁）对快乐的看法与昔勒尼派不同。后者认为快乐只是动态的不包括静态的快乐。伊壁鸠鲁同时承认二者……他在《论选择》

中说：‘心的和平与摆脱痛苦是休息状态的快乐，而享乐和高兴则是在运动与活动中的快乐。’他同昔勒尼派的进一步的不同在于，后者把肉体的痛苦看得比精神痛苦更严重……但他认为精神痛苦更甚，因为肉体上的剧烈风暴只是当下的事，而灵魂中的烦恼则不仅存在于当前，也存在于过去和将来。”① 昔勒尼派主张人应当不断地追求享乐和刺激，而且主要是满足肉体快感的享受。伊壁鸠鲁并不主张禁欲，但显然不赞成纵欲和奢侈。“我们所说的快乐，是指身体的无痛苦和灵魂的无纷扰。”②

“动态的”即是积极地追求享乐，“静态的”指消极的即无痛苦和无烦恼。伊壁鸠鲁和昔勒尼派追求的快乐虽非不可并容，重点和方向却是完全对立的。不弄清这一点就不能理解伊壁鸠鲁的全部哲学。所以我们在本节要重点讨论一下这个问题。

在《致美诺寇的信》中谈过关于神和死亡之后，就集中到实际人生如何得到快乐的问题上来了。可以说这封信的大部分篇幅都在阐述他的快乐即无痛苦的观点和途径。有如下要点值得注意。

1. 对欲望有正确的分析和弃取是得到幸福的基础

人的欲望可分为自然的和虚浮的；在自然的欲望里，又可分为必要的和非必要的；在必要的欲望里，还可进一步分析其各个方面和轻重缓急。正确认识到这一切的人知道如何为获致身体的健康和心灵的平静而决定自己的弃取，因为这是幸福生活的总和

① D.L., 10.136-137.

② D.L., 10.131a-132a.

与极致。为什么我们不选取所有的快乐？因为有些快乐会带来更大的痛苦，经过权衡就要放弃。而如果忍受一时的痛苦将会使我们得到更大的快乐，我们也不要躲避。并不是贵重的美味本身不好，但它难以得到，于是以此为乐的人在得不到时就会烦恼痛苦了。与之相比，面包和水是易得的，在消除饥饿之苦上给人的快乐同美食一样大，又省去了追求难得之货的烦恼，岂不是更好的求福乐的途径吗？

把人的正当追求确定到最必要的自然需要即最低的物质需要上，是伊壁鸠鲁获得身体健康和精神宁静的快乐主义目的之途径。

2. 快乐即是没有痛苦。它即是幸福，即是主要的和自然的善

他写道：

> 我们只是在痛苦时才感到缺少快乐，当我们不感受痛苦时也就无需快乐了。因此我们说快乐是幸福生活的起点和终点。我们认为快乐是首要的和自然的善，由快乐出发我们选取和拒绝，返回来，我们以快乐的感觉为标准、为了快乐来判断一切的善。[①]

快乐即是幸福，在伊壁鸠鲁学说里二者是同义语。这没有什么太大的问题。但是说快乐就是首要的善，就有很大的问题了。它必然要同许多道德学说如斯多亚派的发生尖锐冲突。伊壁鸠鲁如何把个人的快乐同作为道德标准的善联系起来甚至等同的呢？他说：

---

① D.L.，10.128-129.

> 当我们说快乐是终极的目标时，并不是指放荡的快乐和肉体的享乐，就像某些由于无知、偏见或蓄意曲解我们意见的人所认为的那样，我们认为快乐就是身体的无痛苦和灵魂的不受干扰。构成快乐生活的不是无休止的饮宴、舞会、美色和餐桌上的山珍海味，而是清醒的理性，靠它指明每一选取或避免的根据，清除那些使灵魂不得安宁的观念。所有这些的起点和最大的善就是审慎。因此审慎甚至比哲学更可贵；一切其他的美德都从它而产生。它教导我们，如果不同时生活得谨慎、高尚和公正，那就不可能有快乐的生活；而生活得谨慎、高尚和公正的人，没有不快乐的。因为美德与快乐的生活是紧紧联结为一体的，快乐的生活不能同美德分开。①

伊壁鸠鲁认为要得到快乐（＝去苦，尤其是心灵之烦恼）只有依靠审慎。"审慎"是为了获得个人的快乐，在一切事情中进行头脑极其清醒的权衡计算，以定弃取，从而使自己能够在各种环境下得到最大可能的快乐而痛苦最小，或保持快乐的时间最长而受苦最短暂。这种审慎的快乐，只需要很少的生活必需品和伊壁鸠鲁的哲学就可达到，因此它不难。并且审慎蕴含着所有的美德，高尚、公正。所谓高尚，主要指对朋友的爱，即友谊。而公正或正义，则指决不做侵犯别人和违反法律的事。专为自己个人福乐打算的审慎，如何能同为社会利益着想的公正、对他人的爱一致呢？ 他说，因为你侵害了别人，别人就会报复，这样你也就永远不得安宁了。你爱别人才能得到别人的爱，而这对于你的快乐幸福是十分重要的。所以伊壁鸠鲁对正义和友谊特别关注，有许多论述和实践，《主要原理》中与此相关的条目占有一个相当的比重。实际上伊壁鸠鲁快乐主义里确实包含着相当多的道德要素，并且有同经验和个人生活紧密关联的优点。问题是这种道德的理论仅以个人利害为中心，

---

① D.L.，10.131-132.

因而它就成为对个人苦乐的精心计算,他人和社会的利益或所谓正义乃至友谊,只是在与个人利益有关时才被计算到。这样的道德论的基础总是有些问题的。

小结:

(1)“快乐”是伊壁鸠鲁学说的目的和核心。

(2)“快乐”的涵义(从消极方面说)是没有痛苦:包括身体的健康在内,但主要指的是心灵的宁静。后者主要是指:排除对神、对死的恐惧,还有对肉体方面的痛苦不必看得过于严重,认为它是易于忍受的意思。所以,总起来说,“快乐”是容易达到的。

(3)摆脱恐惧和痛苦,就是自由。在此基础上,伊壁鸠鲁也有对于快乐的积极主张,他认为友谊是人所能得到的最大快乐。

(4)“快乐”与“幸福”是同义语。

(5)“快乐”是主要的自然的善:因为没有一种快乐本身是坏的。

(6)但是,由于有些快乐会带来比它大的痛苦,得不偿失;有些痛苦在加以忍受后又会带来更大的快乐。所以“审慎”是最大的善,是一切美德的来源。

(7)哲学应当是为了人在生活中得到这种快乐和幸福的学说。离开这个目的的哲学是没有意义的。伊壁鸠鲁哲学是关于这种快乐和幸福的规定和论证,以及获得它的方法的理论;后者是同审慎完全一致的。

让我们记住伊壁鸠鲁哲学的这个出发点和归宿。无论它正确与否,我们应当从这里入手去考察,才算抓住了它的中心。他的哲学要塑造的是这样的理想的人及其生活:“你还能想象得出比这样一个人更好的人吗?—他对于神有虔诚的看法,对于死亡完全没有恐惧,他正确地思考了自然所确定的(人的)目的和领会到善（即幸福 — 引者注）的限度是容易达到的，而恶（即痛苦 —— 引者注）只是暂时和容易忍受的。他嘲笑和不信有些人拿来当作万物最高主宰的那个命运，而认为情况毋宁是这样：有些事情的发生是必然的，另一些则由于偶然，还有一些则是由于我们自己的作为。因为他看到必然取消了责任，机遇或幸运不常有，而我们自己的行动是自由的，这种自由是我们承受褒贬的依据。”如果一个人能日夜奉行这些诫命，那么他无论在醒时或睡梦中都会得到心灵的宁静，“会在人们中间活得像一尊神”。①

如果说这种快乐主义确实带有消极性质的话，它比起皮罗的怀疑主义还是积极多了。它毕竟正面肯定了个人的自我、自主、自由，并肯定了这个自我有一个积极的内容 — 快乐，认为是可以达到的。对于在充满狂风巨浪的汪洋大海里人生命运犹如一叶扁舟极不安宁的人们来说，伊壁鸠鲁哲学给其中一部分人 — 我想大约是比较重视希腊自由传统的尚可保持小有产者地位的并且较有知识的人们 —— 提供了精神上安身立命的一块绿洲。

四、与人生快乐相关的条件

（一）审慎

在40条中，除了讲四要目的1—4条，以及直接谈哲学体系三方面的7条之外还有29条。它们涉及人生实践智慧和有关社会关系的学说，非常值得我们留意。这里先作一番大概的浏览。

我们前边引述过他的关于“审慎”（prudence）是主要的善，

① D.L.，10.133-5.

它甚至比哲学还要可贵的说法（D.L.，10.132b）。这里第5条也谈到了它：

> 如果生活得不审慎、不体面（well）和不公正，就不可能生活得快乐；而活得审慎、体面和公正的，就不可能不快乐。但若只有体面和公正却不审慎，那么一个人就仍然不可能快乐。

这里译作“体面”的词，是希腊文 καλῶς，美好的意思，R.D.Hicks 和 R.M.Geer 用 well 译它，同我们日常说“生活得好，顺顺当当”这个比较笼统的意思差不多。Bailey 则用 honourably 来理解和翻译它。我们折中其意，暂译作“体面”[①]，我想实际上还要从伊壁鸠鲁所认为是人的生活所需的比较可以的物质条件、社会处境等加以理解。

伊壁鸠鲁认为，要去除痛苦得到快乐，除了内心不惧怕神灵、死亡，并认识到肉体病痛不难忍受，这几项大的方面之外，还必须解决日常生活的问题。在日常生活中要避免痛苦、得到愉快，需要有三个基本条件，它们是：（1）“生活得好”（καὶ καλῶς）的一些必要的物质条件和社会环境（其中最主要的是个人的财产和人身安全，关于这方面的问题我们下面讨论其他条目时会展开）；（2）“公正”（与社会正义相一致的对待社会的态度和生活方式，关于公正或正义后面也有一些条目展开）；（3）“审慎”。在他看来，只有前两条还是不够，如果缺乏审慎，还是不能去苦得快乐。我们现在先来谈谈他所谓的“审慎”。

---

① 王太庆先生指出，καλῶς 译“体面”容易被了解为中国人讲的“面子”，那就与伊壁鸠鲁主张的“自然”不一致了。其实这个字是 καλός（美）的副词形式，指的不是面子，而是“漂亮地”，如“这一着干得漂亮”、“打一个漂亮仗”之类。“生活得好”（και καλῶς）指生活得漂亮，包含“顺顺当当”之意，即“和美”，不是中国人讲的“有吃有穿的有福之人”。

“审慎”指的是一种实践的智慧,例如很实际、经验地对事情的利弊进行权衡计算。这种权衡和计算本身也是一种理性的活动,却是实践的而非学理的。伊壁鸠鲁认为,审慎的筹划、权衡、比较、计算不仅是人生活中时时必需的,对人获得快乐幸福关系极大的一种活动,而且和哲学的基本原理不能分开。因为,什么是我们应当选取的快乐和应当避免的痛苦? 这个伊壁鸠鲁哲学的根本问题应当如何正确理解,就离不开审慎的权衡。如他说,正因为快乐是我们天生的最高的善,所以我们并不选取所有的快乐。有些快乐会给我们带来更大的痛苦,我们就要放弃这些快乐。反之,若忍受一时的痛苦会给我们带来更大的快乐,我们就会认为这些痛苦比快乐还要好。(D.L., 10.129b)

第8条:

没有一种快乐自身是坏的。但是,有些可以产生快乐的事物却带来了比快乐大许多倍的烦恼。

第9条:

如果每一种快乐能积聚起来,如果能持续下去并能影响我们的本性的全部或其主要部分,那么一种快乐和另一种快乐之间就没有分别。

第10条:

如果那些使放荡的人快乐的事能够从我们心中驱除对天象、死亡和痛苦的恐惧,能教人明白欲望的限度,我们就没有理由挑剔这些放荡的人。因为他们被快乐所充实,处处洋溢出来,并且摆脱了身心的一切痛苦烦恼，即摆脱了恶。

在伊壁鸠鲁看来，把生活和哲学的目的规定为追求人生快乐是无可非议的、完全正确的。他在这点上不怕人家攻击，哪怕说他支持放荡也罢，他明确声称，只要真的能给人带来持久的充实的快乐，就不应该去反对。可见他不赞成放荡的理由，只是权衡利弊以后，认为划算不划算的问题；这同抽象的道德说教，同禁欲主义者是完全对立的。可见审慎不仅对日常生活中具体地权衡计算利弊以决定弃取是必要的，也直接关系到伊壁鸠鲁对什么才能算是真正的快乐或真正的痛苦的判定（学理上）。

伊壁鸠鲁派为什么把快乐定义为“知足”，让人只满足于简单朴素的生活如面包和水之类呢？人们通常都更喜欢高级的享受，觉得豪华难得的东西才能使人心满意足，认为这才是“真快乐”。伊壁鸠鲁也承认奢侈品能使人感觉快乐，可是这些奢侈品不是随时可得的，如果我们的快乐全要指靠奢侈物品，那么在无法得着它们的大多数时间里就会感到痛苦了。相反，如果我们满足于面包和水这类容易得到的简单东西，我们就能经常保持快乐，偶尔再享用点稀罕的奢侈品时，就会感觉更佳也会处理得更好。

快乐痛苦是同人的欲望得到满足与否相关的。但是人的欲壑难填，以快乐为人生宗旨的哲人，不能没有一个正确对待欲望的态度和办法。道貌岸然的道学家攻击人的欲望，伊壁鸠鲁是不能同意的。他认为对此只能分析、选择、衡量、计算，才会有正确恰当的答案：“在欲望中间，有些是自然的又是必要的，有些是自然的却并非必要的，有些则既非自然又非必要，仅仅是些来自虚妄的想法。”所谓自然又必要的，如渴了要喝水，满足了它就解除了痛苦；自然却并不必要者如奢侈的食品，它使快乐变换花样，但这对消除痛苦不是必需的；既不自然又不必需者，则如为追求王冠和为自己树碑立传之类。[①]

第18条：

> 由缺乏而产生的痛苦一旦消除，肉体中的快乐便不再增加，只有形式的变化而已。心灵的最大快乐，当我们想透了那些会引起心灵最大恐惧的事情和与之相关的事物时，就达到了。

第26条：

> 所有尚未满足却不会产生痛苦的欲望都不是必要的。当这种欲望难以满足，或者当这些欲望容易引起祸害时，对这些欲望的渴求是很容易平息的。

第30条：

> 当自然的欲望剧烈而倔强，但不满足它们并不引起痛苦的时候，便足以证明其中有虚浮的意见。如果没有能消除它们，那不是由于这些欲望本身的本性造成，而是由于人有虚妄的意见。

这是通过比较权衡所达到的对什么是真正的快乐，什么是自然而又必要的欲望之满足的规定。由此可见，伊壁鸠鲁哲学中最核心的东西 — 快乐，一方面是哲学对于人的生活、存在、生命的反思规定，另一方面又是反复权衡辨认的结果，同生活中的审慎体察有关系。

---

① 伊壁鸠鲁：《主要原理》第29条，以及《致美诺寇的信》，D.L.，10.127b-132b，两处文字完全相同。

这些是涉及“审慎”的一些条目，除第5条外，涉及此问题的有第8、9、10、18、26、29、30条等共7条。可见其重要。

如上所说，要求得快乐除了审慎之外，还要有“活得好”和“公正”这两条。它们也是不可缺少的条件。从个人来说，涉及他的财产、地位、安全和同他人的关系问题；从社会的角度说，就要涉及各种社会伦理道德和法律政治问题。伊壁鸠鲁在这些方面都提出了自己的见解，下面先看关于“活得好”的有关条件，即：

（二）财产和安全

第14条：

> 当我们从他人那里得到了大体上的安全时，那么，在有足够力量支持和物质顺境的基础上，就以一种真正的方式获得了离群索居的、宁静的、私人生活的安全。

这一条是所谓“生活得好”的基本解说，人若要得到日常生活的安宁快乐，首先需要在人际关系中、在社会中获得安全；与之同时还要有足够的物质条件加以保证。根据伊壁鸠鲁的实践和第欧根尼·拉尔修的报道，我们知道伊壁鸠鲁和他的弟子们反对毕达哥拉斯派团体在成员中实行通财共产的做法，认为那种办法所产生的朋友关系包含着彼此不信任。所以伊壁鸠鲁的主张是，必须实行财产的个人所有，同时实现人与人之间的友爱。他认为这样获得的友爱才是真实的。我愿指出伊壁鸠鲁的这个观点，同多数思想家以及大众的看法相当不同。人们都认为，私有财产使人与人分离对立，而最亲密的关系，如家庭成员之间和好朋友之间，就应该通财共产。所以伊壁鸠鲁实际上提出了一个很与众不同的看法，可是以前似乎没有被人注意。其实他的这个看法有着相当深刻的道理，关于这个问题说来话长，我们留到后面再谈。

伊壁鸠鲁主张财产私人所有，不过是小的所有制，以能够满足个人自己的自然生活需要为目的的所有制。因为他说："自然所要求的财富是有限的而且是容易得到的，虚浮的欲望所要求的财产是不能餍足的。"（第15条）从他对财产的看法，我们可以认为伊壁鸠鲁派在实际社会生活中的地位，应是小有产者阶层。他们的思想学说代表着这种阶层的利益，和过上平静幸福、心安理得生活的迫切愿望。

下面我们看看伊壁鸠鲁所说的有关"安全"的一些条目。

第6条：

> 为了从他人那里获得安全而采取的任何手段，都是自然的善。（R.M.Geer 把这条译为："任何手段，只要能使人摆脱其来自他人的畏惧的，都是一种自然的善。"）

这是说，安全是人摆脱畏惧即痛苦，也就是求得快乐幸福的相当根本的一条。这属于人生要义或目的之一，所以为此而采取的任何手段，都有自然之善的性质。伊壁鸠鲁的这一条，实际上是近代西方所谓自然法、自然权利思想的先声。换言之，任何人、任何个人，都有在他人侵犯自己时进行自卫的权利。它是合乎自然的，是自然的权利，是自然的善。应当注意的是，伊壁鸠鲁并没有主张为了自己的利益去侵犯他人和他人的正当权利，危害他人的安全（关于这一方面，伊壁鸠鲁在《主要原理》中提出的正义理论和社会契约学说讲得很清楚，下面我们会着重论及）。如果超出了自卫而侵犯了别人，那种个人主义是应当受谴责的。但是，自卫，为了自己的安全而采取各种手段进行斗争，那是合理的。不但不应受指责，而且应当得到保护和称赞。如果这也算是“个人主义”，那么这种个人主义就不应当否定。

伊壁鸠鲁提出这一条，反映出那个时代的希腊人的恐惧感、痛苦感，有大量的是来自社会和他人的，他失去了以前城邦所能给予的那种保障，以及相应的人与人之间的同胞情谊，所以他处处感到不安全。正是因应着生活在这个时代中的希腊人的需要，伊壁鸠鲁提出了为了人的安全所必需的社会观（社会契约理论和关于正义的政治法律观点）、新的友谊观、个人如何处世、如何自卫等的见解。它们从本质上说，是热爱自由和个人权利的希腊人，在新的极不安定的社会条件下坚持其个人自由与权利的产物，所以也是希腊人留给后来的西方世界的一笔宝贵精神遗产，一种得以延续下来的文化传统的基因。

直接同论安全有关的还有第7条：

> 有些人追求名望，这样他们就能在与他人的敌对中获得安全，如果这些人的生活确实是安全的，他们就获得了自然之善，如果并不安全，那么他们就没有达到他们受本性而开始追求的目的。

这一条实际上是批评那些追逐名誉和政治权力的人，指出他们自以为一旦得到了名誉、权力就能获得安全保障的想法是不可靠的。正如卢克莱修所说：

> 但人们总愿望取得荣名和权位，
> 以便他们的好运在坚固的基础上
> 能永远安稳存在，以便他们自己
> 能应有尽有，平静安乐地过生活——

但是,全都徒然;因为当他们
卖命攀登名位山峰的时候,
他们使自己的路径变成危险可怕;
而即使当他们有一天爬到了上面,
嫉妒有时会像雷电一样轰击他们,
轻蔑地把他们抛下到最黑暗的地狱里;
因为,瞧,所有的峰顶
和一切比别处更高的地方,
都受嫉妒的雷电所击而冒烟;
……
因此帝王们被诛杀了,
往昔宝座的威严和高傲的王笏
都被推翻而抛弃在尘土里面;
帝王头上那种如此庄严的王冠,
不久就染上血污而躺在庶民脚底,
后悔着它们的显赫不可一世——因为
既曾过度为人所惧,现在它们就遭到了
群众的鞋跟带着更大的热心加以践踏。①

伊壁鸠鲁代表平民小所有者,特别是受过城邦民主制度的自由民主精神熏陶的希腊普通平民之中善良人的愿望和理想,不喜欢也不羡慕那些现在在他们头上作威作福的帝王将相,对于这样一些人也有他们倒霉的那一天,不免幸灾乐祸,加以嘲笑,同时很喜欢把这些事作为教材,警诫世人,证明自己当一名普通平民还更容易获得安宁。这是各民族文化里都有的一种很正当的心理。《史记》记载当过秦始皇的宰相李斯,他的显赫和弄权曾不可一世,可最后还是落得个弃市腰斩、夷灭三族的下场,那个时刻已经悔之晚

① 卢克莱修:《物性论》,方书春译,商务印书馆1962年版,第331—332页。

矣，他握着儿子的手哀叹道："吾欲与若复牵黄犬，俱出上蔡东门，逐狡兔，岂可得乎！"

比起他来，庄子不受楚之重金聘，不愿去当大官的确要聪明得多。他把当人之官比作被人喂养得非常好，披金挂银，最后牵到祭坛上去做牺牲的牛。看透了这种事的庄子因此答复来聘他的楚王使者说，请不要来糟蹋我，我还不如做一头在泥中打滚嬉戏的小猪，能快意地自己生活下去呢。庄子的这种人生态度也是处乱世以自保的哲学之一。在这点上，同伊壁鸠鲁和卢克莱修有近似之处。但是，伊壁鸠鲁还是同庄子不同。他的个人安全自保的人生态度和哲学，多了一些积极的成分。他认为友谊和公正是一个人能够获得安全的最好保障。与之相关他提出了社会契约论的社会学说，这在西方历史上具有非常重要和深远的意义；他还提出了关于友谊的新思想，也有很高的价值。这些条目在40条中占着相当大的一个比重，实际上与专门谈如何得到"安全"的部分不可分，因为伊壁鸠鲁认为只有弄清了社会正义和友谊的问题，个人才可能明白如何得到真正可靠的安全。

所以我们需要着重地了解一下他的关于正义和友谊的论述。然后才算真的知道了伊壁鸠鲁对于人何以能求得安全的答案。

（三）公正和社会契约

关于正义或公正的实际问题和理论概念问题，以前的希腊政治家哲学家讲过很多。在这些讨论中也涉及社会契约说的若干因素。但是，把社会正义和人们的正义（公正）观念完全建立在社会契约学说基础上，又把社会契约看作人类历史发展的产物，从社会发展和在此社会发展中个人利益幸福的角度来阐述这个问题，可说是伊壁鸠鲁的特别贡献。关于这一个伊壁鸠鲁有重大贡献的地方,我想到后面再作较详细的讨论。这里只是为了便于讨论一些有关问题,而先对它作点扼要的说明。

1.没有抽象的正义,正义是同人们的利益和安全相关的

伊壁鸠鲁断然否认抽象绝对的社会正义观,而是把正义或公正置于功利的基础上,也即把它建立在人和人关系中每一方的利益和安全考虑的基础上,因此认定正义是一种人们相互约定的社会产物。他明确地说:

> 在不能达成一致以保证不侵害对方也不受对方侵害的动物里,没有什么正义或非正义这类的东西。在那些没有能力或没有意愿达成彼此不侵害的部落里,也是一样。(第32条)

根本没有什么抽象绝对的正义,或正义本身。正义不过是人们相互之间不侵害对方也不受对方侵害的一种协定。无论在什么地点、什么时间,只要人们订立了这样的约定,就有了正义。(第33条)

这就是说,没有人与人的相互约定就没有什么正义。这种社会的约定、协议或社会契约是怎样产生的呢?显然是一些在利益上有着相互对立和冲突的人们,通过他们自己的经验,认识到他们之间彼此侵害,实际上对双方的安全和生活幸福都不利,于是大家达成了协定,谁也不要再侵害他人的安全、财产和快乐幸福。换言之,人必须彼此尊重对方的权益。每个人在为他自己的安全、快乐而行动时,这个相互的协定就给出了一个尺度,制约人的行为不能超过这个限度。

2. 正义和社会契约源于独立自主的个人的利益，它的产生是合乎自然的

这种互不侵犯是每个人需要的，对他的安全有利，在这个意义上说，订立这种社会约定是符合人的自然需要或本性的。所以说：

> 从自然（本性）中产生的正义，是一种彼此有利的协定，它制止一个人侵害他人，又保护他不受他人侵害。（第31条，参照Bailey的译法）

可见，订立这种公约的主体，是自主的个人，他们在相互关系中每个成员都有其个人的独立自由之存在，有其私人财产和安全的极现实的利益，正是这种资格和利益推动他们彼此相约，互不侵犯。就正义和这种社会公约完全是从参与约定的这些个人的切身利益出发的而言，它的出现是自然的。但是它又是一种历史的现象，因为它是人类社会发展到一个阶段，人们相互利益发生分歧和对立以至侵犯的时候，才会感到有迫切地彼此订立这类协议的必要；还因为制定这样的社会公约的人们需要有相当的经验和能力；此外，还必须有能够保证约定实施的社会力量和措施，否则所订定的社会契约是无效的。关于这些认识，我们可以从卢克莱修《物性论》第五卷人类进化学说的一些描述看出。

3. 正义会随历史环境而改变，正义和法律有别

第36条：

一般说来，公正对于每个人都是一样的，因为它是相互交往中的一种互利。但是地点的不同及种种其他情形的不同，却使公正有所变迁。

第37条：

在由法律认定为正义的行为里，经过检验被证明对人们处理相互关系有益，就成为有保证的正义，不管它对所有的人是否一样。但如果有人制定的法律对人处理同他人的相互关系并无益处，那它从本质上说就不再是正义的。不过法律所认定的正义的用处是会变化的，它会只在一个短时间符合人们的期待，尽管如此，在这个短暂的时间它还是正义的，只要我们简单地注视事实，不被空洞的词句所迷惑。

第38条：

如果环境没有什么变化，那些被认为是正义的行为，在实际的行为中，已经显示出不符合正义的概念，那么它就是不正义的。但若情况改变了，那被认定为正义的不再有益，那么它是在一段时期是正义的，因为那时它对处理公民间关系有益；但后来它们不再是正义的了，因为不再有益。

看来，伊壁鸠鲁已经意识到他所处的时代巨变必然要求修改

正义的观念。正义或公正既然以社会中每个人的利益为出发点，要求所有相互交往的个人尊重他人的安全、财产和其他利益不予侵害，那么，随着个人之间实际社会结构关系的变化，用法律规定下来的正义必然有所不同。城邦时期的希腊人是一种关系，到了马其顿统治时期又是一种关系，那么从前认为是正义的，法律认可的，在新情况下就有待修正。不过，我们可以看出，伊壁鸠鲁对什么是正义，正义来自社会中每个人或所有的个人相互约定，这种约定完全是从各自的安全和利益的考虑出发进行协商的结果，等等，已经有了一整套的学说。所以我们可以判定，他和他的弟子们一定会要求把这种实际上源于希腊时期的社会正义观运用到希腊化时期来。他和卢克莱修在《物性论》中的这些论述都指明了这点。

4. 个人的安全同正义的深刻关联

按伊壁鸠鲁的基本观点，人原是自利的，只顾他自己的利益和安全而并不管别人的利益和安全，所以人本来不知道什么是正义，也不想按正义办事。这种状态不能算是人的过错。因此伊壁鸠鲁说："不义本身并不是恶。"但是后来当人们订立了互不侵犯的契约之后，如果再不义就是恶了。"它之所以是恶的，是因为有一种畏惧随之而来：害怕无法逃脱那些奉命惩罚不义的人。"（第34条）

但是，事实上，社会总是充满着许多侵害他人的罪行，并且那些恶人时常逍遥法外，享受比别人要多得多的快乐，而好人却受人侵犯，常常只能忍气吞声。公正和法律常常不能起多大作用。这是最使人产生疑问之点。柏拉图在《理想国》中就提出过这个问题。在这一点上，伊壁鸠鲁也只能用相当唯心的办法向人们提出劝告和警告：

> 一个人要想秘密地做违背人们为防止彼此伤害而订的契约的事情，而相信永远不被觉察，那是不可能的，哪怕他逃避人们的耳目已有一万次之多。因为直到他死，还是不能确定是否不会被发觉。（第35条）

这样的人就会永远生活在恐惧不安之中。伊壁鸠鲁认为，只要是在社会契约的条件下，违背者因为违背公约而生的内心恐惧本身，就足以使他意识到侵害他人不仅对他人是恶，而且对本人而言也是恶的了。

这里明显地还是从个人利益角度来看问题的。个人同他人和社会的利益有关系。按照伊壁鸠鲁的看法，本来好坏善恶只是由对个人有利与否、能否给个人带来快乐或痛苦来决定的事，现在要由相互关系中的协定来决定了。但是，这还是同个人利益不可分的。因为：（1）人们相互约定不要侵害别人也不受别人侵害，是一件不仅对公共安全有利，更对个人正当的安全有利的基本保障。按照伊壁鸠鲁的从个人出发的快乐主义，一个人无论进行自卫或进而做了侵害他人的事，只要目的是为了个人的安全和快乐，都不能算为恶，而可称作善；但是，按照伊壁鸠鲁的审慎的实践智慧，侵犯他人虽然有时可能给自己带来某些安全感或快乐，可是由于这样做必定会引起对方报复的后果，反过来就给自己带来了威胁、麻烦和无止境的烦恼和恐惧，就得不偿失了。所以对于个人来说，要想获得真正的安全和快乐，还是以遵守不侵犯他人的社会契约为好。正是这种权衡，使彼此有利益对立的个人都同意达成一个互不侵害的契约。（2）其次，在这种情况下，如果一个人为了自己的利益，违背了共同协定而侵犯了他人和社会，他就必须受到大家的惩罚，正义的惩罚，从而使他自己实际上认识到得不偿失。（3）在违约者逃避惩罚的情况下会怎样？即使一时不被发现，他也必定会总处于担心害怕之中。这是一种强制的力量，一种使违背社会契约的人失去安全感幸福感的威胁。因此，即使实际上某人的罪行没有被揭露没有受惩罚，但从内心而言，那种担心害怕，也会使他得不到任何真正的快乐，所以还是得不偿失。这几重的得不偿失，改变了人的主观思想，他原来只顾自己私利，现在他明白要真正达到私利，就必须同时尊重别人的私利，按照与他人协商的互不侵犯公约办事。

总的说来，伊壁鸠鲁的正义论和社会契约学说，并没有树立什么抽象的道德观念，也没有这类道德说教。它完全是从人们的现实利益关系，特别是从对个人利害的角度来考察问题，对人们提出思想指导的。

（四）友爱

正义或公正，人们互不侵害的协定，法律，这些都属于人获得安全的一些重要保障、基本保障。不过它们不是全部的保障，也不能算是最好的保障（因为它们的作用只在消极地防止和制止伤害，并且主要是从后果上来使人不敢轻易地侵犯别人，那些想侵犯别人达到自己目的的人，在行动之前必须好好衡量一下为此受到相应的惩罚是否合算。所以，如果那个违反正义的行为和人能够不被发觉，或者有办法逍遥法外，使惩罚的威胁不能生效，那些做坏事的人就会无所忌惮，这世界就不会有安全）。事实上，任何人都不会把安全的保障完全寄托在这种约定上面。与此相比，人类和个人的安全，历来还有另一种更稳固的保障。这就是他们的更为自然的共同体，和这种共同体中所有成员之间的自然的情爱。

我们中国人最熟悉的是家庭和家族的人伦关系，和同这种关系相应的人伦之爱。这种共同体的实际关系和与之相应的情感，是我们中国人得到安全感的基本来源和保障（至于正义、法律之类，我们以前反而不太重视）。这就说明所谓安全，确实需要另一种保障。这对希腊人西方人也是一样的。

希腊人在进入文明的初期，也有同中国人或其他民族类似的经历。他们保持着氏族和家族组织结构，建立君王和贵族制国家，但后来在商品经济无所不至的渗透下，个人从氏族结构中逐渐脱离出来，开始是使氏族组织变为比较有自主性的个人的联合体，后来进一步使氏族部落组织陷于瓦解，于是那与之相应的社会政治制度如君王和贵族统治也就被抛弃了。在自由经济和自由公民个人的新因素的作用下，希腊人组建起了新型的城邦民主制度国家，社会也改变了。于是希腊人就失去了古老的氏族和家族形态的共同体，代之而起的是新的城邦共同体，它是希腊人得到安全和获得幸福的新的保障。这对他们来说是一次巨大的变化。从前的正义和人间情爱是建立在氏族家族共同体基础上的，现在人们同样需要安全和情爱，但是必须适合新的情况，加以改造。希腊城邦时期的正义和人间情爱，由于比较注重公民个人的自主自由权利，也就注重个人之间的比较民主、自由和相对平等的讨论协商，所以希腊城邦这种共同体比较生动而富有生气，同东方式的氏族家族结构中的那种几乎没有什么独立的个人权利和个人发展、只有家长和贵族保护下的安全与和谐的情形，大为不同。这是一个很大的优点。不过，新的共同体也远不如氏族或家族结构稳定，其中包含的矛盾冲突相当多，并且不像老传统那样容易控制。希腊人为了维护他们的城邦贡献出伟大的努力和智慧，其中包括维护他们很重视的同一城邦中的公民之间的友爱。但是，现在他们又一次遇到了新问题。

希腊化的马其顿大帝国否定了希腊人的城邦共同体,使它们成为只是一个躯壳了。这个帝国不是希腊人自己的家园,不是他们自己的共同体,他们只是被迫服从。帝国不能给希腊人以安全,更不能给他们自由。在某种意义上说,生活在希腊化大帝国里的东方人还有古老的共同体传统可以作为他们生存的部分依靠,希腊人则早已失去了这个依靠,而且他们既然已经尝过了个人自由的生存趣味,极端珍视这种自由,只要有可能就要尽力保持这些自由的成果,那么他们就决不会再返回那古老的形态了。

那么怎么办?

一部希腊化 — 罗马时代的思想史哲学史,可以说就是以如何探索解决这时期的人的生存问题,包括安全问题、幸福问题、生活和生命的意义问题为中心的。如果说斯多亚哲学比较多地表现了在这个世界里生活的东方人的追求,那么伊壁鸠鲁则突出地显示出原来的希腊人的探求。上面我们说到关于正义(以及法律)应以个人之间互不侵犯的协定为基础的设想,就是一种唯有原来的希腊人才可能提出的重建这个世界秩序的观念。那原是希腊人建立他们的民主制城邦共同体的实践中所体现的一种理念,伊壁鸠鲁认为它也应当是新世界所应当遵守的理念,认为唯有如此,这世界才有可能得到安全和宁静。但是光有这不够,还要有爱。伊壁鸠鲁对此倾注了最大的希望。

说到人与人之间的情爱,古希腊人的观念已经发生了重大变化。和中国人的传统讲爱主要是人伦之爱非常不同,希腊人强调的是友谊(friendship)。他们的所谓友谊,把亲子、兄弟之爱也包括其中,或者说把中国人的所谓“五伦”都概括在内,却把中国人五伦中列为最后一伦的朋友之道作为总名。这在中国人或许以为奇怪,但是在希腊人却也已经成为自然,因为他们的生活已经不以家庭家族结构为主而以城邦和公民个人间的自由交往关系为主,所以他们关怀的人间关系和倾注的情爱也已经转向以维护城邦集体为主,以城邦内各个公民和其他成员之间的友爱为主,原先的氏族家族伦理和情爱反而降到次要和附属的地位。希腊人所说的友谊这个词 φιλια,原是由动词 Φιλεω（爱）变化来的,因为爱,人们才成为朋友（Φιλος）,所以在希腊语中,朋友、友谊和爱的涵义是相通的。

亚里士多德强调说：

> 友爱（φίλια,也可直接译为“爱”、“友好”——引者注）把城邦联系起来,与公正（δίκαιος,δικαιοσύνη,可译作“正义”、“公正”、“公道”——引者注）相比,立法者更重视友爱。因为团结一致近于友爱,而这正是立法者首先要达到的目的。还有就是要消除他们最厌恶的敌人——宗派集团之争。如果人们是朋友,他们就无需正义了；但是如果他们是正义的,他们仍然需要友爱。所以人们认为,正义的最真实的形式就是指它有着友爱的品质。①

如果我们注意到“友爱”在希腊人的生活中的特殊意义,它和希腊人所说的“正义”的关系,注意到希腊人的友爱观为什么同我们中国人的传统观念有很大区别,以及这样一些重要特点都和希腊人在生活共同体的结构上发生了由氏族家族向民主制的城邦变迁有关,我们就能比较清楚地理解伊壁鸠鲁对友爱如此珍视的理由,以及他的友爱观念的新发展之所在和意义。

40条的27、28条强调了友爱的最高价值,在最后，39和40条，

---

① 亚里士多德：《尼各马可伦理学》，1155a21-28,据 W.D.Ross 英译本。

仿佛是整个这40条的总结的地方，又指出了获得友爱和获得安全的不可分的重要联系。

第27条：

> 在智慧提供给人生的一切幸福之中，以获得友爱为最重要。

第28条：

> 我们相信没有什么可怕的事情会永远继续或长久持存。这种确信也使我们认清，即使在我们有限的生活境遇中，没有什么比友爱更能增进我们的安全。

伊壁鸠鲁的这个观点，同我们上面引述的亚里士多德的见解一致，即从内在的关系而言，友爱比正义更根本更重要。区别在于亚里士多德讲的是二者对维护城邦团结一致的价值，而伊壁鸠鲁讲的却是友爱对于个人（这些个人是希腊人，但是现在已经失去了自己的城邦，生活在一个马其顿的希腊化帝国里）的安全的价值。情况改变了。从一个意义上说维护城邦的友爱似乎更崇高些，但是，在一个只能谈个人安全的意义的地方，倒是通过伊壁鸠鲁的见解，为西方文化奠定了从纯个人的角度来看待友爱意义的思想基因。友谊和爱情，本来是个人之间的关系，从纯个人的角度看问题，新的友爱观也就能摆脱诸如政治的和与友情本来无关的社会因素的干扰，使友爱成为完全是为了个人的幸福而有其最高价值的东西。

第39条：

> 最善于应付外部环境中令人恐惧不安因素的人，尽其可能地结交朋友，对于不能结交的人也要避免结怨。如果这也办不到，就疏远他们，避免同他们交往。

第40条：

> 最能同自己的邻人搞好关系的人，就获得了最可靠的安全保证，能同他的邻人一起过最快乐的生活，享受最亲密的友爱。如果一个朋友早逝，他们虽觉可惜，却也不必哀恸。

这两段指明伊壁鸠鲁的整个人生关怀和思想学说，都是为了应付一个不安定的、对个人来说时常是可怕的外部世界，为了在这样一个环境中得到安全和尽可能的快乐。看来在这个世界或时代里谈正义是不大容易不大现实的，只可说有一种规律在，即：因为人与人之间互相侵犯的苦果，会迫使他们终于接受应有互不侵犯的公约，接受大家公认的正义。但是每个人是否遵守还是一个难以确定的问题，涉及许多的条件和情况。伊壁鸠鲁只能以谁违背公约就难逃惩罚，至少内心难以安宁来要求人不得破坏公约。但是，友爱则与此不同，它是每个人可以努力去做，并且能够做到的。他认为，只要人能对他人，包括对自己的邻居友善，就能得到回报，就能创造一个对个人友好的小环境，使自己获得最可靠的安定和幸福。至于大环境，那是人难以控制的，我们也可以不必过于操心。“高天寒流滚滚急，大地微微暖气吹。”这样，尽管大环境对我们不好，很危险，很可怕，我们也对此无能为力，可是我们有友爱，它是我可以自己努力获得的，我们岂不是也可以把自己的命运，自己的安全、快乐、幸福掌握到自己手里了吗？

几百年后，耶稣基督传福音，最核心的诫命也是“爱”：一是人“要爱你的主，你的上帝”，因为唯有上帝有无私的圣爱，上帝通过耶稣基督把这种圣爱赐给了人，保证了人有望得到这种爱，并且因自己从神那里获得了这种爱，而能够把它运用到对待别人；二是“要爱你的邻人如同爱你自己那样”，即“爱人如己”，也即是“友爱”。这是耶稣基督教导人在一个充满罪恶的世界里得救的根本途径。

这二者当然有重要区别。耶稣教人无私的神圣的爱，“爱人如己”的思想品质建立在很高的伦理道德基础之上，并且是以上帝的爱和对人的罪恶施行审判来保证的。与之相比，伊壁鸠鲁提出的友爱似乎不那么崇高，它是从个人的安全和快乐出发的，很功利（从个人利益出发能否建立真正的友爱，不能不说是一件可疑的事情）。但是，耶稣之所以要提出上帝的圣爱作为原则，正是因为他见到世上没有一个义人，到处都是罪恶，都是罪人；所以他所主张的爱人如己的友爱只能在宗教神学里谈。而伊壁鸠鲁却告诉人，告诉每个善良的人，该如何为自己和他人开辟一条和平共处、大家都获得相对平安的可行的路。从世俗的角度，伊壁鸠鲁的哲学倒是有其切实性的。

以上我们几乎谈到了40条中除了专门涉及哲学体系之外的所有条目。它告诉我们，伊壁鸠鲁的思想决不限于他的哲学体系三个部分的那些内容。实际上，体系中的三部分倒只是服务于他的人生哲学总目的和宽泛视野的一个部分，除了哲学体系，伊壁鸠鲁还研究了实践的智慧，研究了人如何获得安全的一系列从日常处世态度直至对社会正义、社会契约的学术观点。这不仅对认识伊壁鸠鲁派的立场和社会历史观有重要意义，对认识他的哲学理论的体系也是极为本质性的提示。

第三章 伊壁鸠鲁同德谟克里特及整个希腊哲学的关系

任何一个哲学，都是它所处时代的精神表现，所以要了解它，首先应当了解那个时代和那时代的人所关怀的是什么。同时，哲学作为高度抽象的深刻理论，又只能通过对以往哲学思想的继承与更新的形式，在概念和范畴中表现时代，所以我们更须从哲学思想的来龙去脉来认识它。在研究伊壁鸠鲁的时候，这两个方面都显得特别重要。上两章我们着重叙述了时代特点和伊壁鸠鲁哲学的宗旨，现在来谈谈他在理论上同先前哲学的关系。

一、所谓抄袭而且抄袭得很不成功之说

伊壁鸠鲁哲学在理论形态上是接着德谟克里特原子论来讲的，所以他和德谟克里特的关系是一个十分重要的问题。

从古代起就流行着一种看法，认为伊壁鸠鲁哲学不过是德谟克里特原子论的翻版，而他对于德谟克里特的修正又是不成功的。

第欧根尼·拉尔修报道说，斯多亚派的波西东尼（Posidonius）、尼可拉（Nikolaus）和梭特翁（Sotion）指责伊壁鸠

鲁,说他把德谟克里特关于原子的学说和阿里斯提波(Aristippus,昔勒尼派的主要代表,约公元前435—前350年)关于快乐的学说,当作他自己的学说来宣扬。① 西塞罗(Cicero)和同他谈话的学园派人 Cotta 都认为伊壁鸠鲁抄袭了德谟克里特。Cotta 问道:"在伊壁鸠鲁的自然哲学中究竟有什么东西不是来自德谟克里特的呢?即使他作了某些修改,但大部分是照着德谟克里特说的。" ② 而西塞罗自己的说法是:"伊壁鸠鲁对他所特别夸耀的自然哲学,首先是一个门外汉;他对德谟克里特作了一些补充,加了一些微小的修改,但至少在我看来凡是他想要加以改进的地方,他都歪曲了原意。…… 只有在他遵从了德谟克里特的地方,他才几乎没有弄错。" ③ 举例来说,伊壁鸠鲁所提出的原子偏斜学说就受到了很多的讥笑。西塞罗对此特别有说不完的意见,指责这是个虚构出来的"谎言" ④,说:"这种说法比起不能够辩护自己所要辩护的主张还更为不光彩。" ⑤

到了近代大体上也是认为,就伊壁鸠鲁是个自然哲学家而论,他只不过是德谟克里特的一个简单剽窃者。例如莱布尼茨(Leibniz)就说过这样的话:"我们对于(德谟克里特)这位伟大人物所知道的,几乎全是伊壁鸠鲁从他那里所抄袭的那些,而伊壁

① D.L., 10.4.

② 西塞罗:《论神性》,第1卷第26章第73节(缩称1.26.73),转引自马克思:《博士论文》,人民出版社1962年版,第4页。

③ 西塞罗:《论最高的善和恶》, 1.6.17-18、21,转引自马克思:《博士论文》,人民出版社1962年版,第4页。

④ 西塞罗:《论善和恶的界限》, 1.6,转引自马克思:《博士论文》,人民出版社1962年版,第70页。

⑤ 西塞罗:《论神性》, 1.25,转引自马克思:《博士论文》,人民出版社1962年版,第70页。

鸠鲁又常常不能在他那里抄袭到最好的东西。”[①]

这种看法对吗?

青年马克思在纠正这种历史偏见方面起了重要作用。他在自己的博士论文中专门研究过伊壁鸠鲁同德谟克里特的关系,在指出他们之间的重大原则分歧时,突出分析了伊壁鸠鲁优越于德谟克里特之处。后来学者们几乎都吸取或参考了这些见解。这对于我们是一个启发,实际上我们还可以从更多更深刻的方面重新认识伊壁鸠鲁的哲学。

说他的自然哲学继承了德谟克里特的原子论,当然是对的,可这只是事情的一方面,另一方面是他在继承中包含着重大原则性的批判。如果忽视这种批判,不注意二者之间的区别、对立及其重要意义,就不可能把握伊壁鸠鲁自然哲学之为伊壁鸠鲁哲学的特点和特殊价值。

在我看来,他们对立的根本点在对于现象、本质及其相互关系的看法不同。德谟克里特只相信本质即原子和虚空,对现象他认为是不真的,这是因为现象是人通过感觉所知,而感觉是相对的变幻的,不可靠。所以他对世界上的一切事情(它们的形态都是现象)持有怀疑论的态度,唯有谈到原子和虚空时他才确信无疑。伊壁鸠鲁则不然,他信任感觉,也信任以感觉作为基础的理性,所以他的自然哲学是从现象事物出发的。他在认识论上的第一条准则就是论证感觉的可靠可信;与之相关,他的自然哲学的最根本的命题并非如德谟克里特那样的“只有原子和虚空”,而是“只有物体和

① 莱布尼茨:《致德梅佐的信》,转引自马克思:《博士论文》,人民出版社1962年版,第53页。

虚空”[①]。在他看来,原子是物体的组成部分,或者说也是物体的一种形态;而原子的本原性有助于说明现象事物的构造、性质和规律。所以在他那里,本质并不是同现象隔绝无关的东西,而是在首先承认感性现象的前提下密切结合着。

伊壁鸠鲁区别于德谟克里特的意义,如果我们比较充分地注意到希腊哲学发展的整个线索时,就能显现得非常明白。因为孤立地站在德谟克里特的角度或一般物理学的立场,确实不易理解伊壁鸠鲁,并且反而很容易会认为是伊壁鸠鲁出了差错。由于德谟克里特是个大哲学家、原子论的奠基人和权威,所以后一种情况更为常见。我们在柏拉图和亚里士多德关系上也常见到类似情形,如有人特别喜爱柏拉图,认为他的思想最深刻,论辩最生动,相比之下亚里士多德似乎大为逊色,就扬柏拉图而贬亚里士多德。(其实亚里士多德思辨的生动深刻很难说就比柏拉图差,不过表现方式不大一样,应说是各有千秋。)可是评判一个哲学家应该依据的是什么呢?我想最要紧的总该是他在解决前人留下的问题上,和在他所处的时代中提出了什么问题,有怎样的新贡献或进展。从希腊哲学的发展线索来看,亚里士多德在柏拉图企图解决却没能解决的问题上前进了巨大的一步,我们就不能不承认他有一种比柏拉图更高些的地位。这种比较并不涉及两人作为哲学家个人谁更伟大的问题,只是从哲学长河中两人所占的位置来说的。当然在涉及具体问题时究竟谁优谁差,还得具体分析。我想对伊壁鸠鲁同德谟克

---

① D.L., 10.39b. 关于“物体和虚空”如何翻译,王太庆先生提出如下意见:σῶμα 或 body 之译为“物体”是受了物理教科书的影响,不能包括“身体”。而“身体”也不能包括“物体”。所以最好还是换成“形体”,两个方面都包括了。我认为王先生的意见是对的。只是因为我觉得在讨论自然哲学时大家习惯于“物体”一词,误解的可能性也不算大,所以这里仍然译成“物体”。

里特的关系也应如此看。我们应当有一种较高的看法作为指导,来分析二者的短长,把他们放到各自应有的地位。

二、试为伊壁鸠鲁在哲学史上的地位定位

按照我的意见,伊壁鸠鲁在哲学史上有这样一个地位:他既是希腊化时期新哲学的创始人之一,又是一位希腊哲学的最后总结者。

伊壁鸠鲁同德谟克里特的关系,有些类似亚里士多德与柏拉图。柏拉图和德谟克里特虽然伟大,但是他们在强调本质和理性的重要与可靠时,都对现象和感觉有过分贬低的倾向,也就都产生了不良的后果。亚里士多德对柏拉图的错误进行了批判,在解决现象和本质、理性和感性的关系,使二者统一起来的问题上,作出了重大的贡献,把哲学推进了一大步。同样,伊壁鸠鲁也纠正了德谟克里特的类似错误,使原子论实现了现象和本质、理性和感性的关系的统一,功绩甚为类似。

相比之下,亚里士多德作为希腊哲学的一位最后总结者,其思想体系在许多方面虽然要比伊壁鸠鲁更宏大精深,却由于他没能摆脱客观唯心论的基本倾向,不能真正实现现象和本质的一致,又未能把握历史的新变化,就不能过渡到建立新时期的哲学,在这些地方不如伊壁鸠鲁。

就新时期的几家哲学而言,如果说皮罗是以怀疑主义对以往全部希腊哲学提出质疑和否定的总结者(这也是一种总结),那么,伊壁鸠鲁则是在新的时代环境中唯一的以积极态度总结希腊哲学发展,并使之成为新时代哲学的人。

至于斯多亚派,我以为可另作别论。因为它尽管也提出了一种

肯定性的哲学，也吸取了许多希腊以前哲学的成果，实在说来，由于它带有比较多和浓厚的东方思想因素和色彩，可以认为是一种更典型的希腊化—罗马哲学，不能算是原先希腊哲学的延伸或转变。

三、希腊哲学的本原和本体论：在现象与本质关系上的困惑和进展

我在10多年前曾专门研究过希腊哲学的发展线索，在《哲学的童年》一书中有一个比较详细的说明。我认为在这里简要回顾一下这条发展线索，对于我们弄清伊壁鸠鲁哲学的精神实质，有非常本质的意义。

希腊哲学从一开始，就在追寻自然万物（现象世界）中的统一和普遍的原因，他们称此根本的原因为“本原”（或译作“始基”，ἀρχή）：

> 万物都由它构成，最初都从它产生出来，最后又归于它……那就是他们（指最早的哲学家们——引者注）所说的万物的元素和本原了。[①]

这就是在自然的现象中寻求本质。

从泰勒斯（Thales，公元前7—前6世纪）提出水是自然万物的本原起，米利都派、毕达哥拉斯（Pythagoras）派和赫拉克利特（Herakleitos）派相继地向前发展，构成了希腊哲学的最初形态。他们用人的经验和理性可以理解的方式，取代神话，来认识自然和世

① Aristotel，*Metaphysics*（以下缩称 *Met.*），983^{b}8-11.

界——用本原代替了那些神的地位和作用。通过对本原的探寻，哲学一步步地把握住自然纷繁现象中的本质和规律性，反过来又以这些本原即对本质和规律性的把握，企图合理地解释所有现象。这三派哲学实际上已经概括了许多自然现象中的重要本质东西，有的已经相当深刻，但是我们必须说它们还是极其原始素朴的。为什么呢？这是因为，他们用来概括本质和规律性的思维还没有达到纯抽象形式的逻辑思维水平，或者说，都还沉浸在感性的思维里，没有与之分离。例如，毕达哥拉斯的范畴如“数”、“十个对立面”、“有规定者”和“无规定者”，等等，虽然已经有了相当高度的抽象水准，却仍然总是同实物的点子、混沌以及各种感性形象混在一起无法分开。又如赫拉克利特的“逻各斯”（λόγος）指最普遍的辩证法规律，可是这个“逻各斯”只是存在于“火”的生灭流转中，或河中不断流逝的水流等感性形象比喻中的东西。高度概括的本质同感性现象纠缠在一起，不具有符合自身的概念逻辑思维的形式，从而流于只是一些猜测、洞见和领悟，既谈不上严格的推理论证，也缺乏理论思维的确定性。它向人们提供的只能是一幅笼统直观的感性世界的图画。

这说明哲学在认识世界时，从现象上升到本质并抓住这本质，并不是一件容易的工作。原始素朴哲学尽管实际上已经上升到本质、抓到了本质，可是因为没有获得那真正适合于把握本质的思维形式，结果还是上不了水平，没有能够抓得住那个本质。所以，当把握世界的思维必须越出感性的范围得到发展，以确切地认识世界时，哲学就进入了下一个阶段。

希腊城邦古典时代的到来，为哲学进入新阶段提供了历史条件和环境。

巴门尼德（Pamenides）是新哲学的第一人和奠基者。他以彻底批判赫拉克利特的“万物流转”辩证法的方式,正式告别了原始素朴哲学思维的感性性质和世界观的不确定性。他提出“是”(=“有”)作为理解与把握自然“本原”的新范畴,这个“有”或“是”后来就成为希腊哲学和西方哲学中一直视为中心的“本体”范畴。

在希腊语文中乃至一般西方语文中,“是”也就是“有”。因为 ἔστιν 和 μήεστιν ,或 τό ὄν 和 μήτό ὄν 本意只是“是”。英译为 to be 或其动名词 being 也是同样的意思。所以巴门尼德的这个 τόὄν 范畴,我们本来应译为“是”或“是者”(所是的那个东西)。巴门尼德为什么用这个词来表示本原或本体呢? 因为他认为一对象之所以是它的那个东西,对它来说最根本。这就是该东西的本质或基础。而“是”同时也表示了人对所研究的东西明确有所肯定的判断(“它是什么”)。事物的本质和我们对它的判断原来有关系,因为判断要肯定的,正是对象之所以是它的那个东西。凭着那个是(本质),我们才能说“它是什么”。其实中文里的“是”字也有类似的用法。例如我们有“实事求是”一语,其中的“是”指的就是事物中的那个本质,是作名词用的。还有“当是时”这个用法中的“是”也作名词,指“正当‘这一个’时候”。同样,中文的“是”也是一个用来进行判断时表示肯定的动词。这些都是同希腊人西方人的用法类似的。巴门尼德认为,自然之所以是自然,它之所以为它,就因为它有这个“是”,而人们肯定这一点也用“是”来肯定。因此这个“是”才是最根本的东西,是本原、本体。

但是我们中国人还是不习惯于用“是”字来表示哲学中的本原和本体。我们中国哲学里最抽象地表示本原、本体的范畴的词,是“有”、“无”(如《老子》);而最近似于他们的“是”范畴的是“有”,虽然具体涵义和运用同他们并不尽同,总是表达了一个最抽象的本质,和对世界与事物有所肯定的意思。所以我们可以中译其为“有”。事实上,西方人在用“是”表示自然和事物的本质以及对它的肯定的时候,也就表示了它的有或存在。所以中译为“有”是可以的。至于“存在”一词,现在是个相当通用的译法,却是有毛病的,因为我们已经用来翻译 existance,那是表示具体的存在,而 being 的意思只是抽象的“是”和“有”,如果我们再用“存在”一词来翻译它,就会带上具体东西的涵义,而丢掉了它原来正是同现象东西分离的基本涵义。所以我们不赞成用“存在”来翻译巴门尼德的 τó ὄν 或 being,一般说来也不赞成用它来表示希腊和西方哲学中的这个范畴。只是在对于那些主张把本体与现象沟通、统一起来的哲学时,有时可以使用而无害。

我们在这里要说这么多话,是为了纠正这些译法很容易引起的对人家原意的不理解甚至误解。在弄清巴门尼德哲学的意义时尤其需要注意这一点。

巴门尼德要求对于自然必须在“是”与“非是”(即“有”和“非有”)之间,作出非此即彼的明确的判断。结论便是:只有有,没有非有,是就是是,绝不可能又是非是。因此,对自然和世界的肯定就决不能又对它否定,乃是确定无疑的。赫拉克利特式的万物既有又没有、既肯定又否定的逻各斯,在他看来只是一种胡说,必须用对于“是”和“有”的明确肯定所代替,用逻辑思维的确定性所代替。原始素朴哲学及其感性思维方式,从此就让位给纯理性的逻辑思维方式,一种新的古典时期的希腊哲学便开始了。

“是”或“有”是希腊人对于世界和自然的最基本的概括,最抽象的规定。显然在抽象性上远远超过了水、火、气乃至“数”之类的东西,这抽象是对自然的最根本性质的概括,最高的共相。他们认为这是绝对的东西。希腊人肯定自然自有永有,决不会变为虚无,这种看法表现出他们那时期的积极生活态度,并且从此奠定了西方哲学的最根本的逻辑起点,也为科学的产生发展建立了一个牢固的出发点。西方哲学一直把“有”和“是”作为他们哲学的核心范畴,应当追溯到巴门尼德的贡献。

这是一种与现象完全对立的本质世界观,带着感性色彩的本原让位于非常抽象的范畴所表示的本体。于是原始素朴哲学的本原论变成了古典时期哲学的“有”论或本体论。巴门尼德的哲学基本命题是一个里程碑——唯有本质的和共相的“是”才是真实的实在。

一种新东西的诞生常常必须表现为转向另一个极端,因为非如此不能实现转变。不否认原始素朴哲学,巴门尼德就不能提出新哲学,可是他的批判走了极端,很片面。他以“是”作为唯一真实的本体,虽然实际上是从现象万物中得到的本质,但是因为他是通过与感性现象绝对对立的思维方式来理解的,就导致这个本质的“是”完全脱离了现象。与之相反,现象就被他看成是完全没有真实性的东西,而感觉则被视为使人远离真理的迷途。于是他在得到“是”这个万物最普遍的本质以后,就再也无法返回到现象的自然万物了。它成了纯粹孤立抽象的东西,不能解释自然现象的多样性,连事物的生灭运动也无法解释。并且,既然不能解释,按照巴门尼德和爱利亚派的逻辑,就必须加以否定。他们说,“是”(“有”)是唯“一”的,因此任何“多”,包括自然事物以及观念的多样性就都是虚妄的,不可能存在;它作为“是”和“有”是永恒不变的,不能与“非是”和“无”并存,而运动之为运动正是某物既“是”在这里同时又“不是”在这里,产生是从无变成有,消灭是从有变成了无,于是运动和生灭这些明摆着的事实,在他们看来就是不合道理的,只是一些不真的假象。他们那种天真的勇气真是可爱!芝诺对运动等等的不可能性的论证,是人类思维史上的一大杰作,充分显示了逻辑思维在其开端的时候,有何等的自信和勇敢。人们不能不承认逻辑的力量,但是如果这种逻辑的结果是要否认我们人生活于其中的现实世界、万物的多样性、运动和生灭,那就有问题了。或者是逻辑本身发生了问题,或者是用来把握自然的那个本质东西还没有真正被人弄清楚。总之,本质固然要紧,现象也不该否认。巴门尼德和爱利亚派只要本质本体不要现象,不能不引起人们的普遍抗议、批评和进一步的思考。

于是希腊哲学往后的发展就出现了一种正好相反的运动:"拯救现象。"

当然这不能是简单地再回到原始素朴哲学,而只能是在巴门尼德的自然自"有"永"有"决不能成为"无"的基本前提下,向着现象的回复。换言之,现在的任务是要寻求使我们所把握的本质能够和现象结合沟通的办法,使二者统一起来。

拯救现象,使抽象的"有"同现实具体的万事万物联系起来的哲学运动,始于恩培多克勒的"四根"说。他坚持巴门尼德的基本命题,批评否认这个基本原理的人思想短浅,"他们竟以为原先没有的东西能够产生,有的东西会消灭和完全毁灭。因为根本没有的东西要产生是不可思议的,而有的东西被消灭是不可能的……因为它将永有,不管把它放在哪里。"[①] 但是与巴门尼德不同的是,他要用这个原理说明一切现象,不赞成对"有"="是"只作简单抽象的了解,而认为现象的多样性和运动生灭可以和本体的"有"之永有并行不悖。他的办法是,把巴门尼德的唯一的抽象的"有"分为四种即水、土、气、火"四根"。现象中的各种事物由四根的结合与分离来造成,这些东西的灭亡是结合着的四根又分解了,

① G.S.Kirk & J.E.Raven, *Presocratic Philosophers*(以下缩称 PP),Cambridge,1962,p.323.

所以“有”还是“永有”，它们本身没有生灭，而现象事物的生灭又得到了说明。为了解释结合与分离的变化动力，他还在四根之外加上了“爱”和“恨”两个本原。与上述拯救现象的努力相一致，恩培多克勒重新肯定了感觉对于认识的意义，针对巴门尼德的观点，他说：

> 你要尽力考虑每种事物是怎样显现的，不要认为视觉比听觉更可靠，也不要把轰鸣的听觉置于舌头的清晰的见证之上，也不要贬低任何其他感觉的重要性，无论哪种感觉都是一条认识的途径，只要你思考每种事物时照它们显现的方式来进行。①

阿那克萨哥拉的“种子”说，是接着恩培多克勒“四根”说来说的。他认为把永有永是的本体只规定成四种，对于说明现象的多样性还是绝对不够的。因为万物的性质无限，每一种现象都需要从本原中获得它的解释，那么“有”就不应只是几种或有限的种类，而必须同样是无限地多。于是他就提出无论在数目上和性质上都是无限多的“种子”来代替“四根”作为本原。同时他还提出“心灵”作为造成万物运动、秩序、彼此结合与分离的动因，来代替“爱”和“恨”。在解释“有”应如何规定以及如何说明本质与现象的关系上，比恩培多克勒的水平前进了一步。

与阿那克萨哥拉同时代略晚的另一个当时也很著名的哲学家阿波洛尼亚的第欧根尼，以重新提出“气”作为本原的方式，对上述从巴门尼德以来的拯救现象的哲学问题，作了一个相当简明系统的解决。在他看来，“如果在现存世界秩序中存在的事物 — 土、水、气、火以及显现的一切其他事物，都是彼此不同的（这个不同是指它们的本性不同），在经历许多变化和分化时没有能保持一种

---

① PP., p.325.

本质上的同一性,那么就没有办法能使它们彼此混合,它们也不能互相帮助或互相为害,植物也不能从土里生长起来,生物或任何别的事物也不能产生,除非它们是同样的东西才会有上述这些结合。所有这些事物都来自同一东西的分化,在不同时间里变成不同的种类,并返回于统一东西中去。”①

这就是说,在阿波洛尼亚的第欧根尼看来,以“四根”特别是“无限多的种子”作为本原是有毛病的。因为这只是从照顾现象多样性而规定为“多”,却没有考虑到本原作为贯通万物的本质东西恰恰不应是“多”,即本性各异的东西,而应当是“一”。本质和现象,本质的“一”同现象的“多”,应当是沟通的。因此,现象事物只能是同一个本体的分化与结合,他认为这应当是“气”,因为“气”既是“一”(一种本体)又是“多”(分为许多微粒,能够组合分解成各种不同的现象事物)。他还把爱和恨或心灵之类,包括生命和精神的作用,都归之于气,并称“气”就是“神”。这种新的气本体说,初步解决了把“有”和现象统一起来的问题。

值得注意的是,阿波洛尼亚的第欧根尼还提出了“虚空”。在虚空中气的微粒子运动聚散是他说明世界的基本方式。

> 他的意见如下:气是元素,有无数的世界和无限的虚空。气的浓和稀产生世界。没有任何东西来自非有,也没有任何东西消失为非有。②

可见在他这里,有的只是“气”和“虚空”,而气是无限多的微粒,在虚空中运动并彼此结合分散,以浓聚和稀化状态形成土、水、气、火,进而构成万物。这种看法,已经同留基波的原子论观点

① PP., p.431

② D.L., 9.57,参见PP., p.432英译文。

非常接近了。

留基波是原子论的最初创始人。他几乎完全接受了爱利亚派关于“有”同“非有”绝对对立,以及虚空在没有事物充实其中的意义上是“非有”的观点。但是他不放弃现象,肯定感性事物及其生灭和多样性也有其存在。为此他对爱利亚派的观点只作了两点小小的修正:

1.那非充实的虚空(爱利亚派认为的“非有”)终究还是有的。

2.作为绝对充实的有(即爱利亚派的纯“有”)是一些微小的粒子,为数无限,也就是原子。亚里士多德介绍他的观点时说:

> 有些早期哲学家认为“有”必然是“一”和不能运动的。他们认为虚空是“非有”,但若没有独立自在的虚空,“有”就不能运动,而且也不能有“多”,因为没有东西能使多数的东西展开。……
>
> 但是留基波想到他有一种理论能与感官知觉想一致,而不必取消生灭、运动和事物的多样性。他向感觉的事实让步;另一方面他也向主张“一”的人让步,即承认如果没有虚空就不能运动。结果他提出了如下的学说:虚空是“非有”,“有”没有任何部分是“非有”;因为“有”这个词在严格意义上说是绝对的充实(plenum)。但这个充实者却不是“一”,相反,它是为数无限的“多”,并且由于体积微小而不可见。这些“多”在虚空(因为有虚空)里运动,并由于结合而造成“产生”,由于分离而造成“消灭”。①

在亚里士多德看来,留基波的原子和虚空的理论,其意义正在于“向感觉的事实让步,也向主张‘一’的人让步”,把爱利亚派的“有”同感性知觉到的现象一致起来。这种学说显然没有阿波

① Aristotle, *De generatione et corruptione*, 325^{a}2-6, 325^{a}22-32.

洛尼亚的第欧根尼所批评的“四根”说和无限的“种子”说的弊病。因为“四根”和“无限的种子”是一些带着感性性质的“多”的本原，这些感性性质使四种“根”或各种“种子”分离而不能使它们统一，彼此就无法发生关系和实现结合和分离。而原子是不带感性性质的真正的纯“有”，即只有绝对的充实性这种本质，上述困难就消除了。原子论同爱利亚派同样只承认纯“有”这唯一的本质或本体，区别只是把一个整块的“有”分割成数目无限的微粒，即数目为“多”，而每一个微粒仍然是一个真正巴门尼德式的“一”、“有”。作了这点修正之后，靠着无限多的原子在虚空中运动和彼此结合，就能解释现象事物的差异和多样性、生灭等等。原子论在解决现象一极同本质一极的矛盾使之统一并有一个贯通的说明上，比四根、无限的种子说，乃至比新的气一元说水平更高，不过在德谟克里特以前，它的影响还不大。

这时，希腊历史以希波战争的胜利进入了它的古典繁荣时期，其突出标志是雅典在伯里克利领导下，达到了城邦民主制的鼎盛阶段。阿那克萨哥拉以“‘心灵’安排万物秩序”的思想，在哲学上反映出雅典帝国及其民主制的强盛、能动性的巨大发挥与信心；接着而来的智者思潮，更突出地反映了这个时代的新需要。

智者关心的是城邦的政治事务，以收取学费，教公民中的年轻人学会如何在公众场合进行辩论取得胜利为业。他们改变了以前希腊哲学一直以自然探究为主的方向，把哲学变成了人本主义的。普罗泰哥拉提出了新的哲学原则：“人是万物是尺度，是是之为是的尺度，也是非是之为非是的尺度。”他第一次把关于（自然之）“是”的本体论学说同人本身联系起来，使所谓纯自然或纯客观的“有”和“是”成为一种只是在人看来如何的事情。也就是说，人认为那是“有”和“是”的，就“有”和“是”，此外再没有别的什么“有”和“是”。自然是在人看来的自然，这是一个重大变化。

另外，人用以衡量万物的“尺度”指的是什么呢？在普罗泰哥拉看来，就是人的感觉。例如，同样的风刮着，我们之中有的人觉得冷，而另一些人不觉得冷，或者有的人觉得稍微有点冷，而另外的人觉得很冷。在这种情况下，我们应该说风本身是冷的，还是说它不冷？普罗泰哥拉认为，风对于那个觉得它是冷的人来说是冷的，而对于不感觉它冷的人来说不是冷的。[①] 换言之，问风本身是冷还不是冷，是个没有意义的问题，一个事物“是”什么，只能凭人的感觉来定。

普罗泰哥拉把感觉认作知识和真理的标准，否认离开人对事物所感知的东西之外还有什么抽象的事物本质。这样，在他看来，自然就成为只是现象的东西了。他和其他智者特别注重和强调感觉的意义，是同他们强调城邦公民的个人自由，人人都有权利发表自己的政见和意见相关的，是为此而提出的哲学根据。因为每个人都有自己的与别人不同的感觉，所以他们眼中的世界不必相同，可以发表各自不同的意见。在雅典和希腊各邦及其民主制度处于上升繁荣的时候，公民的意见纷争总的说来利大于弊，所以这种哲学一度大行其道。

从希腊哲学的行程看，普罗泰哥拉标志着从恩培多克勒开始的向着感觉主义现象主义发展的彻底完成，把它推到了一个顶点或极端。个人的感觉和与此相关的现象事物成了真理和真实的准则，或者说，感觉和现象本身就是本质，此外再无什么别的本质。于是，同巴门尼德完全相反的一极出现了。

智者的哲学深刻地提出了人和自然的关系问题。认为人对自

---

① Plato, *Theaetetus*, 151e-152b.

然的认识并不是和人本身无关的事情,人既是主体,那么人所说的自然万物的“是”或“有”当然是在人眼中的那个样子。另外,他们说认识必须首先是感觉,这也是正确的。这两点都是对于巴门尼德命题的带根本性的纠正,是对希腊古典哲学发展的重大贡献。但是物极必反,强调人的主体主观方面就不顾事物自身的客观状况和本质,强调感觉就否定理性,也是绝对不行的。它同样也引起了深刻的抗议。于是,另一种哲学运动就发生了,它正好和巴门尼德之后的那种运动的方向相反。以前要“拯救现象”,现在的问题是要“拯救本质”了。

这时雅典和整个希腊世界出现了危机,雅典在伯罗奔尼撒战争中败北和衰落,使以前的繁荣走向反面,暴露出它原来有那么多的矛盾和丑陋。以前被年轻人和政客们喜爱的智者派思潮堕落成诡辩的风气,现在已经使人感到反感厌恶。时代的变迁使哲学的进一步转变不仅成为可能而且成为迫切的需要。为了探寻拯救城邦的道路和真理,苏格拉底和柏拉图大力批判智者的诡辩及其哲学基础,提出了新的人本主义和理性主义哲学,其基本形态是“相”论(旧译为“理念”论,此译法是不妥的)。而在希腊的另一城邦阿布德拉,则出现了接着留基波来发展的德谟克里特的原子论,同样是向本质和理性的复归,不过采取的形态主要还是自然哲学的。这是普罗泰哥拉之后哲学的重大发展。

关于德谟克里特,特别是关于苏格拉底、柏拉图和亚里士多德的哲学,我在《哲学的童年》一书中作过相当详细的阐述。由于该书以希腊(城邦)时期的哲学为限,不能包括伊壁鸠鲁,所以自然以亚里士多德为该时期哲学的总结。如我在前面所说,实际上伊壁鸠鲁既是新的希腊化罗马时代哲学的重要创始者,也是对于整个希腊哲学发展的一个继承与总结,只不过主要是沿着自然哲学的路线，特别是留基波和德谟克里特的路线来总结，与亚里士多德有所不同罢了。

为了比较准确地为伊壁鸠鲁哲学定性定位，重点分析一下德谟克里特哲学的地位和性质是必要的。而为了探究留基波、德谟克里特、伊壁鸠鲁和这三者的关系，参照一下苏格拉底—柏拉图—亚里士多德一线又能给我们很好的启发，所以我在下一节专门来谈谈这个问题。本节在一定意义上是为此所做的准备。这里先以一个简表小结一下本节所述的要点。

标志者	哲学运动的性质
原始素朴哲学： 米利都派 毕达哥拉斯派 赫拉克利特	从现象中寻求本质（本原），但仍旧在感性思维的形态之中。
希腊古典时期哲学创始者巴门尼德及其爱利亚派	达到用理性的逻辑思维来确立本质。建立了唯“一”的、不运动的“是”或“有”论（本体论）。拒绝一切现象，否定了感觉在认识真理上的任何价值。
A. 恩培多克勒 阿那克萨哥拉 阿波洛尼亚的第欧根尼 B. 留基波	“拯救现象”：承认巴门尼德“有”论的基本前提，同时承认现象，用微粒之“有”的结合与分离来实现本体本质同现象的一致。两种方式： A. 用“四根”、“无限的种子”变巴门尼德的“一”为“多”（从性质和数量两个方面）；终于又返回本性为“一”同时数量无限多的“气”。 B. 变巴门尼德的“有”为充实的“原子”和非充实的“虚空”。原子数量无限多但本性为纯粹之有是相同的，每个原子都是一微型的巴门尼德式的“有”。

（续表）

标志者	哲学运动的性质
普罗泰哥拉和其他智者	一切是现象；人的感觉就是真理的标准；同巴门尼德的极端相反的另一极端：完全否认本质，认感觉到的现象就是本质。
A. 苏格拉底 柏拉图 B. 德谟克里特	“拯救本质”： A. 沿着人本主义和抽象逻辑，追寻事物中的“一般定义”，进而确立“相”——客观唯心论的路线； B. 沿着自然哲学唯物论的路线，用发展留基波的原子论方式。 二者尽管非常不同乃至对立，却都带有强烈排斥感觉和现象的倾向。认为唯有理性才能认识真理和真实，但是在完全排斥感觉和现象中，柏拉图又感到某种迷惑。
A. 亚里士多德 B. 伊壁鸠鲁	信任感觉和经验，同时决不否认自然有其本质本体和理性的重要性。因而再度寻求本质和现象、理性和感觉的统一。 这二人继承和遵循的路线有别，实现其任务的方式不同。

四、德谟克里特的特点和伊壁鸠鲁对他的批判态度

学者们对于原子论是重视的，但是常常只注意了德谟克里特，而很少给留基波和伊壁鸠鲁以足够的重视，所以对他们这条线索

的切实发展很少作历史的研究（同对苏格拉底 — 柏拉图 — 亚里士多德那条线索的研究和认识相比大为不如）。因此，尽管人们对德谟克里特较为重视，却缺少放在历史的发展线索之中的理解。从而所谓理解了他，其实还未见得。

所以我们现在必须去做的一件事，就是重新研究留基波 — 德谟克里特 — 伊壁鸠鲁这条线索。我们从整个希腊哲学的发展和上面已经初步谈到的这三位哲学家的某些特征来看，可以认为这条线索也是围绕着现象与本质、感觉和理性这一基本问题来开展的。因此，我以为把它同形态上虽然有别但在这个基本问题上表现得更加明朗的另一线索加以对比，会有助益。

显然，由于雅典是希腊文化的中心，城邦民主政治制度的中心，出现在这里的重要哲学家普罗泰哥拉和苏格拉底、柏拉图又是新起的人本主义的开创者，不仅影响大，人文的争论研讨内容也比别处格外深刻丰富，所以在他们身上，不同的哲学倾向的表现形式特别鲜明，具有戏剧性。柏拉图的对话和亚里士多德的著作，又把这一切刻画得异常清楚，因而这一线索发展的特征比较容易了解（虽然理解清楚也并非容易的事）。

就这点来说，从一个边远的城邦阿布德拉产生和逐渐扩展其影响的原子论哲学不免相对逊色。但如果我们从希腊哲学发展的全局看，实际上原子论在希腊哲学中的重要性，决不亚于雅典哲学。这首先是因为留基波首创的原子论同古老的自然哲学传统保持着最紧密的联系，并且在对巴门尼德“有”论的继承和改进的问题上，即如何解决既要维护本质之“有”不变，又要能由此本质解释现象的多样性和运动生灭同样为“有”这个基本问题上，留基波的原子论比别家学说都更加简要清晰，也更成功。其次，虽然德谟克里特并未到雅典活动，他仍然是希腊哲学中唯一的一位能够与柏拉图齐名的大人物,留基波的学说因他而发扬光大了。不久之后德谟克里特的名字就传播到希腊各地,到处都有他的弟子。最后当城邦时代终于过去,历史进入希腊化时期,亚里士多德和柏拉图的学派影响纷纷下降的时候,伊壁鸠鲁使原子论哲学在雅典得到了重大的发展和传播。它显示出原子论终究是希腊和雅典的最重要的哲学形态,成为希腊人留给后世的一个主要的精神财富。没有原子论的希腊哲学和希腊科学,同没有苏格拉底、柏拉图和亚里士多德的希腊哲学一样,都是不能设想的。再次,希腊精神在不断深入于世界万物的本质和以本质解释现象的曲折过程中所获得的哲学进展,不会只体现在雅典学派上,事实上也体现在原子论这一线索中,资料已经表明了这一点。不过我们还需要作些澄清和专门的分析,才能把这点明白地揭示出来,并阐明其意义。

对比易于显示。苏格拉底 — 柏拉图 — 亚里士多德是我们讨论留基波 — 德谟克里特 — 伊壁鸠鲁的参照系。长话短说,让我们选用若干关键性的材料,扼要指出标志他们每个人特征的要点。

苏格拉底

亚里士多德指出:

> 有两样东西完全可以归功于苏格拉底,这就是归纳论证和一般定义。这两样东西都是科学的出发点。但是苏格拉底并没有认为这些共相或定义单独存在,而另一些人却认为它们是单独存在的,并且把它们称作“相”。①
>
> 我们在上面说过,苏格拉底以他那些定义激起了“相”论,但是他并没有把共相与个体东西分离开来,这是正确的想法。从后果来看,这是明白的。因为没有共相就不可能获得知识,可是把它们

① Aristotle, *Met.*, 1078^{b}28-32.

分离开来就引起了人们对于“相”的异议。[①]

根据这个重要见证可以判定,苏格拉底尽管批判智者的感觉主义、现象主义、相对主义和主观主义,走向归纳论证和一般定义,即集中力量去紧紧抓住本质和共相,但是他绝没有柏拉图走得那么远。柏拉图在其早期相论中认定,感性的现象世界(包括个体和特殊)和理性的共相世界是两个完全对立的世界,前者是变幻的、虚假的、没有真实性的世界,后者才是稳固的、不变的、真实可靠的,他称之为“相”的世界。于是世界分裂了,共相同个体事物、现象等等完全分离了。但是苏格拉底还没有这种分离。亚里士多德认为这是正确的想法,没有柏拉图那样的偏差。这一看法也隐含着亚里士多德本人的基本立场。

柏拉图

他在哲学上的主要工作,就是确立“相”,即共相、普遍者在本体论中的绝对地位。因为他看来,唯有普遍的共性的形式才能体现本质。这一工作在他的前期突出表现为处处把普遍同个别对立起来,分离开来,并达到绝对割裂的地步。他努力要抓住稳定牢固可以信赖的本质东西。由于具体事物总是在不断运动变化之中,只有“相”才永恒不变;具体事物都包含对立面,由对立面构成,因而永远是相对的不确定的东西,“相”则是纯粹的、单一的、非组成的、不可分解的(这实际上是一些用抽象片面的概念所理解的共相,后来他自己也发现这个认识是不对的)。因而他认定唯有“相”才是绝对的“是”或“有”,而感性事物只是在分有相的意义上有其存在的一面。它们总在运动变化,所以是一些处在“有”和“非有”

① Aristotle, *Met.*, 1086^b2-6.

之间的东西,不能算是真实的有。

就这样,柏拉图在用相论攻击了智者的感觉主义相对主义之后,发现自己完全回到了他所喜爱的巴门尼德的立场。但是在希腊哲学已经经历了一段重要发展之后,柏拉图不能像巴门尼德那样简单地扔开现象了事,他需要重建他那个共相世界与现实的现象世界的联系。于是他提出了分有说、模仿说、工匠说等,但是他自己也终于发现由于前提是绝对的分离,重建联系和结合就不可能成功,破绽百出。他陷入困境。后期的柏拉图作出重大的努力,在《巴门尼德篇》中对自己前期相论进行了相当严厉的自我批判,揭露了其中的深刻矛盾,并提出了解决问题的新思路。在《智者篇》中进而提出了"通种论"的新"相论",认为那些最高的相(叫作"种")本身就是互相联结的,不是孤立的东西,并且每个这样的相也是包含着内在不同和对立要素的东西,所以它能包容和解释其他的相,为解释现象开辟了新的思路。后期相论是辩证法,同他前期相论那种只承认绝对、孤立、单纯的相非常不同。以前他认为绝对单纯、完全没有矛盾的"相"才真实,后来认为唯有在差异和对立中彼此相关和联结的"相"才真实。

晚期柏拉图在重建本质与现象的联结和由此重新理解"相"应是什么上,有了极为重要的进展。但是总的说来,由于他仍然站在只信任本质和共相,只从"相"出发的客观唯心论立场上,并未真正解决本质和现象的统一问题,所以亚里士多德认为必须批判他和超越他。

亚里士多德

他同样重视本质,但是出发点和柏拉图完全不同。在他看来,本质之所以要紧,只是因为它是感性事物的原因。正是在这点上柏拉图派犯了根本性的错误。他指出:

> 一般说来，哲学是寻求可感知事物的原因的，可是我们却放弃了这个任务，因为我们完全没有谈到引起事物变化的原因。当我们幻想我们说出了感性事物的本体时，我们却断言了另一类的本体的有。我们关于感性事物的那种说明方式是空谈，因为“分有”，如前所说，乃是毫无意义的说法。①

这里“我们”就是柏拉图派。亚里士多德以自己还是其中成员的角度对柏拉图的相论进行了根本性的驳斥。他当然赞成寻求本质，可是最根本的问题是：我们为什么要做这件事情？他认为，作为哲学的根本任务所要寻求的本质和本体，目的只是为了说明现象。所以现象乃是我们认识的起点和归宿，而我们要找的本质或本体必须是感性事物的原因，决不能是什么与感性事物无关的东西（“另一类的本体的存在”），那种东西根本没有能力解释现象。这就是柏拉图的“相”的根本毛病。

亚里士多德既然把要寻求的本体看作感性事物的原因，就找到了把本质和现象统一起来的方式和道路。他在《范畴篇》中提出第一本体是个体事物，而种和属以及事物的性质等共相东西（柏拉图的“相”就是这类东西）都是寓于个体事物之中的东西，换言之，它们乃是以个体事物之“有”作为基础才得以有其“有”的，因而都是些第二性的有。所以个体事物是我们必须紧紧抓住的基本点，是“有”的基础，有之为有的根本出发点。与之相关，他也非常注重感性经验，认为认识必须从感性经验出发才能逐步上升到理性和本质，因为这是为感性个体事物寻求原因的过程。

但是他在进一步分析个体事物之为个体事物的原因，并归纳出四因以后，由于他认为形式因起着决定的作用而质料因不能起

① Aristotle，*Met.*，99a24-28.

这种作用,便又一次陷入类似柏拉图的错误。虽说他也肯定形式与质料在个体事物中总是结合而不能分离,但是又认为,若从追究个体事物之为个体事物的原因必须进行分别考察和抽象分析而言,那形式因才是本质的东西(它规定了该事物的“是”)和本体,质料因没有资格充当本体(质料分析到最后就没有任何形式了,它既然没有形式,就没有任何规定性,也就成了没有任何“是”的混沌东西,纯粹被动的质料)。而个体事物在区分为形式和质料两方面之后,由更深一层的形式所决定,个体本身也就不再算是第一本体了。所以他在理论的抽象和哲学上,还是把本体(形式因)同个体事物即现象分离了,如同柏拉图把“相”和感性事物分离一样。亚里士多德的最高本体,因此归结为所谓纯形式、最高的目的因、自然的第一推动力、神。物质的质料被判定为只是一种消极的无规定的东西,对说明世界和事物几乎没有什么作用。这是沿着苏格拉底—柏拉图路线前进的他所难以完全避免的错误。

现在我们来做一个对比。

留基波—与苏格拉底的类似

从我们前面说过的两人的基本观点可知,是留基波和苏格拉底分别奠定了两派的基本思想路线。但是,他们两位有一点类似,就是尽管他们注重本质,却都还没有把本质、本体同现象割裂开来。同苏格拉底不分离“一般定义”和感性事物相似,留基波“他有一种理论能与感官知觉相一致”,“他向感觉的事实让步”。

现在我们要问:

德谟克里特—他同柏拉图有无类似之处?

柏拉图虽然沿着苏格拉底开辟的路走,作为第二个发展环节,却鲜明地表现出向本质的回复所很难避免的矫枉过正现象。这次返回本质的动力和内容早已远远超出了巴门尼德的水平,但是在哲学的思维和理论形式上又不能不重复巴门尼德的问题：由于强调了本质本体（“是”之为是、“有”之为有）的绝对可靠性，使本质同现象、一般和个别、感性与理性完全分离开来。柏拉图如此，德谟克里特怎样？他同留基波的关系，有没有类似柏拉图与苏格拉底的关系之处？

第欧根尼·拉尔修报道说：

> 他的学说如下：宇宙的本原是原子和虚空，其余的一切东西只是被认为是存在着的。…… 一切都由于必然性而发生，（原子在虚空中的）旋涡运动是万物形成的原因，他把旋涡运动称作必然性。人生的目的在于怡然自得，这与快乐不同，有些人因为错误的解释把二者混同了，但是怡然自得是灵魂处在平静和有力的状态，不为任何恐惧、迷信或其他情感所烦恼。他称这种状态为幸福，还给它以许多别的名称。事物的性质只是靠约定而存在的，真正说来只有原子和虚空。上述这些就是他的看法。①

特别强调必然性，强调人生目的是与快乐有别的怡然自得，这两条都和他的基本原则（“事物的性质只是靠约定而存在的，真正说来只有原子和虚空”）相关。请读者注意，伊壁鸠鲁不赞成德谟克里特把一切归于必然性，也不赞成否定快乐，因为他尽管认为幸福必须有理性的指导，但也不能脱离感性的快乐，所以以快乐作为人生的目的。这种重大的分别，也与他在原子论基本学说上同德谟克里特的区别有关。

德谟克里特对感觉和理智的关系是怎样看的，是一个非常重要的原则问题。很可惜，以前的哲学史家们对于这个问题却没有注

---

① D.L., 9.44-45.

意,没有加以澄清。其中可能有个原因引起了人们认识上的混乱,我想需要首先分析清楚。

亚里士多德并没系统论述过德谟克里特的认识论观点,但是有些片段,给人以这样的印象,那就是:德谟克里特认为真理就在感觉所知的现象之中。例如,他在不同的著作中有这样一些评论:

> 德谟克里特把灵魂和心灵全然等同了,因为他认为现象就是真实。①
>
> 由于他们(德谟克里特和留基波)认为真理就在现象里,而现象是对立和无限多样的,所以他们设定原子的形状为数无限。因此——由于组合的变化——同一事物在不同的人看来似乎是不同的、有矛盾的:增加一点成分它就变换了,单纯结构上的位置变换也使得它显得全然不同,如"悲剧"和"喜剧"两个词都是由同样的字母组成的那样。②
>
> 很多别的动物从同样的对象得到和我们相反的印象,甚至每一个人对同一对象的印象似乎也不是永远相同。这些印象中哪些真哪些假,是无法确定的,因为一个并不比另一个更真,反之亦然。因此德谟克里特说,要么没有真理,要么是我们见不到真理。总之,这是因为他们认定知识就是感觉,而感觉是身体的改变,所以他们说我们感觉到的现象必是真实的。③

照这些说法,德谟克里特的认识论就同恩培多克勒的甚至同普罗泰哥拉的一样,认为知识只是感觉,现象即是真理,一切都是相对的,因此人将无法认识真正的实在和真理了。大家知道,亚里士多德的著作是我们了解希腊哲学家观点的最大的权威,他所说

---

① Aristotle, *De anima*, 404a25-29.

② Aristotle, *De generatione et corruption*, 315b9-15.

③ Aristotle, *Met.*, 1009b6-15.

德谟克里特的观点，当然影响很大。但是，这是有问题的。

德谟克里特是不是一个主张感觉主义、相对主义、主观主义的怀疑论者呢？无疑他也有这一方面。确实他在现象方面是持怀疑论观点的，这正是伊壁鸠鲁不赞成他的一个要点。但是他既然认定原子和虚空是真实的有，并认为人可以凭理性得到这个真理，那么我们就不能认为他就是一个怀疑论者。相反，我们必须认为他在本体论方面，仍然是一个形而上学家或所谓独断论者。而且可以说，他正是由于不赞成普罗泰哥拉的主观主义、相对主义，就采取了原子论哲学，从本体和本质上，从理性上，维护了"真理"和"真实"。亚里士多德的上述说法只讲到了他的认识论的一个方面。

事实上他的认识论有其另一方面。希腊化时期的怀疑论哲学家塞克斯都·恩披里柯根据他那时还能见到的德谟克里特原著材料，全面地说明了德谟克里特的认识论观点。作为一名彻底的怀疑论者，他的立场也使得他的报道更加可信，因为他总是力图从前人那里吸取一切有利于怀疑论的说法，不大可能给德谟克里特附加其本人所没有的"独断论"成分。现在我们引用他的一些评论：

> 某些自然哲学家，像德谟克里特，取消了一切现象，而另一些人像伊壁鸠鲁和普罗泰哥拉则主张一切是现象。①
>
> 柏拉图和德谟克里特认为唯有可理解的才是真实的。不过德谟克里特的理由是：在自然中本来没有感性的东西，因为组成万物的原子所具有的本性中没有任何可感觉的性质；而柏拉图的理由是：感性事物永远处在变化中，没有确定的有。②

---

① Sextus Empiricus, *Against the Logicians.*, R.G.Bury 英译本, London, 1935, 1.369.

② Sextus Empiricus, *Against the Logicians*, R.G.Bury 英译本, London, 1935, 2.6-7, 并参见2.56。

按他的看法，德谟克里特对什么是真理和真实的观点同普罗泰哥拉与伊壁鸠鲁相反，同柏拉图倒是一致的，虽然理由不一样。德谟克里特并没有主张现象就是真理，而是主张唯有用理性可以把握的原子与虚空是真实的东西。为了更具体地理解这点，我们再仔细看些原始资料。塞克斯都·恩披里柯写道：

德谟克里特在一些地方取消感官所知的现象，并断言现象都不是真理而只是意见（请读者注意，这是和巴门尼德、柏拉图一致的——引者注），在存在的事物中，真正有的是原子和虚空。因为他说："甜是约定的，苦是约定的，热是约定的，冷是约定的，颜色是约定的；真正说来只有原子和虚空。"……

在他的《确证》中……他说："我们实际上认识不到确实的东西，所能认识的只是依照身体的结构而变化的东西，那些进入身体的东西。"……

在他的《论形式》中他说："人应当从这一规律知道他离实在很远"；又说："这一论述也指明我们对于任何事物没有真知，而每个人的意见是改变着的"；还说："这就很明白，要想知道每个事物的真实本性那是不实际的。"

在上述这些话里，他几乎否认了一切理解力，但即便如此，这指的只是感官的认识力，他挑出来加以攻击。而在他的《规范》中，他说有两类知识，一种是感觉的知识，另一种是理性的知识。他称靠理性得到的知识是"真正的"知识，在真理的判断中是可信赖的，而称感官的知识是"假冒的"，认为它在辨别什么是真理时不能避免错误。他的原话是："有两种形式的知识，真正的知识和假冒的知识。属于后者的是视觉、听觉、嗅觉、味觉和触觉；而真正的知识则与此不同。"因此真正的知识比假冒的知识优越。他接着说："当着假冒的知识在变得非常精微的领域里不能再看，或者再听、再嗅、再尝和得到触觉时，（就必须求助于）另一种更精细的（工具）了。"因此，按照他的看法，也是认为理性才是标准，他称之为"真

正的知识”。……[①]

从这些引证可见，德谟克里特的确说过不少关于人很难认识真理的话（“他几乎否认了一切理解力”），这可能会引起误解，也许我们上面所引的亚里士多德的那种看法正是由此而来。但是，“这指的只是感官的认识力，他挑出来加以攻击”。我们应当认为，德谟克里特的确对于感性现象和人们常说的那些真理持怀疑论的看法，并加以攻击，可这种攻击恰恰是为了确立理性知识的地位，对此他绝不怀疑。

这种情况，同柏拉图是相近的或一致的。他们两人都是拯救本质的哲学家。为了保证本质和真理，他们都排斥了现象和感官知识，斥之为假象或假冒的知识。

但是，在经历了长久的发展之后出现的这两位哲学家，显然不应在返回本质的时候再重复巴门尼德的错误。可是这种错误，由于问题的深刻性质实在又难于避免。柏拉图早期的相论特别明显地有这种错误，后来他自己企图适度修正这个错误，提出了晚期相论；但是基础未变，问题没有真正解决。这个毛病是由亚里士多德明确指出并加以解决的，他把个体事物当作第一本体，就明确表示了重新把现象同本质、感性与理性统一起来的方向。然而他毕竟还是这条路线上的哲学家，柏拉图的学生，当他进一步分析个体事物及其本质时，认为质料不起规定“是”的作用，唯有形式才是关键，最后仍然得出同柏拉图相似的结论。可见这个问题是多么复杂和深刻。

如果苏格拉底、柏拉图以至亚里士多德尚有如此的困难和错误，难道德谟克里特就没有这类问题需要加以解决吗？ 我们上面

---

① Sextus Empiricus, *Against the Logicians*, R.G.Bury 英译本, London, 1935, 1.135-140.

引证的资料证明,事实上是有的。

正是这个深刻的问题,使伊壁鸠鲁认为必须批判,他超出德谟克里特。我认为这就是我们考察伊壁鸠鲁时必须注意的关键所在。而只有当我们注意到希腊哲学发展的这样一个总的线索时,我们才能认清这个问题的全部深刻性和关键意义。

五、小结:伊壁鸠鲁的哲学任务

概括说,希腊的原始素朴哲学在现象中求本质,尚未把二者分裂开来。希腊的古典哲学则从一开始就突出表现为二者的分离和对立,然后一直在这种对立如何统一之中运动。这种运动证明,绝对孤立的本质和与本质脱离的现象都不是真理和真实,应当把它们统一起来,才有真理和真实。问题在于,这种分别和对立也是深刻存在的,不可否认的,所以要使二者统一非常困难,因此哲学史走着异常曲折的路。如果说亚里士多德有巨大功绩,那就是在这个问题的探索上得到了重要的、深刻的、有丰富内容的进展。伊壁鸠鲁也是一样。他的自然哲学从巴门尼德起,经过恩培多克勒、阿那克萨哥拉、阿波洛尼亚的第欧根尼,到普罗泰哥拉,然后又经过留基波和德谟克里特而来,中间已经经历了几度曲折,其中包含着丰富的经验教训。他同德谟克里特当然有继承关系,但是德谟克里特是受着他所处的那个哲学发展阶段的基本特征"拯救本质"的制约的,并没有完成统一本质和现象、统一理性与感性的任务,类似柏拉图;并且他甚至没有对这个大问题作更深入一步的认真考察,不如晚期柏拉图。在亚里士多德最终也没有真正解决这个问题的情况下,伊壁鸠鲁所要思考和解决的任务就更为重要、更高了。

因此，我们应当在希腊哲学总的发展线索中考察伊壁鸠鲁的使命，给他的自然哲学定性定位。

从某种意义上说，真正要对自然中的现象和本质作统一的理解，不是沿着柏拉图、亚里士多德的道路所能实现的，因为他们终究是一些客观唯心论者，他们所谓的客观的“相”、“形式”、“最高的目的因”、“第一推动者”、“神”，归根到底还是思想和精神的产物，并且离开真实的自然越来越远。因此他们难于实现对自然的本质与现象的统一的理解。柏拉图和亚里士多德的巨大贡献是，在哲学上使人的思维日益趋于深刻精密，而在生活中主要发挥的作用是在对于后世基督教的影响上面。与之相比，接着起自米利都派而历史更为久远的希腊自然哲学传统和与之相关的唯物论哲学，有着更坚实的基础来解决这个问题。在这个意义上，伊壁鸠鲁派哲学甚至比亚里士多德的更重要。它是希腊哲学发展的一个最后成果。

结论是：第一，伊壁鸠鲁继承德谟克里特的原子论是一个事实。德谟克里特本是与柏拉图齐名的古典大哲学家，我们应当充分估价他的成就，确认伊壁鸠鲁对他的继承方面。但同时，第二，我们更应当强调伊壁鸠鲁同德谟克里特的对立，和由此提出的新贡献。这种贡献与伊壁鸠鲁转向一种新的哲学，提出新的研究目的及方法有着重要的关系。

第四章　准则学：认识和生活的准则问题

现在我们来讨论伊壁鸠鲁哲学的体系。他的体系分为三个部分：（1）准则学（canonic）；（2）物理学（physics），同希腊先前传统一样，实际上是指对自然的本原和现象及其关系的哲学研究，不是近现代意义上的物理学，我们还是译为自然哲学更为恰当；（3）伦理学（ethics）。

准则学主要讨论了认识论方面的问题，如真理的标准，获得和验证知识的方法等，但是也不尽然，伊壁鸠鲁的准则还有超出认识论范围的意义。

伊壁鸠鲁的物理学或自然哲学，其原子论方面是他的形而上学即哲学本体论部分，此外还有关于论天象和各种自然现象的部分，以及论神、论人的感觉、灵魂和心灵的构造（包括同身体的关系）作用的论述。伊壁鸠鲁哲学作为一种哲学知识的系统，主要就表现在他的自然哲学之中。

伦理学主要讨论人的生活应当选取和避免什么。

这三个部分相互依存，彼此渗透。同样的问题常常要从不同的角度讨论，我们才能弄清楚伊壁鸠鲁的意思。

一、准则作为认识和生活的标准的涵义

第欧根尼·拉尔修报道说，伊壁鸠鲁派把逻辑和辩证法当作是多余的而加以拒绝，认为研究自然的时候以事物本身的显现作为指导就足够了。他提出三种判断真理的准则，这就是：我们的感觉，先前储存的观念（προληψις，英译 preconception 或 conception），以及情感（feeling）。[①]

从巴门尼德以来，特别是柏拉图和亚里士多德，在希腊哲学中发展起来的逻辑和辩证法是有巨大成就的，但是它一直是哲学家们用来追寻超现象的最高本体的认识论和方法论基础（如巴门尼德的“有”；还有如柏拉图的“相”[②]，它是人们无法通过感官认识却客观存在于另一世界的永恒不变的东西，我们世界的一切事物反而只是它的摹本、仿造物，因而是神；亚里士多德的纯形式也是这样的本体，世界的目的因，第一推动力，也是神；斯多亚派的世界本体同样是神）。伊壁鸠鲁不同意有这样的宇宙本体，他的自然观和人观是以现实为依据的，而他所认定的现实就是我们的感性世界，我们感觉和知觉到的自然万事万物。在这一点上，他不仅不赞成柏拉图和亚里士多德，也不赞成德谟克里特。因为德谟克里特不信任感觉，把自己确认的自然本体原子和虚空的认识论根据和

---

① D.L.，10.31.

② 柏拉图的“相”旧译“理念”。其实它不是指观念性的东西，而是指自然本体，它是“客观”的“有”的东西，所以我们认为不应译为理念。根据希腊文 εἶδος，ἰδέα 一词原意指“型”、“形相”，和中文中原来有指称客观存在的“共相”、“殊相”的用法，我们认为中译为“相”比较妥当。它专指柏拉图当作自然本体的共相。陈康先生曾专门讨论过这一问题，详见他的《柏拉图巴曼尼得斯篇》。我在《哲学的童年——西方哲学发展线索研究》（第一卷）中已经采用了这个新的译法，并作了比较详细的说明。

论证方法完全建筑在拒绝感觉而被孤立起来的理性原则之上。伊壁鸠鲁强调在认识中感觉的基础地位,所以他反对用逻辑或辩证法(“辩证法”在柏拉图、亚里士多德和斯多亚学派那里都是理性的逻辑学的同义语)这个词来表示他的认识论方法论,是很可理解的。从这点并不能认为伊壁鸠鲁不要逻辑,不重视理性原则。

通常把伊壁鸠鲁的准则理解和翻译为“真理的标准”,这大体是可以的,只是不可把“真”或“真理”(truth)仅仅认作认识上的真理,它也包括生活的真实。因为伊壁鸠鲁把情感(feeling)即好恶爱憎的心情当作一个准则,就显然不是指认识的标准,而是人在生活中选择什么的标准。可见他的准则不仅要涉及知识之真假,而且关乎人生实践中行为之真实与虚妄。所以,准则或许译成“真实的标准”更合适些,可以减少误解。

第欧根尼·拉尔修根据伊壁鸠鲁所著的《论准则》(*The Canon*),对他的准则学作了一番扼要的阐述。下面我们先用这部分资料为据,对各项准则进行讨论,有些麻烦问题的进一步澄清,还要等到讨论他的自然哲学时一并考虑。

伊壁鸠鲁的准则学不仅是反对抽象理性主义的,也是反对怀疑论的。那时皮罗派已经系统地提出了否定知识的主张和有力的论证。面对怀疑论,他要肯定知识(原子论就是他坚持的最高自然知识)就不能不针锋相对。但是怀疑派的论证是相当精密不容易回答的,所以伊壁鸠鲁的回答究竟怎样,也是一个很可质疑的问题。

为了使我们的讨论更有针对性,我们需要对早期皮罗派的认识论立场和方法有一个基本的了解。

二、皮罗怀疑主义提出的问题

皮罗派对事物和世界的看法是彻底的现象主义的。他们所承认的事实只是现象,根本不涉及“事物的本性”。这是同他们随俗沉浮不问是非,进而否认有确认是非的可能性的人生观有关的。皮罗的弟子蒂孟说,他从来不违背习俗而生活。他还说:“一个人无论到哪里,遇到的都是现象。”在《论感觉》中他还说,“我不断言蜜是甜的,但是我同意蜜显现为甜”①。

皮罗主义认为他们是最从事实出发的。因为在他们看来现象才是实在的东西,它不管人们同意与否都使人必须承认它的存在;可是哲学家们却想用思想来确定对象,如认为在现象后面或里面有某个本原、本体、本质,这就全然是些可疑的东西了。皮罗派也不否认有某种“基质的东西”(underlying object)② 作为现象的基础,只要这些基质东西仍然是可感知的现象物。例如羊角锯末是羊角的基质东西,在他们看来这是个事实,那是同凭思想去把捉的东西(如柏拉图派的所谓“相”或原子论的“原子”之类)完全不同的。至于像羊角锯末一类东西最终又由什么基质构成等,除非有现象的事实可寻,便无可认识或判断,也不应再作这样的追问,因为这种追问没有根据,是对现象的脱离。——我们可以认为这种看法同现代实证主义观点是相当接近的。它们都反对形而上学,把形而上学和虚构等同起来加以抨击。塞克斯都·恩披里柯说,“假如理性是一个几乎是在众目睽睽之下把现象夺走的骗子,那么我们确实

① D.L.,9-10.5.

② underlying object,指在底下承载事物的东西,不好翻译,姑且从通常办法译为“基质的东西”。——引者注

应该对它持怀疑态度"[①]。

因此皮罗派似乎也肯定了感觉和现象。他们似乎只拒绝了理性的判断。但是由于他们认为感觉中没有任何可以确定的东西,也就拒绝了任何知识的可能性。

塞克斯都说:"我们从来不推翻感官的感觉印象,它让我们同意而不顾我们的意愿;而这些印象即是'现象'(appearance)。当我们问基质东西是不是它所显示的那个样子时,我们承认它显现的是事实。我们的怀疑并不涉及现象本身,而只涉及现象的说明——这是同对现象本身发生疑问有区别的。例如,蜂蜜对我们显现为甜的东西,这是我们承认的,因为我们通过感官而知觉到甜味,不过蜂蜜在本质上是不是也是甜的,对我们来说是一件可疑的事,因为这不是一个现象,而是一个对现象所下的判断。"[②]

皮罗主义是一种彻底的现象主义,它把这种实在论和认识论当作一种生活观的借以建立的准则。"我们按照正常的生活规则生活在现象之中,不固持教条"[③]。如果人们把学说上的准则定义为坚持一定的教条,并把教条定义为赞同某个没有显现只靠思想来确定的命题,那么怀疑派就没有什么学说上的准则,反对这类准则。"但是如果把'学说上的准则'定义为'与现象相一致的程序,继之以一定的论证的路线,这种论证指明如何才能使生活得正当看来是可能的("正当"一词并不只是指美德,而是广义的),并使

① Sextus Empiricus, *Outline of Pyrrhonism*,见杨适等译:《悬疑与宁静——皮浪主义概略》,上海三联书店1989年版,第6页。

② Sextus Empiricus, *Outline of Pyrrhonism*,见杨适等译:《悬疑与宁静——皮浪主义概略》,上海三联书店1989年版,第6页。

③ Sextus Empiricus, *Outline of Pyrrhonism*,见杨适等译:《悬疑与宁静——皮浪主义概略》,上海三联书店1989年版,第7页。

人们能趋于悬置判断’,那么我们要说怀疑论者有一种学说上的准则。因为我们是循着一条论证的路线的,它同现象相符,并能指点我们过一种适合我们国家的习俗、法律与制度,以及我们自己本能的感情的生活。”[①] 皮罗主义怀疑论在否定知识的问题上最根本的提法就是“悬置判断”,或对一切知识和是非都悬疑。他们论证悬疑的必然性的方法是:把一切可作为判断依据的东西都置于对立之中,从而使之消解,使任何判断成为不可能。

“怎样才能达到这种悬疑状态呢? 一般地说,人们可以认为这是把事物置于对立之中的结果。”[②] 塞克斯都说,这些对立可以是:现象和现象的,思想和思想的,思想和现象的,现象和思想的,现存的和过去的或将来的事物之间的,等等。怀疑派很具体地研究了这些使悬疑得以产生的对立,把它们归纳为一些“型式”,包括早期怀疑派提出的10种、后期怀疑派的5种以及埃涅西得姆斯的8种。按塞克斯都的意见,早期的那些型式或论证是基础,后来的是使之更为多样和完备起来。我们可以看到的确如此,早期的10种型式对于事实或现象考察得相当细密深入,后来的则在逻辑论证方面大有提高。首先研究现象中的种种对立使悬疑不可避免,进而在逻辑方式上研究哲学思辨自身的矛盾,是完全符合皮罗主义的现象主义立场的。早期的最靠近皮罗,我们来看看他们关于这10种型式的论述。

第一,动物的形成方式和身体构造不同,对同样的对象就有不同的感觉与好恶。例如,我们看成白色的东西,黄疸病人却认为它

① Sextus Empiricus, *Outline of Pyrrhonism*,见杨适等译:《悬疑与宁静——皮浪主义概略》,上海三联书店1989年版,第4—5页。

② Sextus Empiricus, *Outline of Pyrrhonism*,见杨适等译:《悬疑与宁静——皮浪主义概略》,上海三联书店1989年版,第10页。

是黄色的，而那些眼睛充血的人则视之为红色。那么某些动物的眼睛是黄的，有些动物的眼睛是别的颜色的，它们的视觉就很可能不一样。镜子在构造上的差异，凹面镜照物把对象拉长变窄，凸面镜照出的外物变小，还有的镜子使对象颠倒。这样说来，由于动物的视觉器官不同，看到的东西也不一样。同一个对象，在狗、鱼、人和蝗虫看来很可能大小不等，形状不同。猪喜欢在臭泥坑里打滚，燕子爱吃蚊虫，人则不会以此为愉快。人的感官构造并不一定比动物优越，例如人的嗅觉就不如狗，鸟的视觉也常优于人，人没有权利认为自己的映象就比其他动物得到的更正确或值得信赖。这样，如果对同一对象，动物的感觉不同，好恶不同，而对各种不同的映象究竟谁是谁非又不可能加以判断，那么我们对任何这类判断必然只能悬疑。

第二个型式是建立在人们之间的区别上的。即使人比无理性的动物更值得信赖，由于人们在肉体上差异很多很大，感觉印象也彼此不同；人们在灵魂方面也很可能彼此不同，如不同的诗人、哲学家在谈到人的追求和好恶时大不相同那样。欧里庇得斯说：“同一件事情，要是人人都认为智慧、美好，就不会有什么争执吵闹。”又说：“奇怪的是同样的事情使有些人恐怖，却给另一些人以愉快。”人们选择和躲避什么，是由于他们觉得愉快和不快，而愉快和不快又是由感官印象引起；如果某些人选取的正是另一些人躲避的，那我们就能合理的得出结论：我们只能说每种事物对每个人显现为什么，但是对于每种差异，我们不能说明它们真的是什么。我们究竟相信谁的感觉和好恶是正确呢？如果相信所有的人，就是在企图做不可能的事，并且要承认矛盾。如果相信某些人，那又是谁？由于他们各说各的意见并且无休止地争论，我们转了一个圈子还是只好又回到悬疑状态。一切独断论者都只是不同的争论者的一方而已。

第三种型式是建立在诸感官的差异上的。如一张画在眼睛看是立体的,用手摸它就是平的了。蜂蜜使舌头觉得愉快,眼睛看它则无此感觉。另外感官所接受的每种现象似乎都是复合的,如苹果似乎是光滑的、香气扑鼻的、甜的、黄红色的,但如果我们的感觉器官同现有的不同,多些或少些,作用也不一样,那我们对苹果的感觉也不会相同(失去视觉或嗅觉的人就同别人不同)。那么苹果的真正性质是什么,谁能充当法官呢?

第四种型式是对各种境况的差异的考察。如醒与睡,年龄所带来的人的差异,运动和静止,恨与爱,哀与乐,自信和畏惧,等等。当人们处于这些不同境况时感觉是很不同的。恋爱中的人会把丑陋的情人认作最美的。同样的食物在饿时吃着很香,另一个时候再吃就没味了。那么我们究竟能相信怎样的判断是真的呢?

第五种型式论证是建立在地点、距离和位置的情况上的。同样的对象,从不同的角度、距离等去看非常不同,何者正确? 那么对象真的样子又怎能判断?

第六种型式是由于“混合”。没有一种实在的对象只由它本身作用于我们的感官,它总是同某些其他的对象混合在一起而起作用的;另一方面我们的感觉器官也是与身体别的部分混合的,因此我们的感官不能感知某个对象纯粹本身的性质,无法对它作出确切的判断。

第七种型式是建立在基质东西的数量和结构之上的。怀疑论的这个论证主要涉及质与量的互变规律。羊角的屑末显现为同羊角的黑色正好相反的白色。使人感到舒服的东西,服用过量就产生危害。这些相反的情形都是从同样事物来的,我们对它的真实性质如何能判断?

第八种型式是相对性的论证："一切事物都是相对的，因而对于它们各自的独立状态和真实本质，只能悬置判断。"这是一个有很高概括性的论证。塞克斯都强调指出：怀疑论者这里用"是"这个词代替"显现"，其意思实际上是指"一切事物的显现都是相对的"。这说明它是一个现象主义的观点。其主要之点是：对任何对象的判断都（1）同判断者（主体）相关，（2）而对象又总是伴随着其他种种东西、条件和状态，在这双重限制下，任何对象都不能是纯粹的、绝对的，而只能是相对的。"一旦我们建立起万事万物都是相对的这一看法，我们就清楚地得出结论：我们无法谈论每个事物自身的真实纯粹的性质，而只能谈论它在同其他事物的相对关系特点上显现出的性质。由此可见，我们对于对象的真实性质必须悬置判断。"

第九种型式是建立在事情的恒常和稀少之别上的。物以稀为贵，如果黄金多如石头它就不值钱了。同样的东西有时多有时少，如粮食，同样的粮食在不同情况下贵贱就不一样。由此我们不能说它有某种固定的性质。

第十种型式主要是关于伦理或价值判断的，它建立在对行为规范、习俗、法律、传说的信念、教条式的概念等等的考察之上。怀疑论者指出上述每一情况都有同其自身相反的，它们之间也相互对立。在这种型式上塞克斯都举出了当时所知的各民族、各时代、各种不同观点之间的差别和对立，事例不胜枚举。结论便是，我们所能说的只是事物按其特殊的行为规范、法律、习俗等是什么属性，而不能说事物按其本质具有什么属性。因此对外部对象的真实性质是什么我们也不得不悬置判断。①

我们把皮罗的观点预存在心里，并且应该知道，在原子论哲学方面作为伊壁鸠鲁的前辈的大哲学家德谟克里特，在认识论方面也有相当多的怀疑论因素，那么我们再来看与之不同的伊壁鸠鲁观点，就容易明白它的涵义和意义了。

三、“感觉”作为准则的涵义，伊壁鸠鲁派是如何解决疑点的

> 他（伊壁鸠鲁）说，感觉不依赖理性也不管记忆，因为它本身不运动，只是由外物引起，不添加或减少什么。没有什么能否定感觉：某个感官的一个感觉不能否定它的另一个感觉，因为二者的有效性相同；不同感官的感觉也不能彼此否定，因为二者所判定的对象有别；理性不能否定感觉，因为所有的理性都依靠感觉；任何一个感觉不能拒斥另一感觉，因为我们同样加以注意。我们诸知觉在感知事物上的一致性证实了各感觉的真实性。视和听相协调，痛觉也如此。由此我们可知，对于感官所不能达到的事物，我们必须从现象出发加以推理来认识。的确，我们的所有观念都源于感觉，靠着直接接触，比较它们，发现其相似性和把它们结合起来，这里也有理性的某些作用。②

这段话的中心思想是“没有什么能否定感觉”。并且提出了四

---

① Sextus Empiricus，*Outline of Pyrrhonism*，见杨适等译：《悬疑与宁静——皮浪主义概略》，上海三联书店1989年版，第12—52页。

② D.L.，10.31b-32.

点，即，同一感官的不同感觉彼此不能否定；不同感官的不同感觉彼此不能否定；理性不能否定感觉；任何一个感觉不能被别的感觉所否定。这种否认任何一个感觉在同别的感觉和意见之间会有对立，以及因对立而会遭到它的对立面所否定的见解，正好是同皮罗主义怀疑论的基本观点和方法相反的。所以我们需要在对照怀疑论的论点中，来考察伊壁鸠鲁能否确认他的感觉准则。

感觉果然是不可否定的吗？就我们普通人的看法说，至少有一些感觉是明显地不能正确反映外部事实。这即是通常所谓的“错觉”。一根棍子插到水中，水面以下部分就好像折了。我们站在一条长廊中间，看两旁的廊柱，近处相距大，越远距离越小。这些感觉是否都真实地向我们报道了事物的实际状态？这就要分析和区别对待了。事实上，伊壁鸠鲁派很清楚这一点。卢克莱修在《物性论》第四卷中举出了大量“错觉”的事例来进行讨论，种类也很多，如：

1.“黄疸病者所见到的一切东西都变成黄色，他认为这是因为从他们的身体流出了许多淡黄的种子去和物的肖像相遇，并且在他们眼里还混有许多黄色种子，他们借传染而使一切都变黄。”

2.“当我们从远远的地方望见城市的那些四方塔的时候，它们常常显出是圆的，这是因为远处的每一个角看来都成为钝角，或不如说它根本就不能被看见……因为当肖像在通过空气的时候空气已经用无数的冲击使那些角尖的肖像变钝。这样，每一个塔角全都避开了感觉，塔石就显出像在床上磨圆了似的——但不是像附近真正的圆东西那样，而只是模糊地与它们相类似而已。”

3.从运动着的船里看船外的静物，静物好像也在动。而真正在运动着的星辰，在我们看来好像都静止地镶嵌在天穹上面。

4.一个人在旋转中停下来时，会觉得周围的大厅还在旋转，柱子在动摇，好像天会塌下来。此外还有上面提到的折射现象。

5.透视远景时的现象,等等。

这些事例都涉及不同感觉的对立(如正常人的视觉与黄疸病人的视觉的对立;折射现象中直的视觉与折的视觉的对立;从不同距离看方塔时两种视觉的对立;人本身处于动态或静态时对周围事物是否运动的不同感觉的对立)。足见他们并没有忽视怀疑论者所提出的那些论证。

那么伊壁鸠鲁派是在什么意义上说任何感觉都不可否定,也不同任何别的感觉发生矛盾对立呢?

卢克莱修在谈及某些上述事例后写道:

> 但这里我们绝不承认眼睛受了骗。
> 因为眼睛的任务是去注意
> 什么地方有亮光,什么地方有影子;
> 至于那亮光是否仍是同一片,
> 以及那刚才还在这里的影子
> 是否正是那正在往那边走的影子,
> 抑或事实是像我们上面所说的那样,
> 这完全应该由心灵的推理去决定。
> 我们的眼珠也不能认识实在的本性。
> 所以请别把这心灵的过失归之于眼睛,
> 也不要轻易认为我们的感觉处处靠不住。

又说:上述种种现象

> 它们全都好像企图损害
> 我们的对于感觉的信念——
> 都徒然,因为这些现象的最大部分
> 只是通过心灵的意见才欺骗了我们,

这些意见是我们自己加上去的，
以致感觉看不见的那些东西
也被以为是被看见了。因为
没有什么比这件事更困难的了：
从显然的事实分开那可疑的，
被心灵自己同时加上去的东西。
再者，如果有人认为任何东西
都不能被认识，那么他也就
不能知道这一点是否能被认识，
既然他承认没有什么能被认识。
因此，我拒绝和这个人进行讨论——
这个人已把他自己的头
放在他的脚应该放的地方。
但是，且让我们假定他能认识这一点，
我还要问他从哪里知道什么叫作认识，
什么又叫作不认识，以及什么东西
造成了真理的概念，什么方法证明
可疑的东西与确实的东西有区别，
既然至此为止他在事物中间
还未看见过任何真的东西？
你将发现：是感觉最先创造出了
真理的概念，感觉也是不可反驳的。
因为必须找一种更值得我们相信的，
它必须借自己的权威用真的击败错误的；
然则，还有什么应该比我们的感觉
更值得我们信托？难道应该是推理，
那从某种错误的感觉诞生的，
反而足以反对那些感觉，
虽然推理本身完全是从感觉衍生出来的？
因为除非这些感觉是真的，

则一切推理也都会出错误。
或者，难道耳朵应该有能力责备眼睛，
抑或触觉能够骂耳朵？是否味觉应该
控告这个触觉，抑或由鼻子来反驳它，
或者眼睛来击败它？我相信都不是这样；
因为对于每一感官，都已经划分好
它独特的任务；各有各自的能力……
所以没有一种感官能裁判另一种感官。
也没有任何一种感官能够责备它自己，
因为永远必须认为它是同样的，
值得同等地信任的。因此，任何时候
任何东西对这些感官显出是怎么样，
它就真是那么样。假如理性不能对我们
揭示出为什么在近处是四方的东西
从远处看来却像是圆的，那么，
在这种不能举出恰当的理由的情况之下，
我们与其让显然的事实从我们手中漏掉，
从而伤害了那种最基本的信念，
破坏了我们的生命和安全
所依赖的整个基础，那就还不如
提出错误的原因来说明这两种形状。
因为不仅一切的推理都会被推倒，
而且即连我们的生命也会立即崩溃，
除非我们敢于信任我们的感官，
避开悬崖和那些同样危险
而应该避开的东西，而迅速地
去找寻与它们相反的东西。[①]

① 卢克莱修：《物性论》，方书春译，商务印书馆1962年版，第209—217页。

我们引录了这么长长的一大段，是因为这里汇集了伊壁鸠鲁派针对怀疑论而发的所有重要论证。明眼的读者不难发现，卢克莱修的论证是有毛病的，首先他有自相矛盾之处：一方面，他承认有某种“错误的感觉”，并说错误的推理就来自这种错误的感觉；但是另一方面他的基本论点又仍然是“感觉是不可反驳的”，“值得同等信任”，换言之，我们不可能发现和认为任何一种感觉为错误。那么，这两个相互矛盾的提法到底哪个对呢？如果一切感觉都值得同等信任，我们怎么能说某个感觉是错觉呢？如果任何一个感觉都不可反驳，我们又从什么地方来发现和认定其中某个是错觉呢？而一旦我们肯定有错觉的存在，那么也就等于肯定了某些感觉和它所报道的知识是可以反驳的，不值得信任的。二者必居其一。伊壁鸠鲁在这点上似乎并没有驳倒怀疑论的论证。

但是卢克莱修的有些论点还是有力量的。关于那种论辩性的反驳（指出若怀疑派否认有可肯定的知识，那么他们自己的这个论断即“任何东西都不能被认识”本身，也就不能认识，不能肯定。换言之，他也就无法提出自己的论点来了），我们在这里不必多说。对于什么都不作肯定，也根本不想去认识和肯定什么的怀疑派，卢克莱修的基本论点乃是：感觉是我们的生命和安全所赖以存在的基础。如果一个人走到悬崖边，他相信不相信自己这时这地的感觉呢？相信不相信这种感觉提示给人的如若再走一步就会发生生命危险的真理呢？而皮罗派提出怀疑论，原是为了求得人的生活平静与安全。伊壁鸠鲁派问道：如果你不相信感觉和由此而得的判断，你的生命和安全岂不立即崩溃了吗？你从哪里还能得到你们怀疑论所追寻的目的？

其实，怀疑派并不否认感觉，在这点上伊壁鸠鲁派以至早期斯多亚派同他们都是一致的。区别只在于，怀疑派认为感觉只能告诉我们现象,即告诉我们事物向我们的显现,至于事物本身究竟是什么,我们还是不知道。如他们说,我们承认蜂蜜尝起来确实是甜的,不过这只是蜂蜜对我呈现为甜而已,蜂蜜本身是否甜我们并不知道。

古代怀疑派提出的问题,实际上和西方近代不可知论所提出的深刻看法是一致的:离开人的主体方面来谈我们关于"物自身"的知识是不可能的。在这个问题上一般的唯心论者(包括实证主义者在内)只知道用人的主观结构来解释知识的原因,用神或客观精神来说明知识的客观可靠性。而一般的唯物主义者在这个问题上的解释,只能是素朴地假定感觉能够反映外部事物的性质,假定通过感觉到的现象之归纳,就能够达到本质。但是由于感觉确实有主观性的方面,它同外物就既有联系又有差异,分析起来,似乎我们感觉到的物的形状、数量等(所谓第一性的质)可信其符合于物的实际,而在色、声、气味、滋味等(所谓第二性的质)方面,就很难证明它同外物相符;进而,由于归纳所得的结论很难证明其必能反映事物的本质和规律,所以究竟我们能否通过感觉经验来达到可靠理性知识的问题,一直无法真正解决。其实,由于感觉终究是人的主体结构方面的一种认识功能,永远同外物及其性质本身有别,就是在所谓物的第一性的质方面,能否说我们的感觉必定和外物完全一致,也是一个抽象的唯物主义不能解决的问题。如"方塔"成圆形,筷子插在水中好像折了,这类关于形状的"错觉",就证实着这一点。

康德以来德国唯心论的最大贡献,是十分严肃地对待和分析了这个困难,第一次把人的认识看作是一个主体对客体发挥自身能动性的过程,对这个过程的机制、结构作了深入的分析综合,从而提出了深刻的解说。德国唯心论的根本毛病在于,他们所能了解的主体能动过程和主体性，只能是人的抽象的思辨认识能动性，或是更加抽象的宇宙精神的主体能动性。因此人的认识能否认识客观物质世界的问题，依然没有解决。于是费尔巴哈又返回于唯物论。他是从人这种主体自身就是自然、就是一种特殊的最高的物质实体，因而人的主体能动性本身就具有客观性能，这样来解决问题的。这是很有启发性的见解，帮助了马克思提出了一种新的唯物主义认识论见解。马克思继承了康德到黑格尔关于主体能动性的辩证法学说，又吸取了费尔巴哈关于对主体和主体能动性只能从人这个物质自然的实体方面来理解的观点，同时马克思又批判了费尔巴哈的错误，认为他并未真正抓住现实的人本身：费尔巴哈把人只看作物质自然的人（这是对的），却没有同时把人看作是在社会实践中生活的人（这才是人作为现实的客观存在的人的真实涵义）。所以费尔巴哈不懂人的主体性最根本的就是他的实践的主体性。当然康德和黑格尔也不能真正承认这一点，尽管他们在学说中实际运用了人的实践说明了许多认识和历史问题，甚至也提出过实践的观点，作出过重要分析；可是他们不能把实践从根本上看作人的客观的物质的活动，而认为这只是人的主观的精神活动，或绝对精神通过人来进行的活动。马克思在批判地继承黑格尔和费尔巴哈时，第一次提出把人的社会实践作为人的主体能动性的核心的观点，从而建立了一种新的唯物论哲学和唯物论的认识论。它以人的客观实践活动来阐明主观和客观、自在之物和为我之物的辩证转化和一致。马克思对于人类“实践”所作的极其深刻透彻的辩证法分析（首先见于他在1844年在巴黎所写的《经济学哲学手稿》），标志着哲学史上高于德国古典哲学层次的一种最新世界观的诞生。这种世界观不仅为认识论上开辟出一条崭新的真理之路，具有很强的说服力，而且同人类全部的经验和历史事实符合协调。尽管马克思主义某些方面的具体结论现在看来有缺陷,尽管西方现代哲学和某些人类学社会学在某些方面的新成果超出了马克思(这是很自然的),但是从总体上说,马克思哲学的上述核心一点也没有过时,它实际上早已渗透到社会生活和各个学说领域之中。问题是如何进一步给以新的发展和运用。我们简略回顾近代现代的哲学认识论的发展成就,就可以明白古代有关讨论虽然在水平上无法与之相比(这是我们不能苛求古人的),却能有助于认识他们当时提出这类问题的意义。

可以这样说,皮罗怀疑论提出的不可知论揭示了认识论中的一系列关键性的困难,它本身虽然是不结果实的花朵,却为认识论的发展从反面提出了基本动力。伊壁鸠鲁派还没有达到能科学解答这类问题的水平。但是他们力图作出回答,有些是有力量的,有些则是采取了回避难点,你说你的、我说我的办法。有不少研究伊壁鸠鲁哲学的学者,不去考察分析这些具体情况,只是简单介绍一下伊壁鸠鲁说了些什么,无助于我们的研究。

我认为,从实际生活实践来肯定人的感觉的可信性,它是我们生活信念所寄。这个对怀疑派的批评是有力的。

我在研究亚里士多德时,曾特别注意过他讨论逻辑问题时也有类似特点。他批评普罗泰哥拉的相对主义和阿那克萨哥拉的“万事万物都混在一起”观点时,强调事实上人总是必须对事物有所肯定或否定,其基本论据正是生活的实践:

> 如果一个人不作判断,“想”与“不想”没有区别,他与草木何异?因此,最高程度的明证是,无论赞成这种看法的任何人或是别人,都不会真的站在这种立场上。因为,为什么一个人想去麦加拉时就走向麦加拉而不待在家里呢?为什么他在路上遇到一口井

> 或悬崖并不跳下去呢？为什么我们看到他防止这种事，显然不认为跳下去也一样好，而认为不好呢？显然他判定一种事要好些，另一种要坏些。同样，他也要判定一物是人而另一物是非人，一物甜而另一物不甜。他不把一切事物等量齐观，他想饮水或去看一个人时，他就走向这些事物。①

从亚里士多德到伊壁鸠鲁及其门人卢克莱修到费尔巴哈，都是用普通生活实践作为批驳怀疑论、提出和论证肯定性的认识论的最高最后论据，并不是偶然的。这的确说明实践是认识的根本依据，一切怀疑论者也不能否认他自己和别人的生活。问题在于，皮罗的怀疑论也还是从生活实践中遇到的问题才提出来的。因为生活实践主要是社会性的，当着社会极为动荡不定时，人们在生活中失去了稳定的方向和依据，在思想上、认识上就不免怀疑客观世界的可靠性，觉得难于判断或不愿去作是非判断，最后他们连判断所依据的感觉的可信性也加以怀疑。可是伊壁鸠鲁派在强调生命、安全是考虑一切问题的出发点，由此论证人离不开对感觉的信任时，只是从最普通的例子如走近悬崖时的感觉之类。这固然有作用，却并未达到对社会实践的研究水平。所以只能说是部分地驳斥了怀疑论的论据。

实际上，伊壁鸠鲁派对那个时代的社会动荡纷扰的感受和怀疑论者大体一样。不过，与皮罗派完全消极的人生态度不同，伊壁鸠鲁认为，个人在这恶劣的境况中还是可以就自己能力的范围获得比较积极的人生。

生活实践的观点是第一点。其次，伊壁鸠鲁不同于柏拉图、亚里士多德和德谟克里特这类特别高扬思辨理性的哲学家。他虽然

① Aristotel, *Met.*, 1008b10-23，译自 Ross 英译本。

也肯定理性，但是更强调感觉是基础。感觉实在是伊壁鸠鲁认识论最根本的准则。因此他必须首先确定感觉的绝对可信和可靠。

但是对于“感觉可信可靠”一语，实在可以有两种理解。其一是说，感觉能够正确反映外界事物的客观实际状况；其二是说，人唯有通过感觉才能开始认识外部世界，唯有以感觉做基础，才能建立认识和知识的大厦（即使感觉同外物的实际状况有差距，即第一点不能保证时也是如此）。怀疑论者对这两点都是否认的，而第一点是反驳的重点和基础。伊壁鸠鲁派为了肯定感觉，实际上强调的是第二点，对第一点并没有真正作出有力的回答。

这是因为，实际上人的感觉中有主体的方面，有环境的影响，都会影响我们的感觉对外界的反映，所以感觉反映外物时必有差异、矛盾、错觉。这些在怀疑论的各种论据中已经展现得很清楚，普通人也对此有了解，伊壁鸠鲁和卢克莱修也明白地承认。所以实际上对伊壁鸠鲁派来说，感觉是否能正确认识事物的问题并没有解决。关于感觉为什么会产生差异和错觉的问题，伊壁鸠鲁派在他们的原子论自然哲学中有所探讨分析（下面再谈）。但是从大原则上说，伊壁鸠鲁必须首先肯定感觉是最根本的认识论原则，于是，他们便出人意外地采取了另一种办法来解决，这种办法真正说来，只是回避了怀疑论提出的问题。

办法之一：把感觉、感官活动绝对地孤立化，即，任何感觉都是一个事实，与其他感觉事实无关；这样就回避了任何一个感觉和其他感觉的比较与矛盾。

办法之二：回避了感觉是否反映了外部事物的真实状况的问题。他们说，感觉告诉我们的只是一个感觉事实而已，认识外物究竟是什么，并不是感觉的任务，而是理性的任务。只有理性的意见、判断，才能认识事物的本质，它可以是正确的，也可以是错误的。既然如此,认识上的错误就只是属于理性的事情,感觉就不会发生错误了。正如卢克莱修所说:如果说到错觉,“这里我们绝不承认眼睛受了骗”,因为“眼睛的任务”只是注意光和暗、形状,等等,至于事实如何,是否像我们看见的那些现象那样,“这完全应该由心灵的推理去决定,我们的眼珠也不能认识实在的本性。所以请别把这心灵的过失归之于眼睛,也不要轻易认为我们的感觉处处靠不住。”伊壁鸠鲁本人说得更明确:

> 错误永远在于意见,把意见加到待证实的或不致发生矛盾的事情上,结果却并未得到证实或者发生矛盾了。而真理是可以证实的和无矛盾的。如果没有某些从对象而来的物质的流射实际上到达我们心中,那么,在睡梦中来到我们心中的,或心灵有意运用而得到的,或从其他判断工具得到的影像,就不会同那些存在的事物和我们称之为真实的东西如此相似。如果我们不是由于放任某些别的在我们自身中的活动,它们虽然同来自外物的影像相似却并不相同,错误就不会发生。如果它没有被证实或有矛盾,那么错误便从这种运动中产生;如果它被证实或者无矛盾,真理就由此产生。①

所以,我们看到伊壁鸠鲁在确立感觉为准则的时候,强调的是以下几点。

感觉只由外物引起,不依赖理性,而理性完全要依赖它,它是人认识外部事物的基础和源泉。

它本身不记忆、不运动,也即不联想、不比较、不推理,所以不会在对外物的感知时,添加或减少什么别的东西。换言之,这类增减不能由感觉本身负责,乃是记忆、联想、理性思考等其他心灵活

① 伊壁鸠鲁:《致希罗多德的信》,D.L.,10.51-52。

动造成。这些活动或运动既是造成对事物真实判断的来源，也是一切错误的来源。而感觉都与此无关。

感觉是个别的、孤立的事件，所以一个感觉与别的感觉无关，感觉也不受理性的影响，它本身没有任何错误的可能性。这样的感觉就成为不可驳斥的准则，认识外物的最直接、最可靠的标准。

对于感觉准则的强调，是伊壁鸠鲁认识论的基石。但是我们应当指出，他们的论证是有重大缺陷的。感觉作为对外物的真实反映的涵义，并没有得到确立。因为错误只能发生于理性活动的说法，并没有解决而只是回避了错觉的问题。他们所谓感觉是真理的准则的说法有自相矛盾。实际上伊壁鸠鲁是在含糊其词中，或者说，只是在人真的唯有通过感觉才能反映外物，感觉本身是一种在人身上真实发生的事件，这样的含义上说感觉是认识的依据和准则的。

四、关于“先前储存的观念”的问题

伊壁鸠鲁的 προλήψις（直接照音写作 prolepsis），虽然涵义不难理解，却不大好用通常的认识论术语来表达，特别是难于用中文翻译清楚。按希腊文原义，προ- 指“以前”，λήψις 指“取得的”。问题在“以前取得的”到底是什么东西。伊壁鸠鲁指的很明确，是感觉和感性知识的积累。这是我们了解这个词首先必须注意的一点。不过，这个词还有另一方面的意义，那就是它在运用中实际上已经进入了理性的范围。“以前”我们获得的感性知识的积累，在运用到当下的对象时，它起着理性指导的作用，相当于人们通常所说的“概念”一词的意思（虽然希腊人那里还没有真正的“概念”

一词)。

西方学者对于 prolepsis 有两种英译办法,一是 preconception,在 conception 前面加一个前缀 pre-;另一种是干脆译为 conception。conception 意为 that which is conceived,而 conceive 既可以是理性的也可以是感性的,所以在英语中问题不算很大。但是以前中国学者们却把 conception 只理解为“概念”,因而就产生了对于 prolepsis 的两种翻译办法,一种译作“预知”、“预见”,另一种就译作“概念”。译成“概念”是有毛病的,因为尽管伊壁鸠鲁的 prolepsis 也具有理性这一方面的涵义,并且明白好懂,但“概念”一词完全没有表达伊壁鸠鲁本人用这个词时特别注重感性知觉观念积累的意思。而“预知”或“预见”这种对外文照猫画虎的译法,则完全是错的,因为汉语词“预知”或“预见”指的是现在对于将来未知事物的推测,但 prolepsis 所指正好相反,是原先已经获得的对外界事物的知识。所以两种翻译都成问题。

对于这个不易翻译的词,我想译作“先前储存的观念”比较符合它的原义。同时我觉得也不可忽视它在运用时具有理性概念的涵义,因而有时或可译为“既得概念”作为弥补之用,表示与通常的“概念”一词既有关联又有所不同。

但是重要的还是伊壁鸠鲁派自己使用该词时所给予的解说。第欧根尼·拉尔修报道说:

> 他们用 prolepsis 来指储存在心中的一种把握(apprehension,即对观念的把握或理解——引者注)、一种正确的意见或一般观念,即对某个外物显现的回忆,例如,“如此这般的一个事物是一个人”。一说到“人”,我们马上就会按照这个先前储存的观念想到他的形象,有如感觉原来给我们报道过的那样。每个这样的词的基

> 本涵义,都是直接的、清晰的。我们如果不知道在寻求的是什么,就不能寻求。例如,当我们说"站在前面的是一匹马或一头牛"之前,我们必定靠着先前储存的观念已经知道了一匹马或一头牛的样子。我们不能说某物是什么东西,除非我们事先已经靠一个先前储存的观念知道了它们的样子。因此先前储存的观念是清晰的依据。意见是由某个先前已经清晰的依据而来,例如,我们怎么能知道如此这般的一个事物就是一个人呢,就是从这样的一个关于人的先前储存的观念而来。他们也称意见是一个假定,它可真也可假:那得到证实的或没有矛盾的,是真的;若没有证实或有矛盾的,是假的。由此引出有待证实的问题的观念,如远距离的塔有待我们走近,从近处去观察,来证实我们的意见是否正确。[1]

可见,伊壁鸠鲁用 prolepsis 一词,是表示一种与直接感觉不同的对于外部事物的知识。它的内容完全来自我们先前获得的对这类对象的感觉和知觉,我们把这些感觉和知觉储存在记忆中,并用词语把它们确定和保持下来。当我们一说到某个词时,心中就马上能唤起关于这类事物的一个感性知觉形象;当我们当下遇到某个对象时,就能立刻联系到这个形象而给它一个名称。但因为这个词语储存的感性知觉形象对于该类事物的所有个体有一种普遍适用性,它就超出了感性知识,进入了理性范围。成为我们进行思考、判断和发表意见的依据。

就伊壁鸠鲁强调 prolepsis 的感性知觉内容而言,它是"先前储存的观念";但就它以语词为形式,具有普遍性而越出了单纯的和个别孤立的感觉范围,成了理性的活动如判断和推理的依据言,它又具有理性范围的概念的性质。它具有这样的双重性。

人们在思考和学理研究中,要发表意见,必须依靠词语和概

① D.L., 10.33b-34a.

念,不能事事直接求助于感觉。词语来自我们对于各类事物的感觉、知觉和对它们的比较综合,对事物的共同性进行概括,把认识提高到理性水平,因而成为是交流思想和知识的工具。在伊壁鸠鲁看来,这些语词表现的是一些以前储存起来的人们对外物的观念。所以他要在这个水平上探讨准则问题。

语词作为贮存起来的观念既然带上了理性性质,在伊壁鸠鲁看来,就有正确或错误的问题。只有那种正确的才能成为准则。伊壁鸠鲁提出了检验"先前储存的观念"是否正确的两个原则:一、能否证实;二、有无矛盾。

例如从远处看一座塔,我得到的感觉是这座塔是圆形的,照伊壁鸠鲁派的说法,这感觉本身是个事实,不能算作错误。但如果我根据这个感觉就发表意见说"这塔是圆的",那就错了,因为这已经是一个判断,不再属于感觉了。我应当用进一步的感觉、知觉检验它究竟是不是圆的。于是我再走近此塔,通过看、摸等等,于是得到了塔是方的感性知觉。并且我会发现后一印象更可靠,因为它距离近,不像上次因距离比较远,有空气对流射的影响,使我对塔的感觉受到干扰。通过这种比较和检验的作用,我就能得到关于"此塔是方的"正确意见和判断。又如,我们有兽身人面怪物的观念。它是把两种印象拼接在一起造成的。这两种感觉印象(兽身,人面)本身没有错,错在我们把两种本来无关的影像结合到一起,认为有这样的一种动物实际存在。但是我们从来没有实际知觉到有这样一种怪物存在。可见这种贮存的观念是错的。这错误也应由判断负责,而不能由感觉负责。所以伊壁鸠鲁指出,意见作为储存的观念是一种假设,它可以是真的也可以是假的。如果某个观念得到了感性知觉的证实,并且没有矛盾,即不与其他感性知觉矛盾或与其他已经证明为正确的观念矛盾,它就是真的;那得不到证实的,或与其他得到证实的知觉和观念有矛盾的，便是错误的、虚假的。

上述看法说明，伊壁鸠鲁的“先前储存的观念”（或“既得概念”），从整个知识过程说只是一种第二级的真理标准，因为它本身的真假最后要由感性知觉来确证。感觉是第一位的，而先前储存的观念（既得概念）来自感觉，只能处于第二位。但是，它本身又有其特殊的意义，不能归结为感觉标准。因为当我们用语词概括我们对同类事物的种种知觉时，我们的心灵中必定有非常不同于个别孤立的感觉阶段时的一些活动，如比较、联想、积累和分析等等，于是感性知觉之间的矛盾就出现或暴露出来了，于是就需要有理性对这些感性知觉的整理和检验判别作用，最后达到一种统一而无矛盾的概念性的概括，实现对事物实在本性的认识。因此，这种先前储存的观念在认识上的重要性又远高于感觉。

伊壁鸠鲁派对人们通常称作“理性概念”的东西作了“先前储存的观念”的理解，是一个非常特别之点。他们同其他学派在认识和研究方法论上的差异，大多发生在这个准则上。所以它也是伊壁鸠鲁哲学认识论的重要准则之一。伊壁鸠鲁哲学中的原子论及其对影像、灵魂和感觉本身的解说，对天象的解说，对神的新见解，伦理学中对快乐和幸福、友谊、社会契约等学说的论证阐述，以及在这些问题上同其他学派的争论，无不与这个“先前储存的观念”的准则相关。我们需要把握它的特别的涵义。

五、关于“情感”（feeling）

他们认为有两种情感状态，快乐和痛苦，这是每个动物都有

> 的,前者符合它们的本性,后者则与它们的本性违背,它们选取什么和避开什么就是由此决定的。

这是一条涉及人生全部的存在与活动的根本准则。它表明,伊壁鸠鲁所说的准则,不单纯是以前那些哲学所说的那种纯认知性质的“真理标准”,而且是整个人生如何得到快乐幸福所寻求的真实依据。这一方面同感觉、先前储存的观念等认识论准则是彼此交错相互作用的,因为人对自然的认识和态度,也同人的情感有关,归根到底服务于人去苦求福乐的原则,而为了去苦求福,又必须依靠感觉和既得概念作为认识和知识的根据。因此毫不足怪,这条“情感”准则,在伊壁鸠鲁派那里不仅管到伦理学方面,也制约着他的自然哲学研究等各个方面。

总之,伊壁鸠鲁准则学的三原则涉及人的生活和认识活动的基本方面和层次：情感属于人的内感官活动,“感觉”是人的外感官活动,“先前储存的观念”指对外部自然界的知识,也涉及各种伦理观念和概念。感觉和先前储存的观念作为对外物的感性和理性知识,能帮助人使其情感符合实际生活环境状况并使人学会审慎,以实现其追求快乐避免痛苦的目的。情感则是一切知识必须与之符合的根本目的,离开了它一切知识就没有意义。一切知识都以外感官为基本出发点和判断真假的标准,而这些知识有无价值则又以是否符合人的情感为最终准则。所以伊壁鸠鲁的准则学归根到底是以人的内外感觉为根据的,具有比较突出的感觉主义性质。

第五章 自然哲学基本原理：原子论的重要突破与完善

现在我们来讨论伊壁鸠鲁的自然哲学，这是他的哲学体系中最坚实的核心部分或理论基础。其地位相当于亚里士多德的形而上学加上物理学（更正确的说是“自然哲学”），或希腊哲学中所谓本体论加上一切有关解释自然的部分。这是伊壁鸠鲁哲学中的理论基础，也是理论性最强的一个部分。

伊壁鸠鲁的自然哲学是接着德谟克里特的原子论来的。但是如我们在第三章反复讨论和指出的那样，他同德谟克里特之间有非常重大的原则区别。这种差别，就其理论形式而言，主要就表现在对于自然哲学和原子论本身的理解和规定之中。所以我在这里将着重指出他们的区别所在，以求对伊壁鸠鲁哲学的新进展得到更清晰的认识。

伊壁鸠鲁关于自然哲学留下两封信，《致希罗多德的信》是论自然哲学的一个总纲（他自己称之为“小纲要”），《致毕陀克勒的信》则专门讨论天体现象、气象和地震等引起人们普遍惊异和恐惧的各种自然现象。前一封信是我们研究他的自然哲学基本原理的主要依据。

这封信非常简要。伊壁鸠鲁向希罗多德说明他写作时的考虑：

> 我为那些不能仔细钻研我所写的全部关于自然的作品的人，或不能阅读我所写的较大著作的人，已经准备了一个关于整个系统的足够详细的摘要，这样他们至少可以适当地记住每一部门里面最一般的原则，以便在从事研究自然的时候，遇到机会便可以在最重要的节目上对自己有所帮助。而那些在综览主要原则方面已经有不少进展的人，也应该把整个系统的基本要点所构成的概略记在心里。因为我们经常需要一般的观点，详细的说明倒不常需要。实际上，必须回到基本原则，并且经常把基本原则记牢，才能对事实得到最基本的了解。事实上，如果完全掌握并且记住了各部门中的一般原则，就可以充分发现关于细节的准确知识，因为即使对于一个完全入了门的人，其一切准确知识的最基本的特点也是迅速应用观察以及理解的能力，而如果把一切都总结在基本原则和公式里，就能够做到这一点了。…… 根据以上所说，由于我所描述的方法对于一切从事研究自然的人有益处，我又是极力劝说人们不断在这个领域努力，而且我自己就是从这里获得此生的宁静幸福的，所以我又为你写了这样一个摘要，总结了我的整个学说的主要原则。①

我们知道，伊壁鸠鲁的著作，特别是关于自然哲学的著作，数量很大。他在这里告诉我们，他已经写了“一个足够详细的摘要”（所以人们猜测后来卢克莱修的《物性论》与此有关）。并且认为，由于准确地掌握和牢牢记住基本原则最重要，它能使人在需要时迅速应用于细节，而详细的内容反而不必去死记硬背，所以他“又”给希罗多德写了这封信——更为简要的“一个摘要”。他还指出，这对于已经入了门的人也是很有用的。

看来，伊壁鸠鲁对于概括和提炼其自然哲学作了很大努力，此信是两次提炼的结果，是其最基本原理的表述。所以我们以之为纲是没有错的。但是，由于它是给一个“已经入门”的学生写的，有

① D.L.，10.35-37a.

些地方他认为可以略而不谈，这样表述就不免有过分简略之处。与之相比，卢克莱修的《物性论》就相当充实，既有理论的阐述又富于实例的运用和发挥。因此我们的研究将以伊壁鸠鲁的信为基干，同时结合卢克莱修的阐述予以解释和补充。

《致希罗多德的信》大致的结构如下：

1. 开头的导言和末尾结语，谈写这封信的目的和方式，以及研究自然哲学的方法（见 D.L.，10.35–38b，82b–83）。

2. 正文可以先分为两大部分。第一部分（D.L.，10.38c–45b）是最基本的原理和最简要的要点，可说是纲中之纲。伊壁鸠鲁自己写完这部分后指明："如果把这样一个简要的说明记在心中，对于我们理解存在的本性就能提供一个足够的轮廓。"[①] 所以我们应当首先着重阐明这部分的几个要点。

3. 第二部分（D.L.，10.46–82）内容很多，包括论事物的影像和主体的感觉，对原子性质的各种重要规定，论灵魂和心灵以及它们同身体的关系，现象物体的属性和偶性，论宇宙中的世界，人类的文明，论天象，等等。从一个角度说，它们是第一部分最基本原理的应用、展开和发挥，涉及各种重要的事物的解释说明；而从另一角度说，它们作为对于现实事物的各种阐明，反过来又对自然哲学基本原理和原子的性质的规定起作用，使之深入具体，充实了第一部分。因此，我们既需分别进行讨论说明，更应注意他对这些具体现象的重要说明中同原子论基本论点之间的相互联系。

本章主要讨论伊壁鸠鲁的自然哲学的基本原理。除了关于他对人类文明和天象以及神灵等问题的论述，我想另章再论外，这一章将涉及此信的主要内容和大部分篇幅，包括他的研究目的和方法、

---

① D.L.，10.45.

最基本的原理和要点以及若干基础性的运用解释。我希望通过研究这些方面能够阐明：伊壁鸠鲁的原子论确实突破了德谟克里特的若干基本缺陷，创造性地发展了原子论学派的本体论、认识论和方法论，为克服以往原子论在本质与现象之间的鸿沟，使之得以沟通作出了巨大的贡献，从而造就了原子论自然哲学的更完善的形态。

一、研究自然哲学的目的和方法

在《致希罗多德的信》的开头，伊壁鸠鲁就强调我们研究自然的目的只是为了求得心灵的平静和幸福，同时提出了他的方法论原则；到信结尾时又一次强调了自然研究的最终目的（D.L., 10.35–38，以及10.82–83）。

先来看看他的方法论。这里提出的方法是：

> 首先我们一定要弄清语词所指，以便在使用这些语词时能够根据其涵义来对意见和研讨的问题进行检验，使我们的论证不至于陷于无根据的没完没了的进程之中，也不至于使所用的名词成为空洞无意义的。为此，我们必须承认在使用每一个语词时心中所唤起的第一个无需加以解释的影像，它是我们研讨问题和意见时的标准。
>
> 此外，我们的一切研究都要依据我们的感觉，也就是依据心灵的或者任何判别标准的当下感受，并且依据直接的情感。这样，我们就能够对需要确定的和不清楚的事情作出判断。[①]

各种学说都是用名词概念和由此产生的判断、假设、论证来表

① D.L., 10.37b-38b.

达,并同不同意见开展争论的,伊壁鸠鲁的学说也是一样。所以他首先要注意这一方面,把如何确定名词术语的涵义,作为他的自然哲学研究和表达的首要问题。他所要强调的是:确定一个语词(不必说这里指的当然是那些重要的通常称之为"范畴"和"概念"的语词)的涵义的标准,归根到底是感觉和情感。显然,这里涉及他的准则学中提出的所有的准则,因为他所说的要确定的语词的涵义,就是我们前面讨论过的那个 prolepsis,即"先前储存的观念":它实际上已经是理性的东西,但一定要以原来已有的感性知觉为依据,以情感为依据。

如我们在上一章所述,当这些感性观念用名词术语概括和储存起来和提升为 prolepsis(这里实际上已经是理性的概念了)的时候,起初它还带有猜测和假设的性质(也即伊壁鸠鲁称之为可能为错的"意见"),这时它能否确立,仍然要求感性知识的证实和没有矛盾的检验。所以可以认为,上面引文所说的当我们使用某个语词时"心中所唤起的第一个无须加以解释的影像",指的并非任意的一个感官印象,而应当是原来已经储存在某个语词中的已经经过证实并且无矛盾的观念。正因为如此,我们一旦使用该词时,心中就立刻会把这个已经无须解释的影像(即观念)显现出来,并且成为我们研究有关问题和进行判断的标准。伊壁鸠鲁认为,这种观念具有准则的意义。因此如何确立和澄清它们,也就成为我们进行任何研究时必须采用的基本方法。

这个方法,已经接近于近代自然科学中的假设和论证的方法,或所谓经验的归纳分析方法。这是同德谟克里特那种非常绝对的理性独断方法非常不同的。伊壁鸠鲁派并不否认他们的原子论带有理性上的假说的性质,只是认为,一旦这种源于感官知识的理论学说获得了经验的证实并在归纳中没有出现矛盾,也就可以认为是确立下来的正确理论了。因此，他们的自然哲学理论包含着可以在感性经验基础上加以修正的可能性；在有些情形下，还要强调容许对一类事件有不同解释和避免武断，为进一步探讨开辟了道路。应该说，这里包含着有价值的科学方法论因素。

伊壁鸠鲁把人的情感也当作一个认识方法上的标准，这是近现代科学所禁止的。但是对于人生哲学，特别是对于伊壁鸠鲁派哲学来说，这是必要的，因为他们研究自然的目的就是为了使人的心灵获得宁静幸福。他们的特点是认为，人追求宁静幸福本身就是自然的本质和规律的一部分，是非常现实的东西。因此这种方法虽然不能说是科学的，但由于它体现了哲学和科学应当同人的自然需要和规律相一致的要求，而人的规律终究也是广义的自然规律的一部分，因而也有其合理的成分。伊壁鸠鲁关于原子有做偏斜运动的本性之假说，就同他肯定人有自由意志的情感有关。这个例子即是此原则应用之一例。

可见，伊壁鸠鲁研究自然哲学的目的和方法，对这派哲学实在是非常本质性的。很可注意的是，他的哲学本体论不是演绎式的从本质与规律推演到解释现实，恰恰相反，在他那里，原子的性质、特点和自然规律应如何规定等，倒首先是在考虑到感性现实应如何解释才比较妥当，或者说是在尊重现实及其解释的前提下，才能得到确定的。

二、最基本的原理："只有物体和虚空"，以及这个提法与"只有原子与虚空"的关系

《致赫罗多德的信》正文的第一部分（D.L.，10.38c–45b），扼要论述了他的自然哲学的基本原理。这是一个纲领，弄清它才能

进而了解他的自然哲学的其余部分和全部内容。

这部分有三点内容应当把握。其一是伊壁鸠鲁自然哲学的最核心的原理——什么是真实的“有”。它为伊壁鸠鲁创造性地发展原子论提供了一个基本出发点。其二是宇宙作为整体的无限性。它是以原子在数量上的无限作基础的,结论是宇宙中世界为数亦无限。其三是关于原子最基本性质的规定。伊壁鸠鲁对原子本性的规定最显著地从理论上突破了德谟克里特的局限,完善了原子论哲学,为解释自然种种现象提供了新的基础。

本节先讨论伊壁鸠鲁自然哲学的最基本的原理：什么是真实的有。

关于这条原理,伊壁鸠鲁提出了三个命题来表述。

1. 他是从“无中不能生有,万物不会变成虚无；宇宙整体永恒存在”这个最根本的命题出发开始讨论的

> 弄清楚上面几点（即研究的目的和方法——引者注）之后,现在我们要来研究那些感官知觉所不清楚的事情。第一条原理是：没有什么东西能从没有“是（有）”的东西中产生出来；否则无须种子,一切东西就会从一切东西中产生。而如果消失的东西会毁灭,成为没有“是（有）”的东西,一切东西就没有了；因为分解成的是没有“是（有）”的东西。宇宙过去一直如它现在那样,以后也将永远如此；因为它不会变成别的什么,也没有什么在宇宙之外的东西能进入宇宙并使之变化。[①]

① D.L., 10.38c-39a.

我们清楚地看到伊壁鸠鲁坚持了从巴门尼德以来希腊哲学的最基本的命题：非是者不能成为是者，是者也绝不可能变成非是者（可读作：无中不能生有，有也不能成为无）。这也就坚持了现象必有其本质（是）和本体（是者）的哲学立场。这条原理是伊壁鸠鲁反对怀疑论和建立自己的哲学的基本根据。怀疑论否认对于"是"和"是者"的任何肯定；虽然他们并不否认我们可以感知现象，却认为现象如梦幻，其中没有任何实在的确定的本质可言，以理性来肯定"是"更没有根据。并认为只要揭示出理性同理性、理性同感觉、感觉同感觉之间的矛盾，就摧毁了这种可能性。伊壁鸠鲁则认为在感性现象事物中就有本质和本体（"是"和"是者"），通过储存的感性知觉，在理性中就能对此肯定。

其次，这条原理在伊壁鸠鲁那里还特别表示了自然界万事万物的一条基本规律：一切事情都不会是无中生有，必有根源和原因。如种瓜得瓜、种豆得豆，有精子卵子及其结合才能有人，事物的产生不是杂乱无章随便乱来的。这里的"是"并不只是抽象意义上的本体，也指具体意义上的现象事物。所以伊壁鸠鲁才说，"否则无须种子，一切东西就会从一切东西中产生"。"种子"是具体的事物的种子，从某种适当的"种子"才能具体地说明某物产生的原因。可见，伊壁鸠鲁派的"无中不能生有"和只能从"有"生有，这里的"有"或"无"还有具体事物的涵义。这是不同于巴门尼德所说基本原理的地方，说明伊壁鸠鲁派沟通了现象事物和本体。

2. 宇宙万有“只是物体和虚空”

> 宇宙由物体与虚空组成。物体的“是（有）”是感觉本身清楚地显示于所有人的，而对于不能感知的东西，如我已说过的那样，理性应以感觉到的东西为基础来作出判断。如果没有我们称之为“虚空”、“位置”和“触摸不到者”，物体就没有存在和运动的场所，然而物体的存在和运动是明白的事实。除了物体和虚空二者，我们心中无论用观念还是类比，都不能知道还有什么别的东西真实地有，除非只是物体或虚空的某种性质或偶性。①

请注意：伊壁鸠鲁虽然是原子论者，却不是从原子和虚空出发来开始他的自然哲学，而是从物体和虚空出发的。自然或宇宙，只由物体和物体得以存在与运动的空间这二者构成，此外就没有其他东西了。至于物体和虚空的某种性质或偶性，当然是“有”的，但这些东西都得以物体和虚空的“有”作为前提，不是独立的“有”，所以真实的有只是物体和虚空。

为什么伊壁鸠鲁的“有”论，不是从“原子和虚空”出发（如德谟克里特），而是从“物体和虚空”出发？他的理由是：“物体的‘是’是感觉本身清楚地显示于所有人的”，是可以用你的手和身体触摸到的东西。而“对于不能感知的东西……理性应以此为基础来作出判断”。而“虚空”即空间虽然触摸不到，却可由物体的存在和运动得知，这里对于二者存在的肯定都是依据可以感知的“明白的事实”来确认的。所以他说，“除了物体和虚空二者，我们不能知道还有什么别的东西真实地有”。

---

① D.L.，10.39b-40b.

这种论证,鲜明地坚持了他的准则学从感觉出发的基本原则。他的“有”论必定要从感觉所知的物体出发、以现象作基础;而既然原子不能直接感知,就不能作为肯定自然宇宙之“有”的出发点。这就同德谟克里特的观点清楚地分别开来了。可是许多人虽然念了这段话,却一点也没注意,如 Russel M.Geer 在编译注释伊壁鸠鲁时,竟然把这一节原文冠以“原子与虚空”的标题,好像伊壁鸠鲁根本没说过“真实的有”只是“物体和虚空”这句话、这个基本命题一样。

在伊壁鸠鲁看来,离开了感觉和现象,就谈不上确认什么真实地具有“是”的东西;那种纯理性论证的所谓自然哲学或本体论,是没有根据的。

那么原子呢?它不是伊壁鸠鲁认定的最真实的“是者”即具有“是”的本质的东西吗?是的。但原子不能直接感知,而是用触觉等来感知的物体加以推论之后才得知的,所以伊壁鸠鲁的自然哲学不能从原子出发。在他看来,原子的实在性,它作为真实的“是者”,之所以能够从感性物体的运动变化推知,这只是因为原子本是包含在物体里的、构成物体之为“是者”的东西。所以认定自然或宇宙只有物体与虚空,并没有任何同原子论违背的地方。问题只在于肯定原子论的态度、步骤和方法与德谟克里特不同:对于德谟克里特来说,肯定能为“是者”的只有“原子和虚空”,而这只能靠排斥现象的方式达到。在伊壁鸠鲁则正好相反,宇宙自然的“是(有)”首先只是“物体和虚空”,进一步分析物体和虚空时,才能提出和论证原子与虚空之有,因为前者直接依靠感觉知觉就可确认,后者则需要推理和进行验证。这个论证次序,符合尊重感觉的认识论和方法论进程。

应该说伊壁鸠鲁对德谟克里特的这个重大修正是有道理的。

许多学者以为伊壁鸠鲁的这种说法太常识性了，根本不加注意。但是同普通人的常识相通，并不是伊壁鸠鲁的缺点，正是一个优点。在这个基础上，再谈深刻的东西，才是走在正确的路上。从“物体与虚空”出发而不是从“原子与虚空”出发，包含着哲学上相当重要的差异和分歧，值得人们留意。

顺带请读者注意，伊壁鸠鲁关于感觉准则的强调，里面原是包含着一些很麻烦的问题的，例如我们所见到现象物体具有颜色、声音、滋味、气味、硬软、冷暖等，哲学史上叫作“物的第二性的质”的性质，它们是物体本身具有的，还是人在同物接触时人身上产生的主观感觉？这些问题如何认识和解释，在西方哲学史上从很早的希腊哲学家直到近现代一直是个很大的问题。德谟克里特否认感觉的真理性可靠性也主要为此。伊壁鸠鲁派也不赞成这些第二性的性质是原子本身这方面具有的（在这点上他同德谟克里特一致）。但是，他想出了一个解决问题的办法，仍然以感觉作为肯定自然自身存在的依据，这就是把触觉同其他感觉分开。他认为尽管其他感觉和那些感性性质不足以使我们断定物体的真实客观存在，但是触觉，我们的身体实际接触物的时候的那种最基本的感觉，仍然可以保证我们判断它们存在的真实性。在伊壁鸠鲁派，触觉是一切其他感觉和认识的基础和出发点。宇宙万有只是物体和虚空，这个最基本命题，同人的触觉不可分，触觉是认识自然的第一准则。关于这一点我们后面还会谈到。

3. 提出原子论的新方式

到这里才提出原子作为万有的本原的问题（作为构成复合物

体的单纯东西）：

> 物体中有些是复合物，有些是构成复合物的单纯东西。这些东西是不可分的、不变的。这是必然如此的，否则万物在分解时就会消解为无。复合物在分解后总有某些东西有力量保持下来，其坚固是不能以任何方式被摧毁的。因此，那些本原必定是不可分的、有形体的东西。①

原子不能为感觉感知，需要用理性的假设和论证。但是与否认感官知觉真实性的德谟克里特不同，伊壁鸠鲁完全是在感觉的基础上运用理性来论证其存在的：物体的存在、分解和分解后总有东西保持下来，是我们可以观察到的，由此可以得出物体有复合物及其组成成分这样两种形态的结论。在这个基础上就可进而推论原子的存在：既然物体分解后总有东西存在而不会消失为虚无，就必有某种最单纯的不能再分解的最终的"有"。这种推论在古人那里是相当自然的，因为在他们看来，如果一种东西还能继续分割下去，它就会陷于虚无而不能是牢固永存的东西，"有"就不稳定甚至会消失。为了保证"有"是"永有"，即从巴门尼德以来的希腊哲学第一基本原理（这是皮罗派实际上动摇否认，而伊壁鸠鲁仍然坚信）的信念，伊壁鸠鲁继承了留基波和德谟克里特已经提出的原子论。这里区别只在于，他把原子同可感知的现象物体联系起来，指出它是现象物体的一种组成部分，本身也仍然是一种物体，只不过是特别的一种 — 不再可分、小得看不见物体而已。卢克莱修用潮湿的衣服会干，手上的戒指戴久了会变薄，滴水可以成窟窿，人可以嗅到物体发出的气味却见不到气味这种东西等日常经

① D.L.，10.40c-41a.

验,用在黑暗中射入的一束阳光里面可以见到有无数的微小粒子在做不停的运动的现象作类比,来推测、假定和论证原子有其真实的存在——尽管我们能见到的只是现象中的结果,而见不到这种精细的东西及其运动本身。

同宏观的物体及其运动相比,这种微观的粒子过程无疑是比较深层的东西与过程。它是现象物体生成变化的一种微观结构方面的原因。原子论就是说明这种原因的学说。

简单说,伊壁鸠鲁所肯定和论证的粒子或原子,(1)它也是一种物体,只是很小;(2)它不再可分,本身也不再变化(本原或本体不变、不可分,是一切古代本体论的基本观点,否则它就不成其为本体或本原)。其中(2)是伊壁鸠鲁与德谟克里特一致的,关于(1)则二者观点完全不同。

小结本节所述,伊壁鸠鲁在原子论的提出方式和基本论证方式上,同德谟克里特有原则分别,是我们必须注意的。

以上共说了三点,实际上不可分。第一点是他所肯定的最基本的哲学原理。它继承了整个希腊哲学从巴门尼德以来的那条最基本的本体论(即"有"论)线索。第二点是他首先从可感知的事物和运动的现象方面,来落实这最基本的原理。伊壁鸠鲁自然哲学区别于一切纯思辨的"有"论,也同德谟克里特明确不同之点,在这里显示得特别清楚。第三点是,他从原子论上完成了对"有"论最基本原理的肯定:因为只讲"物体和虚空",由于现象物体有生灭、运动和变迁,还不足以论证自然的"有"从根本上不会改变和它的永恒性;当指明了一切物体和现象乃是原子及其运动构成,原子的聚合和分解可造成物体生灭,但原子本身不变、单一、不可分、充实、牢固,不受其外在的聚合分解所形成的物体生灭的影响,这就证明了宇宙自然从整体上说其"有"是永恒和不变的。在这点上,伊壁鸠鲁比德谟克里特的前进在于,他使这个论证同感性现象结合起来：原子不是离开现象物体的东西,而是它的组成部分。当然,物体的组成部分可以有许多层次(如水、火、气、土,或是各种东西的“种子”),它们也仍然会有生灭变化；只是物体分解到的最后不再可分时的那个部分才是原子。如此,原子在伊壁鸠鲁这里,就有了双重性,它既是同现象(物体)相关的最小部分或粒子,又是一种具有永恒不变的“有”的本性的形而上学本体,把这两方面结合为一了。

把握这三点提法的关系(既有差别又一致),对认识伊壁鸠鲁的自然哲学是个关键。

三、第二条基本原理：宇宙作为自然存在的整体是无限的

伊壁鸠鲁说：

> 宇宙作为整体是无限制的。因为有限制的东西就有边界,一个东西的边界是与其他东西相比而看出的,但是全体并不是与他物相比的东西。因此它没有边界,就没有限制；它既然没有边界,就一定是无限制的、不受限制的。①

这里所说的宇宙无限性,包括物体数量无限和空间范围无限两方面,相互关联。他的论证如下：如果物体数量无限而空间范围有限,无限多的物体将没有存身之处和运动之处；反之如果物体数量有限而空间无限,物体就会在空间中无限地分散,不能聚集成

---

① D.L., 10.41b-42a.

物体和适当停留。

根据这样几点：宇宙的空间范围无限；其中包含的物体以及原子数量无限；加上在最基本原理中所说自然之“有”永远是“有”，决不会变成虚无，宇宙整体作为“有”永恒不变，在时间上不会有什么开始也不可能有什么终结；我们就可以得到他的关于自然无限性的全面表述。—— 这是对于希腊自然哲学中最一贯根本的思想的清楚完备的表述，它的实质是非常唯物的。伊壁鸠鲁并不主张无神论，但是他的神决不是创造世界的神。自然自有永有是他反对神创世界论的基本依据。

与此相关，伊壁鸠鲁还提出了有无限数目的世界的观点或假说。他写道：

> 存在着无限数目的世界，它们有的像我们的世界，有的不像我们的世界。因为原子数目无限，这是已经证明了的，它们被带到远远的地方。因为本性可以产生或制造出世界的那些原子，并没有在一个世界或在有限数目的世界上面被用光，也没有在所有相像的世界或与这些不同的世界上面被用光，所以不会有妨碍无限数目的世界的障碍存在。①

这是伊壁鸠鲁从原子数目无限和虚空范围无限中得到的一个推论，他认为这个假设是没有矛盾的，因而可以成立。这是对自然或宇宙无限性的进一步理解。他的这种看法对于受制于一定范围的“世界”观或比较狭隘的宇宙观，是一个突破。

① D.L.，10.45b.

四、对原子基本规定的修正

（一）出发点是强调对本体的规定必须与现象的解释相一致

原子作为存在本体，其性质同现象事物非常不同。

现象事物，是伊壁鸠鲁首先肯定的有，因为它是人生活的基础，一切知识的基础。他的自然哲学从现象的物体开始，并以对现象事物及其规律的合理解释为目的（自然哲学），从而达到使人能获得内心宁静幸福的生活这个哲学追求的最终目的（伦理学）。但是，由于现象事物总是可以不断分割，多变和有生灭，从有论即本体论说，它不能提供一个稳定不变的“有”作为自然观的支柱或基础，人心也就不能得到安定感。原子论的意义就在解决这个基本问题。因为它所设定的原子的“有”，是完全充实和不可分的，其存在方式与变动生灭的现象非常不同，就能具有永恒之有的本性。用这样的本体来构成万物，用它们的结合、分解、运动来解释万物的生灭和运动变化，就可以认定万物纵然生灭变化终究有其存在本性而非空幻，作为万物总汇的宇宙的永恒不变之“有”也就得到了保证。所以伊壁鸠鲁继承了原子论的这个基本传统。他在肯定现象物体之后，便突出强调它有原子做基础。他要结合现象与原子本体，提出一种比较恰当的自然观。但是有一大难题立即摆在面前。这两种“有”既然在性质上非常不同，如何能够沟通和结合呢？

那多变的、不断生灭的、可以不断分割的现象事物，有一种最基本的特征，就是它们的感性性质，或者更明确地说，是它们能够被人通过感官（视、听、嗅、尝、触等）来感知的性质，人们很自然地认为它们具有颜色、声音、气味、滋味、软硬、冷暖等性质。物体的形状和大小的性质也是人通过视觉和触觉感知的，但是按照希腊人和后来西方人的知识论传统，认为这些是同上述感性性质非常不同的物性，被称作物的第一性的性质，而色、声、味等则叫作物的第二性的性质。

人们很早就注意到，物体的色、声、味等感性性质具有变化无常的特点，所谓现象是不稳定不可靠的东西，首先就是由于物有这样的感性特点。

希腊哲学和科学在区分现象和本质的时候，所依据的就是把知识严格划分为感性的和理性的两种。相应地，把物的性质划分为可感性质和唯有理性才能把握的性质这两种。希腊人最早用理性知识讨论哲学上自然本体为何的问题始于毕达哥拉斯，他依靠的是数学和几何学知识，后来才有巴门尼德那种更为抽象的纯逻辑方式。所以这两种方式就相互渗透吸取了。请注意，几乎所有主张纯“有”的哲学家，从巴门尼德到柏拉图和德谟克里特，都肯定他们主张的纯有是具有空间的几何性质（形状）和数学性质（数）的东西；在他们看来，这是不言而喻的事。他们不把这类性质视为现象事物的感性性质，只视为理性才知道的抽象东西，是因为他们认为点、线、面以及数等东西可以脱离实际事物而存在，并且只有在摆脱实际事物时才有其真正“是（有）”。逻辑的抽象，数和形的抽象，是他们用以肯定自然本质本体的真正根据。

这种区分是很有意义的，但是在分离了现象和本体之后，又造成了使二者难以统一贯通的严重难题。现在伊壁鸠鲁要把原子论同现象统一起来，可是没有感性性质的原子，究竟如何能同具有感性性质的现象事物联系起来，二者的通约性究竟何在？

既然伊壁鸠鲁肯定原子是最终的真实存在，是现象事物的根本原因，那么，问题的答案就只能从原子的本性来寻求。原子的本性就是“是”,是不会改变的、最稳定的,同时它又能够通过各种方式产生那些人可感知的物的性质,足以解释人为什么会看见自然具有如此丰富的多样性和变化。那么它能“是”些什么呢?

答案是:它只能是原子的形状和数量、原子的运动和彼此结合等性质。因为(1)这些东西本身是自然物体的第一性质,不会改变,同“是(有)”的本性一致而不矛盾,原子具有这些性质绝不会影响它的永是永有本性;同时,(2)从这些性质出发,又能开辟通向现象事物的道路。

留基波和德谟克里特本来已经有了从形、数、运动和结合上对原子的规定,伊壁鸠鲁当然是同意的。问题是德谟克里特并没有也不打算解决原子同现象的统一,而伊壁鸠鲁要认真解决这个问题,这自然会影响两人所作的对原子的规定本身。因此,伊壁鸠鲁在继承德谟克里特见解的时候,理所当然地要加以批评和发展,提出他自己的新的观点。他认为这样才能克服德谟克里特的缺陷。粗粗看去,他提出的一些修正似乎都只是对德谟克里特的小小“偏离”,很不起眼,实际上却非常重要甚至带有关键性,所以我们不可不加以认真的注意和研究。

对原子的规定是关乎伊壁鸠鲁全部自然哲学解释的基础,非常关键。在我们考察时,那些同德谟克里特一致之处提到即可,不必多说了,应该注意的是他的新意。现在我们就来分别讨论一下他的新看法。

(二)原子有数不清却非数目无限的形状,每个原子不可分却有其部分

这两点彼此有关,都是对德谟克里特原子论的重要修正和突破。

1. 原子有数不清的但不是数目无限的形状

伊壁鸠鲁的原子，作为最真实的有，没有色、声、气味、滋味等靠人的感官知觉感知的那些性质，但必有大小、形状和数量这些空间和数学的性质，这被视为绝对和当然。[①]

伊壁鸠鲁同意德谟克里特说原子在数目上无限的规定，也赞同原子的最基本的性质是它们有形状。但是在对原子形状的规定上提出了两个重要的修正：

（1）原子虽然数目无限，但在形状和大小（有形状的东西必有大小体积，所以大小是形状必定具有的相应性质。因此有时可以隐含在形状的概念之中）的差别上数目并非无限，只是多到数不清。

（2）每个原子既然有形状大小，就有它的部分。这同原子不可分的本性并不矛盾。

这两点都坚持了原子之为纯粹和绝对之"有"的本体论，同时又给解释现象开辟了宽阔的道路。先说第（1）点。他写道：

> 原子在形状方面有数不清的差别。因为这么多可见事物展现出了如此丰富多彩的形相和性质，若构成它们的原子在形状上只有可设想的那些，是不可能的。每种形状的原子，数量无限；但是原子在形状上的多样性差别不是无限的，只是数不清的多。[②]

为什么原子在形状大小上的差异之多，不应是数目无限呢？他说明的理由是：

---

① D.L.，10.54-55a.

② D.L.，10.42b.

> 我们不要设想原子有各种各样形状,这样,我们的想法就不会与现象的实证相矛盾了,可是我们要设想有某些不同的大小。因为如果如此,我们就可以更好地解释我们的感情与感觉里所发生的事实。而为了解释事物里的性质的差别,却并不需要存在着各种各样大小的原子,因为这样就一定会有某些原子进到我们眼界之内,成为看得见的,但是从来没看见过这样的事,也不能想象一个原子如何能够变成可见的。[①]

德谟克里特只是笼统地说原子有形状且数目无限,伊壁鸠鲁认为从沟通现象的角度看不够妥当,必须修正。他同意原子的形状应当是多样的,因为这对“更好地解释我们的感情和感觉里所发生的事实”十分必要。这是从积极方面来说的。另外,从消极方面说,对这种多样性也要限定,因为如果原子的形状多到无限,就一定会推论出有大小上能被肉眼看得见的原子,从而同原子论的基本假定相矛盾。伊壁鸠鲁把德谟克里特的一个理论漏洞补上了。

关于原子形状多样性对于解释现象事物的积极意义,我们将在后面同他的下一论点一起给予说明。

2. 原子不可分,又有其部分

原子有其部分同时又不可分,是伊壁鸠鲁在理论上对原子论的一大创见。它解决了以前原子理论上的一大矛盾,对解释现象有重大意义。

---

① D.L., 10.55b-56a.

德谟克里特虽然承认原子有形状,但是他在强调原子作为最小的然而又是最纯粹的“有”必定是不可分的“一”时,似乎理所当然地也就否认了原子有其部分。这是因为有“部分”的东西使人很容易认为它必是可分的。“不可分”同“有部分”在概念上好像不能并容。

但是问题并没有这么简单。因为不可分的原子是有形状的,是占有一个空间位置的或有大小的东西,否则它就无法存在。那么,如果原子真的没有任何部分,它的“形状”本身也就成问题了。因为任何形状,无论是圆的、方的或是有规则的无规则的多边形的东西,总有边缘和中心,这已经是有部分了(柏拉图在其《巴门尼德篇》的八个论证中已经指出了这一点),还不必说因为任何形状大小占有空间,必可分为某些部分。完全没有部分的东西,就等于一点也不占有空间的最抽象的集合点,等于没有实际的存在。这样的原子如何能够结合和分离并组成万物呢? 可见,承认原子有形状和否认原子内部有其部分,不仅无法解释实际的自然万物和现象,在理论上也是一个自相矛盾的说法。这种矛盾,比起难于把“不可分”同“有部分”联系起来更大,因为这是一种客观的本质的矛盾,而后者只是一种概念上如何把握的困难。

真正说来,这个问题从巴门尼德就有了。他由于认定存在必是不能因无限分割而变成无的东西,就断言它只能是“一”,不能是“多”,不能有部分。这样整个宇宙在他那里就成了“One”,一个完全充实的东西,它占有了全部空间,却没有任何的部分。这样,自然的多样性和运动就没法解释了,于是爱利亚派就干脆否认有“多”和运动变化,说那是虚幻不真的现象。德谟克里特虽然用“多”的原子代替了那个宇宙大全“一”,并承认有虚空,用“多”的原子在虚空中运动、组合来解释自然,但是由于他对“有”仍然继承了巴门尼德的基本思路，认为最基本的“有”（原子）如果还能再分的话，就会变成缺少充实的虚无东西，失去其“是（有）”的本体资格，便同样认定原子只能是“一”而不能有部分。他继承了巴门尼德关于有形状大小的本体之“有”不能有部分的这个自相矛盾。

伊壁鸠鲁勇敢地突破了这个由来已久的希腊哲学本体论的理论禁区。他虽然依旧坚持原子不可分的基本观点（这在当时是很自然的），但他同时强调：原子也有其部分，从而解决了德谟克里特的矛盾。这是一个新观点，它是如何可能的呢？从纯抽象的角度看问题，“不可分”同“有部分”在概念上是矛盾的，因为所谓“部分”的意思，不就是可以从整体分离出来的东西吗？承认原子也有部分，如何能同坚持它不可分并存？

但是，伊壁鸠鲁不再从纯抽象的立场看问题，而是同感觉、同现象事物相联系地思考原子本性的问题。他认为原子也是一种物体，不过是“原初物体”，即可感知物体的一个最小组成部分，所以原子与可感知物体有本质上的同一性，都有形状就是它们最基本的相同之处。正如可以看见的物体因有形状大小必有部分那样，原子有“形状”就意味着它也有部分，只是原子的那些部分实际上无法分离而已。他这样写道：

> 我们必须承认可感知的最小物体同那些大到足以使我们能用眼睛从它的一个部分转移到另一个部分的物体不同，也并非完全不同，只是它在与那些物体有共同点的同时，并没有被分割为各个部分。但是如果我们从其相似性来进行想象，我们也能在这最小的物体中进行划分，它的一边是一个部分，另一边是另一个部分，那这个部分的东西必定是另一个最小物体，同我们见到的先前那个最小物体一样。不过事实上，我们看见的这些最小物体是一个一个的，它们并未占有同样的空间，我们也看不到它们的哪些部分相

接触,只是它们由于自己的本性有大小,较大东西里占的空间部分多,在小的里面就少。

我们必须认为原子的状况也类似于可感知的最小物体,除了比可见的最小物体更小这点不同外,类比是一样的。显然原子的最小部分比可感知的最小物体的部分更小,但是就其为部分而言是一样的。我们已经说过可感知物体同原子都有大小,尽管在这方面层次相差甚远。进一步说,我们要把原子的那些非组合的部分(指这些部分不能实际上从原子分出来,所以这些部分在原子里面没有互相组合的关系,"非组合"即实际上不可分离——引者注)认作是一些界标,它们是我们从思想上考察不可见的原子大小的手段,无论是较大的还是较小的原子都一样。原子的最小部分同可感知物体中的最小可感知部分的相似,足以证明我们到此为止的结论;不过原子的最小部分不能分别地运动和进行组合。[①]

Cyril Bailey 在翻译卢克莱修《物性论》有关这个论点的说明时写了一个注,有助于我们理解伊壁鸠鲁派这一论点。他说:"这是关于原子的完全坚实性(因而也就是不可毁灭性)的另一个艰深的证明。卢克莱修像伊壁鸠鲁已经教导他去做的一样,从可见的东西用类推来论证。例如,如果我们把注意力集中在一根针的尖端,我们就能看到这么小的一点,虽然它本身是可见的,但已经是视觉所能见的最小限度的东西。如果我们尝试着看它的一半,那么它就会消失不见。针本身就是由无数这样微小的点所构成的。同样的,原子乃是由一些微小部分构成的,这些部分只能作为原子的部分而存在,而不能从原子分开;它们乃是物质存在的最小限度,离开了它们所组成的原子,就不能独立存在。所以原子是有广延的,

---

① D.L., 10.58-59.

但却没有可分开的部分。换言之,原子是完全坚实的。”[①]

在伊壁鸠鲁,原子不可分是一个关于“有”的基本哲学假定,它同“有永远是有,绝不能成为无”的希腊哲学传统核心几乎是完全等同的一回事;因为在希腊人看来,“有”只要无限分割,就不能保持它的“是”而一定会消失成为虚无。他还不能完全摆脱这个传统看法。但是,我们看到,他还是在很大程度上突破了这个看法,承认原子有部分;只是他说,这些部分不能从原子分离出去,这样就仍然保持了原子不可分的传统。——实际上,物质和事物“可分”和“不可分”原是可以并存的,或是对立统一的。科学的发展证明,一切宏观和微观的东西,都是在一定意义上既可分又不可分。有机物则更清楚地表明具有各个部分的生命整体不可分的根本性质。伊壁鸠鲁的提法与此接近相通,有其理论价值。

3. 原子形状数不清和原子有部分两个论点,是伊壁鸠鲁沟通原子(本体)同现象的重要出发点

伊壁鸠鲁已经提出了这个看法[②],不过他在信里说得太简略。卢克莱修对此有一番说明,我们可以引来作为注释。

卢克莱修同伊壁鸠鲁以及德谟克里特一样,认为事物和原子一样本来是没有色、声、味这类感性性质的:

> 你要注意认识,否则你也许会猜想
> 那些在你眼前闪烁的白色东西

---

① 卢克莱修:《物性论》,方书春译,商务印书馆1962年版,第33页。

② D.L., 10.42b.

乃是由白色的种子所造成的,
而黑色的则是用一种黑种子……
因为物质的原初物体丝毫不带色彩——
既不是和物同色,也不是和物不同色。[①]

你也不要以为原初物体
只不过是没有颜色而已;
它们同样也与温暖和寒冷没有关系,
而且它们也并不发出什么热气;
它们运动着,既缺声音也乏水分;
也并不从它们本身
抛放出任何自己的气味。
……
同样的,事物的始基在产生事物的时候,
必须不能被认为供给事物以颜色或声音,
因为它们不能从本身放送出什么东西,

也不能放出气味、寒冷、热气和温暖。[②]

但是他按伊壁鸠鲁的教导,认为事物的感性性质可以用原子的新规定加以解释,这就和德谟克里特不同了。感觉的客观原因是对象中原子的形状、结构和运动:

……小心不要用颜色污染物的种子,
否则对于你万物就将彻底归于无有。

---

① 卢克莱修:《物性论·卷二》,方书春译,商务印书馆1962年版,第104页。以下在引用时个别地方按英译本稍有改动。

② 卢克莱修:《物性论·卷二》,方书春译,商务印书馆1962年版,第109—110页。

此外,如果种子没有任何颜色,
而却具备着不同的形状,
从这些形状它们就产生各种颜色
并加以变化;因为最要紧的是:
以什么姿态跟什么种子相结合,
以及它们给予和取得什么样的运动;
那么你就可以很容易地猜出,
何以一小时之前是黑色的东西,
能够突然像大理石一样白亮起来,——
例如当狂风挑起了它平静的水面的时候,
大海就变为一片白浪滔滔,
白得像大理石:因为你能够宣称
我们平常看见是黑色的东西
当它的物质被重新搅匀、
有些粒子被再行安排、
有些被抽走、有些被加上的时候,
我们就看见它变成白亮亮的。
但如果是蔚蓝的种子
构成了大洋的平静的海水,
海水就绝不能变白:因为
不论你如何把蔚蓝的种子摇荡,
它们也永不能转成大理石的颜色。①

"从这些形状它们就产生各种颜色"一语,告诉我们伊壁鸠鲁派是如何把原子的规定与现象的解释沟通的。我们感觉到的物的色、声、味性质,归根到底来自原子的形、数、运动和排列组合。

另一方面,我们对物体所能够感知色、声、味的性质,同我们自身的感官也有关系,而感觉来自生命,这些归根到底也是原子及其

① 卢克莱修:《物性论·卷二》,方书春译,商务印书馆1962年版,第106页。

运动造成：

> …… 凡我们所见具有感觉的，
> 必须承认都是由无感觉的原素所构成。
> ……
> 自然把一切食料变为生物，
> 从它们产生出所有生物的各种感觉，
> 其方式大抵正如她把干柴
> 展开为烈焰而使之全变成火。
> 因此你难道还看不出最重要的乃是：
> 事物的始基是按什么秩序而排列，
> 它们是与什么其他的始基混合起来，
> 它们相互给予和取得什么样的运动？①

关于伊壁鸠鲁派对感觉、生命、灵魂、心灵和身体以及它们之间的关系如何解释，我们到下面还要作些扼要说明。这里只是先指明，他们沟通原子和现象的基本观点，无非来自上述两个方面：有感觉的生物的生成，和现象事物通过什么方式作用于生物的感官；这二者归根到底都与原子的形状多样性及其运动组合有关。从而得出结论：

> 可见无疑地一切感觉都能够
> 从没有感觉的东西产生出来。②

这样，他们就从他们的原子论解释了人们见到的各种现象。例

① 卢克莱修：《物性论·卷二》，方书春译，商务印书馆1962年版，第111—112页。

② 卢克莱修：《物性论·卷二》，方书春译，商务印书馆1962年版，第115页。

如视觉感官接触到由平滑的物体表面来的原子流射，产生白色的视觉；食物中的圆滑的原子同舌头接触产生愉快的味觉，而粗糙和带钩的原子就会由于刺激口腔而产生苦辣的味道。不同生物和它们的不同感官，和不同的对象中的不同原子的不同形状，彼此接触产生了各种各样的感觉。原子论者用形状、运动等物的第一性的质来解释色、声、味等第二性的质，为近代笛卡儿和洛克等人提出的关于物体的两种性质的学说开了先河。可见这一观点对西方哲学和科学的发展有着非常深刻和深远的影响。

（三）永恒运动和偏斜说

伊壁鸠鲁写道："原子永恒地不间断地运动。"这是同德谟克里特一致的，他们都认为原子具有永恒运动的本性。原子永远在虚空中运动，它的运动本性是我们可以看见的宇宙自然万物运动、组合和结构的根源。

伊壁鸠鲁认为原子在虚空中有三种运动，一种是由于原子有重量而在虚空中做垂直下降的直线运动，另一种运动起于原子脱离直线而偏斜，第三种运动是起于诸多原子的相互碰撞。人们常说，承认第一种和第三种运动是伊壁鸠鲁和德谟克里特共同的，但是关于第二种即原子具有脱离直线而偏斜的运动本性的假说，则完全是伊壁鸠鲁的独创。这种说法，马马虎虎说还可以，严格说是不准确的。因为德谟克里特虽然讲过原子有碰撞，却完全没有说出它的根据，而照他的原子只做直线运动的说法，处在直线下落中的那些原子根本不能相遇，碰撞就是不可能的。所以他说的碰撞是空话。伊壁鸠鲁对原子运动本性进行的修正，克服了德谟克里特学说的缺陷，对于完善原子论有重大的意义。

按《致希罗多德的信》现有的希腊文本，没有关于偏斜说的文字（见 Loeb 丛书的希英对照本 *Diogenes Laertius*，第二卷，10.43）。C.Bailey 和 Russel M.Geer 在翻译到此处时，补上了一段行文：原子“有的直线下落，有的偏斜运动，有的彼此碰撞……”。根据古代文献中的大量可靠证据，伊壁鸠鲁无疑提出了原子偏斜学说，所以可以认为补上这一行文是恰当的。①

伊壁鸠鲁的原子偏斜说，在他的物理学和伦理学中都起着重要作用。可以从三方面说明。

---

① 对伊壁鸠鲁原子偏斜说，古代文献中有大量旁证。除了卢克莱修的重要论述，这里列举若干供读者参照，如：

（1）西塞罗《论命运》（Cicero，*On fate*）21-5：“但是伊壁鸠鲁认为命运的必然性是可以靠原子的偏斜来避免的。因此他在重量和碰撞之外加上了运动的第三种方式：原子的稍稍偏斜，或如他所用的说法，elachiston。这种偏斜的发生没有原因，是他为了实践之需而不能不承认的……一个原子的偏斜运动不是由另一个原子撞击而来……伊壁鸠鲁提出这个理论是因为他担心如果原子的运动永远只是由自然的和必然的重量造成，我们就不会有自由，因为心灵的运动方式是受原子的运动支配的。而德谟克里特这位原子论的创始人则宁可接受一切由必然性支配的结论，他不改变原子的自然运动。”（A.A.Long & D.N.Sedley，*The Hellenistic Philosophers*，20E，pp.104-105）马克思在他的博士论文中也引用了西塞罗的几处有关重要论述，如在《论神的本性》第一卷第26节说，偏斜说是伊壁鸠鲁对德谟克里特原子论的唯一修正。在《论善与恶的界限》第一卷第六章说，伊壁鸠鲁为了解决原子做直线运动不能相互碰击的问题，“就提出了这样一个谎言：他宣称，原子的运动多多少少有一点点（没有更小的）偏斜。因此在原子之间就产生了复合、结合和凝聚，而结果就形成了世界、世界的一切部分和世界所包含的一切东西”。在《论神的本性》第一卷第25节说，伊壁鸠鲁认为原子因为重量而下坠形成了不可转移的必然性，“为了逃避必然性”，他就想出了一个德谟克里特所没有想到的办法，就是除了重量和下坠，原子的运动还有稍稍的偏斜。西塞罗嘲笑伊壁鸠鲁的“这个说法比起不能辩护自己所要辩护的主张还更为不光彩”。（2）*Diogenes of Oenoanda*（奥依罗安达的第欧根尼）32.1.14—3.14：“如果有人引用德谟克里特的观点，认为相互碰撞的原子没有自由的运动，一切运动都是必然的，我们就要这样答复他：‘你难道不知道——无论你是谁——在原子中也有自由的运动，一种偏斜的运动，对这个德谟克里特未能认识而伊壁鸠鲁发现的道理，他从显明的事实给予了证明？’……”（A.A.Long & D.N.Sedley，*The Hellenistic Philosophers*，20G，p.106）

首先,原子若只做直线下落运动,彼此就永远不能发生碰撞和联系,也就无从组合而形成物体。德谟克里特说原子在虚空中运动,它们彼此结合,形成旋涡运动,从中产生世界万物,但是他没有提出原子何以能够在运动中彼此结合的说明。伊壁鸠鲁看出了这个问题的重要性,因此他认为,必须在承认原子有重量和由此决定的直线运动之外,假定原子还有一种偏斜的运动本性,使它在直线运动中稍稍偏斜,这样就解释了它们的彼此碰撞的原因,进而说明了物体的产生和种种其他物体运动现象。

其次,偏斜还涉及对于偶然性的解释和强调。德谟克里特只强调必然性,伊壁鸠鲁认为除了必然性我们也必须承认偶然性。垂直运动是必然性,稍微有些偏斜则论证了偶然性。这是伊壁鸠鲁哲学的一个很可注意之点,他反对一切归于必然性的命定论,在哲学上具有重要意义。

最后,与上一点有关,偏斜说的假定,同伊壁鸠鲁高度评价和肯定人和生命的自由意志原则有特殊的关联。这一层含义在他的哲学里甚至是更重要的。

关于后面两点,我们以后会在相关的地方再加说明,这里先提概念就可以了。

总结以上关于伊壁鸠鲁自然哲学基本原理的阐述,特别是其中关于原子本性的规定或假说,我们可以清楚看到他在原子论哲学上的突破和新发展。这种突破和新发展所围绕的中心问题,是克服德谟克里特原子论对本质与现象的分离,使之得到沟通,从而保证伊壁鸠鲁及其学派对于自然和社会人生各种问题的解释。或者说,它们为伊壁鸠鲁派建立自己的自然观、社会观、人生观,提供了一个理论基础。

五、关于影像、感觉、灵魂和心灵。死无可畏

上面我们已经谈到伊壁鸠鲁对于感觉和生命的观点中的某些要点。除此之外，影像说，以及他对于生命中感觉、灵魂、心灵的进一步解释，也与此有关。由于这些解释有一些来自先前自然哲学家，我们不必都详加阐述，所以这里仅就几个值得注意之处作些扼要说明，以便我们对伊壁鸠鲁这方面的看法能有一个比较深入的了解。他的关于"死无可畏"的人生哲学要点，是由这些看法得到的一个重要推论。

1.影像说

希腊自然哲学家们很早就提出了影像流射说来解释我们对物的感觉。最早提出这一学说的是恩培多克勒，他用四根（水、火、气、土）作万物本原，认为感觉的产生，是由于万物都连续不断地发出流射，另一方面我们的眼睛耳朵等内部也有水、土、气、火等发出流射，并有通道使从外物来的流射进入，以便和内部的流射相遇，这种相遇就产生了视觉和听觉等等。伊壁鸠鲁提出的假说是：

> 有许多影像（outlines or films）与坚固的物体形状相似，而在结构的细微上则远远超过可感觉的东西。因为并不是不可能在围绕对象的东西中形成这样一些放射物，也不是不可能有机会形成这种稀薄的结构，也不是不可能有一些流出物保持着自己以前在坚固物体中原有的位置与秩序。这些影像我们称之为"肖像"

（images or idols）。[①]

这些影像或肖像有非常迅速的运动速度，所以在流出的过程中很少受到冲撞和阻碍，当然有时也不免受到距离和空气的干扰和变形，在传到我们的眼睛、耳朵和心灵中时，就产生了我们关于物的视觉、听觉和思想。嗅觉也与之类似，它的流射物是从物体的内部而不是从表面发出的。

影像是物和我们之间一个中介。让我们注意：影像说是伊壁鸠鲁派解释物体的所谓第二性的质的一个重要观点。

2. 触觉同其余的感觉不同，它最可靠，其余的感觉都离不开触觉

我们已经知道，伊壁鸠鲁以感觉为首要的准则。但是，他又认为，感觉到的物的色、声、味等性质并不是物体本身具有的，因为物体所由以构成的原子只有形状、重量、运动和结构等，这些才是物体所能有的真实性质。那么，感觉作为认识论的首要准则如何能够确立？ 而且，如我们在前面已经指出的那样，当伊壁鸠鲁仅仅说每一个感觉都是在我们认识中发生的不可否认的事实时，那是不够的。因为这种意义上的事实并没有涉及对象本身是否被认识了。作为认识论的准则，必须解决感觉和对象实际状况的关系问题。

事实上伊壁鸠鲁派对于这种关系，也还是有研究的。这是对感觉发生的进一步分析。影像说就是这种分析的一个环节。

---

① D. L., 10. 46.

我们的感官感觉物体有一种是直接的，其余的则要通过影像作为中介。前者是触觉，后者是视、听、嗅、味觉和冷暖的感觉。在伊壁鸠鲁看来，前者是可靠的，后者由于必须通过中介的环节就造成了变形。

请大家回忆我们前面已经提到过的德谟克里特观点，他是把触觉同其他感觉同样看待的，都称之为“假冒的”认识。伊壁鸠鲁的看法则显然不同，他虽然同意色、声、味等不是物体本身具有，但是他不同意说触觉所知的物性也如此，而是断言触觉感知的物的形状、充实和不可入性等是物的本性，即第一性的性质。这一看法，我们从他用触觉来给物体下定义就可以明白。他由触觉断言物体为“有”，再由物体之有断言组成物体的部分为“有”，再由物体的部分中必有不再可分的最后之有（本体）断言原子为最“真实之有”。这整个论证过程是从肯定触觉开始的。由此可见，伊壁鸠鲁对感觉的信任，其核心是对于触觉的信任。伊壁鸠鲁把触觉同其他感觉区分开来，使他获得了一个可靠的认识论支点，因而同德谟克里特不信任感觉分别开来了。

然后，由触觉出发，伊壁鸠鲁再对其他感觉加以解释。他认为色、声、味之类感觉虽然并没有物体本身的色、声、味之类性质与之相符，但还是有物体本身的影像与之相关，这些影像的微粒结构和运动作用于眼睛、耳朵、鼻子、舌头的通道时，就产生出相应的感觉。这类感觉使人产生以为物体本身有色声味性质的误解，虽然有问题，却不能因此就可以全盘否定，因为它们借以形成的影像和人的感官终究是原子论可以解释的事实，只不过所感知的这类性质并不直接符合原子和物体，而是一些变形罢了。更明确地说，在伊壁鸠鲁派看来，色、声、味等所谓物性，归根到底是原子和可见物体的形状之类第一性质的变形，而这类感觉则是触觉的变形。这种见解带有机械论的色彩，却也带有科学的性质。比德谟克里特的观点深入了一大步。

卢克莱修说，蜜汁奶液在口里引起愉快的味觉，而苦艾令人作呕、龙胆草辛辣得使人受不了，是因为触动我们感官的东西不同：使人愉快的是圆滑的原素，而显现为苦和辛辣的东西，是那些由更弯曲的原素缠结在一起因而老是钩呀割呀地才进得我们的感官，使我们感觉不好受。尖得让人身上起疙瘩的锯子的声音，和灵敏的手指在琴弦上弹出的旋律不同，一个使人难受，一个使人快乐，也是由于触动我们耳朵的东西形状不同；同样，焚化尸体的臭味，和圣坛上散发的阿拉伯香味，也是触动鼻子的气味中的原子形状不同：

> 因为从未有一件迷醉我们感官的东西，
> 能够不是由一定的原素的平滑所构成；
> 反之，凡是粗糙而讨厌的东西，
> 乃是由一些原素的粗糙所构成。
> 还有一些原素则是很正确地被认为
> 既不是平滑又不是带着倒钩，
> 而只是略为凹凸不平，
> 能撩动感官而不伤害感官；
> 属于这类的是酸性的酒石，
> 和土木香花的酱醪的味道。
> 再者，烈火和寒霜具有
> 不同的毒牙来螫刺我们身体的感官，
> 这点已由对它们两者的接触所证明。
> 因为触觉——借神灵的圣威！——

触觉的确是身体唯一的感觉。[①]

把一切感觉最后都归结为触觉,也证明伊壁鸠鲁派对一切感觉归根到底有信任,当然不再是那么简单化的信任。

读者会看出,伊壁鸠鲁对触觉的信任,同他对物的第一性的性质的信任是彼此相关的,也是同他对原子本性的规定相关的。可是德谟克里特却没有把它们联系起来。现在伊壁鸠鲁做到了这一点,因而他把原子论这种本体论和基于感觉的认识论统一起来了;在这个统一的基础上,他就能解释一切现象,打通了本体之"有"与现象之"有"的联系渠道。

3. 对灵魂和心灵以及它们与身体的关系的观点

感觉的形成不仅要有外物和它们的影像这一方面,还要有主体方面即我们作为生物的感觉器官的功能,它是和我们的身体、生命、灵魂相联系的。

同希腊自然哲学的唯物主义传统认为灵魂是一种物质东西的观点一致,伊壁鸠鲁认为灵魂是一种精致的物质粒子,很像带着热气的风,分布于由原子聚集构成的整个身体中,是产生感觉的主要原因。同时他强调说,如果灵魂不是以某种方式同身体的结构结合,它也不会有感觉;身体的结构分解了,灵魂也就分散了,不再会有感觉。这种认灵魂为物质东西和绝不能脱离身体的观点,是很唯物的。他说:

---

① 卢克莱修:《物性论·卷二》,方书春译,商务印书馆1962年版,第84—85页。

> 我们也必须明白了解，“无形体（incorporeal）者”一词通常是用来指我们可以想象为本身为有的东西的。但是除了虚空以外，不可能设想有什么无形体的东西能本身为有。虚空既不能作用于其他事物也不能接受其他事物的作用，它只是给有形的物体一个使之能够运动的空间。因此，把灵魂称作无形体的东西的人是在胡说；因为若是如此灵魂就既不能起作用也不能接受作用了，可是我们分明见到这两种能力灵魂都具备。①

灵魂既能够作用于身体又受身体的作用，所以它必是一个实际上有的东西，由于它绝不是虚空，就只能是一种有形的东西，他认为是一些极其精微的物质粒子。

灵魂以及它和身体的结合几乎与生命同义，其功能首先是感觉。此外，伊壁鸠鲁也认为有与一般的灵魂区别的更高级的心灵。卢克莱修说：心灵是我们称之为智力的东西，是生命的指导和控制力所在。

> 心灵和灵魂是彼此结合着的，
> 并且以它们自己形成一种单一的自然，
> 但是整个躯体的首领和统治者
> 仍是那我们称为心灵或智力的理性，
> 而它是牢牢地位于胸膛最中心的地方。
> 在这里跳动着惊惶和恐惧；
> 环绕着这里有快乐的抚慰；
> 所以，这里乃是智力、心灵之所在。
> 灵魂的其他部分则遍布全身听候命令——
> 受心灵的示意和动作所推动。
> 心灵自己单独有自己的思想，

---

① D. L., 10. 63-67.

它单独有自己的欢乐，
当没有什么触动灵魂和身体的时候。①

突出心灵即理智的最高地位，显然是伊壁鸠鲁快乐主义的一个重要依据。心灵管思想，审慎，比感觉高，可以支配感觉，人的快乐最终有赖于心灵的支配。所以当伊壁鸠鲁临终身体受到极大折磨时，他仍然能够保持平静和幸福。

心灵比感觉高，但是卢克莱修强调它也还是物质的。

心灵和灵魂的本性是物质的：
因为既然我们看到它能驱策四肢，
能从睡眠夺回身体，能使脸色改变，
能统治和左右整个人的状况，
——而如果没有接触这是永不可能的，
如果没有物体则不会有接触——
难道我们还能不承认心灵和灵魂
乃是由物质的自然所构成？
此外，同样地你也看见心灵
跟身体一同受苦，和身体一同感觉。
……
所以，心灵的本性必定是物质的，
……
我断言，它是特别精巧的，
是由极细小的粒子所构成。②

心灵和灵魂的物质性，以及它们同身体不可分的本性，是原

① 卢克莱修：《物性论·卷三》，方书春译，商务印书馆1962年版，第137—138页。
② 卢克莱修：《物性论·卷三》，方书春译，商务印书馆1962年版，第139页。

子论唯物主义的贯彻。这当然还是一种比较幼稚的灵魂观和心灵观—但是对于伊壁鸠鲁派论证“死不可畏”确是一个相当稳固的基础。

对于伊壁鸠鲁派来说,人生最重要的是求快乐和无苦恼。可是人们害怕死亡,将它视为最大的苦恼。这是完全没有必要的。人死了他的灵魂和心灵也同身体一样分解成无感觉的物质部分和原子了,返回自然,还有什么苦恼可说? 活着的人又何必为此担忧? 所以,人只要为他活着即有感觉时求快乐就够了,对死的恐惧的大包袱可以丢开。

第六章　人类生活和社会历史

按照伊壁鸠鲁本人所说，他的学说中关于自然哲学的一般原理和关于人的生活的部分是清楚明确的，只容许一种解释，而对于天上的诸多现象的解释则不同，容许有不同的说明。[①] 可见他认为自己对于人类的生活和历史已经有了一种明确的规律性的认识。这个部分当然很重要，并且同他的伦理学有更加直接的联系。按照这个说法，我们在讨论过他的自然哲学基本原理之后，应当顺序讨论他的人类社会学说。

在《致希罗多德的信》中，他谈到这方面的只有很短的一节，主要是说："人们是受周围环境的教育或由本能所驱使去做各种各样事情的，后来理性才在由于本能已经开始的（水准）上加工，并且导致了新的发明。"[②] 关于人类的发明，这里只谈到语言的自

---

① 伊壁鸠鲁：《致毕陀克勒的信》，D.L.，10.86："我们…… 不要打算把一切事情都理解得一样地好，也不要以为我们的处理方式总是像我们讨论人的生活或解释物理学的一般原理那样的清楚。这些一般原理，例如，整个的存在包括物体及不可摸触的性质，万物的终极元素是不可分的（原子），还有别的命题，它们对可能的现象只容许有一种解释。但这是不适用于天上的诸现象的：这些现象在各种情况下都容许对发生的事件有多种原因和多种说明，只要它们不与感觉相矛盾，不与它们的本性相矛盾。"

② D.L.，10.75a，这里我采用了 Russel M.Geer（Epicurus，Letters，Principal Doctrines，and Vatican Sayings，Indianapolis，1981）的英译。

然产生,其他都没有涉及。

不过如我们前面引证他的《主要原理》条目时所知,他对于人类社会的契约、正义和友谊问题说过重要的意见。这些条目虽然简短,却也已经提供了要点。卢克莱修则用了比较多的篇幅来阐述人类的历史和文明的起源及演进,使伊壁鸠鲁的人类历史观更有条理。现在我们就参照二者来进行一些讨论。

一、人类原始状态:每个人凭本能为自己自力生活

卢克莱修在《物性论》第五卷描绘了人类发展史。按照伊壁鸠鲁的观点,他认为人在最初只是靠本能在自然界中生活,而这种生活是个体性而不是群体性的。

那时,人身体结实,还不会耕种,食物是野生的果实,栖息在树林里和在山洞里躲避风雨,饮溪流的水,不会用火,也不懂得穿衣服。

> ……他们也不能够
> 注意共同的福利,他们也不懂得
> 采用任何共同的习惯或法律;
> 运气给谁送来了什么礼物,
> 谁就自己把它拿走,因为每个人
> 都被教训[1]只为自己去自力生活和奋斗。[2]

---

① 被本能或需要所教训。

② 卢克莱修:《物性论》,方书春译,商务印书馆1962年版,第322页。

这是一些单独的个人。另外，这些原始人虽然物质生活水准很低，也缺乏智力，很多人受到野兽的伤害，

> …… 但是那时候
> 却不会一天工夫就葬送了成千累万
> 在战旗底下迈步进军的士兵，
> ……
> 当时人们常常不知不觉地
> 自己给自己下了毒药，
> 现在因为有着更好的技术，
> 人们便把毒药给了（别人）。①

原始的人按其本性没有害人之心，也没有后来文明社会那些争夺和战争的罪恶和灾难。

这种原始历史观显然有两个特点。

1. 它是个体主义的。古代中国和东方人通常都素朴地认为人类本来都从氏族而来，这种看法基本上符合我们今天的人类学知识。伊壁鸠鲁派则认为人类原是单独个人的存在，这种见解，可说是一种只有希腊人才会有，而且是经过了古典时期发展以后才会有的观点。我们知道，西方近代早期的自然法学派以及洛克、卢梭等人也持这种见解。它一方面是继承了希腊观点，另一方面也同西方近代资本主义的兴起有关。不难发现，对人类原始状态的猜测，总是人们对人的本性见解的突出表现；而人们对自己本性怎么看，又总是同他们的实际生活状况有关的。希腊人曾经获得过城邦的自由和公民个人的自由，到了希腊化时期，城邦自由虽然消失，

---

① 卢克莱修：《物性论》，方书春译，商务印书馆1962年版，第324、325页。

但是他们还有某种个人自由,也不愿失去这种自由。伊壁鸠鲁人生哲学的基点就在于坚持和维护这种个人的自由。于是他们的人类史观就要以个人的单独存在作为本初状态和历史的起点了。

2. 原初状态下的人虽然没有共同的福利和社会法律,等等,却也没有人间的矛盾斗争,也就没有罪恶。那些都是后起的。

二、个人在社会结合交往中自然产生语言和契约关系

1. 人类社会结合的最初要求就是不要损害别人也不受别人损害,于是产生社会契约:

卢克莱修接着写道,“此后,当他们获得了茅舍、皮毛和火,当一个女人和一个男人结合之后,就和他一起住进一个地方”,生出孩子,产生了家庭生活,“人们就开始变温和”。

> ……也是在那时候
> 邻居们开始结成朋友,大家全都
> 愿意不再损害别人也不再受人损害,
> 并且代孩子和妇人们向人求情,
> 他们吃吃地用叫声和手势指出:
> 对于弱者大家都应该有恻隐之心。
> 虽然当时完全的和谐还不能得到,
> 但是很大的一部分人都遵守信约,
> 要不然,人类早就该已经完全绝灭,
> 生育也不能使人类延续到现在。①

① 卢克莱修:《物性论》,方书春译,商务印书馆1962年版,第325—326页。

他说这是在人类还不会说话的时候就发生的事,可见他认为此种契约是人同邻人最初接触就有的自然要求：每个人都需要自保安全,不受他人侵犯,也就要允诺不侵犯他人。

2.语言也是自然发生的："自然促使人们发出各种舌头的声音,而需要和使用则形成了事物的名称……因此,如果以为在那些日子有人给周围的事物划定了名称,然后人们从他学习了事物最初的名目,那就是蠢话。"①

三、人类文明进一步的发展：知识和贪欲使人陷于罪恶和报复的灾难

人们在生活中逐渐学会了利用火和陷阱对付和捕猎野兽,自然教人学会种植,森林大火使人发现熔化的金属,人们开始学会用铜,后来发现了铁,就用铁做耕种和纺织的工具,人的生活水平提高了。②同时也就产生了贪欲和人与人的争斗：

> 如果我们未领略过更好的东西,
> 那么我们手边现成占有的东西
> 就最使我们快乐,并且好像是最好；
> 但某种迟出现而可能是更好的东西,
> 就毁坏了以前那种东西的价值,
> 并且改变了我们对于昔日事物的趣味。
> 就是这样人们开始厌恶橡实；
> 就是这样那些用草铺成、

① 卢克莱修：《物性论》,方书春译,商务印书馆1962年版,第326—327页。

② 卢克莱修：《物性论》,方书春译,商务印书馆1962年版,第338—348页。

用树叶堆好的睡床被抛弃了。
同样的,穿兽皮变成了被鄙视的事——
它曾一度是受尊敬的袍子,我想,
那时它必定曾引起如此恶毒的妒忌,
以致第一个穿它的人必被埋伏者所杀。[①]

贪欲带来嫉妒、暴行、诡诈、战争和更大的报复:

人们总愿望取得荣名和权位,
以便他们的好运在坚固的基础上
能永远安稳存在,以便他们自己
能应有尽有,平静安乐地过生活——
但是,全都徒然;因为当他们
卖命攀登名位的山峰的时候,
他们使自己的路径变得危险可怕;
而即使当他们有一天爬到了上面,
妒忌有时会像雷电一样轰击他们,
轻蔑地把他们抛下到最黑暗的地狱里;
因为,瞧,所有的峰顶
和一切比别处更高的地方,
都受妒忌的雷电所击而冒烟。[②]

帝王头上那种如此庄严的王冠,
不久就染上血污而躺在庶民脚底……
因为既曾过度为人所惧,现在它们就遭到了
群众的鞋跟带着更大的热心加以践踏。[③]

---

① 卢克莱修:《物性论》,方书春译,商务印书馆1962年版,第348—349页。
② 卢克莱修:《物性论》,方书春译,商务印书馆1962年版,第331页。
③ 卢克莱修:《物性论》,方书春译,商务印书馆1962年版,第332页。

暴行和诡计包围每个人
并且一般地都回头反啮那发端者。[①]

人类文明充满罪恶,每个人都在这种罪恶的包围之中。伊壁鸠鲁派这个认识,反映了失去城邦保护因而完全陷于个体原子状态的希腊人,在充满纷争的希腊化世界中的生活处境。在他们眼中,这个世界就是一个罪恶的世界。几百年后,基督教的使徒保罗在他的《罗马书》中特别强调了这个世界到处都充满了罪恶,进而认为人类和所有的个人都有罪;在这个基础上他论证了唯有基督才是人类得救的道路。这是人类自我反省,并通过反省来寻求解脱罪恶和自新之路。伊壁鸠鲁也是沿着这条思路来为人的生活和人类的幸福寻找出路的,但是他不求神,仍然把希望放在人自身和他的自然哲学的基础上。

四、新的经验使人返回知足宁静的人生观和社会契约

在这种情形下,人类靠什么才能摆脱罪恶,走上安宁幸福的生活之路? 伊壁鸠鲁派认为人类以往生活的经验,将会教导自己意识到不应破坏互不侵害的社会契约,并恢复和重建它。但是最根本的还是每个个人应当回到知足和安宁的生活,抛弃那种无休止的贪欲。

先说第一点。卢克莱修说:

---

① 卢克莱修:《物性论》,方书春译,商务印书馆1962年版,第333页。

既然以往每个人在盛怒中
都准备进行一种比公正的法律
现在所准许的更为厉害的复仇，
所以人们就厌恶过暴力的生活。
就从那时起，对惩罚的恐惧
就沾上了生活的一切胜利品；
因为暴行和诡计包围每个人
并且一般地都回头反啮那发端者，
一个人如果破坏了公共安宁的盟约，
就绝不容易过一种镇静安详的生活。

这不仅是实际的，而且也是内心的要求，

因为即使他逃避了神和人们的眼睛，
他还必定害怕不能永远藏住罪行——
既然传说许多人常常在梦中说话
或在病中发呓语而把自己暴露出来，
并且终于公布出旧的秘密和罪行。[①]

侵害他人迟早要遭到更大的报复，因此做这种事的人永远会处于恐惧之中。伊壁鸠鲁派认为，正是这种经验，使人明白不可“破坏公共安宁的盟约”，必须回到大家所约定的彼此不相侵害的社会契约上来。

这是伊壁鸠鲁派治疗社会病的基本药方。直至今日，西方世俗文化建立安宁秩序的法律和道德的基本原理，还是这样的一种理论：如果人对人是狼，那么每个人为了自保，也需要遵守互不侵害

---

① 卢克莱修：《物性论》，方书春译，商务印书馆1962年版，第332—333页。

的契约。

第二点，知足或清心寡欲的人生观才是安全宁静幸福的根本。

既然贪欲是人会侵犯他人的根源，也是导致别人嫉妒和报复因而使自己总陷于恐惧的根源，所以伊壁鸠鲁认为以它为指导是完全错误的人生观：

> …… 使人的生命
> 充满忧苦焦虑、使他们疲于战争的，
> 在昔日是兽皮，今天是紫袍和黄金。
> 在这方面，更值得责备的我想是
> 今天的我们：因为如果没有兽皮，
> 寒冷就会折磨那些赤身的土著，
> 但是我们如果不穿那些镶着金丝
> 饰以纹章的紫袍，也毫无害处，
> 只要我们有普通人的衣服来保护身体。
> …… 这无疑是因为他还没有认识
> 什么是占有的限度，还没有认识
> 真正的快乐增加到什么地方就停止。
> 正是这种想得到更好更多的欲望
> 一步一步地把人类一直带到了
> 大海深渊 ……[①]
> …… 但是一个人如果
> 以健全的推理作为生活的指导，
> 如果知足地过淡泊的生活，
> 那他就是拥有大量的财富。
> 因为少许的东西他绝不会缺乏。[②]

① 卢克莱修：《物性论》，方书春译，商务印书馆1962年版，第348—349页。

② 卢克莱修：《物性论》，方书春译，商务印书馆1962年版，第330—331页。

鼹鼠饮河，不过满腹。金玉满堂，徒增烦恼，到头来还是一场空。所以人应当满足于切实而素朴的需要，不要追求虚浮的名利排场。这样的人就能够避开纷争，在社会中赢得一块身心安宁平静的幸福之地。

这种见解虽然似乎比较消极，其实对大多数比较善良的普通人来说还是一种比较健全的生活态度，直至今天基本上仍然如此。卢克莱修承认，人类在生活舒适上的种种发明，确实比原先的要好。从这里我们知道伊壁鸠鲁和他的门徒并不是一般地不赞成人的物质和精神生活的改善，他们主张清心寡欲和知足，只是为了避免在追求生活改善中彼此的不和，和引发出人对人如狼那样的相互侵害。在当今社会，如果在生产发展的基础上，人能够在保持社会安宁的契约的基础上改进物质生活，同时适度知足，又赢得同别人的友好使内心快乐健康，岂不是比欲求无度要更加好的一种生活状态？

伊壁鸠鲁及其学派的人类生活和历史观，同他们的伦理学有密切关系。它的特点是从经验出发的，不赞成神干预世界和人的生活的观点。西方后来的科学的或世俗的社会历史观，以及普通人的世俗生活态度，都受到它的深刻影响。他们的经验，是希腊人在希腊化时代生活的历史经验的总结和提炼，同我们中国的古代人的经验有所不同，我们注重家族家庭人伦的经验和道理，他们则注重个人自由的保持、维护的经验和道理。因而，他们的经验重个人利益及其实用，却难以建立真正的道德。这是因为道德这东西是不能离开人与人的关系来谈的，人对人的关系有对立的方面，更有最深刻的一致的方面，这是道德必须考虑的基础。后来西方人靠基督教的上帝和基督才得以建立起他们的道德；而我们中国的古人则直接在世俗性的人伦基础上建立道德。但是，靠神能否真正建立人间的道德？靠人伦是否足以建立健全的道德？也不是没有问题的。拿中国古代的人伦关系和人伦性的道德来说，由于不重视个人的独立自由方面，就有很大的弊病，它不会产生社会契约论的思想学说，只能借君父和家长来代表人伦整体利益和建立道德要求，这种对个人有压抑性的道德就不免带有虚假性。今天的中国正在逐步消除传统人伦关系和道德中的宗法性质，与此同时，个人的独立自由以及这些个人的新关系也有所发展。尽管这种新关系带来了严重的社会问题和道德问题，仍然是一个历史的进展。对付这类对中国人来说的新问题，西方人从古代直至现代已经积累了丰富的经验，其中伊壁鸠鲁的总结具有非常重要的价值。所以我以为，学习这种学说，对于我们今天很有现实意义。

第七章　论天象、神以及必然性和偶然性的关系

这是几个不同的然而又密切相关的主题，我们把它们放到一起来处理。这里所谓“天象”，包括天体的运行和气象、地震等自然现象，伊壁鸠鲁提出了从经验出发和多种可能的解释原则，目的是为了消除人们把它们视为神的干预而来的恐惧；其中他强调多种可能性的观点，与他注重偶然性、反对必然命定和肯定人的自由有关。伊壁鸠鲁认为对神的真正虔敬必须把神同天象等自然现象分开，并认为会使善良人畏惧的所谓神是根本没有的，因为这是同神的本性不符的。这样他就提出了一种新的同人的幸福相一致的“神”的观念。这两点同伊壁鸠鲁的伦理学，特别是同他对于人的自由意志的肯定，有非常直接的联系。

一、论天象——根据经验事实的提示来解释，把天象同神意分别清楚；容许多种解释，反对只讲必然性或只承认一种解释

在伊壁鸠鲁留下的三封阐述其学说的书信中，有一封是专论

天象问题的，这就是《致毕陀克勒的信》。为什么他对这些问题如此重视？

当时正是希腊化开始的时期，亚历山大东征所产生的大帝国，使东方的各种宗教和星象学等迷信大量传到希腊；争夺亚历山大帝国的遗产带来的分裂和战争灾祸连续不断，人们生活空前动荡，对命运惶惶不安，占卜迷信也就更加兴盛和流行。天体的运行、地震和气象等自然现象，对于当时的科学来说还难于解释，于是就同人祸相连，被说成是神对人世降其意旨的表现。这种解释被野心家和江湖术士利用，作为欺骗和恐吓人民的工具，使人民在现实的灾难上又添加了精神上的恐惧。伊壁鸠鲁以谋求人生安宁幸福感为宗旨，就必须对天象问题加以澄清，以便批驳迷信宣传。

伊壁鸠鲁认为，我们对于天象的知识，虽然不能做到像对于自然哲学基本原理和人的生活的知识那样清楚，但是它也是一种关于自然的知识。区别只在于，后者只容许有一种解释，而天上的诸现象：

> 在各种情况下都容许对发生的事件有多种原因和多种说明，只要它们不与感觉相矛盾，不与它们的本性相矛盾。

这里，他认为（1）不与感觉的经验相矛盾，和（2）不与事实的本性相矛盾，乃是他的所谓科学态度和方法，即按认识准则办事，这是普遍适用的。只是（3）在运用到天象的时候，这些原则恰恰必须表现为多种解释的并存。不像在研究自然哲学基本原理和人类生活时只容许一种解释那样。他进一步说：

> 在自然的研究里，我们决不可顺从空洞的假设，任意设定的所

> 谓法则,而必须遵循事实的提示。
>
> 如果我们用与事实相符的多种原因的方式来解释一切,我们就恰当地理解了可以说得通的理由。但是如果我们在这些原因中挑挑拣拣,扔掉某些同样能与现象相一致的原因,那么显然也就背离了自然的研究而陷入了神秘之中。我们能够经验到的某些现象可以提供证据,使我们可以解释天上的事情。我们知道前者是如何实在地发生的,但不知道天上诸现象是如何发生的,因为他们可能是由于许多原因造成。但无论如何,我们必须观察每一个呈现出来的事实,进而把一事实同与之相随的一切事实分别开来,该事实的发生是多种原因造成的这一点,同我们经验中的各种事实并不矛盾。①

他认为,我们只能根据经验来解释现象,但是天上的现象及其发生过程离我们太远,人只能通过周围能经验到的事物来类比地解释它们;更重要的是,它们的原因不是单一的而常常多种并存,所以从事实和经验来考察,认为它们由多种原因造成,给予多种解释,才是恰当的,而只肯定某一种说法和排斥其他,在这里是非常错误的:不科学而且会陷于神秘和迷信。

伊壁鸠鲁在信中广泛讨论了宇宙中各个世界可能的形态,日月星辰的产生、运行、轨道和日月的盈亏、何以有光、何以有日食月食、风雨雷电、雹雪雾虹以及地震等各种问题。他对这些现象的解释都从经验出发来类比猜测,离科学解释甚远。例如他说:“太阳和其他星星的大小,对我们来说正像它们显现的那么大,但是它们本身实际上可能略大一点或者略小一点,也可能正好像看上去的那么大。因为它们是有火的,而我们对于火有经验,我们从一定距

---

① D.L., 10.86.中译文参见《西方自然哲学原著选辑》第一册,北京大学出版社1988年版,第241页。

离上看它们是凭感官来观察的,我们看到的火也是如此。”而稍后的希腊天文学家阿里斯塔克(Aristarchus,公元前310—前230年)在《论日月的大小和距离》中已经运用几何学等知识得出了太阳远比地球和月亮直径大(太阳比月球的直径比大于18,但小于20;太阳与地球的直径之比大于19 : 3,小于43 : 6)等结论[①],虽然还不精确,比伊壁鸠鲁式的凭单纯经验的说法要正确得多。伊壁鸠鲁完全不重视必要的科学抽象和几何学与数学的方法,离真正的科学方法甚远。所以我们不必对他的关于天象的说法一一加以讨论,应该注意的是伊壁鸠鲁在观察天象问题时的两点重要看法。

1.要把天象当作自然界中可以从事实和经验来考察的对象,同所谓神意分别清楚

其实,正如马克思所评论的那样,“伊壁鸠鲁对于个别物理现象的解释表现着一种非常冷淡的态度”,“这里并没有探讨对象的真实根据的兴趣。事情只在于使那作出解释的主体得到安慰”[②]。伊壁鸠鲁自己正是这样说的,他在《致毕陀克勒的信》中反复强调,只要按照他的解释就能说得通,而“无需求助于神话奇迹”,避免“往神身上压沉重的工作”,“这样你就远远摆脱了神话虚构”[③];而“天空里的诸现象的知识,同其他的知识一样……除了心灵的平

① 《西方自然哲学原著选辑》第一册,北京大学出版社1988年版,第266—279页。

② 马克思:《博士论文》中译本,人民出版社1962年版,第14页。

③ D.L., 10.86.参见《西方自然哲学原著选辑》第一册,北京大学出版社1988年版,第249、250页。

静和确信外就没有什么别的目的”。在《致希罗多德的信》中谈到天象问题时，说得更明白：

> 不能认为天体的运动和旋转、日月食、升起、降落以及与这些相类的现象，是由于某种实体（指神——引者注）使然，这个实体管制、规定或者曾经规定过它们，同时又享受着完全的福祉与不朽，因为困难、忧虑、愤怒是和恩惠与幸福的生活不调和的，这些事情发生在有懦弱、恐惧以及依赖邻人的地方。我们也不要相信天体会有幸福……它们不过是聚成一团一团的火。①
>
> 人们心理的主要不安的发生，乃是由于他们认为这些天体是幸福的与不朽的，可是又具有与这些属性不相合的意志、行为和动机……心灵的平静则是从以上所说的一切中解救出来。②

人们总是把天体运行等现象归之于神意，它赐福于人，又降祸于人，以致人对这些现象总是心怀畏惧。伊壁鸠鲁讨论天象的一个主要目的，就在于把它同神分开，作纯粹自然性质的解释，这样，“由于学习了天象以及其他一切经常发生的事件的真正原因，我们就会摆脱一切使其余的人发生极端恐惧的东西。”③

2. 显示出伊壁鸠鲁对偶然性和自由的重视，反对只讲必然性

马克思还指出，在天象等问题上伊壁鸠鲁特别强调多种可能

① D.L.，10.76b-77.

② D.L.，10.81.

③ D.L.，10.82a.

的解释，是为了强调自然现象中的偶然性，以便反对决定论一宿命论和论证人的自由。“德谟克里特注重必然性，伊壁鸠鲁注重偶然性”。这种差别表现在两人对于个别自然现象的解释方式上，德谟克里特致力于找出各个现象的真实可能性，作出科学的说明，认为发现一个新的因果联系比他获得波斯的王位还更让他喜欢；而“这里伊壁鸠鲁又与德谟克里特正相反对。偶然性只是一种具有可能性价值的现实性，而抽象的可能性则正是真实的可能性的反面。真实的可能性是被限制在严格的限度里，就像理智那样；抽象的可能性是没有限度的，就像想象那样。真实的可能性力求证明它的对象的必然性和现实性；而抽象的可能性所感兴趣的不是被说明的对象，而是能说明的主体。它只要求它的对象是可能的，是可以设想的”。① 伊壁鸠鲁满足于用多种原因来解释一个现象，也就是用抽象的可能性来解释，为的是看待现象的主体——人的内心获得安宁。他对自然科学并没有多少真正的兴趣。

这里触及伊壁鸠鲁自然哲学、历史哲学和伦理学的一个相当关键的所在。他对天象的解释方式不过是这方面观点的一个突出表现而已。在《致美诺寇的信》接近结束时，伊壁鸠鲁描绘了他所理想的最好最幸福的人的形象——实际上是他的自画像——时写道：

> 你还能想象得出比这样一个人更好的人吗？——他对于神有虔诚的看法，对于死亡完全没有恐惧，他正确地思考了自然所确定的（人的）目的和领会到善（即幸福——引者注）的限度是容易达到的，而恶（即痛苦——引者注）只是暂时和容易忍受的。他嘲笑和不信有些人拿来当作万物最高主宰的那个命运，而认为

① 马克思：《博士论文》，人民出版社1962年版，第13—14页。

> 情况毋宁是这样：有些事情的发生是必然的，另一些则由于偶然，还有一些则是由于我们自己的作为。因为他看到必然取消了责任，机遇或幸运不常有，而我们自己的行动是自由的，这种自由是我们承受褒贬的依据。就是听从那些关于神灵的神话，也比做自然哲学家们所主张的命运的奴隶要好得多。因为神话还给人一点希望，可以由于敬拜神灵得到恩惠，而命运的必然性则无法逃避。①

塞内卡（Seneca，公元1—65年，罗马斯多亚派哲学家）记录了伊壁鸠鲁的一段极有特色的话说：

> 在必然性中生活是一件不幸的事，但在必然性中生活并不是一个必然。走向自由的道路到处都是开放着的，这些道路是很多的，是很短的，容易走的。因此谢天谢地，在生活里没有人可以被束缚着。而对必然性加以制约倒是许可的。…… 伊壁鸠鲁说。②

没有偶然性的世界，也就没有自由存在的任何余地。为了否定一切属于必然性统治的这个结论，为了给人以自由的空间，伊壁鸠鲁必须限制必然性，肯定偶然性的存在 —— 这就是他为什么在谈论天象问题时坚持多种可能性或抽象可能性的深层原因。

因此，我们既不必否认他的天象说的不科学性质，也应理解他那种为人的自由而努力的意识。在西方的历史、文化和哲学中，自由和必然的问题一直是一个最高的问题。对于伊壁鸠鲁，我们必须放到这个高度才能给予恰当的评价。

---

① D.L.，10.133-134.

② 塞内卡：《书信集》12.24，转引自马克思《博士论文》附录，人民出版社1962年版，第60页。

二、伊壁鸠鲁的神学：神是一个快乐幸福的存在；不用害怕神，神是幸福的人的典范

伊壁鸠鲁是无神论者吗？

从古代以来人们一直流行着一个看法：伊壁鸠鲁是一位无神论者。只不过许多人是从基督教的立场攻击他，而无神论者则把他当作自己的一位伟大的同道和先驱来大加赞扬。但是考察原著，伊壁鸠鲁是肯定有神和主张对神虔敬的，只不过他所说的神同基督教的以及其他宗教的神都不一样。

伊壁鸠鲁在《致美诺寇的信》起头就把对神的虔敬作为人能够获得幸福生活的第一个根本原则。他写道：

> 要相信神是一个不朽和幸福的实体，一如世人关于神的共同意见所说的那样；不要把任何与不朽和幸福不一致的东西附加给神，而应相信神能保持其幸福和不朽的一切。神灵是确实存在着的，因为我们关于神的知识是显明的。不过神灵并非如众人所认为的那样，这些人没有在信仰中保持住对神的本性的认识。摒斥对神灵的流行见解的人，不是不敬神的人；相反，那些把流行见解加到神灵身上的人，才是不敬神的人。因为这些见解不是来自先前储存的观念而是些虚假的迷信。按照这些观念，染上恶的人就受到神灵所降的大祸，而对“好人”就降下大福：因为他们总是把神灵同他们自己的德性混为一谈，愿意接受同他们相像的，拒绝与此不同的神灵。①

显然，伊壁鸠鲁是肯定神的存在的，而且主张对神虔敬，认为

① D.L.，10.123-124.

这是人能够得到快乐幸福的基本原则。问题在于人们对神灵的本性应当怎样看。他认为人对神灵的看法本来是正确的——即认为是一种不朽的幸福的存在。可是在许多人中没有保持住这一正确的看法,而是用自己的想法强加于神,让他干预世界和人的生活祸福。伊壁鸠鲁认为这种流行的看法,才是对神的歪曲和不敬。真正的虔敬必须批判这种看法,代之以他认为是正确的神的观念。

当代的学者如 A.A.Long 在其《希腊化时期哲学》和 George A.Panichas 在其《伊壁鸠鲁》中①,已不再纠缠和停留在他是不是一个无神论者的问题上,而注重阐明他的神学思想本身。我以为这样做是比较恰当的:因为主张有神就不好称作无神论;但是他的神绝不干预人的生活和自然界,同许多宗教和柏拉图、亚里士多德所主张的神非常不同,这种观点确实又很有利于无神论反对宗教的斗争。他的这个观点相当独特,不好用通常的标签来定性,所以我们不如抛开这类标签,而采取尊重他本人观点的态度来研究。

在上面所引的他的那段话里,已经以简略的语句提出了他的神学思想的要点,我们现在参照其他资料予以展开说明。

1. 神的观念之由来和对神存在的认识论论证

西塞罗在《论神的本性》中引用伊壁鸠鲁派维莱乌斯的话说:那些思考过流行的神学学说是多么没有根据和鲁莽的人应当尊敬伊壁鸠鲁,"因为唯有他认识到神的存在是由于其本性在所

① A.A.Long, *Hellenistic Philosophy*, pp.41-49, Duckworth, London, 1986. G.A.Panichas, *Epicurus*, Ch.4 (" Theology "), Twayne Publishers, New York, 1967.

有人的心中扎下了关于神的观念的根。有哪个民族或种族没有某些关于神灵的先前储存观念？ 那是无需教导就有的。伊壁鸠鲁用了 prolepsis 这个词”，它是指我们心中已有的对一个事物的观念或概念，没有它就无法理解、研究和讨论问题，是认识的准则。“由于对神的信念不是靠人为的商讨、习俗或法律建立，并且仍然是大家都无异议地赞同的，所以我们必须认为有神，是它使我们根深蒂固地或生来就有关于神的知识。所有人天然同意的必是真的，因此必须承认有神。”[①] 这就是说，伊壁鸠鲁是用人们普遍信神的观念来肯定神的存在的。上述说法似乎给人以一个天赋观念的印象，但并非如此，因为伊壁鸠鲁的 prolepsis 还是依据感觉经验的。

卢克莱修说：

> 你永远不能以为神灵的住地能够存在于我们这个世界的任何地区，事实上神灵的本性是这样地精细，远非我们这些感官所能知觉，以致几乎不能为心灵的智力所看见。并且，既然他们总躲开我们的手的接触和打击，他们便也不能接触到任何可被我们接触到的东西。[②]

既然神不住在我们这个世界上，我们手摸不到，眼看不见，心的直观也难以见到，我们如何能够获得关于他们的储存观念？ 对于这个问题，伊壁鸠鲁派用了很费力的办法勉强作了回答。维莱乌斯说：

> 我们把握神灵的形象是靠他们（同人的）相似性和一种转换

① Cicero，*On the Nature of the Gods* Ⅰ .43，转引自 A.A.Long & D.N.Sedley，*The Hellehistic Philosophers*（以下简称 HP），p.141。

② 卢克莱修：《物性论》，方书春译，商务印书馆1962年版，第270页。

过程(by their similarity and by a process of transition),因为有一种非常相似的影像不停地从无数原子而来并流向神灵,我们的心灵以最大的快乐感集中注意力于这些影像,就获得了关于一个幸福和永存的存在的认识。[①]

塞克斯都·恩披里柯告诉我们,"他们(伊壁鸠鲁派)对神灵存在观念的由来的回答是,它来自梦中的显现"(they reply that the idea of god' s existance originated from appearances in dreams),而"神灵永恒不朽和完美幸福的观念,则来自人们的一种转换过程"。他认为这是一种循环论证:伊壁鸠鲁派把快乐视为一种神性,我们要抓住人的快乐必须先有神的观念,但是为了有神的观念我们必须先有一个快乐的人的观念。这两个观念由于各自以对方作为前提,因而都不能成立。[②]

塞克斯都·恩披里柯作为彻底的怀疑论者和彻底的经验论者,绝不承认神的可知性或神的存在的可论证性。他批评了伊壁鸠鲁派对神的存在和神的观念的论证,揭露了论证的错误。应当说,伊壁鸠鲁派的论证确实是失败的,也不能不失败。因为一种所谓在宇宙中存在,却不在我们这个世界中,既不能作用于我们,也是我们不能影响于它,甚至无法接触到它的东西,人凭什么可以感知和思想其存在的呢?所谓通过"转换"来认识的说法,还是从人自己去设想的一个观念,是拟人化,把人的主观产物当作客观的存在。

其实,一切想从认识论上论证神的存在的意图没有不失败的,后来基督教的历代神学家做过无数这样的努力来证明上帝的存

① HP, p.142.

② Sextus Empiricus, *Against the professors*, 9.43-7,转引自HP, p.143。

在，也没有一个能够成功。康德已经一劳永逸地证明了这类论证绝不可能成功。所以我们也不必对伊壁鸠鲁派的这一方面过于指责。倒是所谓“转换”说里包含着某些真理——人的确是从自己来设想神、获得关于神的观念的。伊壁鸠鲁的神是他的哲学及人生观的神，而他所攻击的流行的神灵观念乃是那个时代、社会和人的生活状况和思想心理的表现。人的生活处境常常需要神，神的观念有其真实根据，但在认识论中是找不到的，只能在人的社会生活之中去认识它的根源。

所以我们在讨论神的观念时，确实应当把中心转到人的社会生活领域和与此相关的人生观方面来。

2. 一个快乐自足、与世无争、不干预我们生活和这个世界的神——伊壁鸠鲁式的幸福者的典范或神化

我们已经读过《致美诺寇的信》开头时的那段要人敬神的话，在信的结尾总结处，伊壁鸠鲁是这样写的：

> 你要日夜奉行这些诫命以及与此有密切关系的诫命，你要自己去做，并且和与你心思相近的人一道去做。这样，你就永远不会被妄念所扰，无论在醒着还是在睡梦中都一样。你就会在众人中像一尊神似的活着。①

伊壁鸠鲁的神就是做一个幸福的人的榜样。人除了会死以外，只要按照伊壁鸠鲁的教导去生活，就能和神一样快乐。这种人生在

---

① D.L.，10.135b.

他看来就具有了神性，有着同样的尊严。

这就是伊壁鸠鲁为什么肯定神、虔敬神的理由。这种神乃是伊壁鸠鲁人生哲学旅途所定的目标，按照他的榜样生活，人就能摆脱苦恼而得救。

这种神异于别的神的根本特点，是它只求自己安宁幸福：

> 神并不滥施恩惠，他无牵无挂，对我们毫不关心，他甚至不理睬这世界，他对善行和恶行都无动于衷。他做点什么事情，或者什么事情也不做（伊壁鸠鲁觉得这是最大的幸福）。[①]

我们甚至可以称之为一种自私自利的神，个人主义的神；但是它绝不伤害别人、别的存在，而是同一切都和平相处，友好相处，或者根本不往来而至少是没有任何纠纷。在伊壁鸠鲁看来，这就是真正的快乐了。和斯多亚派主张哲人应当关心国家大事相反，伊壁鸠鲁的哲人不关心这类事情，只关心他自己和他的朋友的个人幸福。所以两者的神的观念也是相反的。前者的神要管社会和每个人的命运，就要惩罚神以为是恶的，降福给他以为善的；后者认为神不管这些事，人也无需靠神来管，因为根本的善就在人有自由，个人只要能够按伊壁鸠鲁的教导生活就能求得自己的幸福，和与他人友好相处（这是仿效神而不是求神的干预），至于人间纠纷和痛苦，要靠社会契约等解决，经历过这类痛苦经验的人们将学会遵照契约来和平共处。

晚期斯多亚派哲学家塞内卡当然不会同意伊壁鸠鲁的神观，但是也肯定其中有价值，他说：

---

① 塞内卡：全集第一卷《论善行》4.4，转引自《马克思恩格斯全集》第40卷，人民出版社1982年版，第155页。

> 你——伊壁鸠鲁解除神的武装：你缴去了他的一切武器，使他丧失一切威力；而为了使谁都不应该惧怕他，你把他逐出世界之外。这个被隔绝在某堵不可逾越的高墙之外的神，与凡人断绝来往，甚至凡人连看也看不到，没有理由惧怕他：他既无法赏赐人，也无法伤害人。神孤零零地在我们的天空与别的天空之间那个没有生物、没有人、没有一切的空间之中，他力求躲避那些从他上面和在他周围崩溃的世界的废墟，对我们的哀求充耳不闻，对我们毫不关心。而你却想使我觉得你仿佛像尊敬父亲一样尊敬这个神，甚至带有感激之情；而如果因为他没有给予你任何恩赐，而构成你的是这些偶然地和意外地集聚起来的你的原子和粒子，所以你不愿意表示感谢，——那么，你为什么要尊敬（他）呢？你说，是由于伟大、由于（他的）唯一独特的本性。我同意你这个说法；当然，你这样做时未抱任何希望，不指望得到任何报偿。因而，有一种本身就是值得人们追求的东西，本身所具有的美质吸引着你，这就是美德。①

他不同意神对人世无涉。但是也肯定伊壁鸠鲁敬神是有理由的，那不是为了报偿，而是为了追求像神一样的美的品质。实际上，在许多人的心目中和流行的宗教中对神灵虔敬，往往都是别有意图的，总以为献上一份供品和祈祷，就能贿赂神灵并索回报偿，使自己得福而降祸给自己的仇人。这正是耶稣形容一些法利赛人常用的词“假冒为善”。那才是真正的自私自利，而且是污秽害人的神学观念。如果我们假定人总得从自己利益来对待神，那么，效法自足而不危害别人的神，总比对神像一个吃小亏占大便宜的买卖人那样，总想把自己的私利化为可供自己驱使的神力，要洁净得多。伊壁鸠鲁的神学观念，实在是希腊人和希腊化时代神学观念前

① 塞内卡：全集第一卷《论善行》4.19，转引自《马克思恩格斯全集》第40卷，人民出版社1982年版，第153—154页。

进和净化的一个成果和标志。卢克莱修写道：

除非你从你的心灵中把这些观念驱出，
抛掉那些不配用于神灵、
与他的安宁相背离的信仰，
那么，神灵的神圣威力，既然受到污损，
就将常常为害于你，——并非因为
神灵的至尊本质能够被你所侮辱，
以致他们震怒万分而寻求严厉的报复；
而是因为你自己将会折磨自己，
想象着那些生活在和平与宁静中的存在
掀起惩罚的巨浪来对付你。
你也不能带着一种宁静的心怀踏进神庙，
不能心平气和地接受从神灵的圣体发出
而被带到人们心灵中的
启示着神灵形象的那些肖像。①

只有对神有正确洁净的态度和观点，才会有更高的神学和宗教。如果目的只是个人幸福，那么伊壁鸠鲁的神学是有道理的。基督教的神学无疑比它要高级得多，那是因为基督的神是无私的爱，是要在精神上使普世的人都得救。但同时这也是一个更艰巨的神学任务：在清洗人的心灵方面更要严格得不可相比，由于它不能不采取神创世和以大能惩恶扬善的形式来实施拯救的学说；而这样一来，人的自私污秽也就难于避免以假冒为善的各种形态钻进来加以利用。在这种情况下要使人的心灵洁净和达到神圣的爱，连耶稣的最亲近的门徒都难以做到（见雅各和约翰争地位和彼得三次不认主

① 卢克莱修：《物性论·卷六》，商务印书馆1962年版，第68—79页。参照HP，p.141英译文译出。

的故事),就更不必说后来中世纪罗马天主教会里发生过的种种卑劣的事情了。所以在基督教里把人同他的罪恶作斗争,认作是永恒的、最深刻的和内心隐秘的斗争。

后来基督教同伊壁鸠鲁派有水火不容的斗争。但是人们如果从对神的净化的途程看问题,就会承认,不仅伊壁鸠鲁神学本身有一定的价值,而且也会承认,在基督教神学的深处,也包含着它的某些有价值的因素,当然是在转化了的形态之中。至于伊壁鸠鲁的神学本身,如果作为一种现实生活中善良个人的信念,也不是没有价值的。

第八章　伊壁鸠鲁伦理学：快乐同自由和友爱的关系

伊壁鸠鲁的全部思想、实践和哲学学说最后都是为了他的伦理学服务的，都要落实到他的生活理想上来。本书在开始研究他的思想时就谈到了他的这个宗旨，包括四条要目和以知足的生活、宁静的心境为快乐的人生观，等等，并在讨论其学说各方面时随时都涉及这个宗旨和要点。伊壁鸠鲁讲伦理学最集中的是他的《致美诺寇的信》，其中比较重要的论点我们几乎都已经谈到。所以，在最后这一章专门研讨其伦理学时，我们只想着重点分析它的两个方面问题：其一，他所说的快乐和他主张的自由的关系。我认为伊壁鸠鲁的快乐主义，其本质仍在实现个人自由，特别是个人的意志自由。自由是他的快乐主义的真正核心。当然这种自由也不是抽象的，是同他主张的个人的利益与快乐不可分的。其二，伊壁鸠鲁的友谊观是他的伦理学的最高点。我们需要认真分析它的基础，指出它的问题，也弄清它的有价值的方面。认真研究这两方面，我以为可以对他的伦理学有更深一层的认识。

讨论这两点，会涉及比较精深而复杂的哲学和文化问题，弄清楚颇为不易。有些看法是自己的理解，是否恰当谨请指正。

一、伊壁鸠鲁“快乐主义”是以肯定个人的“自由意志”为基础的——再论他同昔勒尼派快乐主义的区别

人们一直以“快乐主义”来称谓伊壁鸠鲁哲学及其伦理学，这在很大程度上说是不错的。但是我们如果进一步分析他同昔勒尼派的区别就会发现，只说他的学说是快乐主义，将不容易把握它的本质，而且会造成许多误解和不理解，有如历史上许多人所认为的那样。从表面上说，二者的分别只是对享乐的看法不同，昔勒尼派注重物质欲望或肉体快乐，这种追求没有止境（所谓“动态”的快乐）；伊壁鸠鲁则强调精神安宁的幸福（所谓“静态”的），为此物质享受就要加以限制（以自然的和必要的欲望满足为限），似乎只是对享乐所注重的方面有所不同，对物欲的数量和程度有差别，如此而已。但若从深层来看，分歧实在是原则性的：伊壁鸠鲁所讲的快乐是以个人自由（特别是个人的意志自由）为前提、基础和目的的；他反对昔勒尼派，是因为他认为那种主张将使人丧失自由和自由意志，做物欲的奴隶，做他人的奴隶。这才是问题的真正所在。

伊壁鸠鲁的“快乐主义”不是人们通常理解的追求快乐的学说，更不是“享乐主义”。这是我们必须把握的第一个要点。塞内卡有一段探讨很值得我们留意：

> 伊壁鸠鲁这个快乐学说的著名导师有一些日子以简陋的食物充饥，目的是要观察在快乐的尽善尽美和细致入微方面是否会有所减少，减少多少以及这种减少是否值得每一个人为此而付出沉重的劳动。他至少在写给哈林执政官波利安的那些信中谈到这

> 件事,甚至炫耀他自己用在饮食上的钱不到一阿司[1],而梅特罗多洛还没有获得这样大的成绩,他得花上整整一阿司。你想想看这样的饮食可以吃饱吗？可以,甚至还能得到快乐,——不是那种微小的、转瞬即逝的快乐,亦即经常需要重新开始的快乐,而是持久的真实的快乐。诚然,水和大麦粒或一块大麦面包不是什么惬意的东西,但是最大的快乐在于：你甚至从这样的东西中也能得到快乐；在于意识到你已使自己进入一个任何厄运都不能加以剥夺的境界。[2]

这是怎样的一种快乐境界？显然完全不是“享乐主义”,甚至也不是一般人在物质生活能够不断提高时心理上感到的满足和快乐。因为伊壁鸠鲁有意与之对立,他甚至有意试验“以简陋的食物充饥”,才肯定了他那种“持久的真实的快乐”真的能够“不可剥夺”和有保证。

让我们分析一下他的实验。长时间用“水、大麦粒或一块大麦面包”这些不那么好吃的东西过活,是为了对他的生活伦理学说作出证明。他想证明什么？第一,这样做究竟能否得到快乐。结果他以自己的经验证明,这些事物不仅能让我们吃饱,带来了快乐,而且这是一种“持久的真实的快乐”。显然这种“快乐”不是昔勒尼派的“快乐”,而是一种“静态”的以理性为指导的使心灵平静安宁的情感,他认为是“持久的真实的”快乐。关于这种“快乐”,我们在前面章节已经多次谈过,不必多说。它已经同昔勒尼派划清了界限。

但这个实验要证明的不仅是这一点,他认为还证明了另一个

---

① 阿司是古罗马的铜币,也是重量单位,等于12盎司。

② 塞内卡：《书信集》第18封信,转引自《马克思恩格斯全集》第40卷,人民出版社1982年版,第151页。

更深刻的东西。即第二,还证实了一种“最大的快乐”。这种快乐的意思是:如果一个人能够在这种素朴到十分艰苦的生活条件下也感到快乐,他就能由此发现,他有能力“使自己进入一个任何厄运都不能加以剥夺的境界”。这个境界是什么? 不是别的,只能是指一种自由的境界。他摆脱了对环境和物质条件的依赖,掌握住了他自己的命运,能够自己做主,赢得了自由,所以进入了命运无法剥夺其快乐的境界。换言之,这种“最大的快乐”不是别的,只是“自由”,特别是个人的心灵自由。

因此,我认为他所说的快乐,最根本的涵义就在赢得自由,个人在生活上的自由和心灵上的自由。—— 所谓持久的、真实的安全和心灵安宁的快乐幸福,无非是指个人享有的一种自由而不受支配和奴役的实际生活和精神生活的状态。

昔勒尼派的快乐主义或享乐主义,在他看来,恰恰是使人受环境和贪欲内外奴役的生活状态,没有自由,所以在他看来,也就绝不是真正的快乐。

这个观点,用到其他方面也同样完全合适。如:

伊壁鸠鲁说神不必畏,死不可惧,这些快乐指的也是人的自由感觉 —— 摆脱了对神灵和死亡的苦恼即束缚,就赢得了心灵自由的生活。他说人不必怕死,并不是认为人活着同死差不多,无所谓;实际上还是为了使人活着感到自由 —— 这就是快乐。“伊壁鸠鲁对那些渴望死的人所作的谴责,并不亚于对那些怕死的人所作的谴责,他说:‘当你由于你的生活方式弄到非去寻死不可的地步时,这种因为厌恶生活而去寻死乃是可笑的。’他在另一个地方还说:‘由于害怕死亡你的生活变得惶惶不安之后,有什么东西能像去寻死一样可笑呢？'"[①]

当着外力迫使我们不得不死的时候，"死不可惧"在这里也是为了保证我们的自由、至少是心灵的自由（＝快乐）能够得到实现。"伊壁鸠鲁说：'倘若在法拉里斯牛[②]里煎熬哲人，他一定会大声说：多么舒服啊！与我毫不相干。'……因为伊壁鸠鲁说，忍受痛苦是愉快的。"[③]请回顾本书前面提到的一个故事，当皮罗的那个老师在被人放在大臼里，面临被捣成肉酱的恐怖之前所说的话，是何等相似。

还有，为什么"忍受痛苦是愉快"呢？痛苦和快乐正好相反，何以能一致？唯一的解答只能是：我已把一般的苦乐以至生死都置之度外，这样我就保持了我的自由；纵然我失去了人身的自由，还是保持住了我的心灵的自由——自由的根本，或心灵的自我，人格的自由。因此我仍然可以大声地说：你杀害的只是我的身体，你只能使我的肉体痛苦，但是你杀害不了我的人格、我的自由意志和心灵；我的心灵依然宁静——这就是我的快乐幸福。以忍受肉体痛苦赢得了心灵的自由，这就是伊壁鸠鲁教导人们在生死关头应遵循的原则。它固然是在动荡的希腊化时代里为哲人提供的人生哲学，也具有普遍意义，适用于所有人普通的日常生活态度。他本人在忍受疾病的剧烈痛苦中临终时仍然觉得幸福，而且享受到友爱的快乐，即是一个著名的例证。

---

① 塞内卡：《书信集》第24封信，转引自《马克思恩格斯全集》第40卷，人民出版社1982年版，第150页。

② 公元前6世纪中叶，西西里岛的阿格里真托的暴君曾制一铁牛，将死刑犯置于牛腹中，然后用火将铁牛烧红，使罪犯惨叫而死。

③ 塞内卡：《书信集》第66、67封信，转引自《马克思恩格斯全集》第40卷，人民出版社1982年版，第149页。

对于人的自由意志的普遍承认，是伊壁鸠鲁比以往希腊人进步的地方。以前希腊人只承认希腊公民的自由，不承认所谓“野蛮人”有自由（如亚里士多德在其《政治学》中所说），也不承认妇女有独立人格和自由。在希腊化时代的新环境下，伊壁鸠鲁最先抛弃了以前的偏见，在他的花园里男女平等，对身为奴隶的人也加以尊重，在遗嘱中恢复了他们的自由。他的友爱遍及这些人，所以花园成为友爱的乐土。这是他的快乐观的体现。

所以，我们可以肯定，他的快乐主义是以自由为根据的，这种自由的核心乃是个人的自由意志。如果用最简单的词来表述他的伦理学关注所在，恐怕与其说是“享乐”，还不如说是“自由”要更确切。伊壁鸠鲁本人有这样的话：

> 一个献身哲学的人，不须长久等待，他立即就会变得自由。因为哲学服务本身就是自由。①

从这里我们就可以明白，为什么他在原子论中必定要提出偏斜说。原子偏斜运动在自然哲学基本原理上解决了原子何以能彼此碰撞结合的问题，但最主要的还是为生命的自由意志提供了说明的源泉。卢克莱修热情地写道：

> 如果一切的运动，永远……
> 按一定的不变的秩序产生出来。
> 而始基也并不以它们的偏离
> 产生出某种运动的新的开端

① 塞内卡：《书信集》第8封信，转引自《马克思恩格斯全集》第40卷，人民出版社1982年版，第153页。

来割断命运的约束，
以便使原因不致永远跟着原因而来，——
如果是这样，那么大地上的生物
将从何处得到这自由的意志，
如何能从命运手中把它夺取过来，——
我们正是借着这个自由的意志
向欲望所招引的地方迈进，
同样地我们正是借着这个意志
在运动中略为偏离，
不是在一定的时刻和一定的空间，
而是在心灵自己所催促的地方。
因为无疑地在这些方面
乃是每个人的意志给予发端，
从那里开始，透过我们所有的四肢，
新开始的运动就流遍全身。
……
有时确实是由于意志的裁决，
全部物质就被迫改变它的路线，
……
你难道还看不见虽然外力驱使人向前，
并且常常叫他们违反自己的愿望
向前运动，被迫一直向前冲，
但是我们胸中仍然有着某种东西，
足以和它斗争并抗拒这种外力？
可见同样地在种子中间，
除所有的撞击和重量之外，
你必须承认还有运动的另一种原因，
作为我们自由行动的天赋力量的根源——
既然我们看到无物能从无中生。
……

人的心灵本身在它的一切作为里面
并不是有一种内在的一定必然性，
也不是像一个被征服的东西一样
只是被迫来忍受来负担，
这情况的发生乃是由于始基的微小偏离。[①]

二、对伊壁鸠鲁追求的自由要作具体分析——兼论伊壁鸠鲁的伦理学同斯多亚派的对立

但是如果我们在强调他的伦理学以及整个学说的核心是自由，他所说的快乐的实质是自由时，不作具体分析，没有注意他的自由反过来也和他所说的快乐不可分割，那我们对他的自由观同样也不能正确把握，而且会陷于片面性。应当注意，伊壁鸠鲁所主张的自由，其一，在以个人心灵自由为最高点时，这种心灵自由是与心灵所感受到快乐宁静为内容的；并且，其二，还要尽可能地使心灵的自由快乐和个人在物质生活社会生活中的快乐一致，把理性指导的心灵自由贯彻到具体的感性生活中去，实现个人整个生活中的快乐和自由。

伊壁鸠鲁的自由观，是一个希腊人在适应希腊化历史条件时的产物。另外，我们应当特别注意它同斯多亚派的伦理学和自由观的对立。研究这个对立，对于我们认识希腊化罗马世界中自由观的发展和弄清伊壁鸠鲁自由观的特点，是相当必要和有帮助的。

---

① 卢克莱修：《物性论》，方书春译，商务印书馆1962年版，第76—79页。

分析起来,伊壁鸠鲁所讲的自由,有如下特点:

1. 它只是个人的自由

这一点是明白的。对于已经失去城邦独立自主权的希腊人来说,已经没有城邦自由可言,也就不关心政治了。他们这时更加珍视的就是他们曾经得到过的个人自由。伊壁鸠鲁所说的自由体现出这一特色。他认为哲人“不要参与政治”,对于希腊化帝国的政治抱无所谓的态度,只要它能维护一定的社会安定就行。他对社会安定的标准是人与人互不侵犯的契约,这究竟能实现到什么程度,则要看条件和人们在争夺中所受的教训而定,可望而不可即,不是希腊人或一切个人可以做主的,对此他只能抱消极观望的态度。

与此相反,斯多亚派主张关心国家社会大事,发展了一种整体的世界观。他们也要为希腊化罗马世界中的每个人如何解除苦恼提出人生哲学指导。但是办法和伊壁鸠鲁正好对立,在后者以个人的自由快乐为本位的地方,斯多亚派主张整个世界是有必然性的,因为它就是神和神的安排(“逻各斯”)。因此每个人的命运是必然命定的,是神意的最适当的安排;因此人要相信神、相信神给世界和每个人安排,要认识到神和神安排给自己的命运必是好的和合理的,这样他在任何情况下,甚至在最严酷的厄运中都能心安理得地顺从,以此获得内心的宁静。他们认为唯有神,即整体世界中的“逻各斯”、必然性、命运,才是真正的自由;个人的命运既然是神安排好的,所以每个人要把自觉服从这种安排当作自己的自由。

很清楚,这是两种不同的世界观和自由观,并且针锋相对。伊壁鸠鲁派的自由观坚决反对所谓神对世界和人的干预,反对服从必然性而主张“在必然性中生活并不是一个必然”，自然为斯多亚派所不容。反之，斯多亚派以服从神和逻各斯为自由的观念，在伊壁鸠鲁派看来，正是用必然来取消自由。这两种自由观的分别在于，一派以个人为基础，而另一派则以世界整体为基础。

2. 它是希腊化世界中个人可能获得的虽然有极大的限制却也带有空前普遍性的个人自由

这种普遍性表现在希腊人在新条件下已经失去了以往的那种骄傲与歧视其他民族和种族的观念，学会了同他们平等相处。伊壁鸠鲁派自觉地反映了人类平等的新观念，所以奥伊罗安达的第欧根尼说：“地球上每个不同民族有不同的出生地，但是在大地上这整个世界对每个人来说乃是一个出生地，世界一家。”① 这种观念和斯多亚派的“世界公民”是类似的，不过由此得出的人生哲学却不同。后者因此强调应当关注人类整体，而伊壁鸠鲁派强调仍是个人：既然在这个世界上各个种族平等了，因而一切个人也就平等了，因此应当学会尊重每一个人的自由，和睦共处。伊壁鸠鲁本人不歧视身为奴隶的人和异族的人，并能平等对待妇女，尊重他们的人格和自由意志，便表现出这一看法。所以他的学说和学派在希腊化罗马世界里能够广泛传播，为各族人民所接受。

① 奥伊罗安达的第欧根尼（*Diogenes of Oenoanda*），25.2.3-11，HP，p.133.

3. 它是个人自由和个人快乐的一致

抵制命定的“必然性”以求得心灵的安宁,理智地实现实际经验生活的快乐,是伊壁鸠鲁自由观的真实内容。

个人自由不是空的,它同个人的生活乐趣有关,首先同心灵的安宁相关,而且应当尽可能地同个人的人身安全和必要的物质生活条件的保证联系起来。离开这些来谈自由,在伊壁鸠鲁派看来就是瞎说。

这一点上他们同斯多亚派对立就更清晰了。因为斯多亚派根本否定快乐的原则,把忍受苦难以服从命运(他们把这说成是神意、宇宙的必然性或逻各斯决定的)当作个人所应遵循的自由。

举例来说,一个身处囹圄中的人,或一个上了刑架的人,伊壁鸠鲁派和斯多亚派都应许只要按照他们的哲学教导来想,就能使自己心灵安宁。这看来是一致的,但是伊壁鸠鲁派的理由是,我们有自由反抗这种命运,即使不能改变这种实际的状况,每个人仍然能够在心中保持他自己的自由的意志,这是他的真正的自我,他便以此为满足,仍然保持了自己的快乐和幸福。而斯多亚派则完全相反,他们的理由是,这是神的安排。当我服从了命运对自己的安排,自觉忍受这些牢狱之苦甚至受酷刑去死,并且心灵也为这种顺从而感到安宁时,那就是顺从了神的意旨,得到了自由。

伊壁鸠鲁绝不能赞同忍受命运和“必然性”给人所加予的苦难。他认为这种说教是违背人的本性的。因为追求快乐是生命和每个人的本性:

> 凡有生命的东西,生来就追求快乐并把快乐当作至善来享受;

> 而把痛苦当作极恶加以摒弃,并竭力避开它;在未受坏影响时,它能按照本性自身的不受诱惑的公正的指使做到这一点。因此他(伊壁鸠鲁)断言,没有必要论证和议论为什么应该力求得到快乐和避免痛苦……应当由本性本身指明,什么是与本性一致的,什么是违反本性的。①

所以对伊壁鸠鲁来说,自由是不可能同快乐分开的。自由就在于人能够自由地实现这种本性,去追求人生的快乐。只是在进一步弄清什么是真正的快乐时,他才同昔勒尼派分别开来——不应为了某些物质享受、贪欲而陷于受奴役的地步失去自主和自由,失去根本的快乐与快乐的根本。伊壁鸠鲁所理解的人生自由和快乐是如此绝不可分,因此,同斯多亚派相反,他认为自由绝非对压迫和以必然性的形式表现的命运的顺从,而是人能够反抗和抵制它们。

可见,在伊壁鸠鲁派看来,上述两个与他们对立的派别都否定了自由。一个孤立地宣扬快乐,一个孤立地讲自由,结果既不是真快乐也不是真自由。只有把自由同快乐联系在一起,才有真自由和真快乐。

心灵的自由不应是抽象的,而应当是能够贯彻到经验生活中以达到个人幸福的指导和意志:

> 伊壁鸠鲁实在说得好,命运对哲人的支配有限,最重大的事情由哲人按自己的想法和判断来解决,在无限的生命期间内不可能比在我们看来是有限的生命期间内得到更多的快乐。②

---

① 西塞罗:《论最高的善和恶》1.9,转引自《马克思恩格斯全集》40卷,人民出版社1982年版,第172页。

② 西塞罗:《论最高的善和恶》1.19,转引自《马克思恩格斯全集》40卷,人民出版社1982年版,第173页。

人不必谋求永生,个人的生命是有限的,所以只需保持自己一生的快乐和自由。伊壁鸠鲁认为,只要按照他的学说来生活,人人都可以做到这一点。

4.伊壁鸠鲁派的“哲人”形象

在希腊化时期的哲学家中,各派都以自己的“哲人”(the Wise man)形象来体现他们的生活和哲学理想。第欧根尼·拉尔修收集了伊壁鸠鲁派有关的一些具体描述,对我们考察其伦理学思想是有帮助的。这里列举其中若干,如:

> 哲人凭理性摆脱了人们相处时的那些敌意、仇视和纷争;
>
> 他在受刑时仍然是快乐的,虽然他在刑架上也会发出痛苦的呼叫;
>
> 他不处罚奴隶,而是怜悯和宽待他们,释放有好品质的;
>
> 他不参与政治,不会当专制君主,也不当一个犬儒或乞丐;
>
> 即使他失去眼睛也仍然会生活下去;
>
> 他关心自己的财产和未来,喜爱乡村生活。他也赚钱(靠自己的智慧),如果穷困,必要时也可以到宫廷去陪伴君王;他也关心自己的名誉,使自己不受人轻视;
>
> 他准备迎接命运的挑战而决不抛弃朋友,有时也会为朋友去死,等等。①

伊壁鸠鲁派的哲人关心自己的财产、名望,必要时也要应付和适应环境,“可以到宫廷去陪伴君王”来谋生,这些都算不上什么

---

① D.L., 10.117-20.

崇高的精神，我们也没有看到他们有抛开个人利益去为大众献身的理想。这些特征表明，伊壁鸠鲁派的自由和快乐，实际上不过是一个生活在动荡不安的世界中的中小有产者力求保持其与世无争的个人利益的个人打算。把这种打算提升为哲学上的自由和快乐概念，是伊壁鸠鲁作为一个希腊人在这个动荡的世界里，为个人生活指导所开出的药方。

三、伊壁鸠鲁的友爱：从个人幸福出发如何能同对他人的友爱一致

无论在中国还是在西方的文化中，仁爱都是伦理道德的根本和核心。如儒家以“仁”为本，而基督教则把上帝或基督等同于“爱”。区别在于，中国人的仁爱总是以家庭家族关系为核心的人伦之爱，朋友之道只在五伦之末；而西方从古希腊起则把友爱（friendship）视为首要，或概括全部人间之爱的词，家庭家族中的爱的位置反居其次，或认为可以算是友爱之内之下的一些条目。[①]他们的友爱观念在基督教《圣经》里表达得简洁清楚，就是“爱人如己”，更确切的翻译应为：“爱你的邻人如同爱你自己那样。”这是他们仁爱观念的最一般概括。伊壁鸠鲁的伦理学非常重视这个友爱，正是在这一点上，他接触到了伦理道德的一个核心问题，所以我以为特别值得留意。

我们已经阐明伊壁鸠鲁的人生哲学—伦理学是从个人的幸福和自由出发的。在传统的中国文化看来，个人主义永远是万恶之

① 杨适：《友谊观念的中西差异》，《北京大学学报》1993年第1期。

源,如何能与真诚的友爱、对于别人的无私关怀一致? 这似乎是不可能的。但是伊壁鸠鲁确实认为这二者是可以一致的,因为他明确地说过,在智慧提供给幸福生活的全部内容之中最有意义、最有益处、最愉快的莫过于友谊[①],并且他本人也实践了这一点。对此应当如何理解?

西塞罗记载了伊壁鸠鲁派陀尔夸图斯（Torquatus）对友谊的一段分析。让我们看看他是怎么说的：

> 我注意到在我们学派中对友爱有三种说法。其一,有些人认为属于朋友的快乐不能算是我们自己所欲求的。某些人认为这种看法会使友爱不稳定,但是我以为它是对的,也易于为自己辩护。他们说友爱和我们先前讨论过的德性有别,而同快乐不可分。由于孤独和没有朋友的生活充满着危险和焦虑,理性就指导我们寻求友谊,获得了友谊能增强心灵的力量,使它有把握期待快乐。此外,正如敌视、憎恨和不和使人不快,所以友爱是既属于朋友的也属于我们的快乐的创造者,最可信赖的保护者。他们享有这种快乐不仅是当前的,也给他们以近期和长远未来以期望。如果没有友爱,我们就完全不能确保生活中稳定持久的欢乐,而如果我们不能做到爱朋友如同爱我们自己,我们也不能保持友谊本身。因此,友谊包括爱人如己和同快乐的联结这二者；我们为朋友的快乐而感到欢乐,为他们的不幸同样痛苦,正如我们自己的事一样。所以哲人对他的朋友有着和对自己相同的感受,他为朋友的快乐工作如同为他自己一样。…… 其二,有些伊壁鸠鲁派有足够的机敏,尽管在面对你们（学园派）的批评时有点胆怯,怕你们认为我们追求友谊仅仅是为了自己的快乐而似乎很有缺陷；在他们看来,起初建立的联系、结合和相互关系是为了快乐,但是在这种接近发展起来之

① 西塞罗:《论最高的善和恶》1.12,转引自《马克思恩格斯全集》第40卷,人民出版社1982年版,第174页。意思与伊壁鸠鲁《主要原理》第27条一样。

> 后，就产生了亲密感，情感增长到为了朋友本身而爱他们的地步，即使从友爱中得不到任何好处。…… 其三，也有些人说哲人有一种约定，要爱他的朋友不亚于爱他自己。我们知道这种可能性，时常也可以观察到这一点。[①]

从第一和第二种说法我们可以看出，伊壁鸠鲁派当时已受到其他学派批驳，需要辩解。因为他们友爱观的出发点确实只是对于个人的安全和快乐的考虑，而他们也必须承认，友爱总是相互的，做到爱人如己，同甘共苦，才能算是真实的友爱，那种只为自己一方得到好处的自私想法，如何能成为友爱的基础？ 这是难以自圆其说的。但是伊壁鸠鲁派并没有放弃自己的基本立场，他们只是说，起初确实只是为了个人好处而交友，进一步的发展，就会产生真正的友爱，即也为朋友和爱朋友本身。造成这一点的或者是从客观效果考虑，若非爱人如己，友谊将不能保持，个人的安全和快乐的考虑就是空的，因此他就要关心爱护朋友本身；或者是从情感的进展加以解释，起初是为自己，后来相处中亲密起来，即使对自己没好处也能爱朋友本身；或者直接说，（伊壁鸠鲁派的）哲人就有如此的友爱观念，约定要爱朋友如爱他自己那样。

我们知道，伊壁鸠鲁本人的确实践了友爱，他们的“哲人”在必要时可以为朋友而死。—— 可见，他们的友爱观确实并非真的完全从自私的考虑出发，以私利作基础。我们似乎应当承认，他们确实愿意建立一种不仅个人得到好处也能使朋友得好处的乃至生死与共的关系。但是，我们还是要问：友爱的真正基础究竟是什么？ 它能只建立在个人利益的基础上吗？

---

① 西塞罗：《论目的》，Ⅰ.66-70，HP，p.132。

四、略论希腊人友爱观的基础和它在希腊化罗马时代的演变

如果我们比较一下伊壁鸠鲁和亚里士多德的观点,就可以发现,他们对友爱的基础有不同的看法。当然,他们两人都认为人皆需要友爱。当亚里士多德说“友爱……是生活所必需的东西,谁也不愿去过那种应有尽有而独缺朋友的生活”时,伊壁鸠鲁是会完全同意的。但是,当他说“友爱把城邦联系起来,与公正相比,立法者更重视友爱。他们的目的就是加强类似于友爱的团结,另一方面则是致力于仇恨的消除。既然做了朋友就不必再论公正。但对公正的人却须增加一些友爱。所以在最大的公正中似乎存在着友爱的东西”[①]时;两人对友爱的基础在看法上就很不一样了。

亚里士多德还保留着城邦希腊人的观点:友爱是联系城邦的纽带,它甚至比公正(即正义,justice,它是社会的立法的基础)还要重要;换言之,友爱和公正都是以城邦公民之间的天然联系为基础的,并且是表现这种天然联系的最深刻的东西,不仅如此,友爱在表现这种联系时比公正要更加深刻具体紧密,所以也就更加重要。而伊壁鸠鲁则不再有这方面的基础了,他只能诉诸个人的快乐这一单方面的根据。因为现在希腊人不再有自己的城邦那种天然的联系,在茫茫的充满风浪和罪恶的希腊化世界里,还有什么地方是他们可以信赖可以热爱的生活基础呢?

城邦时代希腊友爱观表明,友爱原是一种个人同个人之间对立统一的关系:没有独立资格的公民个人,就不会有这些个人之

---

① 亚里士多德:《尼格马科伦理学》1155a20-25,参见苗力田中译本,中国社会科学出版社1982年版,第163、165—166页。

间的相互尊重和友爱；但是独立的个人之间是有利害矛盾的，所以还必定要有比他们之间对立更有力量的东西才能把他们紧密联系起来。那么它是什么呢？是商品交易和民主政治之类的东西吗？不，因为这类关系使人对立的因素要比使人一致之处更多，它们是使人们彼此独立和分离的主要力量。所以它们对友爱的形成作用主要仍在前一方面，就是使个人独立起来，造成彼此尊重相爱的可能性。那么它究竟是什么呢？只能是使人联结在一起的更深刻的东西，那就是他们的天然不可分的纽带。希腊人比较早就否定了氏族和大家族的天然关系，不过他们在新条件下又重建了从氏族部落联盟转化而来的城邦，每个城邦的所有成员都是原先氏族组织的成员，在城邦中同以前一样有着生死与共的共同命运，他们彼此直接生产着作为人的对方，因而保留着先前的天然血肉联系。正是这种联系，使他们的个人之间有了友爱的基础和根据。

所以，友爱没有个人同个人之间的独立性不行，没有人同人之间根本不可分的天然联系也不行。二者缺一就不会有友爱。

伊壁鸠鲁派的友爱观只有个人的幸福和独立自由这一方面的基础，失去了这些个人之间原来存在的天然联系的基础，因而是片面的，不稳固的，也是缺乏充足根据的。但这主要是历史造成，并非伊壁鸠鲁派本身愿意犯的过错。他们在新的历史条件下强调保持个人的自由和尊严，同时仍然坚持人和人之间需要友爱，认为它是人的本性，歌颂和努力实践友爱，并为从个人幸福方面（虽然是片面的）看待友爱提供了有益的思考，这些正是伊壁鸠鲁派的功绩所在。

为什么说从个人利益和自由幸福方面看待友爱也是必要的？伊壁鸠鲁告诉我们，像毕达哥拉斯派团体那样的共有制而不是每个人有其私有财产，那么友爱就会有虚假性。一切共有、不分彼此，看上去好像没有利害纷争非常团结友好，可是并不能保证成员之间的平等和相互尊重，也就不会有真正的友爱。只有独立的个人把自己的财产和力量奉献给别人时，由于这是他的自由自愿，又尊重对方人格，才表现出这种奉献的无私或友爱的真诚。

当然，伊壁鸠鲁伦理学的这个最高点 — 友谊观 — 是跛脚的。批评它的斯多亚派为解决这个问题提出了新的思路，后来基督教更为解决这个问题作出了伟大贡献。但是人类友爱的理想和基础，是一个特别重大的主题，并不是像有些人以为的那样容易解决或已经有了永恒的方案，事实上仍然需要探求。在这个意义上，伊壁鸠鲁派的友爱观，同以往每一个仁爱观或友爱观一样，仍然具有其各自的价值。

第九章　伊壁鸠鲁的历史地位

我们已经研讨过他的思想学说宗旨和各个主要之点，现在可以概括起来讨论一下他在人类思想史上的地位，以及对于我们今天的意义。在本书前面的那篇自序里，我已经对此提出了一个看法。经过全书的阐述，我想在这个小结中使它得到进一步的阐明。

一、伊壁鸠鲁在西方思想史上的地位

1. 伊壁鸠鲁哲学是希腊人追求的自由本体在希腊化时代的凝结物

西方哲学在希腊化罗马时期进入了一个新阶段，与原先的希腊哲学有着很不相同的面貌。纯求知变成了以关注人生和伦理为主。这个转向，从哲学的根本任务来说，不能说是退步，而是一种进步。因为哲学终究是为了人的生活的；现在它更自觉地返回和贴近这一根本所在，并且有了重大的新进展。

新时期一开始，在雅典这个有深刻哲学传统的城市里很快就接连着产生了三派新哲学：皮罗主义、伊壁鸠鲁主义和斯多亚主义。他们都以解决人生问题为中心，以求得个人内心的自由安宁为宗旨—这就是说，他们都以哲人的敏锐和哲理的深度，认识到新的世界是如此动荡不宁，人再也不能像他们从前那样有一个相对稳定的生活基础了，所以必须重新为人—这时的人已经由于社会的瓦解和重新改组成为世界性的“个人”——寻求他们赖以生存的支柱。三派学说的不同，正是这个新的世界和新的个人之间的分裂的现实反映，也是需要探索如何重建其关系与和谐的过程的几个主要环节。

希腊哲学在以往200多年的发展中，一直以自由为其基础和本质①，自由滋养着它、推动着它，使它成了一股水流日益充沛的江河滚滚向前。这股思想洪流像炼钢铁的高炉中放出来的白炽的钢水，一下子落到了一片希腊化世界的冰凉的水中，便分解和凝结了，成为新的哲学。那第一个产物就是皮罗的怀疑主义，它凝聚加工了希腊哲学中自由批判的意识，现在不仅用来彻底否定以往希腊各种形而上学哲学本身，让人适应新的世界环境中的生活，而且也叫人对新世界持同样彻底的批判怀疑的态度。——但是它本身正是地道的希腊哲学精神的一个不可缺少的方面。另一个产物就是伊壁鸠鲁的哲学。

伊壁鸠鲁哲学是希腊人及其哲学中追求的自由本体本身在新世界中的凝结形态。当着失去了城邦独立自主的自由之后，它坚持了人有为自己赢得自由和快乐生活的权利。只是在这时，它已经变为仅能以个人的自由、特别是仅能以个人的意志自由为限和满足了。对于个人以外的现实环境，他仅能以提出社会契约学说作为解

① 杨适：《哲学的童年》，中国社会科学出版社1987年版，第56—59、235—240页。

决问题的希望。在希腊化世界的帝国统治下暴力和纷争的泛滥，使所谓个人按自己的天然权利彼此平等来订立互不侵害的约定难以实现，但是他仍然认为，苦难和经验将会使人逐步意识到它是唯一能保证社会正义的解决办法。更现实的乃是，个人之间可以建立友爱，它是每个人可以自己做主和通过努力办到的，并能帮助人在社会生活中获得安全快乐和保持个人自由。这样，个人自由快乐的命运就掌握在自己手中了：只要保持自己心灵的自由和安宁（不畏惧神的命运，不害怕面临死亡，去除自己的贪欲，也不怕有时难免的某些痛苦，是它的必要条件），满足于适度的甚至是最简陋的物质生活，以免成为环境和内外实际条件的奴隶，那就是一个自由的人生、快乐的人生了。于是他就从自然哲学等方面研究了这种自由的根据和条件，给人提供一个明智的人生指导。

上面两种哲学一反一正，一消极一积极，但都是自由精神的表现，也都是希腊哲学留给西方后来人的思想哲学财富，一直影响到后世和今天。

2. 伊壁鸠鲁哲学的片面性，斯多亚哲学补足了另一方面

但是希腊化的世界并不是希腊人创造的，也不合乎他们的意愿。它有自己的原因、基础、情况、规律和问题。它是马其顿人统一希腊和东方众多民族的结果。马其顿的铁拳粉碎了希腊的反抗和自由，吸取了东方的君主专制的政治和文化传统，包括那种相应的宗教在内，才能够建立并维护帝国的存在。这个现实本身需要一种哲学加以反映；另外，在这个世界中生活的一切个人，无论他原来是希腊人还是东方人，都需要有一种适应新世界状况的个人生活

指导。——这就是接着前两种而起的斯多亚派哲学。这种哲学也吸取了希腊哲学先前的某些智慧,但主要是按照新的格局和东方智慧的轨道来建立的。E.Zeller 在他所著的 *The Stoics*, *Epicureans and Sceptics* 一书中指出:“斯多亚派最早明白地教导全部人类原是一家,都是世界的公民。”① 他还强调指出:“亚里士多德以后的哲学历史的一个显著特点,使我们不能不注意到环境已经改变的是这样的事实:如此众多的哲学家来自面向东方的地区,在那里希腊和东方的思维模式已经相遇和混合起来。雅典固然仍占有希腊哲学王冠的位置,但已不能自称是哲学的最重要的学校,它必须让其他城市如亚历山大城、罗马、罗得岛、塔尔苏斯等分享这种光荣。即使在雅典,那么多的外国血统的导师也证明纯粹希腊哲学的时代已经过去;除了新柏拉图主义的那些奠基者是这些人外,特别触目的就是我们在斯多亚派重要人物中所见到的。”“几乎所有最重要的斯多亚哲学家,在基督教时代之前按其出生地来说,都是小亚细亚人、叙利亚人以及东部爱琴海岛屿的人,后来就是罗马人的斯多亚派”②。他敏锐地注意到的这个现象,对我们认识斯多亚哲学的实质有启示。

带着东方色彩的哲学家比较容易从不同于希腊人的角度看世界看问题。正如埃及人很容易地就接受了亚历山大大帝作为他们的太阳神阿蒙之子和法老那样,东方民族也比较容易地接受了马其顿帝国,并且认为这是一个比他们原来的帝国更加伟大的帝国。那是神的意旨,神让亚历山大和马其顿将军们及他们的继承人来统一治理这个世界,所以世界统一了。斯多亚派哲学一开始就把世

① E.Zeller, *The Stoics*, *Epicureans and Sceptics*,英译本, London, 1870, p.22.

② E.Zeller, *The Stoics*, *Epicureans and Sceptics*,英译本, London, 1870, pp.36-37.

界是一个整体作为出发点,并且认为必有一个主宰世界上的一切事情的根源,在哲学上说它就是"自然的必然性"、"逻各斯"、"宇宙灵魂"之类的本质本体,在普通人说来就是至高无上的神。因此,每个人都必须遵循神的意旨和安排,这也就是"顺从了自然",他应该以此为天职、道德和至善。那不论在什么情况下都能对自己的命运感到满意的人,就获得了内心的安宁。斯多亚哲学能够在希腊化世界中存在,并得到一些统治者的支持,后来在罗马帝国中成为上层乃至皇帝宣扬的哲学,正是由于它的这种强调整体秩序和每个人应当自觉顺从其命运的性质。这才是希腊化和罗马世界本身所需要的哲学。

斯多亚哲学的核心也是伦理学。这种伦理学强调的是个人的思想行为要符合以神意和必然性为概念的世界整体秩序利益;这就是他们主张的道德,却绝不是个人的快乐。他们说那才是真正的自由,而追求个人快乐的自由绝不是真正的自由。所以他们也常常要有意歪曲伊壁鸠鲁讲的快乐,把它说成是放肆的享乐主义。虽说这是一种不实之词,可是从斯多亚派的立场上看问题,只要突出的是个人的利益、打算、个人的自由,否定了对世界秩序或神意的尊重顺从,那就同享乐主义没有什么差别,甚至会认为那是更坏的思想教唆犯。

斯多亚哲学运用到实际生活时,对现存希腊化罗马世界的统治和社会秩序无疑起着维护和保守的作用,带上了官方哲学的色彩。但是我们不应只从政治方面看待它的意义,简单斥之为官方哲学。它有深刻的时代和社会原因,从哲学上提出了一个同样深刻的问题,就是关于宇宙和世界社会整体的世界观,和由此而来的个人生活观、道德观。

如我们已经说过的那样,友爱和道德,既不能否认个人的独立自主性,又不能否认人对人必须互相依存的一体关系和情感。二者缺一不可。伊壁鸠鲁派只从个人自由和快乐出发,以个人为中心,这样来建立道德是跛脚的,或者说是不可能的。还需要另一方面,即人类的一体感的方面。斯多亚派恰恰是从这方面提出问题和设法解决问题的。这是它的重大意义所在。

3. 从斯多亚派、新柏拉图派到基督教及它们同伊壁鸠鲁的关系

除了斯多亚派,后来在希腊化罗马世界产生的新柏拉图派,特别是从犹太教演变出来的基督教,有着一脉相承的发展线索。新柏拉图派借助于柏拉图的相论,特别是《蒂迈欧篇》中的神(它是"至善"、最高的相)对于各种层次的相对无形式的质料不断进行加工,创造出各种层次的东西、直至产出世界万物的学说,提出了"太一"流溢说。"太一"是至高无上的神,从它流溢出心灵、灵魂,再流溢出物质的世界(包括我们的身体和自然界中的万物)。在柏拉图和亚里士多德那里,神、最高的善、最高的形式等还不是创生物质质料的本原,只是赋予质料以形式的本原,而在新柏拉图主义中,太一神已是世界的唯一本原,不仅心灵、灵魂由它流溢而生,就是感性事物也是这种流溢过程的产物(最低级的部分)。所以新柏拉图派已经提出了完整的神创造世界的哲学 — 神学。通过这种方式,使世界作为整体的观点得到了更完全和明确的理论表现。个体和个人在这个神造的世界里,只能是它的一个微不足道的尘粒。他要通过不断回溯反省才能一步步地体验到自己所由来的本原,纯化自身,达到神圣的境界与神合一。

这种神创世界说,已经接近了犹太教和基督教的一神论和神创论。斯多亚哲学和新柏拉图哲学为基督教在罗马世界的产生和传播,准备了深刻的思想要素。

本书不是详细论述基督教思想、文化和哲学的地方,这里只想指出它和斯多亚及新柏拉图哲学的一致之处,以及它们之间的深刻对立。

一致之处是他们都从神创造世界出发来展开世界观,因而,世界是统一整体的观点也就不言而喻地得到了论证。神意贯穿在一切之中,而神是至善,所以人应当顺从神和神的安排,这也是一致的。但是基督教同上述两派哲学也有根本的差别和对立。

这是因为,希腊化罗马世界虽然是统一性的帝国的世界,给世界一家的观念提供了可以思考的实际可能性。但是这个世界又实在是到处充满罪恶和分裂,神如何会创造出这样的世界? 这样罪恶的现实又如何能从神本身是善得到解释? 顺从神难道就是让人顺从这些罪恶的事实和现状吗?

关键是对这些罪恶的基本态度。斯多亚派和新柏拉图派既然把一切都说成是神的意旨和安排,让人逆来顺受,就叫人默认了现实的罪恶,客观上起到了维护现实罪恶和统治者利益的作用。基督教则不然,它虽然不能实际地消除希腊化罗马世界的罪恶,但是批判态度是明确的。它把神的善理解为神圣的爱,同人间的罪恶对立。认为神创造世界和人完全是为了爱人,因此他要用正义消除罪恶来拯救世人,彰显他创世的目的即是爱人。对现实罪恶的批判态度,使它在人民心中得到深刻的共鸣。所以它同斯多亚派新柏拉图派有明显的分别。

基督教在把植根于希伯来文化的犹太教转变为希腊化罗马世界的普世宗教的过程中,吸取了斯多亚主义和新柏拉图主义的借神来表示的世界统一和各族人民都是平等的世界公民的观念,也吸取了它们关于人应当经受磨难、顺从神以改恶从善并在道德上净化自己以得到心灵的和平安宁的思想。但是,这都是为了彻底地否定人间罪恶,而不是以顺从现状为目的。

基督教在神学和哲学上,对于以往的希腊和希腊化思想学说都是一场革命性的变革。其根源就在对人的罪恶有一种非常深切的体验和认识。上帝和基督关心世人,就要消除人间罪恶及其心灵上的根源,用神圣的爱改造人,使人得拯救。在这方面,它有一套非常辩证的以上帝为本原的宇宙观。要点是:上帝从无中创造了世界和人,是为了爱人。他赋予人以高于万物的地位,给他以供养,并且特别给他以自由的意志,使人能够最像神自己。但是人在获得了自由之后,也就有了犯错误的可能和机会。人果然滥用了他的自由,在贪欲的唆使下,他堕落了,选择了罪恶而不能自拔。所以世上充满了罪恶,人都成为罪恶的生物。这是违背了神的意旨的结果。在这种情况下,神的大能大善,就显示为他要实现一个世界历史性赎救计划:不仅要以严惩罪恶和最终审判来促人悔改,特别是让他的亲生儿子耶稣基督降临人世,以血肉之躯受难上十字架的动人榜样,显现他对人的无比爱心,唤醒人认识自己有罪,从而悔改、信神、爱神爱人,得到重生和永生,并在人间传播神圣的爱,建立神的国度。

基督教的这一对现实罪恶的批判态度,当然不是当权者所喜欢的。原始基督教具有非常强烈的改变现实的意向,吸引了大批穷苦人和下层人民参加,被当权者视为威胁,因此遭到迫害。但是一方面由于罗马统治还有强大力量,现状难以改变;另一方面由于基督教本身的宗教神学性质和对于人间罪恶的深切认识,它并不指望只靠政治就能改变现实的罪恶,而是认为只能依靠神和基督的爱和大能,使人从心灵上信神与悔改,才有可能。因此基督教在后来的实践中,采取了某种适应现实的工作方式,和对罗马帝国保持天国的超然的态度。它强调:现实的磨难是神对人的考验,人人都应在神面前认罪,从自己的悔改做起。善恶的标准不在人的判断,而在神的判断。所以虽然人要反对社会的和别人的罪恶,但更重要的是要谦卑自省;人对别人所应做的,只能是用爱心来原谅和宽恕、感动和规劝。自以为是和骄傲是最大的恶,因为骄傲就是不敬神,不认识自己同样有罪,这样来对待别人只会增加争吵、敌视和仇恨,把事情搞得更糟,罪恶更大。这种看法有其非常深刻的性质。因为罗马世界的罪恶现实的确并非简单地由政治统治造成,有其深刻根源。—— 但总的说来,基督教对现实罪恶是取批判态度的,这就是为什么虽然后来它在一段时期同罗马皇帝结成同盟,仍然保持了自己的独特地位。罗马帝国灭亡了,基督教却保持下来,得到进一步发展,成为中世纪和直至今天西方文化的一大支柱,原因即在于此。

基督教使西方人第一次获得了他们认为是真正的道德观念。它的基础是靠神来建立的世界和人类一体的宇宙观,与靠使世界和人类成为一体的神圣之爱来建立的人类之爱。所以耶稣基督指出最大的诫命只有两条:爱神和爱你的邻人如同爱你自己;保罗说最大的诫命只是爱人如己。

伊壁鸠鲁想在希腊化的世界和环境中建立友爱,但是对他这个希腊人来说,这个世界是陌生的和异己的,没有任何亲密感,剩下的只有个人和他们的自由精神和可以设想的快乐,这就注定了他想建立的友爱观缺乏足够的基础和不成功。斯多亚派和新柏拉图派企图通过神来重建人类一体的观念,但是这所谓一体的世界是罪恶滔天的,挂上神也不能使人获得真实的亲近感;而教人容忍罪恶的道德,并不能使人心真的感到慰藉,倒更增添了压抑的感觉。把这些说成是神的意旨和安排不仅缺乏真实的力量,反而使人怀疑神本身究竟是不是公道。所以这两派想建立的道德也仍然缺乏基础,并不成功。唯有基督教正面地面对罪恶,以神的爱人、公义来同罪恶对立,并通过耶稣基督上十字架的动人形象,指明神爱人和救赎人于罪恶的道路,为道德提供了一个非常深刻和亲切的基础—尽管它只能以天国的形式而无法以人间共同体为基础。

4.伊壁鸠鲁对后世的影响和作用

那么,在有了基督教之后,伊壁鸠鲁的学说在人生指导和道德方面是否还有意义? 应当承认仍然是有的。因为实际生活中人的分裂依然存在,世俗生活还是处于商品交易的利益对立和政治社会的纷争中。这都不是单靠信仰上帝和基督能实际解决的。按照西方文化的传统,即使在中世纪,更不用说到近代现代,他们一直强调要保持个人的利益和自由,而这些个人需要彼此交往和友谊,哪怕只是互利性的。而按照伊壁鸠鲁的人生哲学,个人的自由与快乐并不需要侵犯别人,相反交朋友能够彼此增进每个人的自由、安全和快乐。这也就是不错的道德了。何况在共同有利的友好相处中,总有可能激发出人的天性中对他人的真实的爱和某种小范围内的一体感来。尽管基督教的或者有些哲学的教导显得如此伟大崇高,那只重个人的快乐自由的好像微弱渺小,可是渺小者未必没有真实的价值,而崇高者未必没有虚幻性质。所以各有其意义,尽管基督教成了主流,伊壁鸠鲁哲学受到排斥,他那建立在个人自由与快乐基础上的友爱观,在实际生活中仍然不失为基督教道德的一个补充,为普通的善良人们实际采用而不废。

西方近现代的历史，在某些基本特征上，可以视为古希腊和后来希腊化罗马史的再现。比较大的民族国家代替了城邦国家，也仍然总在彼此斗争，现在又在竞争中向世界性的统一过渡。自由的商品交易到了今天已经成为巨大的世界市场经济，每个个人和各个民族国家为了自己的独立和扩张所进行的相互斗争，比古代有过之而无不及。这些矛盾在一定意义上也和古代类似，是推动历史向前发展的伟大动力，充满罪恶又不能简单地消灭或者废除。所以人的生活也同那时类似，缺少安全和安宁。而解决的药方，首先还是伊壁鸠鲁最早提倡的社会契约（近现代的法律和国家等等）；心灵上的慰藉，主要还是基督教，与伊壁鸠鲁提倡过的个人适度的自利、快乐和自由以及在同他人交往中的互利和友谊，这也同古代相似。

这表明伊壁鸠鲁的思想学说，直到如今在西方依然保持着它的人生指导的价值。

除此而外，伊壁鸠鲁的唯物主义和原子论，认识论上注重感觉经验的原则，对近代西方科学的发展也曾起过有益的启发促进作用，这里就不一一去讲了。

二、伊壁鸠鲁人生哲学对我们中国人在今天可能具有的意义

1. 中国文化传统的根源在“人伦之道”

具有自己悠久文化传承的中国人，总以为“万物皆备于我矣”，

很少有觉得向别人学习的需要,这种自大只是到近代才有所转变。但也限于科学和民主这方面,至于个人安身立命的道理则不然,总还是认为我们自家的本来就很好,无需他求。何况看看西方问题丛生、道德沦丧,个人主义自由主义泛滥成灾,抵制唯恐不及,学它做甚? 可惜的是西方的文化原是一个有机体,学了科学,学了市场经济,那些我们很不喜欢的东西也就一起来了,堵不住。我们不能不在一定程度上承认事实,并且冷静下来再想想,他们的人生哲学之类东西是否都不行,它的思想与社会历史的根源何在? 我们传统的是否都好,根源又何在? 这就需要认真地作些研究了。

在中国文化传统里,最要紧的核心东西是人之为人的规定或定义。它是和西方不同的。源于希腊直至今天的西方人对人之为人的最基本的规定,是“自由”,我们的异于是,孟子说:

> 人之所以异于禽兽者几希? 庶民去之,君子存之。舜明于庶物,察于人伦,由仁义行,非行仁义也。①

> 人之有道也,饱食暖衣,逸居而无教,则近于禽兽。圣人有忧之,使契为司徒,教以人伦:父子有亲,君臣有义,夫妇有别,长幼有序,朋友有信。②

孟子的这个说法,一直为中国人乃至东亚诸民族传承,成为基本思想。它的中心意思是,人之不同于野兽而为人的关键,在于人有人伦,并且能“察于人伦”。这条定义是最根本的,其他一切都由此而来。如:

---

① 《孟子·离娄下》。
② 《孟子·滕文公上》。

（1）中国人最重视的仁义道德，不是为行而行的无根的东西，它的根据就是对人伦道理的明察和自觉。

（2）中国文化的实质也在于此。按中国传统的观念，文化来自圣人的教化。君子接受了圣人教诲，并以自己的思想言行影响人民，于是人民才有文化。那么何谓圣人？中国人心目中的圣人，当然要有许多功劳智慧，但最根本的一条还是看他的为人，“规矩，方圆之至也；圣人，人伦之至也。”[①] 舜有许多故事，说明他是实践人伦之道的典范，他又以此教化人民，如工匠用规矩使物成方圆那样，使人民按照人伦之道成为自觉的人，有文化的人，所以他是伟大的圣人。

（3）以人伦之道为本的中国文化由来已久。孟子在这里回顾历史，认为人伦文化始于舜，司马迁在《史记》中也记载了舜的这一功绩。[②] 舜是4000年前的人。可见中国人以“人伦”为本的文化和道德源远流长。儒家发扬了这个传统，但并非首倡。

2．“人伦之道”的含义分析

人伦性文化既然源于氏族部落时代，原来表现的是对氏族和家族中各个成员之间天然亲密的关系，和本然应有的相互对待方式；其功能便是维护氏族和家族及其一切成员的生存和和谐团结，即所谓“百姓亲和”。所以它有如下特点：

---

① 《孟子·离娄上》。

② 《史记·五帝本纪》：“舜举八恺，使主后土，以揆百事，莫不时序；举八元，使布五教于四方，父义、母慈、兄友、弟恭、子孝，内平外成。”“舜曰：契！百姓不亲，五品不驯，汝为司徒而敬敷五教，在宽。…… 契主司徒，百姓亲和。”

（1）非常自然。中国人常说“天伦之乐”，就形容出人伦的自然本质。父母生育子女，男女婚配，人们在辈分和年龄上差异，等等，当然是天然的。他们生活在一起，同甘共苦的整体感也是自然形成。人伦团体如氏族、家庭和家族是人类的天然共同体，人伦之道是对这些共同体中成员间自然的联系和相关伦理观念的恰当表述。

（2）它强调的是各种成员对于他人的关怀和义务，而不是个体的独立性与权利。这并不是说它不顾及每个人的利益，而是认为只要人人都按人伦之道关怀他人，每个人自然就会得到在人伦关系中适合于他的那份利益。这可说是中国人观念中的自然权利观。它同伊壁鸠鲁的和西方近代的自然权利观念非常不同。这是因为人伦文化强调的是把人联系在一起使之不可分离的东西，而自由文化强调的是把人彼此分离开来使之独立自由的东西。

（3）人伦关系有很具体的相互依存性质，并很自然地随情况变动。所以人伦中的人也是具体的相对性的变动的。例如一个人总是一个男子或是女子，总是一个当父母的或是当子女的，就有一个在相互关系中的明确的称谓，这个称谓就是他（或她）在人伦中的定位。按照称谓每个人在同另一个人发生关系时，都有一个明确具体的人伦关系（夫妇、亲子、兄弟姐妹、亲戚、师徒、朋友，等等）。随着年龄自然增长等原因，儿子会当父亲，父亲就变成了祖父；姑娘会成媳妇，媳妇又成婆婆；这些关系不断变动，所以中国人都有一种随着具体情况而定的很具体的人伦位置和特点。

人对人的关系原不限于人伦关系，例如还有经济上的商品交换关系，政治上的和社会关系上的平等或支配服从关系，但是，中国人始终把人伦关系当作根本，而把其他关系纳入其下其中，以人伦为本。从这里产生出特有的以道德为中心的文化。

既然如此，中国人就很少有西方式的抽象的把个人看作平等的原子观念。当一个人出现在某种场合时，首先就要看周围的人有怎样的特点，我又处于什么位置，然后决定自己对待他们应取什么态度和方式，这被看作是自然的合适的。如果一律对待，就是没有规矩，所以中国人常常会觉得西方人没有人情味，不像样子。

（4）提倡人伦之道的目的，是为了维护氏族和家族内部的和谐和团结。这也是保证氏族家族生存的自然的需要。

这种人伦关系和情感、道德，其实在世界各民族的早期生活中是一般的情形，希腊人也不例外。只是在进入文明之后，情况才发生了不同的演变。

3. 天然人伦转变为宗法人伦

人伦原是人的自然共同体内成员间的相互自然关系，人伦之道是这些人的自然一体性的规范和意识。所有的人都从这里来，原初的道德观念也是从这里来的。但是在进入文明之后，一切都发生了根本性的变化。

这种变化是循着不同的路径发生的。

希腊是一种特殊的类型。氏族部落组织的大规模迁徙、海外移民、希腊的特殊人文地理环境等，使他们形成了众多彼此分立的城邦，也形成了具有冒险性格和独立性格的个人，日益频繁的海上贸易使商品经济到处发展起来。金钱和人们间的商品关系是不讲什么人伦和道德情感的，于是人从氏族家族中分化出来，日益成为独立而自由的个人。彼此利益的对立纷争终于瓦解了古老的氏族及其人伦，随之而来的就是社会的全盘改造。城邦成了独立的国家，人民成了城邦中的自由公民,人伦关系变成了自由公民的相互关系,彼此在政治上和公民地位上平等地对待,争论和表决变为他们能够取得意见一致的唯一方法。于是建立了城邦民主制国家。古老的人伦共同体结构让位于一种全新的自由结构。这是一种根本的改变。

中国不同。它进入文明采取的是在人伦文化的根本上加以演进的形态。用家族代替氏族结构,把父权演变为一整套的宗法制度,同时变天然的人伦为宗法性的人伦,在此基础上加工先前的人伦教化为宗法人伦文化。周公制礼作乐,做的就是这件大事。到了孔孟儒家,从思想和哲学上进一步阐发、论证和加工,提出了以"仁"为中心的一套系统精致的学说和文化。直到近代之前,这种文化一直在中国历史上居于主流地位。

宗法人伦是一种对立统一物。人伦原是天然,宗法则是统治者文武周公的人为加工;前者是为了氏族家族成员的共同利益,后者则实际上主要是为了建立上下尊卑的统治秩序以保证在上者的权势,二者不仅不同,而且是对立的。周公和孔孟却为了新的需要,适应着新的形势,把它们结合乃之融合成一个东西。宗法靠人伦之道建立,就显得天然合理;人伦被宗法管束,变成了维护它的工具。在宗法人伦中,不仅添了一条以前没有的"君臣"之伦,而且每一条人伦线索都带上了君臣色彩即支配顺从性质,"三纲"即君为臣纲、父为子纲和夫为妻纲就集中表现了这一特点。在这里,每个人好像还和过去一样生活在人伦及其情爱之中,实际上却已经失去了他们先前享有的相互对等的爱,变成了单方面的奉献。至于个人的自主,那就更谈不上了。

在旧中国,宗法人伦是一种实际的占支配地位的社会结构。所以在思想上表现和维护它的儒家,也占统治地位。但儒家并不是中国文化的唯一形式。那对宗法制度和文化不满和反抗的，就形成了道家和墨家、农家派别。它们的意义和作用不容轻视。

道家是上层中的反对派。宗法制是一套大宗小宗严密划分的系统，像金字塔那样，只能保证中心一系的权力秩序，所以总有许多身为上层的人实际上被排斥在权力系统之外。那些非当权派时常感到压抑，有危机感，他们就希望得到某种解脱。于是老子起而批判周孔儒家的所谓道德仁义为虚假的矫揉造作，要求恢复天道自然；庄子要求个人能够摆脱人为束缚作逍遥游。他们揭露了宗法人伦的虚伪性，在思想上有很重要的贡献。

墨家农家是下层农民手工业者反抗宗法统治对其压迫的反对派。他们主张均平和兼爱的人伦之道，认为这才符合天理。这种学说在春秋战国时期还是与儒家并立的显学，可见当时影响之巨大。统治者和宗法秩序的维护者当然视之为洪水猛兽，极力压制消灭，后来就被排斥于学术界。但是它实际上依然存在，只是在民间平时隐而不显罢了。一旦有时机，它就会以某种方式爆发出来显现其作用，人们不难从历史上的农民和下层民众的结社和起义中发现它的思想印记。太平天国即是距离我们最近的一个突出例证。它在理论上并没有得到重大发展，十分素朴，但是一旦得到实际运用的机会，所发挥出来的力量却是十分巨大的。因此我们决不可忽视其存在和意义。

4.中国近代现代人伦文化的演变

中国人发现和认识自己的文化有重大问题，是在西方大举侵入发生民族危亡的危机的时候。从此，开始了一个前所未有的巨大转变时代。这段历史大家熟悉，不必详说，只讲几点。

（1）宗法制度的封建统治已经瓦解，大家族也已不复存在。所以宗法人伦作为实际的社会基础结构也已经退出了历史舞台。但是浸透了文化传统的中国人并没有抛弃这种文化的核心。

这不是仅仅用思想的保守性落后性可以完全解释的。实际上这种保守还具有伟大的意义和价值。因为宗法人伦固然已经完全过时，却不等于人伦已经过时。人伦总是人的天然本性和天然需要，抛弃和清除人伦中的宗法性质，反而有可能使人伦文化本身得到净化和新的发展。

（2）在这种情况下，从大方向来说，儒家受到猛烈冲击是必然的、合理的历史进步。不过既然中国的人伦文化长时期是在宗法人伦的形态中获得发展，取得丰富内涵的，所以粗暴的批判就容易出偏差和错误，造成重大损失。这需要改正弥补。办法应当是进一步地深入研究、分析批判。忽而全盘打倒，忽而一概吹捧，都不是好办法。那种主张在中国重新恢复发扬儒学的想法，不应忘记儒学根子上的宗法人伦性质。皮已不存，遑论思想重建？

（3）在中国革命中，在批判儒家中，广大农民和平民中的均平兼爱文化传统起了一种伟大的历史作用。毛泽东和中共把马克思主义运用到实践中时，就运用了这个传统，发动农民使之成为主力军，保证了革命的胜利。后来在建设中也一直这样做。毛泽东思想中的许多生动的东西，也有许多过于理想和空想的东西，都与此有关。可见，并不是批判了儒家就没有任何人伦文化了。中国人伦文化在中国共产党领导下仍然存在着、发展着，不过主要是保存和发展了它的另一形态——从墨家农家而来的形态。

这种均平兼爱的人伦文化，在反对宗法制度上有其合理性和巨大威力。但是，首先，它本身也具有小农家长制的性质，所以它尽管反对大宗法，却并不可能否定小宗法。其次，它虽然带有主张平等的性质，要求人人相爱，但这平等只能被理解为平均，是一种不可能实现的空想。最后，它终究也是人伦范围内的文化，其中同样没有个人独立自由的地位和发展余地。

这种均平兼爱的文化，在中国反帝反封建的革命中起到了伟大的推动历史前进的作用。但是到了建设时期，问题就逐步暴露，并且越来越成为阻碍历史继续前进的东西。同上述第一条相关，出现了家长制和许多忽视民主的专制现象；同第二个特点相关，出现了大搞平均共产主义的共产风、人民公社、吃饭不要钱之类空想的盲动；最后，它总是只讲相互关系中的一致、关怀、友爱、团结一面，要人“毫不利己、专门利人”，否定任何“个人主义”、“个人奋斗”和“自由主义”，却从不强调人与人有彼此分离独立的一面，个人有依法自由思考和行动的权利，必须尊重和发展这种权利。这样就造成了大锅饭、一言堂，人人从思想直到穿衣服都要清一色的绝对平均主义等恶果。

这就表明，不仅宗法人伦文化早已过时，中国传统文化中最具人民性和革命性的均平兼爱人伦文化，在最后一次发挥了它的重大作用之后，也到了该退出历史舞台的时候了。

（4）一种新型的包含着个人自由的人伦文化已经产生，正在复杂艰难的斗争中逐步成长。这是我们的希望所在。

中国传统的人伦文化，就其以往的形态而言，基本上都已过时。但是它的核心——人和他人的相互依存、一体感、彼此生产对方之为人的功能，是一切人的本性和需要，永远不会过时。问题是要扬弃它的局限性和它在以往的种种过时了的形态，使它得到新的生命。

唯有自由，特别是个人自由能赋予人伦文化以新的生命。

从古希腊起到今天，西方人特别发展了以个人为本位的自由文化。但是这种自由也是跛脚的，因为它失去了人伦基础，失去了人赖以存在的另一个不可或缺的基本方面。

没有人伦的自由，和没有自由的人伦，都会导致人性的片面、畸形和异化。任何个人，任何社会，都要靠两条腿才能站立，一条腿是个体的独立自主和个性的自主发展，它是社会多样性和生动活泼性的源泉；另一条腿是所有个人的相互生产、相互依赖、相互支持、相互推动，它同样是每个人生存不可少的基础，更是人和社会获得一体感和亲密感的源泉。所以人伦和自由二者缺一不可，彼此互为条件，经纬交织，才能使每个个人和社会得到健康的生存和前进。

实际上，西方人尽管特重自由，也少不了人伦和各种形式的人类一体感。斯多亚派和基督教的意义，就在于为失去天然人伦基础的西方人提供一种重建人类一体感的出路，而从古代到马克思的各种社会主义学说的意义，是想实际地解决这一基本问题。另一方面，尽管我们中国人特重人伦之道，也少不了个人的自主和自由感。道家杨朱讲"为我"、庄子讲个人的精神自由、小农也要有只属于自己的一块天地，何尝少得了"个人主义"。但是，由于中西文化各自发展的方向不同，偏重一面，那另一方面就受到了压抑，只能是不足的、畸形的，或者只能是些代用品，缺乏自身的足够基础。

西方文化将如何发展，这主要是他们的事。我们应当首先关心自家的事情。

自从"五四"以来，中国人已经有了个人自由的思想种子，但是把它同中国文化传统结合，在结合中予以发展，可不容易。它走着艰难的路，首先要反封建，也就是反对宗法人伦制度和儒家礼教，但是接着就面临能否完全西化的问题。有些人主张这样做，但是历史的进程和人民的意愿都没有赞同。后来中国走上了对西方的自由持批判态度的马克思所指引的路，在发动农民和其他民众中和中国文化传统相结合，解决了国家民族的独立问题，也给人民带来了以前所没有过的解放，劳动者和妇女的权利得到了重大改善。这是人民和知识分子赞同的。这也是民主和自由，不过主要是国家的或集体性的，个人的自由仍然没有得到真正的承认和关注。因此人民和广大知识分子并不能满意。经过了几十年的曲折磨难，在吸取了经验教训之后，中国终于走上了改革开放。这一次和以往不同的是，基础比较好，态度也比较坚定，虽然在引进西方文化中出现了严重困难和很大风浪，出现了大量麻烦问题，也并未动摇基本的前进路线。我们已经转上了同世界的市场经济接轨的轨道，但是政治改革还有很大困难，而在思想和文化方面混乱现象特别严重突出，道德危机持续存在并有继续恶化的趋势。新的文化只能在这种形势下探求出路。

我个人认为，这是文化转变的必然之路。危机是中国新文化将要出世前的不可避免的阵痛。因为新文化必须以充分吸取西方自由文化为条件，才能以继承改造和发扬中国传统人伦文化的形式予以实现。而在这种交汇中，原来双方的弊病都会一再地凸现。因此文化危机还会延续很长的历史时期。“多难兴邦”，过去如此，今后在文化改造中也仍然如此。正是在这种困难的磨炼中，人们才能逐步进到中西文化传统的深处，学会如何把二者的核心提炼出来，学会如何结合它们成为一种更高级的新文化。除此之外，没有捷径可走。

在这个时候，我觉得有分析地深入研究西方个人自由的涵义和那些优秀的有代表性的学说，是特别需要的。在这方面，前人如鲁迅、王国维等大力介绍过尼采、叔本华，近年来人们又大力介绍过萨特等人的生存哲学，都起了重要作用。现代哲学中强调的个人自由特别注重个体的独一无二的生存特点，比起从前的学说增加了重要的新意。但是我认为现在来评说伊壁鸠鲁也非常重要，他能帮助我们认识西方个人自由学说的古典形态及其来源，而且他的那种个人自由观没有侵略性和培育纷争的毛病，似乎更易于为我们中国普通善良的人们所接受，更易于同我们的人伦文化相配合。这就是我写本书的一点想法，也是我认为伊壁鸠鲁在中国所可能赢得的地位。

伊壁鸠鲁生平年表

公元前341年	伊壁鸠鲁于2月上旬出生于萨莫斯岛,父亲名纽克勒斯,母亲名克蕾斯特拉,都是雅典公民移居于该岛的移民。 伊壁鸠鲁从14岁开始对哲学发生兴趣,大约有4年之久随一位柏拉图派哲学家庞费鲁斯学习。
公元前323年	伊壁鸠鲁18岁时来到雅典开始服兵役,为时两年。
公元前321—前311年	服完兵役后,他回家来到小亚细亚的科罗封。因为当时马其顿在小亚细亚的长官下令要在萨莫斯的雅典移民搬迁到科罗封,伊壁鸠鲁的父母就带着全家去了。对于伊壁鸠鲁来说,这10年是他独立思考和准备的阶段。在这期间他跟一个名叫瑙西芬尼的德谟克里特派原子论哲学家学习过。瑙西芬尼对怀疑论者皮罗的生活态度很钦佩,但不是在学术方面。伊壁鸠鲁经常向他询问有关皮罗的故事。他也可能向一位名叫普拉克希芬尼的亚里士多德派哲学家学习过。

公元前311—前310年	伊壁鸠鲁开始尝试在哲学上实现自己的独立的抱负，来到列斯波斯岛上的城邦米提林。但是由于遭到敌视和攻击，不得不在一年之后就离开了。
公元前310—前306年	伊壁鸠鲁来到小亚细亚西北部的城邦朗卜沙柯，在那里住了5年，致力于宣传自己的哲学思想和吸引追随者，得到了众多成就。他在雅典建立新学派的许多主要成员就是在这个时期聚集起来的。
公元前306年	在他35岁那一年，已经有了从事哲学学习和研究20年的经历的时候，他回到雅典，购买了一处带有花园的房产，建立了一所属于他自己的私人的哲学学校，这所学校是第一个容许有妇女参加的。伊壁鸠鲁学派从此正式建立起来。 除了偶尔到小亚细亚去访问和看望他的朋友之外，从此伊壁鸠鲁一直生活在雅典。 他的学校或学派是由一些追随他的教导的学生和朋友组成的。他们的目的是为了心灵的快乐和安宁、道德的完善。他和他们之间相处非常友爱。他是学校和学派的领袖，受到门徒们的高度尊敬。 伊壁鸠鲁在这里写了300卷著作。但是流传下来的只有为第欧根尼·拉尔修所记录下来的3封信和40条《主要原理》。

公元前271年　伊壁鸠鲁在持续两个星期的剧烈病痛之后去世。临终十分安详。实践了他自己的人生哲学。

伊壁鸠鲁的门徒们忠实地继承了他的教导。这些教导吸引了各地的追随者，不仅在希腊，而且传播到希腊化世界的东方，包括安条克、埃及等地区，后来又传播于意大利，特别是罗马，以及罗马帝国统治下的非洲等地。

伊壁鸠鲁主义共繁荣了约700年之久，从公元前3世纪直到公元4世纪。

参考书目（及缩略语）

一、关于伊壁鸠鲁的生平和原著（3封书信及《主要原理》）见第欧根尼·拉尔修《名哲言行录》（缩略语 D.L.）第10卷，以及有关的其他章节。参照以下不同译本：

英译本有：

1.*Diogenes Leartius*［D.L.］，*Lives of Eminent Philosophers*，［Loeb Classical Library］，tr.by R.D.Hicks，Cambridge，Harvard University Press，1925.

2.Translated by Cyril Bailey，Epicurus：*The Extant Remains with Short Critical Apparatus*，translation and Notes，Clarendon Press，1926.

3.Edited，and with an Introduction by Whitney J.Oates，*The Stoic and Epicurean Philosophers*，*The Complete Extant Writings of Epicurus*，*Epictetus*，Lucretius，Marcus Aurelius，Random House，New York，1940.

4.Translated by Russel M.Geer，*Letters*，*Principal Doctrines*，*and Vatican Sayings of Epicurus*，［The Library of Liberal Arts］Bobbs-Merril Educational Publishing，Indianapolis，1964.

中译本有：

5.北京大学哲学系外国哲学教研室编译西方古典哲学原著选辑：

《古希腊罗马哲学》,商务印书馆1982年版。

6. 王太庆主编:《西方自然哲学原著选辑》(一),北京大学出版社1988年版。

二、卢克莱修的《物性论》。

中译本有:

7. 方书春译:《物性论》,商务印书馆1962年版。

英译本有:

8.Ed.by Oates,同3。

9.Transleted by H.A.J.Munro, *Lucretius*: *On the Nature of Things*, William Benton, Publisher, Encyclopaedia Britannica, INC.Chicago, 1980.

10.Translated and introduced by R.E.Latham, *Lucretius*: *On the Nature of the Universe*, Penguin Books Ltd., England, 1951.

三、关于伊壁鸠鲁和他的学派资料汇编(包括各种有关残篇,如保存于其他古代文献著作和新发现的纸草卷、碑铭部分的某些资料)。

11.A.A.Long & D.N.Sedley, *The Hellenistic Philosophers*(缩略语HP), Cambridge, 1989.

12. 卡尔·马克思的《博士论文》(及其附注),中译本,人民出版社1962年版。

13. 卡尔·马克思的《关于伊壁鸠鲁的笔记》,中译本,见《马克思恩格斯全集》第40卷,人民出版社1982年版。

四、关于伊壁鸠鲁的评论。

14. 卡尔·马克思的《博士论文》(及其附注),中译本,人民出版社

1962年版。

15.E.Zeller, *The Stoics, Epicureans, and Skeptics*, tr.in English by Oswald J.Reichel, Longmans, Green, and Co., 1870.

16.Sextus Empiricus, *Against the Logicians*, tr.by R.G.Bury, London, 1935.

17.A.A.Long, *Hellenistic Philosophy* (second edition), Duckworth, London, 1986.

18.George A.Panichas, *Epicurus*, *Twayne Publishers*, Inc., New York, 1967.

19.HP,同11。

20.A.E.Taylor, *Epicurus*, Constable & Company Ltd. 1911.

五、有关历史和哲学史文献。

21.罗斯托夫采夫(Rostovtzeff, Michael Ivanovich):《希腊化世界的社会经济史》,1941年。

22.《世界上古史纲》(上下册),人民出版社1979—1981年版。

23.Plato: Parmenides, Sophists, tr.& ed.by B.Jowett, Oxford.

24.Aristotle: Categoriae, Ethica Nicomachea, De anima, De generatione et Corruptione, Metaphysics, tr.& ed.by W.D.Ross, Oxford.

25.陈康:《柏拉图巴曼尼得斯篇》,商务印书馆1982年版。

26.杨适:《哲学的童年——西方哲学发展线索研究》(第一卷),中国社会科学出版社1987年版。

27.《中西人论的冲突——文化比较的一种新探求》,中国人民大学出版社1991年版。

爱比克泰德

自 序

在我们中国研究希腊哲学的学者中,许多人都知道有一个斯多亚学派,它在哲学史上占有重要的地位；也有人知道其中有一位名叫爱比克泰德。但是真正知道斯多亚派和爱比克泰德讲了些什么的人,其实很少。这并不奇怪。因为西方近代自培根到黑格尔以来的哲学史观,对希腊哲学的重视只限于亚里士多德之前的那一段,即城邦希腊时代的那一段,特别尊重的人物只是柏拉图和亚里士多德。而对于希腊化时期的,则对不起,认为没有多大的意义和价值,有意无意地贬低和忽视了。既然如此,长期以来一直是向西方学者学习希腊哲学的我们,不免也受到了影响。何况我们在文本掌握的条件和能力上还远不如西方人呢。我自己研究希腊哲学也是在这样的背景下,在上述哲学史观的影响下进行的。只是在经历了长时间的积累和反思之后,我才逐渐发现这种哲学史观有其严重的偏蔽。一它只重理论和思辨,忽视了苏格拉底向哲学提出的最根本的问题,最深层的东西,这就是人如何能“认识自己”,并能在生活实践中追求善、实现善。

柏拉图和亚里士多德当然是伟大的哲学家。但是他们在发展苏格拉底的事业上还是有缺陷的。他们把苏格拉底提出的与人和人的生活密切相关的理性,从理论的思辨上给予了重大发展；却把思辨的理性看得高于生活,高于实践理性。所以他们在取得伟大成就的同时又偏离了苏格拉底的根本方向。犬儒派在当时就对他们不满,提出了另一种哲学来发展苏格拉底的事业。再者,柏拉图,乃至已经生活在大转变时代的亚里士多德,其观念还处于老的城邦时代,雅典城邦或至多是希腊人的眼界还紧紧地束缚着他们的思想。他们心目中的合格的人还只是雅典人希腊人,没有普世平等的人的观念和那种心胸情怀。这两条带根本性的缺陷,在新的时代和新的人类生活实践中便相当充分地显露出来了,并且使他们的哲学没落下去。但这并不是苏格拉底的过错。

苏格拉底所提出的问题没有过时,因为他抓住的是人本身,是人应该如何生活才有价值、有意义,才是善的根本问题。同中国人、希伯来人以及一切民族在其哲学和宗教中所提出的根本问题一样,是永远不会过时的。问题只在于发展,同实际的人的生活和时代相一致。这个使命,是由希腊化时代的新哲学,主要是伊壁鸠鲁派和斯多亚派的哲学来实现的。其中始终自觉沿着苏格拉底的方向和路线前进的是犬儒派和斯多亚派。新的历史时代一方面给研究人和生活的哲学提供了前所未有的可能性,同时也给哲学本身提出了前所未有的严重挑战。在长达数百年的不断研讨进展中,斯多亚派中出现了爱比克泰德。他终于给苏格拉底提出的问题给予了一个比较完满的答案,使希腊哲学达到了一个高峰。

所以,我的新看法是,全部希腊哲学绝非只有柏拉图和亚里士多德才是顶峰,而希腊化哲学也绝非无足轻重。这要看你对"哲学"从根本上说是什么的见解如何来定。如果你只把理论、思辨当作根本,认为可以脱离人的生活实践去评价理论和思辨的话,你可以仍然那样去看。但是如果你同意苏格拉底对什么是哲学的看法,同意中国文化历来的主张,同意一切民族对于什么是根本的智慧的见解,那你便应该重新思考和看待事情。

于是,在研究过希腊哲学在亚里士多德之前的发展之后,我便以极大的努力去学习研究希腊化哲学。大家知道这项工作对于我们中国学者是特别不容易的，所以不能不用去我许多年的工夫。很累很慢，快不起来。不过我因此也得到了不少以前想不到的收获。这收获，除了在对希腊哲学本身的认识方面和它同基督教的关系等方面之外，主要是在中西哲学与文化的比较方面。

我们学西方人的文化和哲学是为了什么呢？只是了解人家吗？我想还是为了自己，了解别人最终也还是为了改善自己，为了自家的进步。所以比较，和通过比较使我们中国人得到益处，是最要紧的事情。这样做还有一大好处，那就是能使我们更敏锐地发现人家的真正价值所在。因为我们中国人自有自家的原创性智慧和文化传统，如果我们能以这种身份来同希腊哲学等人家的原创性智慧作平等的、对等的对话，而不是仅仅跟在后来的西方人屁股后面走，自然收获会更大，彼此得益也必能更深入和丰富。

现在放在诸位读者面前的这本书，就是这样得来的。上述想法是否正确，需要检验。诸位读者的评判和批评是这种检验的重要组成部分，对此我有衷心的期待。

五年前我在访美期间同傅伟勋先生会面多次，承他的热情邀请，我答应为丛书撰写两部，第一部是《伊壁鸠鲁》，写成于1995年，那时一直带病的傅先生还自己看过稿子。不幸的是他不久后逝世了。我常常想念着我同他交往的情景，在案头还有他送给我的《学问的生命与生命的学问》和《死亡的尊严与生命的尊严》两部书，书中时时散发出他的高尚的思想和情感。是的，唯有想过和悟到生命的尊严的人才会悟到死亡的尊严，因为死亡也是人的生命的一部分，而且是十分重要的一部分。苏格拉底的生命的尊严，在他面对死亡的时候不是显现得最清晰有力吗？耶稣基督也是。我们虽然达不到那样的高度，岂不也应当以之为榜样？悟到这点的人，才能悟到其所从事的学问的意义与生命所在。傅伟勋先生致力于此,所以他给我的不仅是友谊。失去了他,我是非常痛惜的。

所以,这本书不仅是一本学术的著作,也寄托着我对良友的真诚怀念。我想,怀念也不仅在说,也要落实。它就应当落实在生命的学问和尊严上边。我答应他的事终于尽力完成了,希望这本书没有辜负他的期待。

是为序。

前　言

在我们中国人的文化里有一种很好的传统，那就是把如何做人、做一个善良的人，当作人生和学问的根本大事。历代圣贤如孔孟程朱都是这样教导人，讲述天人、心性之学的。相比之下，希腊传统把理性和科学知识作为根本，希伯来传统把信仰神作为根本，以及由这两个传统磨合所发展出来的西方文化，同我们的就好像有很大的差异。但是只要我们稍微深入一步，作点切实的观察，就会看到这种差别并不像有些人所想的那样大，大到彼此水火不容。例如，希腊人的真正哲学导师苏格拉底就认为，哲学的中心问题并非认识自然界，而是“认识你自己”，人该如何尽他的本分，做一个有德的人。摩西所讲的神的诫命，也同样是教导以色列人该如何生活得有伦理道德。可见他们关怀的中心也还是在怎样做人。

这样看来，他们同我们的差别，恐怕就不是一个谁讲谁不讲做人道理的问题，而是个如何讲的问题。孔孟讲做人道理时也注重“学”和“问”（即求知），也要讲“天”和“天人关系”（终极的依据），不过认为“天道远，人道迩”，故主要是就人和人生本身来讲，从人伦之道来讲，其学说宗旨集中于人性人道就非常显明。而希腊人、犹太人和后来的西方人，却认为要确立做人的道理，应首先明白什么是真知、什么是天、什么是神，对这些问题的探讨得到了特别的发展，再讨论天人关系和人性人道本身的问题。这样中西的文化和哲学的面貌就大不相同了。

这些差别是我们需要注意的。但是让我们首先记住共同点：希腊→希腊化罗马与希伯来→基督教的文化传统和西方人关怀的根本还是如何做人，如何求得生活之善的问题。在这个中心之点上同我们中国人并无分别。他们也有他们的一套心性之学。我们应当注意到差别中的这种一致性。

当我们注意到这点时，我们就能同他们的哲学和其中所说的做人道理，同他们的心性之学，作必要的相互切磋，并使我们得到重大的收益。

在这方面，斯多亚派哲学家的爱比克泰德（Epictetus，约公元55—135年）正是可供我们作这样的切磋的一个范例。

爱比克泰德非常重视理论，对一切问题他都要归结到斯多亚哲学的理论高度上来讨论。在他对学生的教育中，严格的逻辑训练也是很重要的项目之一。但同时，他永远厌恶那些把哲学作为炫耀才智和言辞的流行风气，总是提醒人不要把哲学只看作课堂上和书本上讲讲的东西。他强调哲学的价值全在于运用，使人在面对生活中发生的一切事件和考验时，能够做到所学，显示出做人的高尚。他时常对他的学生们说：

> 你是自由人，可是你能主宰自己吗？ 你的主人在哪里，是谁？ 你难道不是金钱的奴隶，某个姑娘的奴隶，某个有权势的人的奴隶？ 否则，你在这些事情上遇到问题的时候，为什么会烦恼颤抖呢？
>
> ——我岂不是读了许多了吗？
>
> ——读了什么？ 词句？ 你要抓住的是这些词句？ 不！告诉我，你欲求的是什么，厌恶的是什么，你在欲求和厌恶上是否能落实而不失败。否则你就是在原地踏步，没有进展。

——苏格拉底不是也说吗？

——不错，谁比他说得更多？但是这又怎样？他并不是只同人们讨论、检验他和对方的言辞，而是在这样做时，总在检验一些良知在特定场合的运用。当着考验到来的时刻，当一个人面对死亡、艰难、囚禁、诽谤和指责的时刻，才能显示出他所学到的东西。[①]

爱比克泰德是斯多亚派哲学家。斯多亚派在希腊化罗马时代提出了一种严格的道德哲学，是很注重实践的。爱比克泰德最突出的特点是：他把这种哲学真正落实到生活和一切行为，以此教导人，发展斯多亚哲学。他对那些把斯多亚哲学教导只当作谈资的人说：

你在船上遇到风暴时行为怎样？你在恺撒面前如何行动？你在面对死亡、囚禁、肉体痛苦、流放、羞辱的危险时怎么做？这些事情中哪个是恶的或分有恶？它们是什么，你要称呼它们是恶？为什么你以不属于自己的东西为骄傲？为什么你称自己是一个斯多亚派？

这样，你就会发现你们大多数人不过是伊壁鸠鲁派和漫步学派，且是较差的。你能读斯多亚派的那些讨论逻辑的书，但是难道伊壁鸠鲁派和漫步学派的不会读吗？

给我一个人，他病了，仍然幸福；在危境，仍然幸福；死的时候，仍然幸福；流放，仍然幸福；受到侮辱，仍然幸福。凭神的名义，让我看到我所渴望见到的一个斯多亚派的人。

你说你尚未做到。那么，告诉我，有一个人他正在这个进程之中，他已经朝着这方面走。你不要拒绝一个老人，哪怕他能一瞥他还没有见到的。

宙斯、雅典娜只是象牙和金子做的吗？请你们中间的任何一

---

① 爱比克泰德：《论说集》（*Discourses*），2.1.28-39。

个人显示给我一个人的灵魂,他追求的是一颗与神一样的心灵。[①]

爱比克泰德是晚期斯多亚派哲学家。在他之前,这派哲学已经经历了约400年的发展:以芝诺(Zeno of Citium)为创始人和以克里安特(Cleanthes)和克里西普(Chrysippus)为主要代表人物的早期斯多亚学派;传入罗马之初产生的中期斯多亚派;在罗马帝国时期,又产生了塞内卡(Seneca)和直接教过爱比克泰德的老师罗夫斯等重要人物。这时,斯多亚派已经发展出系统的包括自然学(本体论)、逻辑学(语言修辞理论和认识论、方法论)和伦理学(道德学说)三个部分在内的理论学说,并在希腊化罗马世界各派哲学中赢得了主流地位。

晚期斯多亚派最著名的人物是塞内卡、爱比克泰德和马尔库斯·奥勒留,他们工作的重点在伦理道德学说方面。有些哲学史家说,斯多亚派在思辨哲学上没有什么贡献,他们的工作只不过是把先前高峰时期的希腊哲学成就加以运用,至于晚期斯多亚派,就更等而下之了。这种看法不能说是公允的。我们甚至可以不客气地说,这种自以为是哲学内行的人所说的,其实是些真正的外行话。因为他们对哲学究竟是什么还没真正弄明白。对这类意见,我们只要问:苏格拉底算不算得上是真正的哲学家?他岂不是把生活实践中的灵魂和道德之善,当作哲学的精髓吗?追求真正的善才是智慧的本义。为此,他才特别强调要研究什么是"真"(包括本体之"真实"和知识之"真理"二者,都用truth表示)。他开始了这样一个传统,就是把研究"真"和"善"紧密联系起来。他认为若不关注人本身和人的生活实践,不关注什么是灵魂和道德的善,只

① 爱比克泰德:《论说集》(*Discourses*),2.19.15-26。

研究外在自然事物，所谓真理、智慧就没有意义。另一方面，若不把美德作为知识来探求，不把善同真实、真理联系起来，所谓善就会落空，甚至会把伪善当成真善，使善恶颠倒。如果我们承认苏格拉底是对的，那么就不应把哲学只当作玄学，而应当把本体论、认识论研究同人的生活意义、价值和道德善的研究统一起来，把理论和实践紧密联系起来。

这样再来看斯多亚哲学，在评价上就会是另一种情形了。注重生活和伦理，把“善”同“真”统一而不是割裂开来，不是它的缺点，而毋宁说正是它的优点。这比只作思辨困难得多，在理论思维上不作更深入艰苦的研究是不可能的，其中便有哲学本身的巨大发展。这一点对于我们中国人倒是更加容易理解的。

斯多亚派正是沿着苏格拉底的哲学路线，提出和发展自己的哲学的，晚期斯多亚派更有力地推进了这个方向。而在其中，爱比克泰德占有了一个最突出的地位。因此，我们倒是应该同上述那些评论家相反，逆向地思考一下，重新反思和评价各种哲学的意义。为什么希腊化时期新产生的皮罗怀疑派、伊壁鸠鲁和斯多亚派对柏拉图和亚里士多德都颇有批评？ 在这方面，我们可以向他们，特别是向爱比克泰德学到不少东西。

Thomas Gould 说，“长期以来，斯多亚哲学作为一直对个人和世代具有影响的一种可能性的生活方式的教导，总是由爱比克泰德来点燃其热情的，并且只是他能保持其永远的活力”①。这个话说得不错，点出了斯多亚哲学的关注所在，更显明了爱比克泰德的特殊意义。

斯多亚哲学的价值既然在于提供一种可能的、在他们看来是

---

① F.W.Fauer，*Seeks after God* ：*Epictetus*，Chapter 1，p.187.

真正的善的生活方式,那么最要紧的就要看它能否付诸实践行动。在这方面,爱比克泰德的斯多亚派前辈还没有能够提供出像苏格拉底那样卓越的范例。即使是主要讲道德哲学的晚期斯多亚派另两位著名人物,塞内卡和马尔库斯·奥勒留,也是如此。塞内卡写了大量优雅的书信和文章,可这位显赫的元老,在面对人们的质问时,也不得不承认他自己还没能做到他所说的。至于奥勒留这位哲学家皇帝,尽管写了有名的《沉思录》,很少有人会把他看作是做人的榜样,他写出来的也不免是些沉闷的说教。爱比克泰德一再说:"给我一个人,一个真正的 stoic!" 这是他从内心深处发出的呼声,也是他本人一生努力的写照。

只是他,才点燃了人们对斯多亚哲学的热情,保持了它的活力。要知道他的这种特殊贡献之所在和原因,我们就需要了解他的生平,他对时代环境的观察思考与批判,他自己在这种境况中何以自处的种种体验。然后我们才能懂得他对别人的教导。

让我们就从这里开始,对爱比克泰德作一番介绍和评述吧。

(附注:在研究斯多亚哲学时,晚期斯多亚派有一种重要性,就是塞内卡、马尔库斯·奥勒留有原著,爱比克泰德的思想言论有第一手的记录保存下来。而早中期斯多亚派的则没有这种幸运,只能靠辑佚。因此,晚期斯多亚派文献是人们研究他们及整个斯多亚哲学的重要依据。)

第一章　爱比克泰德的生平、时代和社会环境

在斯多亚派和西方古代哲学家璀璨的星空中，爱比克泰德虽然是著名的一位，但关于他的生平，我们所能知道的却很少。这种情况在很大程度上同他本人的苦难命运有关：他在很小的时候就被卖到远离家乡的罗马当奴隶了。

人们只知道他出生在罗马帝国东方边远省份弗吕家（Phrygia）的希拉波立（Hierapolis）。他的父母是谁，他在什么时候出生，为什么会在幼年时就被卖为奴，是父母太穷或没有保护自己孩子的能力，这些我们都无法查明了。人们只能大致估计他出生在公元1世纪50年代。更有甚者，他本来的姓名也无法查到了。“爱比克泰德”这个名字，只不过是简单地表示出了他那受奴役的身份，因为希腊文“επικτητος”在词义上意思就是“买来的”、“获得的”。也就是说，这名字只不过表示他是他的主人买来的一个奴隶。

可见，关于他的生平材料很少这件事实本身，正是他这个人的生活的一个最重要和基本的事实。他就像是一块石头突然被扔到地上那样，一个绝对孤立无靠的赤裸裸的个人突然地被扔到了这个世界上来。他被扔进的是一个毫无人性的奴隶境地，一个人间地狱。他在这个世界上，没有任何亲人，没有任何爱、关怀和保护，没

有任何做人的资格和尊严。他被斩断了人生来就应有的一切亲情和人伦的联系，其彻底的程度，到了连自己的父母是谁都不知道，并且再也没有可能回到他所出生的家乡。这里面肯定有无数的故事，一连串的血和泪。当着一个人终究长大并且逐渐了解世界的时候，会怎样想这些事情，想自己的命运，想这个世界同他的关系？是的，人人都会从自己的生活来猜想人生之谜；但是我想，在爱比克泰德的这个谜里所蕴涵的深度，恐怕是通常人难以测得的。它必定会对这位哲学家的生活和精神追寻发生最深层的作用。

以后的生活史，我们所知的报道也非常简单：他从一个儿童直到长大成人，都在一个名叫作埃巴普罗迪托（Epaphroditus）的罗马权贵的家里当家奴。后来他有机会跟从一位当时在罗马有名的斯多亚哲学家穆梭留斯·罗夫斯（Caius Musonius Rufus）学习。在获得释放成为自由人后，爱比克泰德开始了他自己的哲学事业。在他34岁时，被罗马皇帝放逐到尼科波利斯（Nicopolis），并一直生活在这里，没有再回罗马。他也很少旅行，只去过一次雅典，也可能去过奥林匹亚。在尼科波利斯，他建立了一所学校，向前来向他学习的青年和其他人讲述哲学，训练他们。他从不写什么用来发表的著作，而是像他所尊敬的苏格拉底和犬儒第欧根尼（Diogenes of Sinope）那样，只关心同人谈话，教人在生活实践中求善。

这时期，有一个名叫阿利安的年轻人到这里来学习。他把他所听到的他的老师爱比克泰德的教导和同人们的谈话，都详细地记录了下来。阿利安后来成了一位著名历史学家，并且当过雅典的行政长官。他把这份记录整理为《爱比克泰德论说集》（*Discourses of Epictetus*，以下简称《论说集》），以及从中选辑的《手册》（*Handbook* 或 *Manual*，*Encheiridion*）。多亏这份记录，爱比克泰德的思想才得以保存下来、流传于世。

这部《论说集》，同塞诺封关于苏格拉底的《回忆》，或我们所熟悉的《论语》、《孟子》类似，是弟子对老师言行的忠实记录。一个明显的标志是，其中记录下来的爱比克泰德言说，使用的全是当时通行于罗马帝国东方各地的希利尼人（Hellenistic，即希腊化的希腊人）的日常语言（koine）。它同阿利安其他著作中运用的有教养阶层的语言（attic）在文体和风格上完全不同，却和《新约圣经》所记耶稣教导人所用的那种渔夫和农民的日常语言属于同一类型。它非常贴近生活，能表现爱比克泰德和人谈话时的生动具体情景。

在这部言论集里，爱比克泰德谈他自己的地方很少，但是对话里的种种具体生动的时代和生活画面，他对此发表的锐利而真切的体验和评论，对于我们了解他本人的某些情况，也提供了重要的佐证。这些材料，加上某些其他资料，有助于我们对他的生平和生活作更仔细一些的考察。

大体上说，他的生活是很简单的：他的腿是跛的。他长期过独身生活，到晚年为了收养一个被人所弃的婴儿时才娶了妻。他从不敲别人的门。他的全部家私就是一个地铺和一张草席，还有一盏供神的小油灯。这盏灯原来是铁制的，后来被人偷了，他就以一盏土灯为满足。卒于公元135年，享年80岁。

第一节　他的精神生活主线：一个奴隶应该怎样理解他所渴望的自由

思想家的生活总是由他的精神来贯穿的。爱比克泰德当过奴隶的亲身经验使他永远在追求自由，努力地寻求自由地做一个人的含义。这种精神生活成为一条贯穿于他的学说和实践中的红线，使之具有极强的生命力。他说过这样一段话：

> 一个奴隶祈祷立即获得自由。为什么？你以为是由于他渴望把钱付给收取发释奴证书的税吏吗？不！只是由于他想到迄今还不曾得到自由的现状，他一直生活在枷锁和悲惨之中。他说："如果我能得到自由，一切都会是幸福的。我将不必听从任何人。我对一切人说话的时候，就能像平等的伙伴，像同一个阶层的人们那样。我可以去我乐意去的地方，随意来去。"
>
> 可是，当他一旦被释放，就去找可以讨好的人弄顿饭吃。于是，他就把自己的生活卖给了饮食，而重新陷入了烦恼之中。他甚至会到牲口槽里取食，沦于比先前更糟的境地。如果他有机会富裕起来，成为一个暴发户，或得到一个姑娘的垂青，就会渴望成为这个女人的奴隶。"这对我有什么不好呢？有人给我衣服鞋子，有人给我饭吃，生病时有人关照我，而我给他或她的效劳只是件小事。不过，我现在还是个悲惨的奴隶，我得服务于那么多的主人，而不像以前只是一个主人！要是我手指上能套上一枚当官的金戒指[①]，那我就能生活在最有前景的幸福之中了。"
>
> 于是，为了得到这些，他就去钻营，而当他得到的时候，同样的情形又会重复地发生，一直到他进了元老院，终于成了一个最高贵和奢华的奴隶为止。[②]

这段话刻画出他本人和他的奴隶伙伴们在这个世界上如何摆脱奴役，争取做一个自由人的不同历程中所展示的切身经验。当奴隶的都渴望自由，但是一旦他被释放成了所谓的"自由人"，他是否赢得自由，而不再是个奴隶了呢？做一个自由的人究竟意味着

---

① 指一种给释奴身份的自由人的金戒指，表示他有资格得到相当于骑士的官职。见 Matheson 英译本《爱比克泰德言论集》注，W.J.Oates，*The Stoic & Epicurean Philosophers*，Random House，1940，p.487。

② 爱比克泰德：《论说集》（*Discourses*），4.1.33-40。

什么呢？究竟什么是奴役？什么是自由？——这就是贯穿在爱比克泰德全部哲学思考中的主线。加以展开和论证，就成为爱比克泰德的全部学说。他之所以需要哲学和献身哲学，都是为了使人能够挣脱奴役，做一个真正的人，一个自由的人。

第二节　爱比克泰德的奴隶生活经验

从儿童时起，他的整个青少年时期，都在罗马的一个名叫埃巴普罗迪托(Epaphroditus)的上层权贵家当奴隶。在谈到这段经历时，他很少直接讲到他本人。比如说，他早就腿跛了，有一个传说，说这是埃巴普罗迪托虐待他的结果：有一次他用刑具拧爱比克泰德的腿取乐。爱比克泰德对他说："再这样，你就会拧断这条腿了。"而这个坏蛋还接着拧，腿终于断了。"我已经告诉过你，腿是会拧断的。"——爱比克泰德平静地对他说。没有一个字表示他的剧痛，也没有发出一点悲叹。但另一说法是他的腿瘸是小时候得痛风病造成。对此我们已无法弄清楚了。在《论说集》中，他多次谈到如果一个暴君要锁铐你，要拧断你的腿，要囚禁你、流放你、砍你的头，那是在他的权能之中的事；但是他的权能只能涉及我的身体，却无法改变我的心灵、我的意志、我的判断，因为那是在我自己的权能之内的事，只能由我自己做主，所以我对这些遭遇可以做到完全不在乎。这似乎证实了前一种传说事出有因。不过因为在《论说集》中他并没有说拧断腿的事情就是他自己的经历，我们便无法确定哪个说法对。

不过无论如何，这总是他当奴隶时亲身见到、体验到的一个事例。他还说到奴隶为了不致受斥责、遭毒打和饿饭，就得给主人倒尿壶,做这些备受屈辱的事。[①] 他还几次说到奴隶为了自由而逃亡时,是不会顾虑逃跑的路上没有吃的问题的[②],显然这些都是他当奴隶时才会有的体验。在奴隶的生活中,他经验到什么是悲惨,什么叫忍耐,什么是对人的价值的买卖,为什么人都渴望着自主和自由。

塞内卡是比他略微年长的同时代人。他在一封劝导其朋友该如何对待他的奴隶的信中,对当时罗马社会中的主奴关系有一些相当细致的揭露。这对我们认识爱比克泰德的经验是一个很好的旁证和参考。塞内卡写道:"我们罗马人对待奴隶是特别傲慢、特别残忍、特别无礼的。"例如,主人在餐桌旁坐下开始用餐,一群奴隶就要侍立在周围随时看情形和脸色效劳,一个奴隶要给主人擦唾沫,另一个要随时收集吃剩下的东西以保持桌上清洁,还有一个奴隶在切野鸡,用训练有素的手法从野鸡的胸部臀部割下几片最鲜嫩的肉来,好像他活着的目的就是用适当的方式切割肥鸡。再一个奴隶的职责是伺候主人喝酒,他要打扮得像一个姑娘,虽然长得完全像一个士兵,也要做出像个孩童的样子。在这整个过程中,这些奴仆是禁止说话的,甚至偶尔发出一点声响,咳嗽、打喷嚏,都会遭到一顿毒打。为了伺候主人饮酒作乐和过放荡的性生活,他们整夜不得睡觉,要忍饥挨饿,稍有差错,就要受到极大的惩罚。此外,还有一些奴隶专门负责揣度每位客人的性格,他要仔细观察客人,看谁最能阿谀奉承,谁最不能控制食欲和言谈,以便主人决定下次是否还邀请他们。而一个当厨子的奴隶,他的全部生活的目的,就是要时时研究主人的味觉。[③]

---

① 爱比克泰德:《论说集》(*Discourses*), 1.2.1-10。

② 爱比克泰德:《论说集》(*Discourses*), 1.2.1-10。

③ 塞内卡:《书信集》,第47封信。

罗马的奴隶是主人手心里的一个单纯工具，没有做人的资格，不允许有自己的生存目的，并且永远生活在主人规定的劳役和恐惧之中。但是他难道真的不是一个人吗？ 他真的没有自己的意志和判断能力吗？

为了恢复自己做人的权利，奴隶们起来争取自己的自由。斯巴达克大起义显示出了奴隶们所具有的争取自由的人的本性的伟大力量。但是这场斗争失败了。一个世纪后，在爱比克泰德的年代，罗马帝国处在它的早期繁荣稳定时期，奴隶主们安然享用着他们的奴隶的服侍，情况正如塞内卡所描述的那样。但是奴隶要做人的自由意志是永远不会泯灭的，在实际的历史还无法否定奴隶制时，它就必然要通过人类的精神来表现。

这种精神的历史由来久远。在希腊，可以追溯到氏族制度瓦解时期人分裂为贵族和平民、自由人和奴隶的最初时期所产生的奥尔菲神秘教义，和希腊人反对波斯的侵略奴役时期的赫拉克利特哲学之中。从此追求自由的精神，以各种各样的方式和形态一直在希腊人的生活中和哲学中得到发展。到了亚历山大大帝征服了希腊各个城邦和东方各民族而形成的世界性大帝国的新历史时期，那些失去了城邦独立自由的希腊人，就面临着新的考验。他们是赢得过自由的人们，而已经尝过自由的滋味的人是决不会放弃它的，他们已经获得的关于自由的丰富经验和哲学智慧就不能不发挥其作用。城邦和仅仅是城邦的自由已经过时，于是希腊哲学所追求的自由本身也需要洗练它自身。人们发现，以往时代希腊人所讲的自由，不仅由于城邦国家的灭亡而再也回不来了，而且那种自由的观念本身也是狭隘的、有根本缺陷的。它认为只有希腊人才配谈自由，蛮族是不配的。这种自大的自由观已经过时，并且必须改正。只要是人，不管是哪个种族、民族，在阳光普照下的一切地方，都是平等的。一种把所有人都视为神的平等的儿女或"世界公民"的观念，就成为新时期哲学的普遍意识。从而哲学对于人性和自由的探讨也上升到了一个新的水平。

因此，在希腊化时期兴起的各派哲学就重新探讨什么是自由，并对此作出了各自的贡献。其中斯多亚派由于既关注个人自由的意识，又注重人类和自然的整体性必然性，努力使二者统一起来，便开辟出一种更为广阔和深刻的研究道路。

但是，把顺从自然必然性同高扬自由二者统一起来并非易事。以"与自然一致地生活"为宗旨的斯多亚哲学，常常给人以一种突出的印象，那就是：它只要人服从现存的秩序，因而它所说的自由实际上是否定性的。尽管斯多亚派哲学家们声称他们并非如此，人们还是把这个哲学看作维护罗马社会秩序的官方或半官方哲学。

爱比克泰德给斯多亚哲学注入了新的思想活力，因为他最看重自由，高扬了自由。W.A.Oldfather 说："他的青年时代一定被自由的情绪吸引了自己全部的注意，我不知道还有谁对这个观念会比他说过的更多。'free'（形容词、动词）一词和'freedom'（名词）在他的《论说集》里出现了130次。比《新约圣经》里多六倍，比马尔库斯·奥勒留那里也多出两倍。"[1]爱比克泰德在高扬人的自由时，把它同自然的必然性统一起来，作了相当深刻的研究，这是他对斯多亚哲学的突出贡献。

---

① W.A.Oldfather，见其英译 *Epictetus* 中所写的 Introduction，Harvard Uniesrsity Press，1979，p.XVII.

第三节　他的主人和他的奴隶伙伴

爱比克泰德对社会和别人的认识，最初也是在他的奴隶生活经验到的。

他的主人埃巴普罗迪托原先也当过奴隶，是个释奴。后来他爬到上层，当上了尼禄皇帝的管家秘书。公元69年，在凶残卑劣的尼禄被元老院判处死刑被匕首顶住胸膛时，是埃巴普罗迪托把匕首刺进去帮他送终的。埃巴普罗迪托也被放逐，最后被多密提安皇帝处死。

爱比克泰德讲过一些关于他的故事。其中一则是说，他的众多奴隶中有一个补鞋的，名叫费立西俄。埃巴普罗迪托觉得他没有什么用，就把他卖掉了。可是一个偶然机遇，费立西俄被皇上的家人看中买去，成了皇帝的修鞋匠，于是神气十足了。这时候埃巴普罗迪托便立即换上另一副面孔，对他表示最深的敬意，用最亲近的话语向他致意："我的好费立西俄，您好吗？我衷心地祝福您！"

爱比克泰德说，要是我要靠费立西俄的恩惠生活，忍受他的夸耀和奴性的傲慢的话，那我宁可不要再活下去。可是埃巴普罗迪托却津津有味地这样做，这样活着。爱比克泰德说，这件事使我们看到，如果我们把外在的东西作为我们选择好坏善恶的标准，就必定要对暴君赔小心和献媚了。不仅对暴君，也对他的亲信。哦！这个人怎么一下子变成了有智慧的？岂不只是因为他当上了皇上的亲信？否则埃巴普罗迪托怎么会这样说话——"费立西俄对我说话时显得多么有智慧？！"他不是把他当作毫无用处的卖了吗？谁使他只在转眼间就成了一个有智慧的人？要是能够把他从高位上扔进粪堆,你马上就会重新把他当作蠢东西![1]

另一个逸事说,当拉特安努斯(Lateranus)这位勇敢高贵的人由于牵涉到一桩大案被判处死,在断头台上即将行刑的时刻,埃巴普罗迪托仍不放过他,要逼他讲出同伙,还问他为什么要同皇上作对。拉特安努斯轻蔑地对他说:"要是我想说什么,我也不会对一个像你这样的奴隶说。"[2]

显然,像埃巴普罗迪托和费立西俄这样一些例子,必定会给爱比克泰德以深刻的印象,并促使他思考这样一个根本的问题:奴隶们所追求的自由和善(好的生活)究竟应该是什么?

第四节 爱比克泰德的哲学教育

后来他有了机会,师从当时一位著名的斯多亚哲学家盖犹斯·穆梭留斯·罗夫斯(Caius Musonius Rufus)学习。这对他能够成为哲学家当然是非常重要的。

也许有人会奇怪,一个残忍的主人怎么会让他的奴隶去学哲学?这不是埃巴普罗迪托发了善心,只不过是当时罗马贵族的一种特殊需要所形成的风气使然。显贵们不仅需要奢华,也需要卖弄知识和教养,以便显出他们有高贵气派。当他们中的某些人并不具有那些古典文化教养的时候,就愿意在自己的众多奴隶中也有个把有学问的,好得以借助来充自己的门面。这就像现代的百万富翁要在客厅里摆设古董和名画,家里总要有个装满世界名著的图书

① 爱比克泰德:《论说集》(*Discourses*),19.16-23,4.1.150。
② 爱比克泰德:《论说集》(*Discourses*),1.1.18-20。

室那样，尽管他们既不懂绘画，也没有什么真正的智慧和知识。埃巴普罗迪托当然也有这种需要。另外，爱比克泰德腿瘸、身体孱弱，在体力活上没多大用处，却有很好的智力素质，因此主人就决定让他去学哲学了。

但是，思想和智慧的光亮一旦进入了它所适宜的土壤，它的发展就再也不是这位主人大人所能支配的了。

罗夫斯是当时罗马的著名哲学家，在一次阴谋案件中受到牵连，曾遭放逐。尼禄皇帝被处死后，他回到罗马，受到人们高度的尊敬。后来在维斯帕芗皇帝又一次把哲学家们赶出罗马的时候，他被容许留下了。他没有著作流传下来。

从爱比克泰德在《论说集》中时常谈到的有关他的言行的逸事中，可以知道他是一位很有水平的好老师。他教育学生不可在完善我们的理性方面懒散怠慢，因此他让学生做逻辑推理训练时，要求非常严格，把每个错误都看作重大的过失。爱比克泰德回忆说，有一次，他在做练习时没有弄清一个三段论中的隐含的前提，受到罗夫斯的严厉训斥。他很抵触，心想，这类错误有那么严重，像犯了杀父之罪那样？便忍不住回嘴说，你这样指责我，难道我放火烧了罗马的神庙了吗？罗夫斯回答时训诫他说：糟糕的人啊，这同神庙有什么关系？难道除了放火烧毁神庙之外就不会有别的过失吗？有的！一个人匆匆忙忙，马马虎虎，在提问和回答中不按逻辑，缺乏论证，这不是过失吗？！①

这位老师以其言行表明，师生之间只应以砥砺学问和做人为要务。他非常讨厌虚夸。罗夫斯常常说："如果你们有闲工夫称赞

---

① 爱比克泰德：《论说集》(*Discourses*)，1.7.31-33。

我,那么我所说的话就是空话了。”[①] 因为哲学家的学校就像一家外科医院,你来的时候是有病的,一个人肩膀脱臼,另一个得了肿瘤,还有的人患头疼病,要是你从老师那里学习过之后还是老样子,毛病没有治好,光学会说些表扬的话,岂非白学? 要训练那些心志柔弱的年轻人是不容易的,就像想用铁钩把蛋清捞上来那样。但是对于有好的素质的人,指责他们,他们也会乐意受教。因此罗夫斯常常严厉地指责学生,用这个办法衡量他们的品质好不好。爱比克泰德提到罗夫斯常说的一句话：一块石头,你把它扔到天上,它也会由于自己的重力落到地上来；同样,一个有高尚素质的人,他受到的锤炼越多,他就越会朝他自己的本性的方向前进。[②]

爱比克泰德十分尊敬他的这位老师,不仅从他那里学到了斯多亚哲学的理论,也向他学到了许多优秀品质,使自己终生受益。

第五节　他生活的时代和生活环境

爱比克泰德生活在公元1世纪后半叶到2世纪40年代,属罗马帝国前期。《论说集》中说,罗马皇帝给人们以和平,不再有战争和战斗,也没有大的匪帮,人们能够在海上和陆地上平安地旅行。[③] 这是罗马帝国和社会总的说来比较繁荣稳定的时期。

但是这种繁荣稳定,只是一种特殊的社会结构和统治秩序的相对繁荣和稳定。它包括了罗马帝国凭借其强大的军事、行政、法律力量所建立和巩固起来的大一统国家机器,它所维系的罗马人

---

① 爱比克泰德:《论说集》(*Discourses*), 3.23.29。

② 爱比克泰德:《论说集》(*Discourses*), 3.6.9-10。

③ 爱比克泰德:《论说集》(*Discourses*), 3.13.9-10。

对所征服的东西方各民族的治理,大土地所有制,在罗马帝国全境建立起来的通畅的海陆交通,繁荣的商品贸易和市场经济,奴隶制度,社会划分为贵族与平民等政治、经济权力分配上各不相同的阶层并彼此对立的相互关系体系,等等,最后,还有帝国政治统治权力的分配和再分配的制度体系。

所以这个时代及其提供的和平、繁荣和稳定,真正说来只不过对上层有利。权势和财富在他们手中,他们就可以过奢华享乐的生活。但他们的享乐恰恰是建筑在各被压迫民族、奴隶和平民的无权、受奴役和痛苦上边的,后者就决不会认为这是正义和幸福的生活。这是一个最基础性的事实。同时,上层社会内部也从无安宁。在宫廷里,元老院里,永远都在进行着你死我活的争夺权力和财富的斗争,阴谋和背叛的故事不停地上演。不可一世的皇帝和权贵转眼成了阶下囚,被砍头和流放。塞内卡、尼禄皇帝和他的宠信如埃巴普罗迪托,都是眼前的例证。尼禄死了,继位的加尔伯和向他夺权的奥索、维泰利厄斯也没能多活几天就自杀和被杀。罗马上层社会的生活没安宁更没有善良,每个人都生活在今天不知明天的命运如何的永恒恐惧之中。这种情况,使人对主奴关系产生了辩证的意识。

在塞内卡劝人要善待他们的奴隶时,就用了不少这类命运无常的例证。他说,记住瓦鲁斯的灾难吧。许多人出身豪门,投身军界,以此作为在元老院中谋取席位的步骤,但命运使他们失败了,反把他们遣送去照看农场,或放牧羊群。所以,你尽管轻视奴隶,你仍可能突然发现自己恰好处于和他们同样的境地。你会说,我怎么可能会变成个奴隶? 但是你还年轻,这种可能性总是存在的。你忘记了(波斯王)大流士的母亲、柏拉图(Plato)和(犬儒)第欧根尼也曾当过奴隶吗? 还有,我曾经看见卡里图斯过去的主人等候在他的门边,其他人都进去了,他却被拒之门外的情景。正是这位主人,当年曾在卡里图斯身上挂着一个价目牌,把他置于拍卖台上出卖。现在轮到奴隶把主人从客人名单上抹去,宣布他不配成为受邀请的人了。看看他为出卖卡里图斯所付出的代价吧。

塞内卡说,反思这一切,岂不应当认识到,那被你称作奴隶的,追本溯源是和你来自同一祖先,生活同在一个晴空之下的人,你和他不应当成为朋友吗？只有愚蠢的人才会仅凭衣着或社会地位取人,而社会地位毕竟只是像衣着一样的东西。

从这些经验,塞内卡进而谈到他那种斯多亚哲学的对奴隶和自由的见解。"他是奴隶"。一但他可以有自由人的精神。"他是奴隶"。——但这真的就降低了他的价值吗？请你给我指出一个不是奴隶的人看看。你能指出的人,不是性欲的奴隶,就是金钱的奴隶,或是野心的奴隶,而这又都是贪欲和恐惧的奴隶。塞内卡举出两个人为例,一个人是罗马的大法官,可他是他情妇的奴隶。另一个百万富翁是他那个管理内务的"小秘"的奴隶。塞内卡说,这种由自己所造成的奴隶状态,其实是更不体面的。[①]

对于罗马奴隶制社会生活中的这种辩证法,黑格尔有过相当精辟的分析。他指出,在主奴关系中,主人是通过奴隶的意识才被承认是主人的。因此主人是独立的意识,其本质是自为存在;而奴隶则是依赖的意识,其本质是为对方而生活或为对方而存在。主人对于他的奴隶是一种纯粹否定性的力量。在这个力量面前,奴隶的自主性或自我意识被完全否定、取消,他只是个为主人而生活和存在的物,一个非人。——不过这非人的人,作为一个人,他仍然有自我意识,因而他在自己被彻底否定的生活中深深感受到恐惧,

① 塞内卡:《书信集》,第47封信。

这恐惧震撼着他的灵魂。—— 但在这种恐惧中,意识自身还没有意识到它的自为存在;然而通过劳动,奴隶的意识却回到了它自身。—— 于是事情便发生了各自向其对立面的转化。一方面,由于主人作为独立的自我意识,原是靠他的否定性(即支配和改造事物)的权能来建立的,但现在他要靠奴隶的劳动和伺候才能生存,他就变成了一个依赖的意识。换言之,正当主人完成其为主人的地方,对于他反而发生了作为一个独立的意识所不应有的事。他所完成的不是一个独立的意识,反而是一个非独立的意识。另一方面,奴隶却由此重新发现了自己的力量、权能和尊严,发现了自己独立、自由的本性,把独立的意识当作自己的真理,返回自我意识,并且转化自身到真实的独立性。[①]

黑格尔认为:"自我意识的这种自由,就其出现在人类精神的历史上作为一个自觉的现象而言,大家都知道,叫作斯多亚主义。"[②]

可见,塞内卡和爱比克泰德的斯多亚哲学在这个时期得到突出的发展,绝非偶然。

更可注意的一个重大事实是,这个时期(公元初第一、二个世纪)也正是早期基督教在罗马世界传播和形成(包括保罗的传道,教会在罗马帝国各地的最初出现和发展,福音书和启示录等《新约》各篇从口传到文字形成)的时期。它在更为广阔范围和更加深刻的层次上,对罗马世界的奴役制和种种罪恶作出了审判。早期基督教原是穷人和奴隶们的宗教。爱比克泰德虽然对早期基督教

① 参见黑格尔《精神现象学》(上册)第四章对主奴关系的分析。商务印书馆1979年版,第122页以下。

② 黑格尔:《精神现象学》(上册),商务印书馆1979年版,第132页。

接触很少[①],但是二者在思想的许多方面是接近或一致的。这个事实很有意义,有助于我们对这个时代和社会中人的生活境况有一种批判性的认识。

所以我们或许可以说,正是罗马帝国的“和平与繁荣”,和其中的奴役与罪恶同样“和平与繁荣”的发展,为哲学、宗教实现其在古代最深刻、最具巨大意义的历史转变,提供了环境和条件。

① 爱比克泰德作为一个斯多亚哲学家,不会赞同基督教,因为这二者从思想的渊源和体系上说是完全不同的。他没有提到对基督教义的任何看法。不过他对基督徒的某些活动还是有点了解的。《论说集》中几处提到“犹太人”或“加利利人”。如2.9.20-21中说,受洗的犹太人,不应只在名称上,而在于他们在行为上是否运用了他们所说的。4.7.6:加利利人也不怕当权者,但他们只是由于习俗,却不能靠理性和证明来学习,等等。

第二章　爱比克泰德的斯多亚哲学源流和历史背景

爱比克泰德既然是斯多亚派哲学的点睛之笔,那么要认识他,自然先要对斯多亚派和他们哲学的由来有一个通盘的了解。

第一节　斯多亚派哲学的产生和人在希腊化时代的命运

在亚里士多德去世后不到一代人的时间里,雅典相继出现了三个前所未有的新哲学:皮罗的怀疑主义、伊壁鸠鲁的快乐主义和斯多亚主义,成为时代的潮流。与之对比,原来占主导地位的那些哲学则黯然失色了。例如柏拉图留下来的学园派,不久就转向了怀疑主义,新学园派“不务正业”地变成了怀疑派的大本营,要到很久之后才又转回到柏拉图主义;亚里士多德留下来的漫步学派虽然仍坚持其学说方向,但也已被时代冷落,它的许多成员转移到亚历山大城去继续他们的科学和哲学的研究;而德谟克里特派的原子论哲学则几乎完全被伊壁鸠鲁的新学说所取代。新派哲学家们彼此激烈竞争所围绕的主题和共同关注点和以前大不相同。

从前希腊和雅典的哲学常常把理论研讨的重点放在思辨性很强的问题上,而新哲学的重点则迅速转向实践性很强的问题上来,这就是:应该如何为在生活中感到极度迷茫和痛苦的人们,找到一个使他们心灵平安宁静的药方。于是,哲学发展就呈现出了一种全新的特点和面貌。

这种情形显然和时代有密切关系。因为时代的改变,使希腊人和所谓"希利尼人"的生存处境发生了巨大的变动。在新的时代和社会中生活的这些新的人们,需要的是新的智慧,于是"爱智慧"或对智慧的追求(哲学)不能不发生相应的深刻变化。

在马其顿的腓力征服了希腊各邦,以建立所谓新的希腊同盟之后,原先的希腊各个城邦国家失去了往日的独立和自由,变成了马其顿帝国的一部分,一些最多只有某些半自治性质的城市。不久亚历山大继位,继续并极大地推进了腓力开始的事业。他从希腊出发征服了埃及和东方,在极短的时间里实现了一个无论在版图和人口上都是规模空前的大帝国。

亚历山大的帝国的创立是一个西方历史上的重大转折。虽然他的早逝,使他亲手创立的那个大帝国迅速陷于内争,分裂成大体上是三足鼎立的三个希腊化帝国。但是,时代的变化已经不可逆转。我们看到,那些希腊城邦恢复其独立的一切企图和努力都一个个地遭到惨败,东方民族的这类试图也毫无结果。同以前那些独立的希腊城邦国家和东方以各自的民族为本位的国家相比,新的帝国是一种崭新的国家形态。这是一种由马其顿人占统治地位,一方面运用希腊的文化成果,一方面又利用东方各民族的文化,并使之"联姻"和融合的国家。与之相应,社会在文化上就产生出了崭新的特点。

由于希腊文化在上述多文化融合过程中,具有一种相当优越的历史地位和作用,史学家们通常用"希腊化"(Hellenistic)这个词来标志这个很有特色的新的时代。而生活在这新时期各希腊化帝国中的人们，也就被称作“希利尼人”（Hellenistic）。他们不仅包括希腊（包括马其顿）种族，也包括了帝国中一切接受了希腊文化的其他东方民族的人们，尤其是各个城市中的上层和市民。因为希腊语是他们的通用语言，他们上的是希腊式的学校，城市中都建起了希腊式的体育场、剧院等种种设施，模仿希腊的生活方式，人人都以自己是“希利尼人”为荣。那情景，同近现代世界上发生的“西化”潮流风尚是颇为类似的。

所以，尽管“希腊化”这个用语已经成为约定俗成的概念，但是我们却不宜对它作一种过于简单的理解，似乎那只是希腊文化在后来的历史上和世界上的一种直线式的扩张和发展。不，不是这样的。必须看到，实际上它是一个新型的多种文化的交流、冲突和融合的世界历史性进程。在“希腊化”进程中，不仅其他民族的文化（包括东方民族的，也包括接受其影响的如罗马和拉丁这些西方民族）发生了深刻改变，而且希腊人本身的生活和文化也发生了深刻的改变。

首先，马其顿统治者所推行的希腊化，只是为了他们自己的目的来利用和运用希腊的文化成果。因此它已经不再是原来意义上的希腊文化了。至少，原来希腊人和希腊文化中最本质性的特点——城邦的自由，和由此而来的城邦公民的自由，已被否定。这是“希腊化”和原先的希腊精神大为不同的一个根本地方。

另一点，“希腊化”是希腊文化和东方文化的双向影响和融合，绝不是单向的。就此而言，“希腊化”一词所表现出来的意识，也很类似人们把近现代世界文明进程说成是“西化”一样，是一种西方文明中心论的偏见的古代版本。

总之，“希腊化”的文化及其世界和生活，同本来意义的“希腊”

文化及其世界和生活,固然有其连续性,更有着深刻断裂。我们不可混淆这两个非常不同的概念。

这个历史转折,对于当时的希腊人来说,意味着整个生活的基础发生了地震。千百年来,希腊人以范围不大的城邦作为共同体,在一起生活、建立国家,并获得他们借以安身立命的自由。这个家园现在已不复存在,于是人们就突然被扔进了一个陌生的世界。由多民族混合组成的希腊化帝国,打破了城邦和民族的狭隘局限,同时也破坏了人们历来的那些传统的家族和民族的共同体亲密纽带。这是一个历史的巨大进步;但它给予人的也是冷漠严酷的统治。这种统治既不能给人自由,也不能给人亲情和亲切的联系。希腊化帝国并不是人们感到可以安身立命的新家园。于是,人便处于一种前所未有的生存处境之中了。

人的脚下总得有根。同所有民族一样,希腊人最早的根也是氏族和家族共同体。但那种自然发生和演化的生活关系,如亚里士多德在《雅典政制》中所说,在梭伦时代之前由于商品、货币经济的迅速发展已经陷于严重危机之中。高利贷使大量平民变成为他们的天然首长——贵族的债务奴隶便是其中最为突出的一个表现。雅典处于内战的边沿,梭伦改革就是为了解决这个问题才出现的。在梭伦和克利斯梯尼等人领导的几次改革中,贵族的统治连同其基础氏族制度被不断削弱以至根本否定了,代之而起的是民主制城邦国家。它是人类历史上的一种崭新的创造,一种新型的人类共同体——以公民的民主关系为基础建立起来的、由全体公民共同进行治理的民主制城邦。它使公民重新团结起来,并给它的公民以前所未有的民主权利的保障。在希腊,众多的城邦彼此之间也保持着各自的独立和自由。希腊的古典繁荣和伟大的文化成就是在这种新的制度下发展起来的。但是,到了希腊化时代,这一共同体和由此而来的民主自由体制也失落了,不再能继续存在了。

这对希腊人来说,是又一次的根本性改变。失去了城邦共同体纽带的人们,现在只能进一步地瓦解成为纯粹的个人。而个人所面对的乃是一个充满着大风大浪的大海洋一般的世界,到处都险象环生、前途难卜。于是一种十足的无家可归的感觉,便随着希腊化进程的发展日益渗透进人们的意识,弥漫于整个希腊化的世界,并且一直带入罗马时代。因为罗马人所建立的统一大帝国的事业,正是从亚历山大开始的事业的完成。事实上,罗马世界也是上述希腊化过程的继续,并且以更大的规模实现着希腊化。在这个意义或基本特征上我们可以说,"希腊化"是一个延续长达七八百年之久的漫长过程。

所以,从亚历山大直到罗马帝国的时代,是同希腊时代有根本区别的。西方古代史有这样两个大的阶段:城邦希腊时代,希腊化罗马时代。其划分始于亚历山大帝国的创立。

因此毫不足怪,起于希腊化时代之初的斯多亚派等新的几派哲学,都延续地发展到罗马帝国时期。生存处境使人们始终并普遍地有一种强烈精神需求,它在一个一再重复出现的形象主题中得到了深刻的体现。这个形象就是:在大风暴的海洋中有一只小船,船上的人们正惊恐万分;这时却有一个人十分安详宁静,只有他能告诉人们如何平安得救……

人们最熟悉的是耶稣基督在加利利海上平息风浪的故事。那故事说:

> 耶稣上了船,门徒跟着他。海里忽然起了暴风,甚至船被浪掩盖,耶稣却睡着了。门徒来叫醒了他,说:"主啊,救我们!我们丧命啦!"耶稣说:"你们这小信的人哪,为什么胆怯呢?"于是起来,

斥责风和海,风和海就大大的平静了。众人稀奇说:"这是怎样的人? 连风和海也听从他了!"[①]

实际上,这类故事早就有了。第欧根尼·拉尔修记载了一则关于皮罗的故事。据说当海上起了风暴,船上的众人都惊慌失措时,皮罗指着船上的一口还在吃食的小猪对大家说,这就是有智慧的人应当保持的无纷扰的状态。[②]

卢克莱修对伊壁鸠鲁也是这样描写的:

那么,他就是一个神……
因为是他首先发现那个生命的原则,
它现在被称为智慧;借他的技巧
他把生命从那样汹涌的波涛中,
从那样巨大的黑暗中,驾驶到
如此清朗而风平浪静的港口里来停泊。[③]

当狂风在大海里卷起波浪的时候,
自己却从陆地上看别人在远处拼命挣扎,
这该是如何的一件乐事;
并非因为我们乐于看见别人遭受苦难
引以为幸的是因为我们看见
我们自己免于受到如何的灾害。[④]

---

① 《新约圣经·马太福音》8:23-27。另见《马可福音》4:36-41;《路加福音》8:22-25;及《马太福音》第14章。

② *Diogenes Laertius*(以下简称D.L.),9.68.

③ 卢克莱修:《物性论·卷五》序诗,方书春中译,商务印书馆1962年版,第262—263页。

④ 卢克莱修:《物性论·卷二》序诗,1-61,方书春中译,商务印书馆1962年版,第61—63页。

现在我们看到，在斯多亚哲学家爱比克泰德这里同样如此。他说：你要用你的理性来检验你的表象，不让那些卑下的吸引你，而应用高尚的表象来取代它、放逐它。要训练你自己从事一场伟大的斗争，这斗争是神圣的，要赢得一个王国，赢得自由，赢得幸福，赢得心灵的平静。“记住神，求他帮助和保护你，如水手在风暴中向Dioscuri所做的。因为会有什么风暴比来自有力的表象中的风暴更巨大呢？但是它能驱走理性吗？真的，风暴本身是什么，它不就是一个表象吗？驱走对死的恐惧，那么风暴雷电愿怎么来就怎么来吧！你就会发现在你的心中是多么平静。”①

这几个故事或说法，各有深意，解决人的心灵恐惧的根据和方式各不相同。宗教求助于神力，哲学家们则主要求助于理性和智慧。而在哲学家中间，开的药方又大不相同：皮罗采取的是不了了之的办法，以“不了”来“了之”。他认为人的生活只随感觉走，而感觉是没有确定性可言的，你不要去追寻什么真实和真理，它只能使你陷于更大的困惑。所以人应当对此悬疑，就可随遇而安。风暴也不过是你的感觉，你随它去不就心安了吗？伊壁鸠鲁的办法则是：把人只看作原子式的个人，而原子在虚空中做垂直运动时总是有略为偏斜的本性的，所以自然中既有必然性，也有偶然性，也有自由，个人因此就能够有自由。只要你能保持住这点自由的意志，并满足于最少的物质需求而与世无争，就能在这动荡的世界上求得你个人自己心灵的平静、快乐和自由。

斯多亚派哲学则教导人说，人必须顺从自然的必然性，它即是神的理性及其安排的世界秩序，这样人的心灵就可以平安宁静，而这就是人的真自由、真幸福。难道顺从也算自由？这是人们难于理

---

① 爱比克泰德：《论说集》(*Discourses*)，3.18.24-30。

解的,也是伊壁鸠鲁派和怀疑派同他们争论的所在。爱比克泰德用自己的方式,给予了比较深刻的回答。这些问题,我们后面再作进一步的讨论。

现在让我们还是先来询问:为什么这些思想家都用了这一类似的比喻? 难道希腊人原先生活的世界不也是充满着战争、冲突、风暴和苦难吗? 想想希波战争和伯罗奔尼撒战争时的种种情景吧。相比之下,在爱比克泰德生活的和基督教最初兴起的时期,罗马帝国正处在它的兴盛年代,岂不是要"和平"得多吗? 可是我们读那些希腊古典哲学家的作品时,却很少见到他们会用这类比喻来形容他们的世界和心态。就连生活在伯罗奔尼撒战争年代严重灾难中的苏格拉底,也没有这类比喻。为什么呢?

我们只能作这样的理解:纵然苦难,那时的希腊人总还有根,有依靠有指望,因为他们有自己的城邦和祖国。苏格拉底的努力集中起来说,就是如何让雅典人明白,应当为了振兴自己的城邦而去恶为善。他所说的心灵的健康、安宁、自由和幸福是与此相关的。可是,在希腊化的时代,这个根已被席卷世界的大风暴拔掉了。人成了无家的个人。这样的人在这样深不可测的世界中生活,其命运岂非正如风暴海洋中的一叶小舟那样? 而这时,能让人依靠与指望的,岂非只有他作为个人的自己,和作为世界最终根据的自然或神?

第二节　斯多亚派是接着苏格拉底和犬儒派一线来的

斯多亚派哲学是希腊化时代的需要的产物,但它的思想渊源和资料还是从城邦时代希腊古典哲学来的。我们可以从他们的学说和著作中，找到赫拉克利特、毕达哥拉斯、柏拉图和亚里士多德的许多印记。但是，作为一个以关注人的生活和道德为中心任务的哲学派别，斯多亚派的精神导师却只是苏格拉底和犬儒派。而他们心目中的苏格拉底形象，也主要是从犬儒派这条线，不是从柏拉图和亚里士多德来的。

这个线索上的差异是很可注意的，它能帮助我们更清晰地认识斯多亚哲学的精神实质和某些时代性特征。

1.犬儒派从苏格拉底那里学到的东西和他们提出的新问题

我们知道，犬儒派是从安迪斯泰尼（Antisthenes，约公元前446—前366年）开始的。他直接师从过苏格拉底，并按自己的方式从苏格拉底那里发展出他那十分与众不同的犬儒学派。他和他的弟子第欧根尼（Diogenes of Sinope）、克内特（Crates）等人用一种惊世骇俗的行为和生活方式，来表现和实践自己的哲学思想，向周围的人们和世界挑战性地提出了一个尖锐的问题：什么是美德的生活？按照传统的城邦习俗、道德和法律生活是否合乎美德？

安迪斯泰尼是雅典人，不过母亲是色雷斯人，所以他不是纯血统的雅典人，为此受过某些歧视。他跟高尔吉亚学习过修辞学，后来接触到苏格拉底得益甚多，就带着自己的门徒一起来做苏格拉底的学生，每天从毕莱欧港步行数里到雅典来听他讲学，从他身上学了刚毅、自制，对苏格拉底的道德决定论有深刻印象。他从苏格拉底那里得到的主要思想是，一个人有美德就够了，生活则越简单朴素越好。美德本身就足以保证幸福。在一个人的生活中,除了苏格拉底那种品格的力量之外,什么都不重要。从这里他发展出犬儒派的生活方式和哲学思想。他认为美德是行为,不需说一大堆话或做多少研究。有智慧的人自足,因为其他一切的善都属于他。这样的人在公共生活中只受美德的而不是城邦的法律(law)的指导。[①]

苏格拉底在雅典到处找人谈话,以一种新的道德观向传统的城邦习俗挑战,进行了尖锐的批判,为此他受到控告、审判和处死。安迪斯泰尼从这里看到美德的法律(law of virtue,或译作道德律)同传统的生活法则(即城邦的习俗、伦理和法律)的对立,并发展了这个对立。他常常讥讽地劝说雅典人应当议决驴子就是马。大家说这是荒谬的,他回答说:"可是你们中间的将军也没有什么训练,不过是推选出来的。"他用这种方式,表示了对当时雅典和希腊社会的政治与习俗的失望和不满。又如,当有人对他说"许多人都称赞你"时,他就说:"为什么? 我做了什么错事?"[②]

安迪斯泰尼开始了一种新的生活方式。他成天穿着一件破旧的外衣,在一个名为"白犬"的运动场里同人谈话教学。于是这派人就获得了"犬"和"犬儒"(cynic)的名称,安迪斯泰尼本人也得到了"纯种的犬"的绰号。他们用这名称表示学派的发源地,也用来表征他们那种道德上的警觉性,老是像猎犬似的吠叫。而人们也用这个名称表示他们那种生活方式。这种特点在安迪斯泰尼的继承人第欧根尼那里表现得最为突出和著名。

在爱比克泰德的心目中,第欧根尼是一位可与苏格拉底相提并论的伟大道德典范。他是一位最鲜明地展示出犬儒派性格和思

① D.L., 6.1; 6.11.

② D.L., 6.8.

想特征的人。

关于第欧根尼留下了许多故事。他蔑视一切生活享受和名利地位，住在一个木桶里，所有的东西只是一身褴褛的衣服，夜里当被子盖，一根棍子，一个讨饭的口袋，一只喝水的杯子，用这些他四处为家而生活着，同人谈话。他看不起一切人，当有人问他在希腊什么地方见过好人，他说："哪里也没有好人，只有在拉栖代孟（斯巴达）有好的儿童。"有一次他在晒太阳，亚历山大大帝来看他，站在他面前对他说："你可以向我请求你所要的任何恩赐。"他的回答只是："走开，别挡住我的阳光。"有一次他去柏拉图家时用脏脚踩那华美的地毯，并说："我践踏了柏拉图的骄傲。"柏拉图回报说："是的，第欧根尼，你用的是另一种骄傲。"[①]

无论在当时还是后来，人们对他的这些故事都只当作奇闻逸事来看待。爱比克泰德从自己的哲学中深刻揭示了第欧根尼这样做的含义。他指出，犬儒派的使命不是容易做到的，不是容易承担的。做一个犬儒，就必须敢于在世人之前、大庭广众之下暴露自己的一切。世上所有的人都生活在围墙里面，在房屋和黑夜的保护之下，做着隐蔽的事。他关上门，若有人来，就可让人说"他出去了，不在家，他忙着呢"等等。但是犬儒的一切都裸露在光天化日之下，他能得到和依靠的保护，只是他自己的羞耻心和道德行为。这就是他的围墙和黑夜，这就是他的守门人。他不能指望隐藏任何他自己的事，否则他就不是一个犬儒。

为什么犬儒们敢于如此地生活？为什么他们认为应当这样生活？爱比克泰德说，这是因为他知道自己是神派来给关心善恶的人们做榜样的使者。而如果一个人连对自己都没有信心，害怕把自

---

① D.L.，6.27，38，26.

己暴露出来,他怎能命令和教导其他人?

爱比克泰德说,第欧根尼认为整个大地是他的国家和城邦,而不是某一个地方。在被海盗俘虏时,他没有伤感或去怀念雅典和那里的朋友,而是努力去了解海盗们,试图改变他们。当他被卖为奴隶到了科林斯时,他在那里也正如在雅典一样。

第欧根尼常说,自从安迪斯泰尼让我自由,我就不再是一个奴隶了。他教导我什么是属于我自己的,什么不是属于我自己的。家人、亲友、名誉、地位、财产乃至自己出身的地方和所属的城邦,所有这些,都不是我自己的。那真正属于我自己的,只是择善的能力,运用美德和智慧于一切生活具体场合的能力(爱比克泰德称之为"正确运用表象的能力")。有了它,腓力、亚历山大和波斯王都不能胜过我。所以,第欧根尼不必屈从于雅典的生活方式,在被俘时也不会去讨好海盗。他使别人对自己的伤害成为不可能,就保持了自由。

什么都没有,怎么能幸福、自由? 犬儒以自己的行为向人们显明,这是真的可能的:"看着我,我没有城邦,没有一个家,没有财产和奴隶,睡在地上,没有妻子儿女,没有好的休息之处,只有天、地和一件破旧的外衣。但是我缺什么? 我岂不是摆脱了烦恼畏惧? 我岂不是自由的? 你见到过我对我所追求的失望,或陷入过我要避免的吗? 我抱怨过神或任何人吗? 我不是把那些畏惧的人视为奴隶? 看到我的人,岂不是要认为他见到了自己的王和主人?"对于犬儒,他的王只是那世界之主——神。第欧根尼生病发烧时对路过的人说:"你为什么不停下来,看看一个运动的赛手在奥林匹克赛会上的战斗? 你不想看看一个人同疾病之间的战斗?"这样的人在困境中显示自傲,让人看到什么是做一个人所应有的价值。第欧根尼认为这样的生活才是幸福的,比波斯王要幸福。[1]

在犬儒派中还有一位著名的人物克内特,斯多亚派创始人芝诺就是他的亲炙弟子。他的最突出的故事,是他同希帕科娅(Hiparchia)在公众场合公开性交的事。人们通常把这件事作为犬儒派的一大丑闻。这如何能说犬儒派是在提倡一种新的道德理想?

当代研究斯多亚哲学的学者 J.M.Rist 指出,这个故事的本质在于,犬儒派的伴侣是自由选择的,而城邦的习俗,文明的婚姻,是无所谓的。按照犬儒派的世界观,世界公民之间的男女关系,也是自由个人的相互认可的一种形式。故事的实际经过是,希帕科娅爱上了克内特并坚持要"给他"。她的父母不同意,她就以自杀相威胁,这时,他们要求克内特本人出来劝阻。当他试图劝阻而无效时,克内特就对她说,如果她决定要做他的伴侣,就必须同样过犬儒的生活。她同意了,于是就同克内特结合在一起,到处漫游,并公开地性交。(有一则材料说,当克内特和她在公众的场合性交时,芝诺给他们盖上了一件外衣。暗示芝诺并不赞成犬儒派的这种行为的表现方式。)[2]

第欧根尼已经说过,世上最美好的事情是自由地说和行。他的习惯就是做一切都在公众之前,同德墨特尔(Demeter,希腊主管生产和社会治安的女神)和阿佛罗狄忒(Aphrodite,爱与美的女神)的工作方式一样。人应当选择自然本性给自己的建议的行为,而不要做些无用的事,才能生活幸福。与人交往、谈话和男女性关系都要自由选择。[3] 可见,克内特和希帕科娅公开性交的故事,不过是

---

① 爱比克泰德:《论说集》(*Discourses*), 3.22;3.24.66-79。

② J.M.Rist, *Cynicism and Stoicism*,第4章。

③ D.L., 6.69-71.

犬儒一贯遵行的生活方式中的一个表现例子而已。它不仅是犬儒自己的生活方式,而且还有一个更为重要的目的,那就是有意地要以自己的惊世骇俗的生活行为,来显示和宣扬他们反传统的哲学主张。

2.芝诺提出斯多亚派新世界观的方式:他的《Politeia》篇

斯多亚派创始人芝诺,是出身于塞浦路斯的希腊城市西第昂(Citium)的腓尼基人,父亲是个商人。芝诺在一次运货的旅途中,由于遇海难而来到雅典。他在雅典的一家书店待了下来,听过斯第尔波(麦加拉派)和塞诺克拉底的课,有十年之久。有一次他求神谕告诉他,为了得到最好的生活该做些什么,答复是,他应该承担起已死者的事业。他在读了塞诺封的回忆录后非常兴奋,就打听在哪里能找到像苏格拉底那样的人。这时克内特路过,书商便指着对他说,你就跟着那个人吧!从此他就成了克内特的学生,那时他30岁。他跟随克内特20年学习哲学,但对其行为方式感到羞耻,终于离开了他。在这期间,芝诺写了一篇《Politeia》,这是一篇最可注意的著作。

为了便于研讨说明,我首先要请读者特别注意一下“Politeia”这个词。由于历史和文化上的变化,即使在西文中它也是很难翻译的;对于我们中国学者来说,就更加不容易理解和翻译了。例如我们把柏拉图的同名著作译为《理想国》,把亚里士多德的同名著作译作《政治学》,就是例证。这样的翻译必然会引起误解。其情形就像我们把亚里士多德的Physics译为《物理学》不恰当,不能表达其原义一样。

我们知道，从泰勒斯起，几乎每个希腊哲学家都写过一篇叫作 Physics 的作品，作为他们研究自然及其本原、本体的哲学著作。把这些作品译为“物理学”是不当的。因为那是古希腊人对自然的总的研究，与我们近现代人所了解的物理学相差甚远。因此不如朴素和准确地理解和翻译为“论自然”或自然哲学贴切。其中也包括了亚里士多德的同名著作。Politeia（即希腊文 Πολιτεία）一词的情况同样如此，而且要更复杂些。这个词是同“城邦”（polis，希腊文 Πόλις）一词相关的。由于希腊人的生活共同体主要就是他们的城邦，因而 Politeia 这个主题所要研究的，就必然要涉及他们的全部生活。我们知道，希腊哲学在苏格拉底之后重点转向了以人事为主的方向，因而后来哲学家们以此为题的著作也多了起来，其重要性甚至超过了《论自然》。所以柏拉图和亚里士多德都写过 *Politeia* 作为他们的最重要的著作。读过的人都知道它们的内容，决不限于国家和政治的范围，而是包括了希腊人的全部生活如家庭、经济、习俗、伦理、道德、法律、教育在内的，直至城邦的一切公共事务（其中也包括私人的事务及其同城邦公共事务的关系），对这些都作了分别和综合的研究。如亚里士多德在其《伦理学》开头处就说，伦理学是 Politeia 的一部分。原因就在于希腊人的伦理道德，原是他们城邦生活的一个方面。这一点，按照现在通行的译名《政治学》就不好理解了；因为他从来没有认为伦理应从属于政治。这都证明，把 *Politeia* 译成《理想国》（或《国家篇》）和《政治学》很不妥当。确切和素朴的译法，它只是《论城邦（生活）》。

芝诺在原先希腊城邦共同体已被希腊化帝国摧毁的新的历史条件下，写出了一部新的 *Politeia*，这本身就是一个很有意思的问题。他的这篇著作没能留存下来，不过由于其论点十分引人注目，受到许多人的批评,也就在其他文献中留下了不少有关的资料。芝诺的继承人克里西普,也写过一篇同名作品(也只留下若干佚文)。通过这些材料,我们能够知道斯多亚派最初的一些基本和重要的观念。

据普鲁塔克说,芝诺的这部备受称赞的著作的目的,在于这样一个要点:我们的家务安排不可建立在城邦或地区的基础之上,因为那是以各自的立法系统作标志的。我们应当认为,一切人都是我们的公民伙伴(fellow-cilizens),正如一群羊在一起吃草那样,受一个共同法的照看。芝诺写下这一点,把它描绘成一个梦,一个按哲学家所规范得很好的社会图景。①

拉尔修报道说,有些人,包括怀疑派的人在内,对芝诺进行了广泛的抨击。因为他在其*Politeia*的开头就说,通行的对孩子的教育是无用的。他还无礼地称呼所有没有美德的人为仇敌和奴隶,因为他们彼此之间,父母与子女、兄弟与兄弟,朋友与朋友,都是陌生异己的人。他在*Politeia*中还令人反感地宣称只有真正的公民、朋友、亲属或自由人才是好人,照斯多亚派的这种说法,没有智慧的父母和孩子之间都是敌人。人们还指责他在*Politeia*里主张公妻。在其第200行中说,应当禁止在城市中修建庙宇、法庭和体育运动场。他还认为不需要货币,在买卖和外出旅行时也无须。他要男人和女人穿同样的衣服,不要把全身都遮住。克里西普在其同名著作中证实,这篇*Politeia*是芝诺本人的作品。克里西普还在他自己的同名作品的开头讨论了性爱的问题。②

芝诺在其*Politeia*里还说,性爱之神(Eros)是为城市安全做

① Plutarch, *On the fortune of Alexander*, 329 A-B.

② D.L., 7.32.

贡献的神，他是友爱、自由与和谐之神。[①]

据公元2世纪的基督教哲学家、主教克莱门说，斯多亚派在给他们的学生读书时，芝诺写的某些东西使他们感到窘困。[②]

据说在克里西普的*Politeia*中还有更令人惊骇的意见。他说如果从活人身上割下一块肉是可吃的，就别埋掉或作别的处理，而要吃掉，这样我们身上就会长出新的部分。父母死了，也别简单地埋葬，他们的身体上的指甲牙齿没用，但是肉是可吃的。克里西普还说，没有理由认为同母亲们、女儿们、姐妹们性交，吃某些食物，从死者床边直接去庙宇是丢脸的事，我们应当看看野兽和低等的动物的行为，就可知道这些不算什么，也没有什么不自然。[③]

大家知道，斯多亚派是以严格讲道德而闻名于世的。为什么他们的创始人说了这些令人惊骇的，看来是完全非道德的，甚至是丑恶的意见和主张？ 他们的世界观道德观究竟是什么？

看来唯一可能的解释只能是：他们同犬儒派一样是反传统的。对于以往希腊人在城邦中的传统习俗，包括对儿童的教育，衣食习惯，家庭人伦关系，男女关系和婚姻制度，对传统的神灵的看法，他们都提出了异议。他们同犬儒一样，主张人的生活应当回归自然。因此，人的生活像野兽也无妨，甚至可向它们学习。一切行为只要遵循自然，即是智慧和善。这个观念上的转变的根据是：人的共同体不再是城邦和任何地域性的共同体，而是一个由共同的自然法来支配和指导的全体人类的共同体。

新的人类共同体生活，必然要否定先前希腊城邦共同体的狭

---

① *Athenaeus*，561C，转引自 A.A.Long & D.N.Sedley，*The Hellenistic-philosophers*（以下简称 HP），67.D。

② HP，67.E.

③ HP，67.G、F.

隘性,也要否定一切其他民族以往借以生存的氏族和家族的、种族和民族国家的共同体的局限性。取而代之的就应该是平等地对待世上所有人和这些人的生活习俗传统,并用一个共同的法则,来治理和规范所有人的生活行为。这个法则只能由人的共同自然本性(人性)来规定,而共同的人性是由神赋予的,因此它就是自然法,或神的法。既然如此,对于像可吃人肉和乱伦之类被希腊人视为极其野蛮和荒唐的习俗,斯多亚派认为也应当重新审视,甚至可以提倡。因为既然有些民族和地方有这类风俗,就说明它也是人可能有的来自自然的一种生活方式,没有理由否定它们。所以,芝诺和克里西普的这类主张,虽然显得过于偏颇,后来斯多亚派也不再如此主张,但在当时,对于针砭传统观念的狭隘局限性,还是起了一种振聋发聩的革命性的作用。它在当时有助于促使人们从一种普遍而自然的人类观点来看待各种问题,探求如何建立一种普世适用的生活新准则。在人际关系上,他们突出性爱和自由的性关系,把它作为人和人联系的重要纽带,也有着同样的意义。

所以我们可以概括地说,芝诺和克里西普的 *Politeia* 的中心思想,是提出了一种异于原来城邦的崭新的“城邦”概念。它一直是斯多亚派的基本观念。

他们对“城邦”一词重新加以定义:它是人们居住和受同一法律(广义的law,即生活的共同法则、习俗、规矩等的总体)治理的地方。生活在公元前1世纪末的亚历山大城文献学家Arius Didymus记述说,斯多亚派称世界是众神灵和人们的居住地,也是为他们所创造的。有两种意义上的城邦,世界也像一个城邦,由众神灵和人们组成,神是治理者,人是臣民。由于人和神灵一样分有理性和自然法,他们便成为这一共同体的成员。[①]

后来塞内卡更明确地说:事实上有两种共同体(two commulities),一个是有着伟大、真实的共同性的共同体,由一切神灵和人组成。我们看待他们,是不管他们生活在哪个角落的,只用太阳所照的范围来衡量。而另一个城邦,则是以我们偶然出生的地方来作为标志的。[②]

可见,这里所用的"城邦"一词,实际上指的是人类生活的共同体形式。斯多亚派用两种城邦的对立的观念,来表达他们对取代原来城邦的一种新的共同体的理想。他们把这种新的理想的人类共同体称之"世界城邦",不过是旧瓶装新酒,因为它完全不是原来意义上的城邦。那么,为什么他们不直截了当地提出自己的新理念,而要沿袭"城邦"(Πόλιs, city,即"城市")这个词和概念?

理由是明显的。希腊人所熟悉的共同体是城邦。一个新概念只有在同原来的概念最紧密地联系起来的时候,才能既易于被人们了解,又易于启人思考,使人在新旧共同体的原则差别和对立中,理解一个崭新的人类共同体理想的含义。

这个新"城邦"的概念影响深远。后来奥古斯丁写了一部著名的书就叫作《上帝之城》(*City of God*),使用的也是"城邦"或"城市"这个词。奥古斯丁的"上帝之城"的理念,要表达的也是一个新的人类共同体,它是普世性的,由神创造和治理的世界。可以说,他的这个概念,正是由斯多亚派开始的。

说到这里,也许我们可以为芝诺和克里西普的 *Politeia* 给予一个译名了。它指的就是"关于一个新的人类共同体及其生活治理

---

① HP,67.L、H、I、J.

② HP,67.K.

法则的研究”。

共同体观念的根本改变,使人自身的观念也同样发生了根本改变。人不再只是雅典人、希腊人、埃及人、犹太人等按其出生的城邦、地域、国家的特殊性来规定的人了;现在他们都被认作一个统一的世界城邦的公民。使他们分开的特殊性不再被视为人的本质规定,唯有那使他们统一起来的共同性,才能规定他们作为人的本质和本性。人是什么的观念,与他们的共同体观念总是一致的。人只能从自己的生活来认识他自己,而共同体永远是他的生活的决定性的范围。

所以,芝诺作为斯多亚派的创始人,他的*Politeia*既是关于人类共同体新观念的产生地,也是一种新的人性学说、人学理论和自然观、神观的产生地。哲学中的一个深刻变革就以这种方式提出来了。

第三节　斯多亚派哲学路向与柏拉图、亚里士多德的对立

这种新的世界观当然和柏拉图和亚里士多德的全然不同,在斯多亚派看来,他们是旧世界观的代表,狭隘的城邦观念的哲学家。他们所研究的生活法则,所追求的真和善的理想,是缺乏普遍性的,因而不符合自然的法则。

事实上也是如此,人们不难从他们所写的*Politeia*中见到希腊人原先的传统观念的局限性,以及种种的傲慢与偏见。例如,在柏拉图为城邦所设计的蓝图中,人被分为三个等级,金子做的统治者、银子做的卫士和铜铁做的工人和农民。所以一个好城邦所具有

的四种美德中,智慧只属于第一种人,其他人只要有勇敢和节制就行了,而这也即是城邦的最高道德——正义。

在亚里士多德的 *Politeia* 中,非希腊的“蛮族”总是天生的奴隶胚子,不适于有自由而只配当奴隶。他的城邦观念,永远只限于几千至多几万人的狭小范围,因此生活在其中的所有公民,人人都彼此熟悉,城邦治理的范围,站在一个山顶上就能一览无遗。他虽然是亚历山大的老师,但生活中的理想模式还在小城邦上,没有一种世界性的理念。

这些观点,同斯多亚派心目中所追求的人类新“城邦”,无疑是对立的。斯多亚派主张在一个以阳光普照为范围的世界里,人人是平等的,都分有神所赋予的理性,因而都具有赢得自己的自由的潜能和本性,也就不存在什么天生的奴隶或等级划分。剩下来的唯一分别,只在于人是否能够运用其天赋的理性而成为有智慧的人。有智慧的人就有各种美德,就能赢得善、幸福和自由,就能生活在与神、自然和谐一致之中,成为合格的世界公民。这是一种全新的理想,所以他们绝不会赞同柏拉图和亚里士多德的 *Politeia*,而这正是他们要写自己的同名著作的理由。

从这里我们可以明白,为什么同样从苏格拉底出发的哲学研究,会有两种不同的路向。斯多亚派只以苏格拉底和犬儒为师,从来不以柏拉图和亚里士多德为师。我们在后面会说到他们从柏拉图和亚里士多德那里也吸取了许多东西。但那只是在具体的思想和论点的材料方面,而绝不是在理论的基本方向上。他们对苏格拉底的了解和继承,主要不是通过柏拉图而是犬儒派,也就容易明白了。

总之,通过芝诺的 *Politeia*,一种新的哲学开始崭露出来。它所关注的,同苏格拉底、犬儒派一样,是人的生活和道德的问题。犬儒派已经看出原来希腊人的习俗和道德观念的种种缺陷，提出了新的自然的生活哲学。斯多亚派予以继承，进一步从理论上批判了老的城邦概念，明确提出了新的世界城邦的理念和新的人性观念。它是一个同以往希腊哲学大不相同的新型世界观，有着全新的视野和一种超越特殊的普遍性高度。人们总是把柏拉图和亚里士多德当作希腊哲学最伟大的导师。但是，这个观点是值得重新考察的。至少在从希腊化时代开始的一个相当长的时期里，人们所公认的哲学导师并不是他们，而主要是伊壁鸠鲁和斯多亚派。这并非是没有道理的。

第四节　斯多亚派超出犬儒派的重大发展

芝诺跟从克内特即犬儒派有20年之久，但后来还是同他们分开了。他建立起自己的新学派。可见斯多亚派和犬儒派还是有重大区别的。

J.M.Rist 指出，犬儒派有如下的特征：他们首先区别了智慧人和愚蠢人；并认为唯一的标准是美德，此外的一切，包括习俗、制度和可设想的发明等都没有什么价值，对智慧人都没有意义。因为有智慧的人只受理性支配，只接受自然的东西而不会接受人为的东西；他们认为人总是追求自由的，一个人若是自由的，他就会按照自然来生活和行动。但是尽管如此，犬儒们却没有能告诉我们什么是美德，没有对他们所说的“自然”给以正当的规定，也没有试图说明何以自然的行为即是善。第欧根尼没有用一种自然的学说来论证他对于自然的谈论，而只是说自由人的意志决定着什么是合乎自然的。总之，犬儒派缺乏一种自然学说和逻辑学说，来给自己的生活哲学提供坚实的理论基础。①

芝诺继承了犬儒派的哲学思想路线，但认为仅靠惊世骇俗的行为是不够的，必须阐明什么是“自然”和“自由”，使新的生活理想建筑在可靠与充分的研究、论证上，有一个坚实的理论基础。他提出了斯多亚哲学的基本思想，首先是自然（神）学说；他的继承人克里安特加以发展，对神学有重点的强调；克里西普是早期斯多亚派中理论建树最大的一位，在逻辑学方面贡献尤大，著作也最多。他是斯多亚后学引证的主要来源，爱比克泰德在谈到理论问题时主要引证的也是他。这些努力，使斯多亚哲学形成为一个完整的体系。关于这个体系，我们在下面章节中再作具体论述。

第五节　斯多亚派与伊壁鸠鲁派的对立

与犬儒派和斯多亚派同时，怀疑派和伊壁鸠鲁派也以一些全新的姿态出现在哲学史上。他们不仅都对以往的哲学进行了根本性的批判，彼此间也进行着激烈的竞争。但是，它们都是时代的产儿，也表现着共同的追寻，不过立脚点各有不同，因而也各有其重要贡献。

希腊人在城邦共同体没落中，不可避免地变成了彻底孤立的个人。在这方面，他们的感受要比东方各民族更深刻和强烈。因为在进入希腊化之前很久，他们的氏族和家族共同体结构早已瓦解，他们的统一的民族意识也由于城邦的分离和对立而一直比较薄弱，唯一能维系着人们的团结和生存的纽带就是城邦国家。所以城

---

① J.M.Rist, *Stoic Philosophy*, Cambridge University Press, 1969, p.62.

邦国家制度一旦退出历史舞台,人就不再有任何其他的共同体可以依靠。而在东方各民族中,情况就非常不同。这些民族,如埃及人、波斯人、巴比伦人等,都还保持着那些氏族和家族的结构,保持着在这样的结构根基上建立起来的贵族制度和统一的王权国家。这些结构对马其顿人的帝国统治来说,常常是可利用的重要资源,只要这些民族的上层接受他们的统治就行。因此希腊化的进程对这些东方民族的触动不像在希腊人那里深刻。即使像以色列人那样,长期遭受大国的蹂躏,到处流散,也能顽强地保持住他们的以色列统一民族的存在。他们无论到哪里,也总是"以色列家"的人,是一个犹太的民族,有自己的神、圣殿和《圣经》作为精神支柱,有神所应许的在地上和天上的自家的家园。但是希腊人却没有这些依靠,只好变成彻底的无家可归的纯粹孤单的个人,在这个世界上游荡。

从一个方面说,希腊人不再能有自由了,因为以往保护其自由权利的城邦共同体国家不再存在也没法恢复了;但是从另一方面说,他们又更加自由了,连原先的城邦对他们的约束也没有了,成了一个大世界的公民。对于这种彻底化了的个人来说,他们赖以生存的家园只是他们自己。这种个人在世界上的生存的境况和感觉,正如我们前面引述的那样,就像海上遇到风暴的一叶扁舟。个人必须面对这种风暴而生活下去。于是如何求得个人内心的安宁和自由,便是新哲学的共同主题。

皮罗主义和学园派的怀疑论哲学从彻底的感觉主义出发,认为我们所能知道的一切只是现象,而现象总是不确定的,所以我们根本不可能知道世界上是不是有什么确定的东西、真实的东西或真理。他们提出了一套周密严格的说法,证明对于一切命题我们永远都可以提出与之相反的命题,因此论证了对一切命题都必须悬疑。由此他们得出结论说,我们在自己的生活和行为中,根本不必去追求什么被称作真理的东西,一切都跟着感觉和现象走,随遇而安,就不会有什么可烦恼的事情,而达到了心灵的宁静。这是一种混世主义的生活药方。

同怀疑派这种非常消极的世界观相反,伊壁鸠鲁和斯多亚派都肯定自然和人终究是有其真实的本性和规律的,因此人在生活中应当坚持对真理和智慧的追求。只是从前的哲学家所说的还很不够,很不完善,不能解决人的心灵的平安和宁静的大问题,需要提出新的哲学。但是对于这些真理是什么,这两派的观点又有着重大的分歧和对立,因此他们各自提出了一套在新情况下关于生活的真理的学说。

伊壁鸠鲁哲学的特点是最明确和直截了当地主张了个人主义。他用原子论的自然观和原子偏斜的新说,论证了个人能够凭自己的理性智慧获得他的快乐、幸福和自由。而斯多亚派则相反,他们强调自然整体及其法则即是理性或逻各斯,人是自然的一个部分,必须服从这个逻各斯,而人因为特别地富有理性,便能通过学习和训练在思想上行为上自觉地按照自然来生活,这就是善,也就是人的自由和幸福。对自然的整体性和由此而来的世界和人类共同体的坚定信念,使他们断然否定了孤立的个人存在,和单凭他自己就能得到幸福和自由的可能性。简言之,这两派一个发展了个体性原则,另一个发展了整体性原则,水火不容。

但这种水火不容,只是事情的一方面。事情的另一方面是,这两派的每一个都在自己的思想体系和生活实践中包含着对方的要素。证据是:伊壁鸠鲁强调“在智慧提供给人生的一切幸福中,以获得友爱为最重要”。这就说明他还是主张人与人需要彼此联系,而并不是纯孤立的个人。另外,他还是在哲学史上最早最明确提出社会契约学说的人,认为个人与他人、与社会必须建立自由的契约关系,才能保证每个人的安全和自由。还有很重要的一点是,在他建立的学派团体中,妇女和奴隶同其他人处于平等的地位,非常友爱,这就从实践上证明了他的哲学并非主张纯孤立的个人。伊壁鸠鲁主张的个人主义是同主张人人平等、友爱、和谐一致的。

而斯多亚派也是以寻求个人的心灵自由安宁为其宗旨的。他们认为人性结构的第一个出发点是每个人的自保、自爱、自利;每个人生来就有的神所赋予的理性,是一切美德、自由和幸福的根据。由此可见,斯多亚派的哲学尽管以整体主义为基础,并没有否认个人的利益、幸福、自由,同样有着高度的个人主义要素。他们主张的人应当与自然一致地生活,就是主张了整体和个人的一致。

因此,我们对这两派的对立和他们中的每一个都不应作过于简单和绝对化的认定。本来人的生活都是有个体性和相互关系或整体性两方面的,任何哲学家也不能只要其一而否定另一个。在希腊化时代出现的这两派,在处理二者关系时尤其遇到了巨大的张力。因此,他们在强调的重点上出现了重大的差别。

事情的实质在于,随着希腊城邦的没落,原来共同体的丧失,人在实际生活中变成了孤立的个人,也不得不变成这样的个人。这种个人既感到孤独无援,也就不得不逐渐学会只凭自己个人而独立生活、独立思考,同时寻求一个新的可能的人际关系的世界秩序。对于伊壁鸠鲁派和斯多亚派来说,上述处境和思考是相同的。差别只在于,伊壁鸠鲁走了一条最短的捷径,直截了当地就把个人的独立性树立起来做根据,来解决他所面临的生存困境,而斯多亚派则走着似乎是迂回曲折的路。他们与前者一样,也是从个人的处境和问题出发来研究,但是认为个人终究不是原子式的存在,而是自然的一个部分,一个有机生命整体中的某个肢体,所以每个人何以自处的问题，是不能仅从个人的基地上获得解决的。因此，首先要明白自然和人类社会的整体性的本性，明白作为个人的我在其中的自然本性、地位和结构，然后才能求得个人问题的解决。这样，两派哲学就显示出了巨大差别和对立。

这一章只以概述斯多亚派哲学的由来，以及它与柏拉图、亚里士多德的关系，它和同时代的伊壁鸠鲁派的关系为限。这对于了解爱比克泰德和斯多亚派哲学都有重要关系，也是后面叙述的必要准备。其中某些具体的论点，要到后面才便于展开说明。

附注：A.A.Long 在其《希腊化哲学》一书的第二版序言（写于1985年）中说，对于希腊化时代的哲学开展认真的研究，力图恢复其原貌的工作，只是到新近的十年才有了重大的进展。以前人们总是认为柏拉图、亚里士多德才是希腊哲学的顶峰，对后来的哲学评价不高。这种情况，到20世纪中期之后渐渐有了改变，认识到希腊化哲学有自己的独特的重大贡献。A.A.Long 本人就是这些学者中的一个主要成员，他和 D.N.Sedley 合作编辑了《希腊化哲学家》的资料集，自己还写了几部著作。还有一些学者也作出了很有研究深度的贡献。

第三章　在哲学的入门处

凭神灵的名义，让我见到我所渴望见到的一个斯多亚派的人！

——爱比克泰德

第一节　研究爱比克泰德的方法和顺序

在谈过他的生平、时代背景和他所属的斯多亚派哲学的由来之后，我们就可以进入论述爱比克泰德本人的哲学思想了。但是他的哲学突出之处是强调运用，在运用于具体生活实践中发展斯多亚哲学的理论。这样，若单从理论的角度看，他的哲学就显得不那么系统。另外，在这样的运用和发展中，他必然会以十分压缩的形式和改造过了的形式，来继承、使用和发展他的哲学前辈的成果。因此，对于我们当代的读者来说，了解时就会发生许多困难。

本书既然要向读者介绍他的哲学，并且希望能有一个清晰的线索，就不得不多做一些必要的预备工作。我希望以下的介绍和论述顺序会有助于解决有关的困难。

首先，我们应该弄清他的哲学观。这在某种程度上也可说是斯多亚派的哲学观，不过，就是在斯多亚派的群星中，也只有爱比克泰德才不仅在理论上，而且在实践上达到了与之相称的水平。而斯多亚派哲学本来是以生活实践为目标的哲学。所以他对什么是哲学和哲学家的观点,具有一种特殊的意义。

对于什么是哲学和哲学家,学者们似乎都认为自己已经了解得很清楚了。其实大不然。人们对哲学通常有个概念,但是并不能说都是明确和正确的,更不能说是深入抓住了实质的。例如把哲学主要只看成是一套形上的思辨理论,或一套逻辑上能自圆其说的理论体系,就是相当流行的观念。这种理解并不算错误,因为哲学总需要一套根本的理论;但是,我们却不能说这样的看法就真的抓住了哲学本身。

在哲学的历史上,柏拉图、亚里士多德、康德和黑格尔是有巨大体系的哲学家,但是,恕我大胆,我认为他们还算不上是最有原创性的哲学家。比方说,柏拉图和亚里士多德的思想虽然伟大深刻,但是他们的精神导师还是苏格拉底,而康德、黑格尔的真正思想导师是卢梭,这是他们自己承认的。他们是在这些导师的深刻思想的启示下,被激发起来,并按照他们的精神导师所指引的方向再深加研究,才产生出来的。所以最有原创性的哲学家,归根到底还得数像毕达哥拉斯、赫拉克利特、巴门尼德、苏格拉底和卢梭这样的一些人。他们是哲学的真正开路人。一个人要学哲学,必须首先注意究竟为什么要去学它,究竟什么才能算作是真正的哲学和哲学家,而在澄清这样的最根本的问题时,我们必须抓住原创性的所在。

这并不是说我们只能从上述的那几位来谈哲学,而是说应当取法乎上、直溯原创,才有利于把握和理解对什么是哲学和哲学家的各种看法之究竟。爱比克泰德对哲学和哲学家的见解,是直溯苏格拉底和他认为是在理论和实践上与之相符的那些人的。他本人则是在新的时代境况中发扬这一见解,并全身心地作出了努力。因此,爱比克泰德在这方面的观点是我们首先要关注的。

然后,我们就要介绍和论述他的哲学内容。他的哲学重点在伦理学,而伦理学作为人的生活行为的指导,是依据其人性学说的。进一步说,关于人性的学说又必须以其自然哲学为最终的理论基础。所以,我们在谈爱比克泰德的哲学内容时,必须先从扼要讨论斯多亚派的自然哲学开始,然后是他们的人性理论,再后是他们关于人的行为心理学的相当深入的研究。因为爱比克泰德的伦理学正是以上述成果为前提才能提出来的。

爱比克泰德同其他斯多亚派哲学家一样,高度重视他们的逻辑学。因为斯多亚哲学的自然哲学、逻辑学、伦理学三部分是有机整体,相互密切联系渗透,缺一不可。但是本书将不详说斯多亚逻辑学的那些具体内容,因为那不是爱比克泰德学说的重点。对于本书的读者来说,知道斯多亚逻辑学在其整个学说中的地位和重要性也就可以了。

在介绍和论述了上述内容之后,我们就可以集中全力来研讨爱比克泰德本人的那些最有独创性的核心论点了。它仍然是同斯多亚派的整个体系,同前辈们的成果相联系的。而正是在这种联系中,我们才能认清他本人的哲学的新发展和独创之所在。

第二节　哲学的应许甚大,门却是很窄的

爱比克泰德对于什么是哲学和哲学家,有不少深入的论述。他特别看重这一点是有很强的针对性的。在这些论述中,他自己的哲学的特色也得到异常鲜明和集中的表现。

这些论述是在许多具体的场合的情景中发生的。我们先以其

中一段对话的故事为例，然后再谈他的其他诸多有关表述。

1. 哲学是能使人如意、幸福和自由的学问

有个名叫纳梭的罗马人带着儿子到爱比克泰德这里来，听了一堂课。爱比克泰德对他说，“这是我的教学方法”，就不再说话了。这人请他再说，意在求教什么是哲学。爱比克泰德回答说，任何技艺，对初学而没有经验的人来说，总是乏味和累人的。产品才会显出它的吸引力。制鞋、木工、音乐如此，哲学也一样。

他接着说，哲学是什么呢？它能使人的意愿同发生的一切事情和谐，不会遇到违反他的意愿的任何事情，也不会有任何不如意的事情发生。学习哲学的人，在其能力范围内对自己所求的决不会失望，决不会落到他愿避免的境地。这样，他的生活就摆脱了烦恼和畏惧而得到了自由，并且在社会中能保持他所有的自然的和获得的人际关系，当好一个儿子，一个父亲，一个兄弟，一个丈夫，一个妻子，一个邻居，一个同伴，一个公民，一个统治者，一个臣民。①

爱比克泰德的这些话，表明他的哲学向人应许的是多么大。我们的孔夫子说他也要到七十岁才能做到“从心所欲不逾矩”。而爱比克泰德则认为，无论是谁，只要学到他的哲学，就能达到这一目的，并能得到人伦和谐。此种应许岂不是更大了吗？显然，他对哲学的这一见解，和我们中国传统哲学的基本价值观颇有类近之处，读来亲切，引人注目。关于此中同异，后面再说。这是第一点。

---

① 爱比克泰德：《论说集》(*Discourses*)，3.14。

2. 哲学研究学习的是关于自然即神的知识

接着，他说，我们就要研究如何能达到这个目的，就像做个木匠或舵手要学习有关的知识那样，只有愿望是不够的，必须学习。我们第一要学习的就是：有一个神，他的意旨指导着自然整体，什么都瞒不过他，不仅我们的行为，也包括我们的思想和意图；再就是要学习众神是怎样的，因为在他们身上所见到的性质，正是敬神的人要努力模仿的。如果神性是信实的，他也必须信实；如果神性是自由、恩惠和高尚的，他也必定是自由、恩惠和高尚的；总之在他的一切言辞和行为上，都要模仿神。[①]

按照他所遵循的斯多亚哲学理论，人是整体自然的一个部分，因此，人要求得自己的幸福和自由，必须顺从自然；人要认识他自己，必须认识自然。先认识整体自然，才能认识作为其中一个部分的人在自然中所处的位置，认识他所具有的本性（人的心性）。他们所说的整体自然也就是神治理的世界。所以认识神、顺从神，即是认识自然和在行为上顺从自然，包括整体的自然和人所具有的那部分自然。哲学的基本知识就在于此。爱比克泰德在这里用简略的词概括了它。

这是第二点，也是我们在本书往后所要介绍的主要内容之一。

---

① 爱比克泰德：《论说集》（*Discourses*），3.14。

3. 学哲学的最难点和关键处：承认自己在最根本的问题上无知

那么，要从何入手？ 他说，首先要弄懂名词概念。

纳梭问：我现在不懂它们吗？

—— 是的，你还不懂。

—— 那我如何使用着它们？

—— 正像牛也运用它的表象，写作不好的人也写那样。使用是一回事，理解则是另一回事。要是你以为懂了，请以任一个词为例，让我们来检验一下，看看究竟如何。

纳梭说，这对于一个像我这把年纪，又经历过三次战役的人来说，要遵从这种检验是不愉快的。

按照罗马皇帝颁布的法令，有过三次战役经历的人有资格当市元老院成员。纳梭是个有上层地位的人，他觉得要在基本知识上接受检验是难堪的。

爱比克泰德对他说：我很知道，你到我这里来，像是个一无所求的人。你还要什么呢？ 你富有，有妻子儿女，有一群奴仆。皇上知道你，你有许多朋友在罗马。你知道如何得到好处，又能对反对你的人以报复。你还缺什么？ 如果我证明了你缺了对幸福最为必需和要紧的东西，你虽然努力于各种事情，却没有做你本应做的，一句话，你还不知道神是什么，人是什么，善是什么，恶是什么，那可以吗？ 如果我说你对别的无知，你还能忍耐着听，但若我向你证明你对你自己的自我无知，你如何能忍受，如何能有耐心接受我的质问，还同我谈下去？ 那就完全不行了。你就会立即抗议，并且离开。

那么，—— 爱比克泰德接着说，— 我做了什么伤害你的事了吗？没有。除非我们能说一面镜子伤害了人，因为它照出了你的丑；或者，一个医生被认为是伤害了病人，因为说出了人有病。我只是对人说，你的意欲在发烧，你想避开的是天理，你的意图不一贯，你的行为动机与自然不和谐，你的意见混乱和谬误。你就受不了了，说是我伤害了你。①

在这里，爱比克泰德重点指明：虽然哲学贡献于人的，是对一个人来说最最要紧的东西，但是对他来说又是一件最难的事情。因为这里有巨大的障碍，这障碍不在别处，就来自他本身。每个人都向往幸福和自由，但是不仅对它无知，还总自以为是，喜欢自以为是。这种自以为是恰恰保护了他所有的妄见，使他对真理视而不见。

所以，对于一切想进哲学之门的人，第一件要事，就是要破除这个自以为是的拦路虎、绊脚石。大多数人不容易接受这一点，他们很难承认自己在最起码的做人的道理上真正无知。那些有地位和权势的人放不下架子，总以为自己了不起，就尤其难以接受说他是个真正无知的人。因此真理之门对他们是太窄了。不是真理不让人进它的门，而是他自己害怕真理：因为对人来说，第一个最根本的真理，就是要面对自己是个无知的人的事实或真实，这一点不能承认，如何能进入真理、智慧和哲学的大门？

因此，苏格拉底最重要的一句名言就是人应当“自知其无知”。他所说的人应当承认的“无知”是指对什么的无知呢？是指日常生活的各种实用性的常识，各种自然科学的和社会科学的知识吗？不是。他关心的只是如何做人，人应当怎样生活和行为才好（善）的知识。他认为一般人所说的做人好、生活好的认识，其实不

① 爱比克泰德：《论说集》（*Discourses*），3.14。

是真知，因为它并没有能引导雅典人走向善，相反，使人的灵魂和行为腐败堕落。生活在当时雅典城邦并热爱着祖国的苏格拉底，亲身经历了它在伯里克利时期的高度强盛文化繁荣和在伯罗奔尼撒战争中走向衰落的历史变迁，这使他深深思考究竟什么是善的根本问题，推动他像一只牛虻那样，对雅典人的生活和道德，对兴盛一时影响普遍和巨大的智者哲学进行深深的反思和批判。这时期的雅典已经是希腊哲学的中心，在以往哲学的成就基础上，他把哲学关注的重点完全转移到人事方面来，并集中到什么是真正的善上来。并且这种批判和探求既然是实践的，是关系到人之为人的最深刻的所在，所以反思者本人必须首先反思，于是，他发现了他自己对什么是真正的善其实是“无知”的，只有“自知其无知”才能推动人去思考他自己，寻求他的真实的自己。因此他认为“自知无知”是哲学的根本、精髓和真正入门处。

因此，“自知无知”是哲学的眼。它最关键，人要想获得生活实践的善的知识并使之成为生活的实践，第一步就在这里。但是人要迈出这一步恰恰也最难。这也正如《圣经》上的一个故事所说的那样，一个年轻的富人想追随耶稣，耶稣叫他把自己的金钱送给穷人，教导他真正的财富在天上，这个年轻人就低下了头溜走了。所以耶稣说，有钱的人要想进天国，要比骆驼穿过针眼还难。所以《圣经》上说，“真理之门是窄门”。

爱比克泰德开头为什么不愿向纳梭多说？无非是这个缘故。谈了也果然发生了思想冲突。他虽然言辞委婉，可提出的问题极为锋利，因为事情的实质就在这里。爱比克泰德在这方面经验太丰富了。他说过这样一件事，有一次，当他对某个人指出在实际行动上并不是自己的主人而只是个奴隶时，那人很恼火，举起手来要打他。所以他说，他的哲学活动现在并不是很安全的，尤其在罗马。①

所以在爱比克泰德看来，研究和学习哲学是一场真正的斗争。理解这一点，才谈得上学哲学，才能知道什么是哲学和哲学家。

第三节　哲学是为己之学，不是装潢和谈资

对于在讲哲学中思想不一贯和言行不一致的人和风气，爱比克泰德批评得最多最尖锐。他说：你会三段论，为什么遇事还心烦意乱？你说的道德格言和教训一点用也没有。你是在给谁说？只是讲给别人听，让别人去用吗？你会说："三段论难道没有用？"我要说它们是有用的，如果你需要的话，我会向你表明它如何是有用的。一个患痢疾的人问，醋是否有用，我会说，是的。"那所以它对我有用？"那我就要说，不，——你要先治好拉肚子，让肠胃痊愈。你们也一样，先要治好你们的溃疡，不再拉肚子，在你们的心灵中建立平安，摆脱烦恼，然后你才就会知道理性的权能所能做到些什么。②

哲学是给人治疗心病的，首先是给每个人自己治疗，然后才谈得上去帮助别人和教导别人，然后学习逻辑，学习三段论，学习种种的理论才有作用。

因此，爱比克泰德在各种不同场合，对那些以哲学作装饰来炫耀自己，把读书和理论研讨当作谈资的人，多次进行了针对性很强的批评。他说，你们会"主人"论证（斯多亚派逻辑中的一个著名

① 爱比克泰德：《论说集》(*Discourses*)，3.12.17-25。

② 爱比克泰德：《论说集》(*Discourses*)，2.21.20-22。

论证），但是，你在船上遇到风暴时是怎样做的？ 你在恺撒面前的行为是怎样的？ 在你面对死亡、监禁、剧痛、流放、羞辱和危险时怎样做？ 这时你知道什么是善和恶吗？ 如果不，你还有什么可骄傲的？ 你为什么自称是一个斯多亚派？ "凭神灵的名义，让我看到我所渴望见到的一个斯多亚派的人！"[①]

我们知道，斯多亚派从来就以教导生活伦理道德之善作为自己哲学的任务，也即是教人如何做人。但正因如此，要做一个斯多亚派，最重要的问题就不仅在哲学的理论上，而是在哲学的实践中。理论的意义全在于实践。用这个标准来衡量，许多号称斯多亚派的其实还不是，算不上一个真正的斯多亚派，算不上得到了自由。我们知道，斯多亚派有一位哲学家塞内卡是十分著名的，但是按这个标准衡量就很有问题了。所以，尽管他是最靠近爱比克泰德的前辈，爱比克泰德却从来没有提到过他。爱比克泰德谈得最多的榜样，是苏格拉底和犬儒第欧根尼。他谈到芝诺、克里安特和克里西普的地方虽然较多，但也多在哲学的理论建树方面；而在实践上可引为典范处也很少。可见，爱比克泰德是向他自己这一派人提出了一个最为尖锐的问题。

以道德实践为关注焦点，绝不意味着爱比克泰德不重视理论。但是在他看来，因为哲学只是为人生活得善和自由服务的，所以唯有实践，自己生活确实得到了善，讲哲学和理论才有意义。爱比克泰德对斯多亚哲学的所有新贡献，就是从这个根本点上生发出来的。

---

① 爱比克泰德：《论说集》（*Discourses*），2.19；3.1；4.8；3.23；等等。

第四节　自知对良知（prolepsis）之无知

哲学是为己之学，其入门就是"自知其无知"。苏格拉底提出的这个命题，是同他的另一个哲学的根本命题联系在一起的。这个命题就是"认识你自己！"它对人的生活与道德是绝对命令，也是哲学的根本任务。爱比克泰德完全按照苏格拉底的教导来对待哲学并教导他的学生，并且有所发展。

他对纳梭说，你对那些最最普通的名词概念，如神、人、好坏善恶，是不是懂了？如果你认为自己懂，该不该检验一下是真懂还是没懂？连这都不敢、不能，如何能学哲学呢？哲学岂不就是要做这种事情的工作吗？—他在这里所说的，就是要纳梭明白"自知其无知"，从而启发他去着手"认识"他"自己"。以纳梭为例，一个人应当认识的是自己的什么呢？是对自己的什么还无知呢？是人人天天都在使用的"最最普通的名词"，并且因此人人都以为自己对它非常明白。

这些最为普通的名词，是指那些人人在生活和行为中都必定具有的、天天要用的最基本的观念或概念。它们根植在人心之中。用爱比克泰德《论说集》中所使用的斯多亚派语言来说，它们就是 prolepsis（希腊文 προλήψις 的拉丁写法）。

这个词不容易翻译。英文中通常译作 preconception，有些照猫画虎、望文生义的中译者把它译成"预知"或什么"前概念"，这样一来，古代作者就成了一些文义完全不通的作家，我们完全不知其所云了。关于这个问题，我在《伊壁鸠鲁》一书中曾讨论过。[①]但是那里所说的这个词的意思，除了它的一般意义，还有伊壁鸠鲁

① 杨适：《伊壁鸠鲁》，东大图书公司1996年版，第119—123页。

赋予它的特殊含义。斯多亚派的哲学观点与此有别，所以还需要作些进一步的解释。

在希腊化时期的哲学家中，伊壁鸠鲁派和斯多亚派都使用了这个词，用它来指称每个人心中本来具有的，可作为在自己生活和行为中时时拿来当作指导的观念，也就是判断行为是否正确恰当的衡量标准。προλήψις，由 λήψις 加上前缀 προ-（“在前面”）组成。λήψις 是从动词 λαμβάνω 来的动名词，意指“拿着”、“抓住”、“得到”、“接受”，等等。所以合起来便是指“原先已经抓住了的东西”。人们在当下面对一个对象的时候，总会用他先前已经得到的某个知识来加以衡量；这个知识对他当下来说，就是他“先前已经得到的东西”。pre-conception 这个英文译法指的也是这个意思。但中文中的“预知”指的却是当下对将来未知事物的推测，这样就把词义正好弄反了。

人在一切需要行动的场合，心中都有原先自然而然地形成的一些先前已经具有的观念。由于它是自然形成的、人人都有的，因此具有共同性或普遍性，并且被人视为正确和不成问题的。因此大家都用它衡量自己和别人的行为是否正当正确，并用来作为彼此进行交流和求得一致见解的基本准则。这是伊壁鸠鲁和斯多亚派一致的看法。但是由于伊壁鸠鲁派以原子式的个人的感觉作为认识的唯一来源，便把 prolepsis 解释为是从他的感觉经验来的，是他在先前生活中种种感觉知识的积累和储存。而斯多亚派的理解有所不同，他们强调的是，人是整体自然的一个特定的部分，有其特定的自然结构和本性，因此人按照他的本性，就有对于自己应当如何生活和行动的某些原初观念，这些观念有其天然的正当性。

这个意思爱比克泰德说得相当清楚。他说，我们来到世上并没有天赋的关于直角三角形的概念，半音阶的音乐概念，因此没有这种知识的人不会认为自己有而无需学习。但是谁来到这世上,没有关于善和恶、高尚和卑下、适宜和不适宜、幸福与悲惨、应当和不应当这些概念呢? 因此我们都用着这些名词,都致力于把我们的prolepsis运用于特殊场合。人人都在说这样的话,如"他做得对"、"应当这样"、"不该这样"、"他不幸"、"他幸运"、"他正派"、"他做得不公正",等等。谁会说我们不能使用这些词呢? 同我们对几何学、音乐之类的知识的看法不同,人们会认为,只要不懂,我们就不能运用这类知识和概念,因此必须先学。但是我们在用prolepsis这些词和彼此交谈时,并不认为我们对此没有知识,而需先对它学习一番。其原因就在我们来到这个世界时,已经受到自然给予我们的教导。从它开始,我们再添加其他有关的知识。[①]

由此可见,斯多亚派所说的prolepsis同我们中国人所说的"良知"、"良能"在含义上非常接近。孟子说:"人之所不学而能者,其良能也。所不虑而知者,其良知也。"[②] 这个定义同上述爱比克泰德的解释如出一辙。阳明心学以"致良知"为宗旨,也同爱比克泰德所主张的以prolepsis为人生思想行为和哲学的原点的观点极其类似。所以,我想,用"良知"一词来翻译它不仅对我们比较亲切,也是比较恰当的。这样翻译还有一个更大的好处,是它有助于使我们清楚地见到,西方人也有他们的心性论哲学,从而也会有助于开展中西哲学心性论的切磋。

不必说,这种用语和思路上的一致,并不等于内涵相同。毋宁说,正是由于都重良知,都强调要致良知,才更显示出彼此的重大差异来。因此,比较和切磋起来就特别有兴味。仔细分析其同异,是

---

① 爱比克泰德:《论说集》(*Discourses*),2.11.3-6。

② 《孟子·尽心上》。

我们本书关心的重要方面之一，所以后面我们会时常谈及。这里不妨先提出一二，供我们注意。其一便是，孟子和阳明所说的良知良能的内容，中心只在人伦之道。在上引孟子提出良能良知概念那两句话后面，紧接着就是："孩提之童无不爱其亲者，及其长也，无不敬其兄也"，阳明也说，"心自然会知，见父自然知孝，见兄自然知弟，见孺子入井自然知恻隐，此便是良知"[①]。但在斯多亚派，良知良能虽然同人伦性的内容和道德有关，中心却不在于此。他们把人对神和神意的虔敬（以对自然和世界的整体性依赖意识为基础）放在良知的第一和基础的地位，同时又突出了人性中个人自利的原初性和个体性原则。这是大为不同的一点。

更加突出的另一差别是，我们的"致良知"中的"致"只在"扩充"。阳明说："孩提之童无不知爱其亲，无不知敬其兄，只是这个灵能不为私欲遮隔，充拓得尽，便完完是他本体。"[②] 由此可见，在我们的传统哲学中，对"致良知"的理解，主要只在把良知扩充出去的一面，而对我们在扩充和运用良知时是否首先需要反思和严格检验自己对良知的认识，却很少注意和强调。更确切些说，即使我们事实上也少不了这后一方面，但是在哲学上却从来没有明确的提法和意识，也就缺少对此的一系列的功夫。可是爱比克泰德却不是这样想的。他特别强调人其实对自己的良知无知，也就是说，尽管人人生来都有良知，却并没有对它有真知，而这恰恰是人在道德行为上总是有问题的根本所在。因此，唯有承认自己在良知上是无知的人，才能开始谈哲学，才能通过澄清自己的良知，在行为上实践良知，成为有道德的人。这个差别是非常重大的。

---

① 《阳明全书·传习录上》。

② 《阳明全书·传习录上》。

在苏格拉底的“自知其无知”中已经有了这个思想,爱比克泰德在继承中明确指出,需要“自知其无知”的那个东西不是别的,就是人人自以为知而其实还没有真知的“良知”。这样就使这个命题的意义更加明朗了。他认为哲学的起点就在于此,并且是通过实践来阐述这一点的。因为人有良知的意义和作用,全在于把它运用到具体场合。而在运用中,人们就会发现,他们对良知的理解实际上不一致,有好坏和正确错误之别,会犯种种过错。这些行为表明,人们对良知其实是无知的。所以最重要的事情,就是要从实际运用中,去反省和检验自己,从而发现和承认自己对良知其实还是无知的。这就不是只讲扩充就行的事情了。

人们不免要问,良知岂不就是一种知,说人人都有良知又说对它无知,岂非自相矛盾? 但在苏格拉底和爱比克泰德等斯多亚哲学家看来,这个似非而是的悖论,正是做人和哲学的关键处。要分清两种“知”的差别:良知是不学而知的,但是他有良知,遇事还是不清楚该怎样做,还不断地在道德上犯错误,这就证明他还不会运用其良知,而这种不会运用,反过来又证明了他对良知本身其实还没有真知。在这个意义上他对自己的良知还是无知的。承认了这一点的人,才有可能澄清自己的良知,才能谈学哲学,即学习做人的真知(真知意义上的良知)。

或许有人还会说,阳明主张“去私欲”不就是对良知的批判性反思吗? 是的,但阳明的意思只是说,应当用良知来否定“私欲”。这就还不能算是明确了应对良知本身进行反思和检验。在阳明心学看来,良知本身是无可检验、无需检验的完满的知。所以,在这点上,斯多亚派的学说同中国传统哲学更有重要的分别。

我以为爱比克泰德所讲的这点值得我们关注和借鉴。

第五节　爱比克泰德论学习哲学的方法和步骤

爱比克泰德如此注重实践，在哲学的理论研究和教育训练上便有一系列的新特色。我想以下几点是很可留意的。

1. 斯多亚哲学以自然必然性为其理论基础，又要肯定人有自由，二者的矛盾不易处理。在爱比克泰德这里，既坚持了自然必然性，又把自由发挥到斯多亚哲学中所可能达到的极致。他认为人生是一场战斗，做一个人，就要做一个去奥林匹克赛会并努力成为胜利者的人，这样的人才具有真正的品格。要像一头公牛那样，面对狮子的攻击时，他觉察到自己的力量，冲向前去保护整个牛群。他主张的“公牛”精神是非常鲜明的。可以说，决不要当奴隶，高扬人的自由，是其哲学的中心点，拱心石。应当说这是他在斯多亚哲学家中最有特色和贡献之处。

2. 他提出了“什么是在我们权能之内的和什么是此之外的”基本划分，作为论证和确立自由，正确处理必然和自由关系问题的关键。

3. 在学习哲学即是学习如何“正确运用表象”的总提法指导下，他提出了要成为善和高尚的人所必须训练的三个方面：关于好恶的选择；关于行为驱动力的选择；关于理性“同意”在行为中的决定权的运用。斯多亚派长期从事人类行为心理学研究，有许多重要成果，爱比克泰德运用了这些成果并有了新的发展。

本书后面将对上述几个基本的重大问题，分别作介绍和评述。对于以实践道德为宗旨的爱比克泰德哲学来说，自然哲学是其根本的基础。让我们下面先从这个问题谈起。

第四章 论自然

现在我们来谈爱比克泰德和斯多亚派的自然哲学，因为他们的伦理道德哲学是以他们对人的心性论为根据的，而人的心性归根到底来自“自然”、来自“天”或“神”。天人关系为什么一致和如何一致，不仅是中国哲学的根本问题，同样是他们的哲学的根本问题。所以，要认识他们的道德学说，必须从他们的自然哲学说起。

第一节 斯多亚哲学体系三个部分的有机统一

斯多亚派认为他们的哲学体系是一个有机整体，其中的三个部分，自然学、逻辑学、伦理学有着紧密的内在联系。他们对此提出了几种比喻。其一是把哲学比作一个动物，逻辑学像骨头和筋腱，伦理学像肌肉，自然学像它的灵魂。另一个比喻是把它比作一个蛋，逻辑学是蛋壳，伦理学是蛋白，自然学是最核心的蛋黄。或者再比作一片丰饶的田园，逻辑学是围着它的篱笆，伦理学是结出的果实，自然学是土地和树木。或者再与之类似的把它比作一个有坚固设防的、由理性来治理的城市。[①] 这些比方都说明，在三者中，自然

① D.L.，7.39-40.

哲学处于核心、灵魂和基础的地位，伦理学是靠它做基础所结出的果实或目的，逻辑学则是整个过程得以正确进行的保证。三者各司其职，彼此有别，又互相保持着密切的关系。

认真研究他们学说的人可以见到，这样三部分的有机联系，从根本上说，是因为在斯多亚派心中，它们各自的核心概念原本是相通的，甚至可以说原本就是一个东西，只是表现和作用有所分别。这一点我以为是最可留意的。

我们知道，斯多亚哲学的宗旨，若用一句话来表示，那就是"与自然相一致地生活"。人应当如何生活是伦理学所要研究的事，而这只能从"与自然一致"中去寻求，那就要认识自然，便是自然哲学的事了。若问这"一致"何以可能？岂不只是因为自然与人原本是贯通的吗？而那贯通的东西就是逻各斯或理性，它即是自然的真正所在或灵魂。所以，所谓人应当"与自然相一致地生活"，就等于说"与理性（逻各斯）相一致地生活"。为了认识和在行为上与自然、逻各斯一致，学哲学的人就必须学习研究逻辑和逻辑学。

可见，人要与自然一致地生活，这个根本命题，在斯多亚派看来既是伦理学的，也是自然哲学的，也是逻辑学的。或者说，在他们看来，由于自然同理性（逻各斯）原为一，而人、人性和人的行为原来就是这个自然或逻各斯的一个部分，三者贯通，所以人便有可能、有必要在自己的生活中与自然和逻各斯相一致。

因此，斯多亚派的自然哲学绝非单纯的物理学，也不同于早期希腊哲学中的"论自然"。它不仅讲了自然本身，也讲了人的自然，讲了二者在逻各斯上的贯通和分有的关系。并且，可以说，其中讲人的自然（人性）的部分才是关注的中心问题，因此，它是一种有着人学—伦理学内容的自然哲学。

第二节　希腊人对“自然”与“人为”研讨的发展

希腊哲学一直有以自然为本原和本体的哲学传统。智者和苏格拉底把哲学的中心转向人本身，“认识你自己”的努力使希腊哲学极大地深化了。同时，如何看待人和自然的关系也成为一个新的重大问题，推动着哲学的继续前进。当时思想界发生的 physis（φύσις）和 nomos（νόμος）之争，就表现了这两种进展过程的彼此交替和互相推动。

在希腊语中，physis（自然）指一切自然而然的事物；nomos 则指人们在社会共同体中形成的风俗习惯，后来扩展运用于指称法律、协议、规章制度，等等，便成为泛指各种人为约定东西的词。为了方便起见，我们简约地把这两个词译为“自然”和“人为”，但要请读者随时留意它们在希腊人那里原来所具有的含义。

早期的希腊哲学家们所研究的“自然”，是把“人为”的事物包括在内不加分别的。因为人们的共同体及其生活习俗原有其自然而然的性质，那时希腊人的观念也就没有把二者分开。到了希腊人终于战胜了波斯入侵，并在几次巨大改革中建立起雅典和整个希腊的古典繁荣时，情况便有了重大改变。人们看到了自己的伟大创造能力的作用，便日益意识到“人为”同“自然”的分别。人为的事物，像城邦的伦理道德、社会习俗、法律政治，等等，是可以由人自己的努力来加以变更的；而且在不同的地方和时间各不相同，标准不一，都说明它们不是自然的事物。于是，思想家们便把二者分别开来。并对二者的关系深加注意，开展了讨论。

讨论中有两种倾向，从表面上看似乎是很对立的。一种认为“人为”优于“自然”，如普罗泰哥拉等智者。例如智者克里特亚说：

"更多的人是由于学习而不是由于好的本性（自然，即 nature）而变好的。"[①] 只有好的自然禀赋是不够的，更要靠人为的努力，人才能支配自己的命运，使自己生活得好。

另一种观点是强调人的本性（自然）具有不可抗拒的作用，是必然的、正当的、无可指责的，也是普遍共同适用的法则。一切人为的法律和习俗都应当以自然为准绳才是正当和正确的。

他们认为，当时的那些法律和习俗观念并不公正，原因就在于违背了自然。例如智者希庇亚说："我认为是因为有益于城邦，人们才制定法律的。但有时候如果制定得不好，那就是有害的。"[②] "根据自然而不是根据人为，你们都是我的亲人、朋友和同伴。按照'自然'同类相联，但'人为'是人类的暴君……谁了解自然，他就是希腊人的领袖。"[③] 他还认为有智慧的人必须懂得自然的知识，现在法律的缺点太多，必须代之以全人类共同的法律。[④] 安提丰更从"自然"优于"人为"中，批评了当时的法律和习俗的种种弊病，认为它们是自然的桎梏，根据这种认识他引出了一种包含着世界主义因素的普遍人类平等观念。他说："人们尊重那些出身高贵家族的人并赋予他们荣誉，但对那些出身低贱的却既不尊重也不予以荣誉。我们这里是这样，我们的邻人野蛮人也是这样。实际上按照自然，不论是哪里的人，是希腊人还是野蛮人，生下来都是一样的。"[⑤]

---

① Untersteiner, Mario, *The Sophists*, Oxford, 1954, Vol.4, p.271. 转引自汪子嵩等《希腊哲学史》第二卷，人民出版社 1993 年版，第 208 页。

② 柏拉图：《大希庇亚篇》，284D。

③ 柏拉图：《普罗泰哥拉篇》，337D。

④ 塞诺封：《回忆录》，第 4 卷第 4 章。

⑤ 转引自汪子嵩等《希腊哲学史》第二卷，人民出版社 1993 年版，第 224 页。

这种以“自然”应高于、优于“人为”的观点,对后来希腊人和希腊化罗马时期的人,以至全部西方历史上的道德观念和道德哲学,是占主流的意识。

但是,从同样的“自然”原则出发,也可以得出完全对立的“道德”意识和哲学。这种对立在当时和直到近代和现代西方的实际生活中,特别在政治和经济的实际行为中,常常起着重大的作用。是我们同样应当注意的。

在强调自然优于人为的观点中,也有不少人据此论证了强者应当统治弱者,弱者应当服从强者的主张。这一点从修昔底德的《伯罗奔尼撒战争史》中雅典人同其他城邦的代表之间的辩论可以看得非常清楚。它代表强者的意志,在雅典还很强大时,它是雅典人中相当流行的观念。①

年轻一代的某些智者说,弱肉强食就是最自然的真理。如塞拉西马柯就说“正义不过是强者的利益”②。卡利克勒斯更明确系统地发表了这种观点。他说:“我的看法是:制定 nomos 的是作为多数人的弱者,正是他们为了自己的利益制定了 nomos,确定赞成和指责的标准。为了防止强者超过他们和得到超过他们的利益,他们就吓唬强者,说什么超过别人是可耻可恶的,所谓不义就是追求超过别人的利益。我想如果低等人享有了平等地位,他们就心满意足了。但是按照我的看法,physis 本身显然是让强者超过弱者,让一些更好的人拥有高于不好的人的利益,认为这才是公正的。纵观一切动物,以及一切城邦和人,都概莫能外。所谓正义,就是强者对弱

---

① 见 Thucydides,*History of the Peloponnesian War*,BK 5,Ch. 7,The Loeb Classical Library,1980。

② Plato,*Republic*,338c.

者的统治和强者的利益。”[1]

在柏拉图对话中，苏格拉底听完了卡利克勒斯的长篇议论后不无感慨地说：“真的，你说的是别人心里想说但是不情愿说出的话。”[2]

当我们深入观察智者和苏格拉底时代的这场关于“自然”和“人为”的争论时，我们看到它的内容是何等丰富，观点何等明朗！它是在希腊人生动活泼的历史生活、民主制的政治和思想讨论中发展起来的。正是这种历史、生活和讨论，有力地推动着希腊思想和哲学的更新。

我们可以清楚地见到，那种主张“人为”优于“自然”的观点，虽然表面上同主张“自然”优于“人为”对立着，从根本上说来其实并不矛盾。因为它们都表现了历史前进的要求，起着探索和推动历史前进的作用。例如主张“人为”优于“自然”的看法所针对的“自然”，指的只是那些古老的习俗传统，它现在已经妨碍了雅典人和希腊人前进的新创造活动，所以他们便突出了“人为”更重要。而那些相反的否定和批评“人为”，主张回到“自然”的意见，是由于他们看出许多人为的东西，如法律和观念，等等，也已显出了重大的缺陷和局限，需要再加批判和改造；而这种新的改变只有返回“自然”才能得到依据。可见它绝非简单地返回古老的“自然”习俗和非常素朴的观念，而是要根据历史和现实的丰富经验，以全新的观点来重新解释和规定什么是“自然”。例如，对人类平等的观念和主张，显然就不是原先所可能有的一种自然观。而弱肉强食、生存竞争之类的自然观，也是希腊人从自己的历

---

① Plato, *Republic*, 483 b-484 a.

② Plato, *Republic*, 492 c.

史生活经验和现实利益的立场重新观察和解释自然而得来的一种看法。

我们中国人从先秦起对自然和人为的重大问题,就展开了讨论。它同样是我们哲学中的根本问题：天人关系问题。这个大问题如此根本,大概是人类过去要关注讨论,今天要关注讨论,以后也将永远要关注讨论下去的。作为古今中外的永恒问题,它有共同性普遍性的内容和意义,但同时,在每个时代、每个不同民族中,人的境况不同,因此对什么是“自然”,和什么是他们所能认识的人自身的理解与诠释都不会一样。

我认为我们做哲学研究工作的人,应当不带任何偏见地去关怀、学习古今中外对天、人和天人关系的各种理解,并且不仅注意它们的共性,尤其要着重注意彼此的差异性或个性。这是我们当代的中国人所特别应当着力的一件最基本的哲学工作,其意义是非常巨大的。

这是因为,首先从理论上说,天、人,或自然与人性,原是包含着多样性和复杂性的统一；并且看法总在不断变动,尤其随着人的历史活动而变动。因此人只能在具体的历史生活中,不断地得到有关它的认识。在一定历史条件下产生的自然观和人观,在另一条件下会显出其局限与缺陷。为了改进人自己,就再去重新研讨自然和人本身,这样,人的和哲学的自然观和人观也就发展起来了。

从这里可以得到一个结论是,尊重和学习其他文明中的各种自然观和天人关系学说,对于扩展我们的精神空间,丰富我们对世界和自身的认识,有着极其重大的意义和价值。这一点在当代尤其有重大的实践意义。因为只有如此,我们才能懂得如何同别人交往,相互理解；只有如此,我们才能在当今世界现代化全球化的境况下,知道自己该如何生活下去,求得发展前进。我们中国人、中国哲学的天人观,有很伟大的成果;但毋庸讳言,也有自己的不足和盲点。我们传统中的自然观,最主要的无非是道家的"无为"和儒家的以"人伦"为本的天道观。而对于上述希腊"自然"见解,如人是否本性平等,或生活是不是生存竞争,都不曾有过如此明确的争论,或者说,对于自然和人性中许多重要内容和方面,我们的传统从来都不大容许有如此研讨的机会,更谈不上充分发展了。所以,一旦到了近代现代中国历史发生剧变,必须同西方人打交道的时候,我们在精神上就很被动。这个经验是值得记取的。

让我们言归正传,回到希腊人对自然和人为的讨论的主题上来。我想大家会看出这场讨论有着多么重要的意义,尤其是对哲学的往后发展有着多么重要的影响。希腊化时代的哲学各派,都高度重视自然哲学,是与此有密切关系的。事实上,犬儒派主张返回自然,就是上述第二种倾向的继续。到了希腊化时代,由于人们的生活处境发生更为巨大的历史变动,为了向人指出新的可能的生活方式,这个问题就更加突出了。于是伊壁鸠鲁和斯多亚派就对"自然"作出了更加新型的思考解释。我们现在要着重考察的,就是他们特别是斯多亚派如何作出其新解释。

第三节　斯多亚派的整体自然观

斯多亚自然哲学是一个大题目。在本书有限的篇幅内,我们虽然不能详细地加以介绍,但弄清他们的基本观点和若干关键性的论点还是不可少的,如一些要紧的提法,像自然是神,是逻各斯、理性,等等,还有关于人和神、人和人关系的基本思想。这样做比较简捷,对于以阐述爱比克泰德为目的的本书意图,可能也是较为合适的。

斯多亚派自然观的最显著的特征之一,是把自然视为一个整体,一个有生命的活着的整体。这个特点使它同伊壁鸠鲁派的自然观鲜明地区别开来。

古代文献中保存了许多有关斯多亚派自然观的原始材料。让我们先读一些其中最具基础性的论述,这对于我们获得一个明确和基本的有关知识是必需的。文献中记载说:

> 芝诺和克里西普说,整个世界是神的实体。他们有时用“自然”一词来指把世界维系在一起的东西,有时用来指使地上万物生长的动因。他们把自然定义为一种自我运动的力量。它用有生殖力的本原,按照一定的时间,产生和维护它的造物,并使之与其创生者保持一致。①

> 克里西普认为世界是一个生物(a living being),有理性、生命和理智。所谓自然是一个生物,是说它作为一个活的实体是有感觉的,因为动物比非动物好,而没有任何东西比世界更好,因此世界是一个生物。②

> 他们还说,世界是单一的、有限定的,有一个球形的形状,那是最适合于运动的。在它外面是无限的虚空。世界里没有虚空,从而形成一个联系在一起的整体(one united whole)。③

> 他们认为“整体”(whole)与“全部”(all)不同。世界是个整体,加上在它之外的虚空才是全部。根据这个理由他们说“世界”

① D.L., 7.148-9.

② D.L., 7.142-3.

③ D.L., 7.140.

是有限的,而“全部”由于加上了虚空就成了无限的。①

按照斯多亚派的看法,世界是有限的、单一的、整体性的和实体性的。它是整体性的,因为它不缺少任何部分;它是单一的,因为它的各部分是不可分离的并互相贯通着;它是实体性的,因为它是一切物体的原初质料,并由普遍的理性贯穿渗透着。②

从以上几条的说法中,我们可以清楚地分辨出斯多亚派的自然观同伊壁鸠鲁派之间的原则差别。

伊壁鸠鲁所说的自然,是一个由原子和虚空所组成的宇宙。原子论哲学是由留基波和德谟克里特创立的,但是伊壁鸠鲁对它作了重大的修正。按照德谟克里特,原子在虚空中只能做垂直的运动,所以原子和一切事物只服从必然性。伊壁鸠鲁不同意必然性统治一切的观点,便对德谟克里特的原子本性观点作了原则性的修正。他说,原子是做垂直运动的,但是,原子也有在垂直运动中偏斜的能力和本性。这种原子偏斜运动本性的观点,使他赢得了新的世界观和人生观的可能性和空间,这就是:自然和世界上除了有必然性,也有偶然性,也有每个原子、事物、动物特别是人在其中进行活动的自由,有生活和行动的自由。

显然,这种自由的可能性和生命原则的依据,完全是以分离开来的个体(在自然哲学中是原子,在伦理学中就是个人)和个体性做基础的。

与此相反,斯多亚派的“自然”,从根本上说绝不是什么彼此绝对分离开来的原子式的东西,它是一个整体性的存在和生命。他

① Sextus Empiricus, *Against the Professors*, 9.332.

② Calcidius 293, cf.HP, 44.E.

们甚至同毕达哥拉斯派一样，把整个自然看作是一个大动物。以此来显明自然是一个有机的生命整体。因此，在自然中的各种事物，包括无机物、植物、动物和人在内，都是整个自然中的一些不可孤立存在的部分，有机地联结在一起。

为了这个缘故，他们甚至否认自然里面有虚空，而把虚空置于自然之外。因为从巴门尼德以来，包括原子论在内的哲学传统，都是把虚空当作使事物分离、割裂开来的东西，或这种本原、原则。斯多亚派认为即使是一块石头的存在，也是靠连续性来保证的。连续性、连贯性是整体自然的根本规定性，也就成为一切自然物不可少的根本规定性。因此他们就把虚空放到世界之外去了。

对自然持一种整体观，是古代各民族都普遍具有的看法。就希腊哲学来说，不仅毕达哥拉斯如此，赫拉克利特表达得更加明确。他说："不是听从我而是听从逻各斯，同意一切是一，这就是智慧。"[①] 这里所说的"一"就是一个整体的意思。他还说："要抓住：整体的东西和非整体的东西，接近的和分离的，和谐的和不和谐的，从一切事物而有一和从一个事物而有一切。"[②] 这个思想在斯多亚派自然哲学中得到了保持和充分的发挥。

由此可见，斯多亚派自然观最突出的一个基本观点，就是自然的整体性，和它的内在的统一性与连贯性。

如果我们肯定伊壁鸠鲁派和斯多亚派都以建立生活伦理哲学为宗旨，为此都要肯定一种生命和自由的原理的话，那么我们就能明显地看到，正是在这个问题上二者观点的对立，造成了他们在自然观根据上的根本对立。以肯定个人的快乐和自由为目的的伊壁

① Diels,《赫拉克利特残篇》，第50条（D50）。

② Diels,《赫拉克利特残篇》，第10条（D10）。

鸠鲁,就要用分割开来的原子及其偏斜本性,作为其立论的自然哲学基础。而在肯定自然必然性中寻求个人幸福和自由的斯多亚派,则以自然的整体性为基础。

因此,注重个体性和注重整体性,便成为这两派区别开来,并彼此对立的第一个最显著的基本标志。

第四节　斯多亚派的自然本原观:被动者和主动者

斯多亚派不把元素作为自然的本原,因为他们认为元素(水、土、气、火)在世界大火中有其产生和消灭,而本原应是独立自存、没有生灭的。他们说,这样的本原只有两个:一个是作用者(which acts)即主动者,另一个则是接受作用者(which is acted upon)即被动者。这被动的本原是无规定性的质料,而主动的本原就是使质料运动起来并获得它们的性质的理性。这个自然的理性,即是逻各斯,也就是神。[①]

什么是自然和万物的本原,是一切世界观最基本的问题。斯多亚派关于自然有主动者和被动者两个本原的观点,明显地带有亚里士多德的印记。在亚里士多德《论自然》(通常译为《物理学》)和《形而上学》中,自然本原被归纳为四因:质料因、形式因、动力因和目的因。后三者又因其内在关联,可概括为形式因。因此,简约地说,只有“质料”和“形式”两个本原。质料是无规定性的纯材料,完全被动的东西,它在形式因的作用下才获得一定的形式和

① D.L., 7.134.

运动能力,这就是质料和形式相结合。二者结合便形成了自然万物。它们都是既有质料又有形式和运动的,包括一切生物和生命形式都是这样。没有质料,形式就无从起它的作用;没有形式,质料便只是混沌而无任何规定的质料。二者缺少任何一个,都不能解释自然。因此,质料和形式是自然的本原。斯多亚派的本原观也是如此。这是第一点。

再者,在两个本原的相互关系上何者更根本(或所谓"第一性")的问题上,斯多亚派也是吸取了亚里士多德的见解。按照希腊哲学从巴门尼德以来的根本传统,自然的"本原"或"本体",指的是自然和万物之所以是其所"是"的东西或原因。抓住和搞清楚了它是什么,也就能够解释自然和万物为什么"是"这样而不是别的样子。亚里士多德《形而上学》的根本问题就是讨论"是之为是"(being as being),为此他总结了他以前的希腊哲学种种观点,提出四因说,然后概括为形式和质料二因来进一步研讨,并深入到潜能和现实的问题,终于明确认定"形式"因是第一位的本原,而它就是万物的第一推动力,就是"神"。我们可以清楚见到在这点上,斯多亚派也采取了相同的观点。

第五节　希腊和西方哲学的本原观:对"是"之为"是"的探求

在这里,我想借此机会谈谈我们中国学者在理解和翻译希腊和西方哲学时的一个很大的问题。因为它直接同我们这里的讨论有关。这个问题就是:他们所说的本原和本体所指的究竟是什么意思?我要强调:把他们所说的"being"译作"存在"是很不准确的,会导致一系列的严重的误解。“being” 是动词 “to be” 的名词化,在希腊文、拉丁文和德文(Das Sein)中都一样,意思只是“是”。它包含“有” 的含义,却不可归结为“有”;更不是在时空中具体的存在。具体的存在有另一个词表示,那就是 existance。把他们所说的“being” 译成“有” 和“存在”,会把不同的含义混进对他们的哲学的全部研讨中,造成数不清的混乱。因而这个错误的译法,我认为不能再继续使用下去了。

什么是世界和万物的本原或本体,从来都是哲学的基础的问题。各个文明中都有这种思考和探讨。中国哲学中有把自然万物看作是“气” 之聚散和“理” 之主宰的思想传统和持续的讨论,气理便被认作是自然的本根或“天道”。这是同希腊哲学的本原和本体论接近的。老子说“道法自然”,天道无为,无为而无不为。“为”之“无” 和“有” 便成为中国哲学上重要的范畴。《周易》中包含着的世界观在《易传》中发展为一套关于“一阴一阳之谓道”的本体论哲学。希腊人是从提出自然万物的“本原”(arche)开始其哲学研究的, arche 词义是开端,研究什么是本原,就是要知道自然万物的根本由来和原因。有些主张它是水、是气、是火或四大元素,另有主张是数的,赫拉克利特主张是“逻各斯”,即对立面统一、斗争和转化,同老子说的天道、易传说的阴阳学说有非常接近之处。这些都同我们的类似。但是,从巴门尼德起,希腊哲学便换了一个新面貌。

巴门尼德转折的关键何在呢? 他不再用“气” 这类东西来讲自然的根本原因,并且坚决地否定了赫拉克利特用对立面的统一、转化的逻各斯来解释自然。他说,自然之所以是自然,只因为它有其“是”。他第一个提出自然真正说来只因为它有其“是”(τό όν,即 being)的观点。因为要认识自然,首先必须弄清楚它“是” 什么,

“不是”什么。抓住它的“是”,我们才能说明它是什么,并且能够给予论证。他认为抓住了“是”才有“真理”,否则一切说法都只是“意见”。这一点对后来起着最深刻的影响。

但是他对自然之“是”的理解和规定本身有很大很多毛病。在后人看来又是必须改进的,否则就解释不了自然万物的多样性和运动。这就是说,对于“是”本身究竟为何物,还要再研究。于是继续研究自然的“是”之为“是”的问题,就成为他们往后哲学研究的线索,“是”是本原本体,这种研究就叫作“本体论”,ontology。这个词中的“on”(τό όν)在希腊文中就是“是”,英文的being。可见他们所说的本体论问题,指的就是世界万物何以是其所是,也即对事物的原因(“是”)作不断地研究。他们认为这个“是”的问题最重要又最难弄清楚。自然万物的根本原因究竟何在?我们对它的“是”是否真正弄清楚了?每一次我们以为抓住了它是什么,可是在进一步的检验下便发现还有毛病,还不算真,还经不起严格的审查和论证。所以对“是之为是”就这样不断地追寻下去了。

但是我们中国哲学中,从来还没有人提出像巴门尼德那样的问题,便没有发展出这样的哲学探求的传统。与之最接近的,是我们有“实事求是”的说法,要人在实际事情中求得“是”。但是我们只把它用在具体生活中,并且认为它是比较容易抓住的,至少在圣贤那里已经解决了这个问题,所以我们的古人没有把“是”本身当作一个需要研究再研究的重大问题,也就没有这样的哲学传统,没有把“是”作为哲学的根本范畴。

希腊和后来西方的哲学一直是沿着巴门尼德的路子发展下来的,到今天还是如此。可我们只能用自家传统去理解人家,这就出现了很大的问题。

于是，我们在翻译他们的这个范畴时，就只好译作“有”或“存在”，因为这是我们自家的根本哲学范畴。贺麟先生在译黑格尔的《逻辑学》、《小逻辑》时，为了“Das Sein”很伤脑筋，想来想去，还是译作“有”或“存在”。人们对当代所谓“存在主义”的译法也有类似情形，由于觉得不妥帖，便改成“生存主义”，其实问题还是没有真正解决。

在希腊哲学方面，由于把巴门尼德的根本范畴 τό όν（即 being）译成了“存在”，人们便把后来亚里士多德研究的主题“being as being”，世界和自然的“是之为是”，译解为“作为存在的存在”（谁也不懂它的意思是什么）的学问。

这类问题层出不穷，根子都是从不懂巴门尼德的哲学起头的，其后果便是，我们对整个西方哲学的精神都难以理解。为了纠正这一点，陈康先生在译注柏拉图的《巴门尼德篇》时，就专门指出这一问题，并且他说，即使中国学者看不懂像“如若一是”之类的句子，觉得我陈康译得文句不通，我也要这样来翻译。我的目的就是要让你不能一下子就懂得，好逼迫你去认真了解人家的原意。你要想读懂，就只好去钻研柏拉图和巴门尼德本身，而不要用你自己的想法来混淆希腊人的本来思想。近些年来王太庆先生有专文谈对“是”这个词如何翻译的曲折体验，深入地提出了问题，我在若干论著中也曾着重谈到这个问题。最近武汉大学的萧诗美写出了《“是”的意义问题》作为他的博士论文，对此问题从概念到内容进行了认真的研讨。看来，这个重大问题终于逐渐地引起了人们的关注。

恕我直言，这个问题不弄懂，甚至还没注意到，就来谈西方哲学，恐怕是很难真正入门的。所以，我在这里不得不略微多说几句。

在说了这个大问题之后，让我们言归正传，回过头来再谈亚里士多德和斯多亚派的自然哲学中的本原学说。亚里士多德认为，自然有两个本原,质料因和形式因,但是,若从真正弄清楚自然和万物之“是”即根本的原因来说,那还是不行的。因为一个东西究竟“是”什么,决不能有两个定义、两个“是”,归根到底只能有一个“是”。否则我们还是没有能找到它所以为它的根本的“是”。亚里士多德按照希腊哲学那种打破砂锅问到底的思考探求方式,认为“四因”说或“二因”说,还只能算作哲学研讨的必要准备,它的真正问题还在:究竟什么是那个唯一的“是”? 所以,他提出了在这两个本原中那个更根本的问题,也就是“是之为是”(being as being)究竟为何的问题。这里才进入核心的讨论。

因此,他要问质料和形式相比,哪个是更根本的原因呢? 或者说,对于任何一事物来说,它之所以为该事物,其质料和形式哪个是最根本的起决定作用的“是”呢? 他的结论是,是“形式”。

例如,一个房屋,自然少不了砖瓦木石等质料,但这些就是房屋了吗? 当然不。房屋之所以“是”房屋,不是由砖瓦等等,而是由房屋的“形式”来决定的。按照房屋的形式来使用材料,房屋就盖起来了。一切事物无不如此,它们之“是”只在其形式。所以我们“定义”一个事物要用它的形式,而不是用它的质料。接着他又从事物由潜能到现实的过程加以研究,他认为,一事物只有成为现实的时候,它才能算作“是”这个事物,才有了它的所“是”。处于潜能状态的东西既然还没有实现其所“是”,也就还不能算作获得了它的所“是”。而质料,在他看来,只是形成一事物的潜能;只有再加上了某种形式时,它才能成为现实。通过这样的反复研讨论证,亚里士多德得出结论说,同质料相比,形式因才是自然和一切事物的第一本体。

从这里亚里士多德还引出了他的神学。形式因,包括形式、动力、目的在内,在每一具体事物中都是与其相应的质料结合的。但自然是一由高低层次不同事物构成的阶梯，低级的东西和它的“是”都有比它高级的东西和形式作为原因，由它推动和支配，因而形成一个因果系列。因此唯有最终的形式，才是宇宙自然和万物的最终的“是”。他认为这就是第一推动者，也就是神。

这个观点对斯多亚派有重要影响。

第六节　斯多亚派的“自然”从根本上说就是“神”

斯多亚派把自然的本原分为“被动者”和“主动者”的观点，和亚里士多德的质料、形式二分说一致；因此他们也同样认为被动者对于我们解释自然是不中用的，只要承认自然万物绝少不了它就够了。真正的本原，根本的“是”只在主动者，它就是神。

进一步说，他们也同亚里士多德一样地认为，在具体事物中，主动者（形式）和被动者（质料）总是结合在一起的；不仅如此，他们在把最终本原看作神的时候，这个神不仅指自然的理性或逻各斯，而且神自己就有了它的质料，因为神凭自己的理性支配着一切质料。换言之，斯多亚派的神既是自然的主动者本原，也是和自己治理的物质世界结合在一起的整体自然本身。

人们常说斯多亚派是唯物主义者，同时又是有神论者。这并不奇怪，因为对于他们，从高层次的意义上说，“神”和“自然”是同义语。神既是本原，也是自然本身；既是两个本原中的主动者，也是两个本原的统一，原本是一个东西。这就比亚里士多德更进了一步。因此，斯多亚派的自然哲学也就是他们的神学。

所以爱比克泰德说，学哲学第一要学的就是有一个神，遵循自然就是听神的话。

自然就是神。这一观点,是斯多亚自然哲学和整个哲学体系的中心所在。让我们对他们的“神”的观念作一点扼要的提示：

（1）这个神即是理性、逻各斯,二者是同一的。所以斯多亚派所说的神,是一个理性的神。

（2）这个神和它的理性,就是整体的自然,也是贯穿其中一切事物和过程的主宰和支配者。所以斯多亚派的神是自然的神,或自然理性的神。

这种神的观念,可以追溯到赫拉克利特。他说过这样的话：“神是日和夜,冬和夏,战争与和平,满足与渴求。”[①] 他已经提出了神就是对立统一的自然法则和过程的观念,并把这就称作逻各斯。斯多亚派的神及其理性、逻各斯的概念,吸取了这个成果。爱比克泰德说,我们要学习万事万物都是按其所是地发生着。如何发生?是按照它们的指定者所指定的那样发生的。神指定要有夏与冬、盛和衰、善与恶,以及其他的对立,以便使宇宙和谐,并给我们身体和它的各个部分,财产和同伴。[②] 显然是来自赫拉克利特的,连用语都几乎完全相同。

（3）但是斯多亚派对神赋予了更多的人格性,他是有思想和意志的世界主宰。因此自然的必然性就同神的自由意志同一,或统一起来了。

要注意的是,这种必然和自由的完全同一性,只是在整体自然或单一的至上神（god,即宙斯）那里才是绝对的、原初的、完全如此的。对于众神灵（gods）和人来说,情况就非常不同了。他们是自然整体的一些部分,所分有的理性只有局部的和派生的性质,所以

① Diels,《赫拉克利特残篇》,第67条（D67）。

② 爱比克泰德：《论说集》（*Discourses*），1.12.15-16。

必须服从整体自然的逻各斯，听从神意，才可能有其自由。所以人的自由绝非单凭自身可以得到和确立的。不过这还是可能的，原因就在于有一个神作为根源，在他那里必然和自由是统一的。

（4）在斯多亚派的神学观念中虽然保留着多神，已经突出了一神。

希腊人历来传统是多神，宙斯在其中虽占主要地位，其权能远非绝对。但在哲学中，由于突出了理性或逻各斯，也就较早地发展了一神的观念（如上述赫拉克利特的逻各斯神），塞诺芬尼（Xenophenes）明确提出了神只有一个的思想，亚里士多德的第一推动者实际上也是肯定了一个至上的神。

斯多亚派综合地继承了上述哲学和神话宗教传统，保留了多神，但更加突出了一个主神的至上地位，并赋予他以人格性质。对于这个主神，他们仍沿用传统的宙斯之名来称呼，但是已经完全变成了表示“整体自然”或“逻各斯”的神，一个哲学理性化了的人格神，所以同先前的宙斯是不同的。

他们突出一个主神的理由，显然是同他们把自然视为整体的存在和生命的观念紧密不可分的。整体性即是统一性，其生命原则只能靠一个神来表达，原是显而易见的道理。

（5）这个一神作为自然的整体和逻各斯，贯穿地存在于它的一切部分之中，因此，斯多亚派的神学也是泛神论的。

正如肢体必服从一个动物的整体生命和它的意志那样，万事万物作为整体自然的各个部分，都要靠这个整体才能存在，都要受神的意志支配。实现这种支配的途径是，神把自己的意志和理性贯注到这些部分，使各部分各自得到神分配给它们的那部分逻各斯，从而形成自然阶梯上的各种存在物及其本性，并使它们彼此联系在一起，共同遵从神，构成一个统一和谐的整体的世界。

因此,自然中的万事万物,都在不同程度上分有了逻各斯或神性。所以在斯多亚派这里,一个主神的学说又是同泛神论的观念统一的。

第七节　自然阶梯:人在自然中的位置

人是自然万物中的一个部分,人性(human nature,也即“人的自然”)是逻各斯或神性的一个特殊部分。研究它是斯多亚自然哲学分内的事,也是他们的自然哲学所要达到的主要对象,这就进入了伦理学的领域。

斯多亚派同亚里士多德一样,都按照阶梯的方式来看待人在自然的中位置(scala naturae)。但是,人还不是自然阶梯上最高级的动物,在人之上还有众神灵。神和众神灵虽不是自然存在物的一些部分,却处于自然阶梯的顶端,这样,就从上下两头限定了人的本性。

神和人都是理性的生物。传统希腊见解认为差别只在人有死而神不朽;哲学家则强调神有完善的理性、智慧和道德,人的则不完善。柏拉图和亚里士多德的观点都符合这个格式。斯多亚派也继承了这个模式,但认为人因分有与神同样的理性,就使人神之间有友爱,能够互相交通。

亚里士多德认为,人也有某些与神的完善相近的东西,他强调的是我们有理论理性。而斯多亚派要把理性正确运用于生活,强调的便主要是道德的理性。神是自然地善的,人则必须长期艰苦努力才能达到接近神的高度。

亚里士多德已经分析描述了自然阶梯上的各个等级。[①] 首先，他以有无灵魂来划分生物和无生命的自然物；然后，在生物中，他用是否具有灵魂，以及所具有的灵魂中能力的水平当作标准，来进一步划分生物和它的等级：

A. 生命首先是生长和营养的能力，植物有了这种能力，因此植物不同于石头之类无生命的东西；

B. 动物的特点是具有了灵魂和位移的能力。灵魂最不可少的初级能力是感觉和知觉，其最低级、最简单的形式是触觉。最低级的动物只有触觉，凭此，它就成了动物而同植物区别开来；

C. 感官的数目和水平，以及在此基础上形成的灵魂的其他能力，如欲求的能力、思想的能力，等等，使动物形成不同等级，人就在这个自然阶梯的顶上，仅次于神。

亚里士多德说，关于这阶梯的一个重要的事实是，凡是在上层的都保有在它之下等级的那些性质。这并不是说人的灵魂里同时并列着各种低级的灵魂，他很小心地指出，较低的心理能力在我们的灵魂中是一些潜能，它们不能在实际上分离出来，只是在人的理性灵魂的统率下以功能的形式表现出来。例如我们有理性和思想，同时也有营养、感知、位移的能力，等等。

亚里士多德还认为，动物使自己运动和被外力推动的方式，同无灵魂的自然物自己运动和被推动的方式是非常不同的。动物推动自己运动的原因，是它必定要追求某种东西。这种追求，就存在于它的灵魂的知觉力和欲望之中，并通过这些能力变成它的行动。而人既有欲求，又有理性，所以人能按理性来行动；但是他也有可

① 亚里士多德：《论灵魂》，第二卷413a-415b，第三卷432b-433b。

能按未加反思的欲求来行动（如那些在理性上无能的人那样）。所以亚里士多德认为，人的自我行为，可以有不同的动因，它们彼此竞争。而植物和其余的动物，其自己运动的动因则只有一个。

斯多亚派对自然阶梯的看法，显然吸取了亚里士多德的上述学说的基本成果，但是对于人的行为的动因在观点上也有着深入的差别。关于后一点我们到后面再讨论。斯多亚派的特别的说法，是关于“普纽玛”（pneuma，πνεῦμα，原义指生命的气息）的学说。这是从他们持有的自然有机整体观引出来的。那贯穿于各个不同等级的自然物中，赋予它们以各自的存在与本质属性，并使它们彼此衔接、贯通，成为一个有机整体的力量，是自然的理性、神意、逻各斯。这个“理性”，他们就称之为“普纽玛”，它在自然各个等级上有其不同的表现形式：

A. 在诸如木石这类东西上，普纽玛只表现为“贯通连续的能力”（ἕξις，hexis，the power of coherence）。有了这种能力，一块石头或木头，才能形成和保持其为一块石头、木头的存在。但它还不能使事物自己运动，因此这些东西只能靠外力推动。

B. 在动物、植物、火、泉水等被认为是能自己运动的东西里，则除了赋有“贯通连续力”外，还有“自然力”（phusis）和“灵魂”（soul），这是普纽玛的较为复杂的形式。因此，这些东西能自己运动。

然后，还要研究生物中间的分别：

C. 植物只有“自然力”，能使自己得到营养和生长。

D. 动物在“自然力”之上又加上了“灵魂”。由于有了灵魂，动物就能获得表象，并在表象刺激下，使自己的欲求成为驱动力，从而产生自己的行动。

E. 在人的灵魂中，不仅有欲求能力、表象能力、驱动能力，而且在这些能力之上,又加上了"理性"的能力。

请注意,自然或神所赋予人的这个"理性"能力,同一般所谓的普纽玛即"理性"既有关联又不相同。人的"理性"一词是有其特定含义的,它来自普纽玛,却又只是普纽玛中一个特定的形式。它是自然阶梯中最高级的一种普纽玛。因为人的理性直接来自神的赐予,同神的理性处于几乎同样等级的水平上,因此人能凭此理性同神直接相通。而其他无机物和其他植物、动物中的普纽玛(从根本上说也是自然的理性的一些形式)则只具有较低级的性质,所以这些东西只能单纯地服从自然对它们的安排,而人则有可能既服从自然又有其自由。

人有理性,因此人能用它统率其所具有的较低等级的普纽玛因素,并支配自己的行为。①

可见,这个遍及一切的普纽玛的学说,是斯多亚派综合说明自然阶梯有机性存在的依据,并形成了一整套的系统解释。

① 参见 Brad Inwood, *Ethics and Human Action in Early Stoicism*, Clareden Press, Oxford, 1985, pp.21-27。

第五章　论人性

在上述自然观基础上，斯多亚派提出了他们的人性学说。人作为整体自然的一部分，在自然阶梯中处于一个特殊的地位。所谓人性（human nature），按其本义指的就是“人的自然”，即人自身的自然结构和由此而来性质。所以，关于人性的研讨，原是自然哲学的一个部分。

人最关心的是人本身。认识自己，以便按照正确的自我认识指导自己的生活和行为，那就是伦理道德学所要研究的问题了。所以人性论是伦理学的基础。而它本身又总是以自然哲学为基础的。

这个意思，同我们的经典《中庸》中所说的“天命之谓性，率性之谓道，修道之谓教”三句教的意思相同。此语中的“天命”即指上帝的意志或自然法则（天道），对它的研究便是“天学”或“道学”，相当于希腊的自然哲学。“性”指的就是“人性”，对其研究便是“人性论”。而“修道之谓教”，在希腊人即是他们的“伦理学”。可见中外道理是一样的，差别只在我们的主流哲学儒家以为“天道远，人道迩”，所以一直以谈“人道”、“人性”为主，对于“天命”的研究就不像人家那样突出。至于对人性的看法上的差别，或重点的不同，那是由于中国先秦同希腊在历史情况和人的生活境况非常不同造成的，我们可以再加讨论。

斯多亚派对人性作了相当深入的思考研究，提出了一些重要规定。其中有些规定,无论从希腊哲学本身的发展来看,还是从中西比较的角度来看,都是非常有新意的,很值得注意。

现在我们就来考察一下他们人性学说的几个最重要的基本论点。

第一节　人的第一驱动力是自我保存

首先值得我们注意的观点是,他们认为,“一切动物的第一驱动力是自我保存”(an animal's first impulse is to self-preservation),人也是动物,同样如此。按照斯多亚派哲学的奠基人之一克里西普在其《论目的》中的说法就是:

> 对每一个动物来说,从它(请注意:如下所述,这里所说的“动物”是包括人在内的,但中文“它”则与指人的“他/她”互不相容,不能表达作者原意。应读作“它/他、她”——杨适注)一出生,第一件事情就是要适合它自己的结构并保持对自己结构的意识,因为自然不会让动物把自己看作是陌生异己的东西,不会使它对自己的结构和感受漠不关心。我们必须承认自然构成动物是让它接近和亲近它自己,因而它要排斥一切对自己有害的,趋向对自己有益的。①

因此,斯多亚派对人性和每一个人的本性的第一个规定便是:他是自我保存的。这是自然对每个动物从一开始就赋予它的特性。

这种规定和我们中国人的想法有很大的差异。我们的传统,总

① D.L., 7.85.

是从“人之异于禽兽者几希”来讲人性。但是,希腊人西方人并不羞于承认自己也是一个动物,总是首先讲他和动物的共同点,然后再谈差别。由此,他们认为人的本性也和动物一样,首先是自保、自爱、自利。这在我们听来,岂非主张个人主义?而个人主义在中国文化中总是个贬义词。我们很容易认为西方由于个人主义盛行,就不如中国人讲道德。但是他们则不作如是想。

大家知道,在西方哲学和伦理学的历史上,最重道德的一个学派恐怕就要算斯多亚学派了。而且,他们同只重个人主义的伊壁鸠鲁派的原则区别,就在于他们最重视自然的整体性和社会关系的统一和谐。可是,就连这样的学派都把人和个人的自保、自爱、自利当作人的第一个原初的基本的本性。这是怎么一回事? 是不是也在宣扬个人主义?

关于“个人主义”的问题,我想我们最好不要先有一个过于固定的定见。那是比较容易的,却不能给我们以多大收益,并且会立即堵住我们的思路。我们不妨先看看人家讲的有没有一些道理,然后再下结论也不算晚。

我以为把自保作为人的本性,其实不过是说出了一个基本事实:一切有生命的都以保持它自己的生存、生活、生命为前提,否则它就不是一个生命。在这点上,人和动物是一样的。我们古人同样强调“生生之为大德”,只不过儒家圣贤特别注重人兽的差异,对这个共同点讲得少些而已。希腊人西方人既讲共性也讲差别,承认“自保”是人的本性。当然,从这种承认中,既可以引出坏的意见,也可以引出好的结果。但总得承认这是一个事实。斯多亚派是特别讲道德的哲学,但他们认为要讲道德就必须从人的实际需要和生活事实来提出问题,其中首先就应当认真对待人有自保本性这个基本事实。

爱比克泰德有一段重要的议论，是与此有关的。他说，一个缺少教养的人很容易自夸，尤其是有点权力的。一个暴君会动不动就说：我最有权力。

> —— 好，但是你能把我怎么样？
>
> —— 我能砍你的头，锁你的腿。
>
> —— 那是在你的权力之内的，随你的便。但是你让我听你的，那就是另一回事了。
>
> —— 我要叫你知道我是你的主人。
>
> —— 你？ 你怎么可能？ 宙斯已经给了我自由，你以为他会让他自己的儿子去当奴隶？
>
> —— 你是说你可以不注意我，不听我的话？
>
> —— 不，我注意的只是我自己，只听我自己的话。如果你要我注意你，那么我可以告诉你，我也会注意你的，正如我也注意我那个水罐子那样。[①]

按照希腊人的传统，爱比克泰德把富贵不能淫、威武不能屈的道德品质，定义为自由。这是他的道德哲学的中心概念。而在这里，他把这种追求自由的道德品质的根源，就归之于神和自然所赋予人的自保本性。在接下去的一段话里，他更加明白和透彻地说：

> 这不仅是自爱，因为每个动物都是这样构成的，它们做任何事情都是为了它们自己。即使太阳也是为了它自己，宙斯也是为了他自己。他愿意被称作水和果实的赐予者，众神灵和人们之父。你们看到，如果他不有益于人，有益于公共的利益，造就人这种理性动物的本性，得到自己的善，他就不能得到这些名。在这个意义上和方式上说，一个人做一切事都是为着他自己，并不是不能和社会一

---

① 爱比克泰德：《论说集》（*Discourses*），1.19.8-10。

> 致的。此外你还期待什么？一个人会忽视他自己和他的个人的利益？要是那样，支配一切行为的原则——行为和自己的本性一致、和自己的需要适合——还如何可能？[①]

这就是说，人的自由本性，不仅来自于与动物一样的自爱，而且直接是仿效神的。因为就是神宙斯，也同样把他自己的利益作为他的行为的根本准则。

“善”这个词，本来的意思就是“好”，就是利益。生活得好，行为得好，都是为了利益。只不过“好”或利益有高低之分而已。人都是需要“好”和“善”的。所以，在爱比克泰德看来，神宙斯也不能不是如此。当然，神自己的利益、善同人有所不同，它是最高的意义和价值，是纯道德的善，因为神为自己，也就是为他所创造的全部自然，为他所特别创造的所有人的。因此，作为神的儿女，人也应当仿效神，把自保、自爱、自利提高到这种道德的水平，协助神来为别人、为整个自然的好或善工作。

人们会说，只有舍己为人，否定了个人的自利，才能为他人，为社会和世界的利益工作。这在一个层面来说无疑是对的。但是，若从更高的层次或根源上说，一个人为什么要舍己为人？岂不是他认识到这才是他做人中最大最高的意义和价值之所在吗？而所谓意义和价值，说到底不也就是一个人所认为的“好”吗？如果一个人不认为过有道德的生活对他是真正的好或善，他何须为此努力？可见，道德其实也是一种利益和“好”，不过是提升了的利益或“好”，它使一个人的自己的利益能够同他人的、世界的利益统一起来，达到和谐，这样他就去努力实现他的自我，他的最大的利益和“好”。所以，在这个层次和意义上的自爱、自保、自利，正是一

① 爱比克泰德：《论说集》(*Discourses*)，1.19.11-15。

个人有道德的根据,并且是任何人包括圣人在内的道德,都必须由之出发的原动力。

因此我们可以说,肯定人性是自保、自爱、自利这一点,或西方人所说的“个人主义”,决不等同于肯定不道德。它不过是讲出了一个事实,他们认为讲道德也不能否认这个原本的事实,只是要把自保自爱提高到一种水平。用斯多亚派或爱比克泰德的话来说,就是要以神的自保自爱作为标准才是真正的自保、自爱,而人因为是神的儿女,就可能达到这个水平。所以,做适合于自己利益的事,并不是坏事,而是自然和神以及人都必然要如此的普遍法则。

在这里,人同神的差别,在于各自的自然结构不同,各自的“自我”有别。

就神而言,他是一个整体的自然生命,所以他的个体也就是整体,他的自保自爱也就必定要和维护公共利益、爱所有的人相一致。

而人作为个体的人,只是自然中的一个渺小部分。就他是极小的部分而言,其自保、自爱本性有其极渺小和局限的性质;不过人又分有了神的理性,因而就能突破其局限性,使自己的自保、自爱提高,仿效神,与整个自然和社会相一致,与关爱他人利益相一致。这种一致,既是道德的原义,也是自由的原义。就此而论,虽然人和其余的动物都以自保为本性,但动物自保只是对自然法则的顺从,人则能在顺从此法则的同时认识神并按照神意来生活和行动,这样人也就同神一样有了自由。所谓“自由”,原是一切思想行为都是“由己”而出的意思。人的自保、自爱、自利的本性可以与神一致,而神的自保即是他的自由,那么,人岂不也就有了自由的本性了吗?

爱比克泰德正是这样看问题和进行论证的。所以他说人从自己的利益出发,模仿神的自利行为,就可以赢得自由,对一切非正义的奴役人的势力能够进行坚定的抵制和反抗。

前面我们曾说到,尽管斯多亚派突出的是整体性而伊壁鸠鲁派突出的是个体性。但不能对此作简单化的理解。现在,当我们知道斯多亚派把“自保”作为人的生活和行为的第一驱动力时,就可以更具体和深入地来讨论这个问题了。

当斯多亚派提出自然的整体性原则时,决不等于他们就否认了个体性。因为,首先,他们明确说,自然作为一个整体生命,此整体本身就是一个个体,他们称之为神。宙斯神作为一个自在自为的个体,其本性也是自我保存;其次,作为自然的各个部分,如一块石头、一个植物、一个动物和人,其存在的形式也是具有自保能力和本性的个体。一块石头也有自保的能力,靠的是其内在的连续贯通力;每一植物的自保是它能营养和生长自己;每个动物又加上了灵魂,能以自己的感觉表象力、驱动力和位移力来自保其生命;而每个人则因又加上了理性力,使其自保能力上升到自然万物之上、仅次于神的高度。简言之,“自保”就是个体存在的本性和能力,动物有了灵魂,就能以此为其驱动力。可见斯多亚派决没有否定个体性的原则。

那么他们同伊壁鸠鲁派观点的差别何在? 差别在于,伊壁鸠鲁是从分离开来的个体即原子论的自然哲学出发,来论证解说个体性的个人是根本,以及其个人主义的。因此自然的整体性就不是伊壁鸠鲁关注的所在,或者说是被忽视甚至否定了。但是,斯多亚派则不然,他们是从整体性的自然出发来谈个体的,包括那个既是整体也就是个体的神,和自然中作为部分存在物的个体。这样,他们对什么是个体的看法,以及相关的伦理结论就大为不同。

例如,伊壁鸠鲁的神也是原子式的,他只管自己的快乐和自由自在,不管人间的事,因此每个人也应如此。但在斯多亚派,神这个个体,由于是自然整体,所以他必定要保持这整体自然中的各个部分的存在和秩序,使之各得其所。他特别要关怀和治理人与人间的事务,使之为善。简言之,神的自为自保是同万物和人的生存与自保一致的,所以神是完善的。但是其他的自然事物就不同,因为它们只是整体中的部分,就像人体中的各个肢体那样,就某个肢体来说绝不可能独立自存和实现什么完善。人也只是这样的一个自然中的部分,所以单独的个人不可能完善和自由。只有在他运用了神特别赋予的理性,在思想和行为中与自然相一致时,才可能完善他自身。可见,两派所肯定的个体性,和自保、自爱、自利的根据不同,途径不同。

就两派都肯定个人的自保本性说,我们不妨都称之为“个人主义”。但是,即使伊壁鸠鲁的“个人主义”也不赞同去侵犯别人的自保、安全、幸福、快乐和自由。他提出的社会契约学说和关于友爱的强调,就是证明。更何况斯多亚派? 所以,那种认为一讲“个人主义”就是反对道德的说法并没有充分的证据。这种说法或流行的见解从来不曾有过认真的论证,只是一种流俗的意见罢了。只有一种“个人主义”是非道德、反道德的:以侵犯他人的正当权益来满足自己的利益。对这种个人主义的否定,并不是否定一切个人主义的充足理由。问题只在于对“个人”的本性应当怎样认识和自处。如果一概否定“个人主义”,连个人的自保本性也否定了,个人的正当权利也否定了,那么人还怎样能够生存、发展和进而成为一个有道德的人呢? 就统统不可能了。

所以爱比克泰德说,正是人的自保、自爱、自利的个人主义的本性,是他存在和生活的基础,也是他通过教育和实践能发展成有道德的人,与自然相一致的基础。

这是因为神或整体自然固然是善的根源,但是人的存在总是个体性的。他的生活、思想、行为总得从个人的欲求、表象、驱动力和理性出发,他只能从自己的这种有局限性的自然结构和本性出发。这种个体性本身并不是恶或错误,禽兽都会自保,那是自然赐予它们的本性。

当然,在人的原初的自保本性(那是和动物同样的)和所应达到像神所具有的那种自保的本性(神的理性=自然法则)之间,有着极其巨大的差距,需要走漫长的路。这种差距形成了极其巨大的张力。动物的自保是没有什么道德可言的,因为它只能局限于它的局部性、渺小性。而人的原初的自保也与之类似,可是人还赋有了另一个自然(本性),那就是与神相近的理性,因此人的自保就成为运用理性的自保,行为便能由理性指导、判断和选择来决定,便超越了禽兽的水准,成为能分辨善恶的有道德的生物。可见,理性和道德也并没有否定他的自保本性,只是提高了他的水准。

因此,成为一个有道德的人,并不是要抛弃他的原初的自保本性。二者之间的差别,不是道德同个人主义之间的对立,而是承认自保本性的基础上,着重研究和解决自保、自爱、自利本身的内涵及其内部的对立和进程。正是这种内在对立才会形成的真正的张力,它是有力地推动人自我发展的动力。如果把自保或"个人主义"当作只是反道德的东西,简单排斥在做人的准则之外,这个张力和真实的道德提高过程,也就会从我们研究的视野中取消而无从谈起了。剩下来的就可能只是空洞的说教。

所以我们看到,斯多亚派毫不犹豫地断言:自我保存是人的第一驱动力。在这一点上,强调以整体利益为道德准绳的他们,毫不逊色于伊壁鸠鲁对个人主义的强调。正如爱比克泰德所说:"必须记住：除非虔敬和自我利益结合，任何人就保持不住虔敬。”[①]“因为我很自然地倾向于我自己的利益”。[②]

善恶不在于承认不承认我有自己的利益，只在于究竟什么是我自己的真正的利益或好（善）。如果我把它看作是一个农场，要从我的邻居那里夺来，如果我把它看作是一件外衣，要把它偷来，就产生了战争、专制、动乱、阴谋。而如果我正确认识到我自己的利益在于听从神，那就完全不同，就有了平安、自由和真正的幸福。[③]

所以我认为，斯多亚派和爱比克泰德不仅肯定了人有个体性和自我利益，或者说肯定了个人主义，而且比伊壁鸠鲁说得正确和更透彻。针对伊壁鸠鲁派把快乐作为人的根本驱动力的观点，他们强调快乐只是副产品，只要自然本身所寻求的适合于人维持其生存和结构的东西还没有得到之前，快乐就不会到来。[④]

通过上述资料根据和讨论，我想应当澄清如下几点：

（1）虽然斯多亚派以整体性的自然观来与原子式的伊壁鸠鲁自然观相对立，但是不可因此就以为他们否定了自然的个体性和人的个人主义本性。不，不是这样的。恰恰相反，他们是肯定个体性和个人主义的，只是解释相反，一个只从原子式的已经分离开来的个人出发来讲，另一个作为从自然的整体性的前提出发作为其中的一个部分来讲。所以，在斯多亚派看来，正确地（即在整体性前提下）理解的个体性和个人主义，同样是自然哲学的一个基本原则，因为它同整体性并不矛盾，而是相辅相成，甚至是同一的。

个体性、个人主义，对斯多亚派和爱比克泰德的人性论和伦理

① 爱比克泰德：《论说集》（*Discourses*），1.27.14。

② 爱比克泰德：《论说集》（*Discourses*），1.22.13。

③ 爱比克泰德：《论说集》（*Discourses*），1.22.13及其上下文。

④ D.L.，7.86.

学来说,同整体性原则一样,带有基础性的意义。

(2)因此斯多亚派的真正观点毋宁说是同时肯定了整体性和个体性两极,并在此对立两极之间的巨大张力中所展开的辩证法研究。这是一个巨大的优点。

因为,伊壁鸠鲁只从个人出发,有意无意地抹杀了整体性原则,就使他所主张的个人孤立起来,对他人、社会和世界采取漠不关心的态度。这固然使他能比斯多亚派更直截了当地肯定了个人的自由和快乐,却也使他所主张的个人主义观点片面化。伊壁鸠鲁总是说,善是容易得到的,"一个献身哲学的人,不须长期等待,他立即就会变得自由"①,"走向自由的道路到处都是开放着的,这些道路是很多的,是很短的,容易走的。因此,谢天谢地,在生活中没有人可以被束缚着"②。但是对斯多亚派,这条路就不那么轻易可走,没有严格的努力和训练就不可能达到目的。

因此,斯多亚派在哲学的内容和发展上,要比伊壁鸠鲁派丰富、深入得多。从上述分歧来说,此种差异就无足惊异了。

第二节　人的自然本性是结成群体和共同体

有许多文献资料记述了斯多亚派持有这方面的观点。

克里西普说,即使野兽也有一种出于自己本性的对其幼仔所

---

① 塞内卡:《书信集》,第8封信,转引自《马克思恩格斯全集》第40卷,人民出版社1982年版,第153页。

② 塞内卡:《书信集》,12.24,转引自马克思《博士论文》附录,人民出版社1962年版,第60页。

需的关怀。[①]

斯多亚派 Hierocles 说,对每个人来说,与自己相适合的本性是仁爱,是关怀他的亲属,我们爱我们的孩子,爱我们的财产,爱对我们的需要有益的东西。我们是动物,不过是群居性的,我们需要别人,需要友爱,需要城邦。[②]

斯多亚派的 Cato 更有一段很长的论说。他说:自然让父母爱自己的孩子,认识这点是重要的。我们所寻求达到的人类普遍共同体就由此而起。首先把自己身体的形状和肢体再生产出来,是自然所具有的原理。欲生产幼仔却不管幼仔需要爱,是与自然不一致的。在动物生育、抚养中,我们可以听到自然的实在声音。因此,人与人之间互相吸引也是自然的。人之为人使他对另一个人有责任而不是漠然对待,正如人的肢体的各个部分有不同作用又互相服务,每个蚂蚁、蜜蜂做事也一样为了别的蚂蚁、蜜蜂。在这方面人的习性是更加紧密地联系在一起。因此我们按本性适于形成联合、社会交往和国家。斯多亚派认为世界是有神的意志治理的,就像是一个人与众神灵组成的城邦或国家,我们每个人都是这个世界的一部分。从这里我们可以得出一个自然的结论,我们乐意选择共同的利益。这也就说明为国牺牲的人何以值得赞扬,因为我们认为国家比我们自己更亲。[③]

从这些说法,我们立即可以得到两点印象。

第一,同上节讲"自我保存"是人的本性时我们的感受非常不同。在那里,我们觉得斯多亚派的人性观是强调了个人主义,同我们中国人性论传统好像格格不入。而在这里,他们又强调了人的

---

① Plutarch, *On Stoic self-contradictions*, 1038b.

② Hierocles, 9.3-10, 11.14-18, HP, 57D.

③ *Cicero on ends*, 3.62-8, HP, 57F.

亲情,家国共同体的密切联系,比较接近我们所说的人伦之道。

第二,如果说斯多亚派以自保为人的第一驱动力的论点也肯定了个人主义的人性观念,同伊壁鸠鲁派不容易分清的话,那么,看到他们以上所说的,二者的分别和对立就十分清楚了。

这种印象是否正确?如果说是,又正确到什么程度?

斯多亚派提出了人的本性中必有群体性、社会性的观点,是非常重要的。由于它涉及我们中国伦理中最关注的人伦之道,涉及对各种形式的人类共同体的看法,就尤其让我们关心,因为这是伦理学中十分重要的地方,他们和伊壁鸠鲁派对立中最尖锐的地方也在这里。但是,他们的这些说法,是不是同我们中国人的想法真的相同? 下面我们会看到其实大不然。所以,上面引述的那些话虽然初看上去很简单明白,实际上并不是如我们以为的那样的。

因此我想我们需要好好琢磨一番,而上述两点印象,正可作为讨论的引线。让我们先从第二点说起。

1. 伊壁鸠鲁派否认人的社会性必陷于自相矛盾的境地

在爱比克泰德的《论说集》中,有好几章是批评伊壁鸠鲁派或同他们论战的。我认为他所说的虽然不够全面,不像塞内卡那样能较多地看到对方的优点,但在批评对方的毛病上仍是抓住要害相当中肯的。

有一个罗马城市的长官是个伊壁鸠鲁派。爱比克泰德对他说,我们能想象一个由伊壁鸠鲁派组成和管理的城市吗?按照伊壁鸠鲁学说,人人不参与公众的事务,不结婚,不要孩子,公民从哪里来,谁教育他们,谁来关心青年人,谁来指导体育训练,谁接受教导？ 岂不是毁掉城市、国家，使家庭受到毒害？ 伊壁鸠鲁也要人“别偷盗”，但理由只是这样做的人不可能确信不被发现。也就是说，是以个人利益作为善恶是非的标准，并非认为偷盗是恶。爱比克泰德说，但是如果手脚灵巧和小心地偷，不就可以逃脱被人发现吗？ 此外，我们在罗马有有权势的朋友，而一般人又胆小软弱，没人敢去罗马申诉。在这种情形下，你为什么还要限制对你有好处的事，岂不是愚蠢？ 如果你告诉我，你能克制自己，那我是不会相信你的。因为人不可能同意一个显然虚假的意见而拒绝一个显然的真理，不可能禁止一个显然的善（好处，good）。现在富有是一个善，而且是得到快乐的主要手段，为什么你要克制自己，不去获得它呢？ 我们为什么不去同邻居的妻行淫，如果能秘密地进行？ 如果她的丈夫要说什么废话，为什么不拧断他的脖子？ 这就是你应该做的事，如果你要同你的学说一致的话。[①]

这是从公共生活的行为上提出的批评，下面一段则更进一层，直接批评伊壁鸠鲁的主张同他本人的行为是自相矛盾的：

> 当他想要毁掉人们相互的自然伙伴关系（natural fellowship）时，他所运用的（学说）同他所要毁掉的，正是同一个东西。

因为伊壁鸠鲁总是说：人啊，别受骗被误导而犯错误。在理性动物相互之间是没有什么自然的伙伴关系的。你们要相信我。别的说法都是欺骗，用虚假的论证来哄骗你们。

但是你为什么要关心我们？让我们受骗好了。如果我们被说服，认为我们有互相的自然联系，并用各种办法加以保持，这会给

① 爱比克泰德：《论说集》（*Discourses*），3.7。

你的生活带来什么烦恼呢?你岂不仍然可以过得安全快乐吗? 你为什么要让你自己一清早就起来点灯写你那些大著作,关心我们如何生活,唤醒我们? 你岂不是要阻止我们,不要受骗而相信神灵会关心人们,不要以为善在别处而只在自己的快乐? 但是如果情形果真如此,你就躺下睡大觉好了,过你认为是值得过的蛆虫般的生活好了,吃、喝、性交、排泄、打呼噜好了。对你来说,别的人在想什么,做得对不对,有什么关系?

这些就是你伊壁鸠鲁要教导你的那派团体的同伴的东西。但你在行动中岂不是暴露出你向他们隐藏了最重要的一点,即我们生来就有一种同伴的天然感觉,自制是一种善,所以他们应当友爱,对你保持友爱?

或者,在你看来,友爱只该对某些人保持,而不该对另一些人保持? 那么该对谁保持? 是向互相保持友爱的人,还是向损害它的人呢? 可是,有谁对自然的同伴关系感觉的损害能够超过你伊壁鸠鲁,因为正是你提出了这些论证?

那么,爱比克泰德接着说道,是什么力量把伊壁鸠鲁从睡眠中唤起,驱使他写出他的那些著作的呢? 是一种自然的力量。它像复仇女神那样,把伊壁鸠鲁从睡梦中唤起,对他说:"因为你持有这些反社会的意见,写下来传给别人吧,直到后来这些意见和你们自己的行为成为你们自己学说的谴责者。"

由此,爱比克泰德得出结论说,这种自相矛盾证明着人的本性是多么强大,不可征服。葡萄树怎能不是葡萄树而成了橄榄树,或橄榄树能不再是橄榄树而成了葡萄树呢? 这是不可能的,不可思议的。因此要让一个人完全丧失人的情感是不可能的,甚至阉割了的男人也去不掉男人的性欲。同样,伊壁鸠鲁要割去使一个人成为人的一切：家庭、公民、朋友，还是割不断人的欲望和意愿。[①]

我们看到，爱比克泰德对伊壁鸠鲁的批评，依据的就是人的社会性，它来自人的自然。他指出尽管伊壁鸠鲁在理论上说人只需自己快乐就够了，而不要管别人和社会的事，但是由于他仍然必须生活在他人和社会之中，他自己就有社会的人性，就不可能不在实践上关心这些联系。因而，他的行为必定同他的学说自相矛盾，不能自圆其说。

2. 对人的人伦性应当确认

爱比克泰德尖锐地挖苦说，伊壁鸠鲁认为一个有智慧的人不该参与公共事务，但其实他很知道这样的服务是他的义务。他说，伊壁鸠鲁也知道，一旦孩子出生，你想不爱他，不照顾他，就办不到了。可是他还是要说“让我们不要生孩子”。但即使是一只羊、一只狼，也不会舍弃它的仔，人怎么能呢？如果一个人看到他的孩子摔在地上哭泣，谁会听你的告诫？照我看，你的父母若是事先知道你会说这些，早就该把你扔掉才对！[②]

爱比克泰德还教导人说：

> 你是个有择善能力的世界公民；其次，要记住你是一个儿子，和什么是做儿子的职责和品德。你的一切是属于你父亲的，你要服从他，不可对别人指责他，不可说和做伤害他的事，在一切事上听从他、协助他；再者，你是一个兄弟，要尊重你的兄弟，尽到责任，

① 爱比克泰德：《论说集》(*Discourses*)，2.20。

② 爱比克泰德：《论说集》(*Discourses*)，1.23。

> 说话和气。除了择善，决不对他宣称你同他在任何争执中你有什么权利，愉快地放弃这些权利。这样，在你的择善能力范围里你就得到了更大的一份。想想你用一把椅子、一捆蔬菜的代价就能赢得善，所得的是多么大！再则，你在任何一个城市中，记住你或是一个议员，或是一个青年、一个老人，每个这样的称呼都意味着一种适宜的行为。①

这些话，我想我们中国人读来都会感到相当亲切。因为他同我们传统所强调的孝悌之道，或广而言之，人伦之道，是非常一致或十分类似的。他认为这是一个人做人的基本道理和品德。

所以，我们可以认为，爱比克泰德和斯多亚派的人性论，是赞同人伦之道并把它当作重要内容的。他们对伊壁鸠鲁的批评，在这里也显得特别有力量。

3. 人性中个体性和整体性的两极。人伦之道在斯多亚派人性论中的位置

但是，他们所主张的人的人伦和社会本性，同我们中国人的看法是否就一样了呢？

大家知道，我们的传统人性论，特别是孔孟儒家正统的人性论，总是以人伦之道作为根本和核心的。孟子让人思考“人之异于禽兽者几希”的大问题，他认为，这“几希”就在于唯人有人伦，能明白人伦之道。这也就是他所概括的“五伦”：父子有亲、君臣有义、夫妇有别、长幼有序、朋友有信。孟子说人伦之道即“人道”源

① 爱比克泰德：《论说集》(*Discourses*)，2.10。

于天道，即是人性，极其自然。所以人们称之为“天经地义”，中国人常说，人伦就是“天伦”，也是这个意思。“明于人伦”是人皆有之的本心，也就是良知良能。

因为这个缘故，当我们读到希腊人、犹太人等古典文献中说到有关人伦之道的观点、论点和伦理道德教训时，总有一种很亲切的感觉，因为它印证了我们的文化和道德有其普遍性的意义。我认为人伦之道不仅是中国文化道德的核心，而且是人性中最不可缺少的根本要素，因此古今中外一切民族的优秀文化中都有这个内容。同别的文明相比，我们中国人在这方面得到了特殊的发展，形成了深厚悠远的传统，又是我们特别的优长，这是一笔宝贵的文化遗产。但毋庸讳言，以往的中国人伦文化中也有它的负面。因此清理这种人伦文化，是我们的责任。我们现在处于同世界上各民族文明进行广泛深入的交流融合时代，有了比过去丰富得多的精神资源，能开阔视野，帮助我们更好地进行这种清理的工作。这也同样是个我们应当特别加以关注的大问题。所以，当我发现斯多亚派有这类论述时，自然特别有一种兴趣。

因此，我们对斯多亚派关于人有社会的、人伦的本性的观点，很有必要作更仔细一些的考察。

他们说，每个人都有其自然的、生来就有的同他人联系、同社会相联系的关系和本性；并且在说明这一点时，也总是从父子兄弟间的慈孝和敬让的道理说起，然后由近及远，一圈一圈地扩展来说的。

这些都比较类似于我们中国的传统。现在要问的是，这种类似能否说明他们的学说和我们是相同的，或差异不大呢？ 细心些研究就会发现其实不然。因为，斯多亚派虽然也较为重视人伦关系，他们的立足点却不在这里，而在别处。而我们中国人的传统的立足点或核心却只在人伦之道。

由于这个问题很重要,需要用确切的材料作为根据来讨论一下。

斯多亚派哲学家 Hierocles 有一段有关论述。他说,

> 我们每个人都是被许多圈子包围着的,有些小些,有些大些,
>
> 第一个最紧密的圈子是他自己的心灵。他围绕着这个中心。这个圈子也包括了自己的身体,和为了身体的其他东西;
>
> 第二个圈子是从这个中心推出又包括了这第一个圈子的,就是自己的父母、血亲、妻子儿女;
>
> 第三个是叔、婶、舅、姨,祖父母,侄、甥;
>
> 然后,再就是同一地方居民的关系;再就是同族的关系;再就是公民同伴;再就是邻近的城市和同一个国家的圈子;
>
> 最大的圈子,包括了所有其余的人,就是全人类。

他接着评论说:

> 一旦我们观察到所有这一切,有教养的人就该适当地对待每个这样的圈子,把它们都指向中心,并联系起来。我们有责任尊重人,把第三个圈子的看作是第二个圈子的,然后又把其他人看作好像是第三个圈子的。虽然从血缘说距离更远,减少了亲近感,我们仍要努力同样地看待他们。[①]

从他所说的每个人有几层圈子的说法,可以看出,斯多亚派对人际关系的看法从第二圈起的中间各圈都同我们相近。而在两点上却显然同我们有重大差别。

---

① Hierocles(*Stobaeus*, 4.671, 7-673.11), HP, 57G.

首先,“第一个圈子”的说法是我们所没有的。因为它指的就是“个人本身”,对它的肯定也就是“个人主义”。

我们中国人也讲“自处”的问题,但那是从道德伦理的意义上说的,从没说过那是什么“圈子”。我们讲一个人应当“何以自处”,是从人伦之道上去规定其内涵的,比如说,做一个人就是当一个“孝子”、“忠臣”、“贤妻”、“好爸爸”之类。很少说什么此外还有一个什么独立的个人,也就不会有什么自己就是一个圈子的说法想法。但是希腊化时代的哲学家却特别强调这一“个人”,斯多亚派和伊壁鸠鲁派都一样。

在中国哲学中,大概唯有庄子略沾一点对独立的“个人主义”的边。他对宗法性的人伦关系持否定态度,连带着对所有的人际关系和人伦之道都抱着一种消极的尽量隐退的态度,所谓逍遥游,就是这个个人希望独立自主。在这点上,他同伊壁鸠鲁有更多相似点,但还是不同,因为伊壁鸠鲁不仅力图肯定个人的精神自由,也力图肯定个人在生活现实中求得自由。至于斯多亚派,他们对个人的肯定带有更多的积极态度,并且是同肯定人伦之道和社会性相关联的。

所以,可以说,斯多亚派所说的第一个圈子是和我们的传统很不一样的。他们把“个人”和“个人主义”放在人性的中心和“第一”的地位。不是人伦决定它,而是由它来支配一个人对人伦关系和社会关系的态度。所以它有一个自己的内容,那就是一个人自己的心灵和理性,在自保基础上发展到道德理性的自主独立判断,以及心灵所支配的肉体和相关的东西,即包括自己的行为。

这是第一个“圈子”,简言之,个人自身是圈中之圈,是一个核心。这是第一点。

第二个重要的区别是,他们在个人与别人的关系上往外推出层层关系时,固然也是从最亲密的父子等人伦关系出发,但并不像我们那样始终强调亲疏远近,相反是强调要同样看待,或者说,是强调要把外层的、疏远的看作是亲近的。**我们认为区别亲疏远近是适当的,他们却认为一视同仁是适当的。**所谓“适当”,根据在自然。但为什么我们认为是最自然的地方,他们却不以为然,持另一种观点?

这就涉及第三个重大的区别,即同他们所说的最后最大的圈子有关了。前面已经提到,斯多亚派有一种凡人皆是世界公民的世界主义观点,它是一种全人类的整体观。**“最大的圈子”说的也就是这个“世界主义”的意思。**有人会说,我们中国也有“大同”思想。有“四海之内皆兄弟”的说法,岂不是一样的? 张载《西铭》说“民吾同胞,物吾与也”,是一种天人合一,普爱世界人类和万物的伟大胸怀。

我非常同意和赞成中国文化和哲学中有普世性的伟大胸怀和眼光的看法,不过,这里也有重大差异。我们的“大同”理念还是人伦性的,而斯多亚派所主张的“世界主义”和人是“世界公民”的观点,则是从自然整体和人人都是神的儿女来的,而不是从人伦关系来的。所以,普世的人,不分民族和地域,无论彼此有无人伦关系,无论亲疏远近,都要当作兄弟对待。可见,中西的人类一家观念,虽然说来相似,根据却不同。

正是这个观点,使他们虽谈人伦,却并未当作人性的终极依据。**在我们把人伦之道当作终极依据的地方,他们把神当作终极的依据。**他们尽管也认为人伦之道重要,却只把它视为一种非常相对性的要素。神和神对世界城邦的治理法则,才是支配人有种种人伦关系、社会关系的根源。这就同中国传统观念大相径庭了。

总之以上几点说明,他们在这方面的人性观,虽然有同我们一致之处，可是仔细看去却有原则性的分别。我们的人性论和伦理观始终抓住人伦之道，以此为中心，然后再谈到个人，并逐步延伸到人类，他们则是以个人和神（表示自然和人类整体）这两极及其互相贯通为中心，再谈到人伦和社会关系及其伦理道德的。

因此，如果我们简约地说人性有三个基点，即（1）个体性；（2）人伦性；（3）与天道、上帝（整体自然）相关的全人类性的话，那么，就可以把区别概括如下：中国人的传统所紧紧把握的是（2）这个中间的环节，由此再去看待和面向两端；而斯多亚派和西方人的传统则相反，他们最强调的是（1）和（3）这两端本身，而尤其是（3）这个终极的神和他支配的最大的圈子，其次是（1）即每个个人本身，他直接来自神，最后才是（2），即由神和最大圈子及其法则所规定的人伦社会关系。**这种根据上的差别，便形成了轻重缓急次序上的大不相同。**

所以斯多亚派在承认人有人伦性时，只能给予它以非常相对性的价值。在爱比克泰德那里，我们会经常发现似乎是很矛盾的说法，如他在批评伊壁鸠鲁时非常强调人必有人伦关系和情感，然而在更多的时候，他会对父子、兄弟、朋友、同胞关系及其情感主张要采取最不在乎的和严峻的批判态度。他以犬儒第欧根尼对故土亲人的全然漠视的态度，作为一个“世界公民”的做人榜样。他还屡屡说，当你亲吻你的妻子儿女时，你就要同时说“你是会死的”，这样你在发生这些事情的时候，就不会有任何悲伤了。这类说法还有很多，在我们中国人看来是难以理解和接受的。

我们的传统只以人伦为本，并且只是用它来解释天道和规定个人的。所以它反对一切离开人伦之道的个人突出，并且按照亲疏远近的传统思维方式，对离我们越来越远的圈子在关怀的程度上递减，到了全人类关系，到了更加遥远的天道和上帝，就必然会采取“敬而远之”的态度。

斯多亚派关于人性的这一方面所持的抓住两端的观点,爱比克泰德有极为明确的说法。他一方面总是强调:“世界是一个城邦”①,另一方面又总是强调一个人必须自主自由。他说,即使是单独的一个人也绝不是孤独的。“孤独”或“被遗弃”这些词,按希腊文的意思是指一个人无助地暴露在要伤害他的人之前。人们的自然倾向是要与别人联合,互相友爱和交往。但他强调,一个人同时也要准备好独处,能自足,能与自己交往。在这里,爱比克泰德说,神就是这样做的例证和榜样。因为宙斯在宇宙大火的时候,还没有赫拉(他的妻)和雅典娜、阿波罗(他的儿女),没有兄弟、子孙、亲友,但他并不孤独。他在与自然中一切的联系中,也与自己交往,使他自己处于平安,思考他的治理,以适宜于自己的思想占据他自己。所以我们也应能与我们自己谈话,而无需他人。②

这种说法很明白,就是突出了人同自然和他人关系中的两极:“个人”自身和整体的“世界城邦”。注意:后者指的绝不是罗马帝国这个世界(那只是这种观念对人成为可能的世俗背景),而只是神的意志,也即统一的自然法所管辖的整个自然和全人类。

这种两极性的观点,最后的根据是神。由于每个人都是神的儿子,分有了神的理性,所以对人来说,他自己也有了一个自己的支点。这样便确立了人的本性中有两极。然后他才懂得如何去对待和处理他同别人的关系。

在这个问题上,我们可以见到中西伦理的深刻差异和原则的对立。

---

① 爱比克泰德:《论说集》(*Discourses*),3.24.10。

② 爱比克泰德:《论说集》(*Discourses*),3.13.1-8。

第三节　有“理性”是人高于其他动物的根本特点

上面所说的人性，在斯多亚派看来，还是人和动物相同的或有些类似的特性。因为“自保”是一切动物都有的本性，人只是也不能例外罢了。而人所具有的同别人相联系和结成共同体的本性，有些动物如蜜蜂蚂蚁也是有的。至于我们中国人所确认的人同禽兽的根本分别，人伦之道，如父子兄弟间的亲近和关怀，在斯多亚派看来，也同一般动物都有关爱和抚养其幼仔的本能类似，还不能算是人异于其他动物的根本之点。他们承认，谈人性应该先从上面这些地方开始，但是，他们强调，人作为一种特殊的和最高级的动物必定还有自己的特别的人性，而认识这点便是更要紧的。

从这里开始，我们重点要谈的就是斯多亚派所说的人异于动物之所在。

爱比克泰德说，神给动物以运用感官印象的能力和需要，而要我们理解这个运用。对它们来说，吃喝、休息、生仔，完成属于它们的功能就够了；但对我们，神还赐予了理解力。人和其余动物的结构、作用和目的不同。加上了理解力的，光运用其本能的能力是不够的，若不充分运用其理解力，将达不到他的目的。[①]

这个话表述了斯多亚派人性学说的一个基本见解：理性是在人性中起支配、主宰和决定作用的部分。动物有生命又有灵魂，但其灵魂中只有自保欲求、感觉表象和这种水平的驱动力，还没有理性。唯有人又在此之上加上了理性，这个理性使人能理解他自己的行为，把自己的一切其余的能力都置于其统治之下，有如一个王国中有了国君，一个军队有了一个司令部，就能在国君或司令官的治

---

① 爱比克泰德：《论说集》(*Discourses*)，1.6.10；1.6.13-17。

理统率下,有目的地去实现人的愿望和目的。一句话,人因有了理性,是个有理性的动物,因而他才高于其他动物。

在说到人有理性时,我们首先要知道斯多亚派的“理性”概念有广义和狭义之别。人的理性属于狭义或严格意义的概念,虽然它同广义相关、贯通。当他们说整体自然的主动本原是理性时,是广义的,这个理性就是神、逻各斯,即贯穿于整个自然中的动力和法则,也是所有自然事物中都有的普纽玛。

人的理性同广义的理性不同。一方面,它不如神,因为人只是自然的一部分。但从另一方面说,它又比其他自然存在物中分有的那些普纽玛要高,因为人的理性是在植物动物的普纽玛的基础上又新加上去的一种最高的普纽玛,它能统率人的灵魂中所具有的一切比较低级的普纽玛。

从另一角度说也是一样。人的理性之所以是普纽玛中最高的,是由于那是神的特别赐予,神把他自己的理性给了人。而它之所以还是不如神的理性,是因为人终究是整体自然的一部分,因而人的理性也只能是从这个局部出发。达到神的理性的高度是可能的,但必须努力。

人的理性是在这样的关系中规定的,所以当我们看到斯多亚派在不同场合和意义上使用“理性”一词时,应当注意是有分别的。这样读起来就不致感到困惑。

斯多亚派以理性作为人区别于其他动物的根本标志的观点,是同希腊古典哲学一致的。但在对人的理性的理解和诠释上,主要是继承了苏格拉底和犬儒派的传统。他们在继承中用许多新的思想成果加以充实进一步诠释,有重要的新发展。斯多亚哲学在古代西方哲学史上占据着一个显著地位,在自然哲学、逻辑学和伦理学上都有其突出贡献,是同这点分不开的。本书从这里往后所要述评的主要内容,都将围绕他们的“理性”概念展开和逐步深入。这对于我们中国学者来说,会有很多重要的启发和借鉴。

以探讨人生道德问题为宗旨的斯多亚哲学,是在人有理性的光照下分辨人的善恶二重性的,与之相关,人被分别为种种二重性的存在也是以他有理性作为根本标准来划分的。

例如,首先,人有理性是神的特别赐予,它使人具有了神性,有能力学习和接近神那样的善和智慧,这样人才同其他动物分别开来,成为一种最高级的动物;但另一方面,尽管人高于其他动物,他毕竟仍然是一个动物,因此他的理性又不能不受到他的动物性的影响和制约,与神的理性保持着差异。

没有理性的动物就没有伦理道德上的善恶可言,也就没有这种意义上的二重性质。可见,有理性是人的伦理二重性得以成立并得到显现的根源。

再者,人的使命就是求善去恶,而使人能实现这种根本使命的根本力量也在于他有理性。

与此相关,对于具有二重性的人来说,他的理性本身也就需要联系他的二重性的种种条件来加以分析和诠释。它一方面同神、神的理性相关,另一方面同人身上带动物性的身体和灵魂的自然结构相关。所以,人的理性的问题,是一个同人的二重性密切联系着的复杂问题。

下面我们就先来扼要谈谈斯多亚派在这问题上的一些主要论点。

第四节　斯多亚派的人的理性概念

1.斯多亚派所说的理性主要是道德理性

人们经常把理性看作求知的能力。许多哲学家是从这个角度来看待和研究理性的。但人求知总是有目的的,这目的就是使人自己生活得美好。然而生活得好的意思非常宽泛,可以有许多角度,从最低级的直至最高级的不同层次。所以必须分析。人们承认,所谓生活得好,最根本的好是生活得幸福,内心的平安宁静,而这唯有道德的好(善)才能起决定的作用。所以,哲学家都认为唯有道德的好才是目的,同它相比较,其他的各种好只能处于随从地位,或者说只是些达到道德善的准备性或中间性的手段。

苏格拉底突出了这个看法,他认为人的本分,是应当求自己灵魂的善并付诸实践。因此他所强调的理性,主要的就是人的实践的或道德的理性。理性的求知是重要的;但对人来说,没有任何别的知识比生活实践中分别什么是善恶的道德真知更为要紧。所以他把道德的善和求知二者结合,提出了"美德即知识"的思想。这个观点意义非常重大,因为它指明,第一,求知的目的主要在于认识和实践道德;第二,真正的道德必须建立在真知上边,否则我们诚心诚意想追求的善,其实很可能是伪善,那就事与愿违,问题更大了。所以"美德即知识"就是要把生活的终极目的本身当作知识的根本,使道德理性在理性中占有中心或主要的地位。它高于其他的理性或知识。

从苏格拉底发展出来的,并非只是柏拉图派和亚里士多德学派,还有犬儒派、居勒尼派和麦加拉派。麦加拉派把苏格拉底所说的“善”同爱利亚派的“是”结合,以逻辑思辨见长。而犬儒派几乎不谈理论,只以实践一种他们认为是最合乎自然的生活方式为目的。居勒尼派关注的同样也是人应该如何生活,不过他们对生活的哲学态度是享乐主义,又正好与犬儒派相反。

斯多亚派对理性的看法,是接着犬儒派和他们所理解的苏格拉底这条线索或传统讲的,与柏拉图派和亚里士多德的学派有重要的分歧。

2. 在对理性的诠释上与柏拉图、亚里士多德的分歧

斯多亚派同苏格拉底和犬儒一样,把关注心灵的善当作人的本分和最重要的事情,因为它支配着人的一切行为。他们认为人和其余动物的差别,是他有分别好坏善恶的理性的能力。不具理性的动物,行为只受本能支配,便不存在什么伦理道德方面的问题。人就非常不同了,他能运用理性对好坏(即善恶)加以选择判断,行为就有了鲜明的伦理道德性质。人能超越其他动物,在生活和行为上模仿和接近神明,原因就在他有这个理性。所以,他们所说的理性,主要指的就是道德理性或实践理性。通常所说的知识和逻辑虽然也重要,但它们本身不是目的,只是为上述目的服务的工具。

所以,若用我们近代以来的所谓“目的理性”和“工具理性”的划分的哲学用语来说,我们可以认为他们已经有了这个分别。后面我们会在讨论他们的行为心理学时,着重谈到他们所作的这种划分,那时我们会对这一点有更为具体的阐明。这里请读者先记住,斯多亚派所说的理性,中心只在道德理性。

我们在前面已经说过,他们在“城邦”观(Politeia)上同柏拉图、

亚里士多德有着原则的分歧。因此在对什么是人的本性,和怎样才算生活和道德的善,在看法上有一系列的对立。现在我们还可以见到他们之间在对"理性"的看法上也有很重要的差异。

其一,尽管柏拉图和亚里士多德这两位大哲学家也很重视生活伦理的善,也以理性为根据来讨论伦理和道德问题。但是在斯多亚派看来,他们还是过于偏重了理性的纯思辨方面,因而相对地说,便贬低了实践的道德理性。事实上也有这方面的情况,例如,亚里士多德就明确地说过,人在闲暇中从事思辨理性的理论活动,是人生中可以得到的最为神圣的和最完美的幸福。①

其二,斯多亚派和柏拉图、亚里士多德还有一个很具原则性的分歧。后者认为,除了理性之外,情感也常常能支配、决定人的行为。斯多亚派不同意这种意见。认为这种说法,就是主张了人的行为动因是二元论的,是对唯有理性才是人的灵魂中最高主宰的原则的背离。

斯多亚派特别重视对情感问题的研讨,是因为它对行为影响极大。如果说人的高贵之处在于有理性,能自己决定其行为的善恶是非,那首先就要表现在他能用理性来支配自己的情感好恶。如果同情感问题分开来谈什么理性,就会成为空谈而失去意义。因此他们坚持认为,人的情感是随着人有理性而来的,决定人的行为的不是情感而只是理性。当然这不仅是个理论问题,更是一个需要严格训练才能做到的实践问题。爱比克泰德对此特别重视,有许多详细的研讨。

可见,这一分歧也具有原则性的意义。它在斯多亚伦理学中,是一个举足轻重的重大问题。

从这些分歧中我们可以发现,斯多亚派人性论中所说的人的

---

① 亚里士多德:《尼各马可伦理学》,1095b114-20,1177a15-b26。

“理性”，在概念的内涵和诠释上同原先的希腊哲学相比，有了深入得多的重要发展。这种对理性所作的新诠释，是我们研究斯多亚哲学和其中的人性论、行为心理学及伦理道德学说的一把钥匙。

3. 理性是唯一能反思自身并支配其他一切能力的能力

在人身上有许多互相有关又彼此不同的能力和本性。就以知识的能力来说，也是不同的。爱比克泰德问道，在人的各种知识能力中，什么是能反思自身的？

他分析说，语法的反思能力只评判语言，音乐的技艺只评判旋律，都不评判它自身。当一个人考虑是否要写信给朋友时，语法只能告诉你写的方式，不能告诉你是否要写。你在什么时候该不该唱歌弹琴，音乐也不能告诉你。能告诉你这些的，唯有一个既反思自身又反思一切其他能力的能力，那就是理性的能力。

唯有理性能力能够抓住这二者：它能抓住它自身是什么，能做什么，什么东西有价值也是靠它来给予的；它还能抓住所有其他的能力，它们是什么，能做什么，它们能给我们什么有价值的东西。

爱比克泰德把理性的上述能力，概括为“运用表象”。“表象”一词在爱比克泰德和斯多亚派的行为心理学中，是一个十分重要的概念，它概括了我们在一切情况和场合下，对外部事物和自己内心中出现的一切观念，包括从感知直到思想、判断等等，即人对一切的感受和认识，也就包括了人的一切能力。对于这一切，谁能驾驭？爱比克泰德和斯多亚派认为，唯有“理性”。理性能对这一切发挥它的支配作用，这就是“正确地运用表象”。

他说：

> 除了理性而外，还有什么别的能力可以告诉我们金子是美的？ 金子本身不能告诉我们。只有能处置表象的理性能力，才能告诉我们这一点。还有什么能力可以区别语法等等技艺和能力，知道它们的用处，指导我们对其运用？ 没有。
>
> 神灵们把这个最好的能支配其他能力的能力，正确使用表象的能力，而不是把别的东西，交给了我们，是恰当的。他们也愿意把别的给我们，但是不能。因为神看到我们生活在地上，限制在一个泥土做的身体里，在泥土做的同伴之中，怎能不受外物的束缚呢？
>
> 宙斯怎么说？"爱比克泰德啊，如果可能，我就会使你那可怜的身体等等自由，不受束缚。但你不可忘记，这可怜的身体并不是你自己的，它不过是一团造得精巧的泥土。因此我不能给你这种（身体、财产等的）自由。我给你的是我自己的某个部分：运用自己的做或不做、欲求或拒绝的驱动力的能力，正确运用表象的能力。如果你专注于它，并把你所有的一切安排在它的照料之下，你就决不受束缚了，就不会哀叹，没有缺失，无需献媚任何人。这些好处，你以为还小吗？"
>
> ——我向神灵祷告说，这是我所满意的。[①]

简言之，爱比克泰德把人有理性作为人是最高贵的生物的根据，道德和自由的根据。其理由便是，唯有理性才是能够反思一切事物并反思它自身的能力。这种反思力也就是行动的统率能力，人有了它就能统率自己的表象、驱动力[②]和行为，也能支配他的其余能力，从而使人区别于禽兽而有道德追求和责任，这也即是他的自

① 爱比克泰德：《论说集》（*Discourses*），1.1。

② "驱动力"（impulse），同"表象"等一样，是斯多亚行为心理学中的基本概念。详见下一章中的解说。

由。因为这自由是他的理性决定的，完全属于他自己的能力范围。

另一方面，作为人或个人，他毕竟只是万物中的一个部分，是同自然中的泥土般的身体、财产、亲友、同伴结合着的。就肉体和与之相关的方面来说，一个人的理性是不能支配的，连自己的身体也不能，财产也不能，他也不能支配别人。因为这些都是服从自然律的，它们各有自己的自然（本性），那是由整个自然、神所决定的。神才有整体的理性，他才能决定这一切。神给我们以他自己理性的一部分，使我们优于别的生物，但是他也要按照自然律办事，给万物以各自的本性，并特别给每个人以理性。所以，万能的神尽管乐意人有更大的自由，他也不能给我们以支配自己的身体等的自由。这就给我们每个人所能支配的东西以一个界限。

所以，爱比克泰德说，分清我们能力范围之内和之外的界限，是我们做人最根本的事情。但是，我们有理性，就能正确地运用一切表象。这个能力已经是够大的、够使我们满意的了。除此而外，我们还要祈求什么？ 我们为什么还要作非分之想？ 实际上，我们还远远没有充分认识和实践我们自己分内的这一能力和自由。这才是我们应当努力的本分。

爱比克泰德的道德学说，就是从他对人性中最重要的理性所作的这一新诠释入手的。这种理性的意义和作用就在于“运用表象”，这就涉及斯多亚派特别研究过的行为心理学的范围。对此我们也需有一个了解，才能准备好去研究爱比克泰德。

第六章　斯多亚派的心学——行为心理学

第一节　行为心理学在斯多亚学说中的地位和研究的困难

1. 西方古代的"心学"

在20世纪中后期西方学者对斯多亚哲学的新的研究热情中，有一个突出的重点，就是对其行为心理学的新认识和新发现。Brad Inwood 写了一部名为《早期斯多亚主义中的伦理学和人的行为》（1985年出版）的著作，他认为斯多亚派有一个很有特色的行为理论，这就是他们发展了一个相当系统和深入的"行为心理学"（psychology of action）。我对他的这部著作印象颇深，感到他做的研究不仅在资料来源的掌握和发掘上有新的重要进展，也很有新的见地。我认为他试图重建斯多亚派行为理论和行为心理学的努力，取得了某种成功。这一努力，为人们重新认识斯多亚哲学提出了新问题，开辟了一个新的极有意义的重要研究方向。

另一个我认为值得注意的成果，是 A.A.Long 在1991年发表的题为《斯多亚主义中的表象和自我》(Representation and the Self in Stoicism) 的论文,对斯多亚“心灵哲学”(philosophy of mind) 作了在我看来在某种意义上说是更有深度的探讨。他所说的心灵哲学和 Inwood 所说的行为心理学其实是一样的,为了统一起见,我想还是采用“行为心理学”一词来表示斯多亚派的这一学说。

毋庸多言,除了这两位,还有更多的学者作了相关的研究,也很有成果。我之所以特别提到这两个成果,是因为它们同我们这里的关注有十分密切的关系。

行为心理学是斯多亚学说中一个相当精深之处。它对于我们认识爱比克泰德尤其关系重大,因此,讨论这个方面是本书的一个重点。

斯多亚派的这个行为心理学,若用中国哲学史上我们所熟悉的用语说,我以为可以简要地称之为“心学”。这是因为它研究的是人的心性问题,和我们的心性之学相同,并且都以伦理道德为指归。

用“心学”这个词还有一个好处,那就是可以促使我们注意到,这里正是一个做中西文化与学问对比研究的关键之处。它能告诉我们,心性之学并非中国一家的特产,实在说来,在西方也是古已有之、源远流长的,并且在斯多亚派那里已经达到了相当精深的地步。有些先生一说到心性之学总有一种旁若无人的气概,这就不容易使自己的精神视野有较大的空间。也有的涉猎西方,可也只谈康德。康德当然值得参照,可是康德也有其历史渊源,是我们应当知道的。否则也不易澄清其精神所在。其实凡人皆有心性,人家的哲人也有其心性学问,留意于此,对我们是大有益处的。当我们看到彼此有共同之处时,其间的差异也就更会引起我们的注意,为何会在深一层的看法上很不相同? 这样,当我们再谈心性道理,特别是它的普遍性的时候,就要动脑筋多多思考一番了。

但是,尽管人们知道斯多亚哲学在西方已有久远的历史和深刻的影响,可是对它的行为心理学作认真的研究,应该说还是新近不久的事情,还处于刚启动的阶段。资料的收集整理如此,深入的思考诠释更加如此。难点很多,做起来不容易。

就资料而言,我们从拉尔修的《古代哲学家言行录》所列出的芝诺等人的著作目录中可以知道,早期斯多亚派已对行为心理学有所阐述。但很可惜,他们的原著并没有留存下来,我们只能靠辑佚来适当地弥补这个缺口。在这方面, Long 和 Sedley 从广泛的各种古代文献中辑佚而编成的《希腊化哲学家》一书给我们以相当的便利。相比之下,晚期斯多亚派3个有名哲学家留下了著作,是更可靠的资料依据。不过,那又多属心学的运用,理论上缺乏严密仔细的系统表述。因此今天要想系统地理解和重建其原貌,是件不容易的事。所以,我在这本书里只能努力根据原始资料,参照吸取西方学者特别是上面提到的两位的已有成果,对它作一个尽可能确切、明白和扼要的,然而终究仍是非常初步的介绍。

2. 斯多亚派的“心学”和他们的自然哲学、伦理学的关系

斯多亚派的行为心理学是他们的自然哲学和人性论的延伸和深入,又是他们的伦理学的一个重要组成部分。我们知道,斯多亚伦理学的宗旨是正确规定生活的目的;而生活是靠行为构成的,生活和行为又是由人的心灵来指挥和支配的;所以伦理学就离不开心学的研究了。

具体地说,斯多亚派认为,人的生活目的,可以一言以蔽之,那就是“与自然相一致”。在这里,他们所用的“一致”或“一贯性”

（consistency，ὁμολογία）是很要紧的一个词。一个人凭什么能同自然相一致？是因为他有他自己的“自然”或“人性”（human nature）。人所具有的自然（人性），虽然只是整体自然的一个小小的部分，却因有理性而能与神、与自然的整体相通，有着同一性、贯通性。所以人纵然同自然有重大分别，又能与之相一致，应当与之一致。此中情形，前面我们已经作过一番说明，不再赘言。

行为心理学的任务是把这一研究更深入一步。人是在各种处境中生活，其行为和内心是经常处于矛盾状态之中的。我们不能设想一个自相矛盾的人能够做到“同自然一致”。所以，对每个人来说如何能做到“与自然一致”，一个必要的和根本的条件，必然就是行为者本身如何能做到保持他的自我的一致。

斯多亚派非常看重这一点。塞内卡就经常强调，一个人应当同他的自我保持一致。而做到这点的办法，便是纠正自己的行为和意欲，使之与自然或神的意志一致。所谓一致（一贯）的东西，都是指合于理性的正确的东西。塞内卡说，因为人们是决不会喜欢同样的东西的，除非那是正确的。[①] 而克里西普更早地说到了这一点，他说，生活的目的，就是按照我们自己的自然和宇宙的自然而活着。[②]

可见，在斯多亚派的人的生活应当与自然一致这一命题里，包含着三项：（1）自然整体的一致一贯；（2）每个人的自我的一致一贯；（3）每个人（他的自我）与整个自然的相互一致一贯。这些一致一贯是如何可能的呢？在斯多亚派看来，都是由于“理性”，只不过在这三种情况里，表现的形式各异罢了。人因为分有了

---

① Seneca, *Epistulae Morales*（《伦理书信集》），34.4；35.4；120.9ff.；95.58；20.5.

② D.L.，7.88.

最高的理性，就能使这种可能性得到实现。整个斯多亚的哲学都是围绕着这个中心来研究的。

在这三项中，人在其生活与行为中的自我能否保持一致，是他能否同整个自然保持一致的必要条件，也是人能够并应当凭自己的努力去做的。它的依据来自神。神给人理性，是为了使他有道德，同整个自然相一致。因此那违反神的道德命令的人，就不可能保持自我的一致和一贯，这也就等于是拒绝了他自己的真实自我和本性。

生活由行为构成，就意味着人性并非静态的东西，而是在活动中实现的。人的本性和生活的一贯性，必须体现在他的行为的一贯性中。各种情境中的行为是具体多变的，而管住行为的是人的心灵。因此，研究人的生活、行为如何才能正确和一贯，就要深入到他的内心最深处，这样，正确和严密地研究和规定人的内心的活动机制，就成为斯多亚哲学中的一大关键了。

斯多亚派的行为心理学，就是这样一套关于人在生活行为中的内在心理活动的研究，它关注的是，我们的心灵的活动怎样才能确保我们的行为与自然一致，使我们的自我能够做到一致，即我们的内心活动本身正确和有道德。它是伦理学的重要部分，是行为中的人性论，因而也是斯多亚自然哲学落实到人和伦理道德实践的重要理论环节。

在上面我说它或许可以称之为“心学”。但若称作“理学”似乎也无不可，因为它是从宇宙和人的自然（本性）之理（逻各斯，理性）来讲的。在天谓之理，在人谓之人心中的理性。所以，斯多亚派的行为心理学，是一种关于人及其行为中的“性理”或“心性”如何能够一致贯通的学说。

第二节　亚里士多德的背景

斯多亚派虽然对亚里士多德的伦理学不满意，但是亚里士多德对人和动物的行为所取得的科学研究成果，仍然是斯多亚派行为心理学由以出发的主要理论来源。

亚里士多德认为，动物的运动同无生命东西的运动不同，后者只是靠外力，而动物既有外力的作用，也有自己运动的能力。因为动物有灵魂，能按照自己的需要对外部事物作出选择性的反应，推动自己的身体去做位移的行动。他对动物的行为作了如下的一般分析：

> 一切动物都是为了某个目的而运动或被推动……我们发现，推动动物的东西是理智、想象、目的、意愿和欲望，而所有这些都可以归结为思想和欲望。因为感觉、想象和思想属于共同的一类，三者都是分辨的能力，虽然彼此有别。而意愿、驱动力、欲望乃是三种意欲的形式，目的则属于理智和意欲二者。①
>
> 当人们为了某种由感觉、表象和思想所确认的目的而进行活动时，他们直接做想做的事。愿望的实现取代了探究或思索。欲望

---

① Aristotle, *Movement of Animals*, 700b18-23. 这一段中涉及诸多术语，有些中文翻译起来不易，为了避免容易的混淆，需了解其原文和英译。如"理智"——διανοια, intellect；"表象"——φαντασια, imagination, or presentation, representation, etc.，特别是"意愿"、"欲望"这些词很难用中文准确表达，更宜查对，希腊文的 ορεξις，英文译为 desire，但在希腊作者中这个词还有更多含义的发展；βουλησις，指经过思考后的意愿，英文译为 wish；επιθυμια 则多指较为低级的或直接本能的欲望，英文译为 appetite。亚里士多德在研究中使用了许多名词术语，斯多亚派采用了许多又增加了若干，他们在运用中又演变出一些含义。因此弄清这些术语是很复杂的专门研究工作，西方的专家也感到理解和翻译的艰难，中文表达就更有困难。我在本书中无法一一予以说明，只能对其中若干重要的又容易混淆的作某些最必要的说明。

> 说，我想喝水；感觉、想象或思想说，这是饮料。那么我就直接去喝。动物就是按照这种方式所驱使而运动和行动的，愿望是运动的最终原因，而愿望又是通过感觉、想象或思想产生的。①

亚里士多德的这个分析非常重要，奠定了希腊哲学中行为理论借以发展的出发点。其要点是：

（1）他指出动物有自己运动的能力，它是动物自身的有目的的行为。

（2）这种有目的的行为，是由动物的自身结构和外部事物发生关联的结果。在动物本身，是两个因素的关联。

一个可概括为由动物自身结构有关的需要而来的“意欲”；另一个是动物对外部事物的感知和思想。亚里士多德把后者概括为“分辨的能力”。即分辨某个事物是否适合自己的需要，对自己有利还是有害的能力。这种能力所产生的东西就是“表象”。用我们现代人习用的语词来说，就是“信息性的因素”。

从上述两个因素的结合，即“意欲”加上“表象”，就产生了“驱动力”，接着就是行动。例如我想喝水，是一个欲望或意愿；我见到有水在某处，这是一个适合我的意欲的表象。把这两个因素加在一起，我就决定走向水，产生喝水的行动。

因此，动物的行为和行为心理过程，可以用如下公式来表示：

意欲＋表象→驱动力（＝行为的直接动因）

（3）上述公式对于动物的行为来说，是带有必然性的。亚里士多德说，行为虽然同认知的过程有别，但也是一种“从两个前提产

---

① Aristotle，*Movement of Animals*，701a30-35.

生的结果是一个结论”的必然过程，它可以用逻辑推理的三段论方式来表示。它的结论就是“一个行动”。“例如，当一个人想到每个人都应当行走，而他自己是一个人，那么他就直接行走；或者，在他想到在当下场合没有人应当行走，他是一个人，那么他直接就保持静止。”①

这当然并不等于是一个有意识的推理过程。动物的行为并没有理性指导，即使有理性的人的行为，也不总是有意识地通过推理来进行的。许多情况下行为者对自己的意欲视为理所当然，不加反思，甚至毫无觉察，他只注意到外物所给予的刺激就行动了。但是，它仍然是一个合乎逻辑必然性的三段论，发现这一点是亚里士多德的功绩。

这是一种不同于一般逻辑论证形式的“行为逻辑”模式。人们给它取名为“实践的三段论”（practical syllogism）。

它是行为者有目的性的行为三段论。在这种三段论式中，行动者被设想成自己对自己说：“我欲吃一切甜的东西”，这是大前提，表示出他的欲望；“这东西是甜的”则是一个小前提，它是个表象或信息的成分，既与环境有关，又同行为者的欲望有关；于是结论便是必然的：只要没干扰，就有了行动。

（4）在这种三段论式中，表象激活了欲望，而那被激活了的欲望就是驱动力，它是行为最切近的原因。驱动力作为最切近的原因，不是原来单纯的欲求状态，也不是单纯的信息，而是二者的结合，是二者结合所产生的被激活了的欲望。

由于驱动力里已经包含了欲望，所以这两个词常常可以替代着使用。但是在驱动力中，除了欲望，还有表象的成分，这是必须注

① Aristotle, *Movement of Animals*, 701a9-15.

意到的。在这里顺带说说为什么笔者不把 impulse 译为“动机”，而是译作“驱动力”的理由。这是因为在中文里，“动机”常常会被理解成单纯主观的想法，就同欲望、意愿容易混淆。而亚里士多德和斯多亚派所说的 impulse，乃是“欲望+表象”的结合物，已不再是行为者的纯主观的欲望和意愿。

（5）可见信息性的因素，对于说明行为是多么重要。它是激活欲望使之转化为行为驱动力的关键要素。亚里士多德认为从感觉、知觉直到思想等都属于其内，并且在《论动物运动》第6、7、8各章中用了 φαντασια 一词来指称它们，这个术语在英文中有不同译法，如 impression，presentation，representation 等。但有些译法，如 impression（印象），是会引起误解的，西方学者已经有所讨论。采纳他们的意见，我想中文还是译作“表象”（representation）比较妥当些。其理由后面再加以说明。

表象一方面是行为者从事物得到的一个信息，另一方面又同行为者的意欲相关。它是行为者按照自己的意愿对事物是否适合自己的需要所进行的分辨、解释和评价的结果。因此它不仅仅是外部的信息，也是内在的意愿对某个外部信息的评判和解释。

有学者分析说，在伊壁鸠鲁派行为心理学中，那种把行为看作是由相关的一个“影像”（image，είδωλον）所刺激而引起的观点，是和亚里士多德的表象说一致的。而斯多亚派的观点则作了另一种发展，那就是，不仅把表象看作外来刺激所带来的信息，也要把它看作是一个可由行为者的意愿、意志或理性给予解释的因素。不过，如 Inwood 所指出的那样，亚里士多德也有关于表象的解释性功能的看法。[①] 我们知道,爱比克泰德对此有重要的发挥。他说人的权能即在于“运用自己的理性于表象”,就是强调人对自己的表象要作理性的分辨、评价和重新解释。

不过斯多亚派最主要的发展,还在于沿着亚里士多德所提出的“实践三段论”的思路,通过深入的研究,形成了一整套的系统的行为心理学。亚里士多德所发现的“实践三段论”,为研究动物和人的行为的内在心理过程提供了一个逻辑性的基础,他也研究了与之相关的人的伦理行为。但他所说的这个实践三段论式,对于研究和解释十分复杂的人的行为心理机制,是远远不够的。为了给人的伦理道德奠定一个行为心理学的可靠依据,斯多亚派在这一方面作出了巨大的努力。

第三节　人的行为心理结构和其他动物的差别

上节说到“欲望+表象→驱动力”实践三段论公式。这是个一般的行为心理学的基本模式,但运用到不同对象,则有不同的特点和形式。

对没有理性的动物来说,其欲望是本能性的,其表象只限于感官知觉,因此其行为的心理学模式只处于“刺激—反应”的水平。例如,让一条狗注意到它所欲的一块肉,它就会行动去得到这块肉。人的行为不能只用这样粗陋的理论来解释,不过对人来说,它同样也是一个基础或初阶。只是还应该在这个基础和初阶上,按照

① 近人 Nussbaum 和 Inwood 都特别指出了“表象”的“解释性”的哲学意义。参见 Brad Inwood, *Ethics and Human Action in Early Stoicism*(以下简称 EHAES), Clareden Press, Oxford, 1985, pp.11-13。

人所具有的新的心理因素,以及由此而来的种种发展和变形,来作进一步的深入研究。

显然,无论对动物还是对人的行为心理的研究,都是同自然哲学中的自然阶梯学说有关的。前面我们已经谈到亚里士多德和斯多亚派的这一学说。在自然阶梯中,动物已经有灵魂并能自己做位移运动。其机制便是动物灵魂中有欲求和感知能力,二者结合就产生了能推动一个行为的驱动力。而人,则在其灵魂中又加上了理性的能力。但是亚里士多德虽然已指出了这一划分,并对人的行为心理机制也有所研究,却远未深入。这个进一步深入研究的工作,是由斯多亚派来完成的。

人的灵魂是由理性支配的,对这种理性灵魂的本性或自然结构的研究开发,是斯多亚派行为心理学的真正基础。

有资料说,斯多亚派认为人的灵魂主要可分为八个部分,即五种感官,加上控制语言的部分,控制生殖力的部分和心灵本身亦即控制和规整所有其余部分的那个部分。① 据说这种区分可追溯到芝诺本人。

其实,在这张单子上还应加上更为基础性的普纽玛即联结贯通能力(连石头之类的无生命的东西也有的,即自然中最普遍的能力)、营养生长能力(植物也有的),等等。因为凡在自然阶梯上层的,也具有在其下层的事物的本性,作为自己本性中最高部分的附属成分,虽说也是其更为基础性的因素。

在八个部分中,占据着最高的地位,能支配人的全部其余能力的能力,是“心灵”(mind)。有时也可用“灵魂”(soul)一词来称

---

① 见 *Aetius*,4.4.4, D.L., 7.110;Galen, *On the Doctrines of Hippocratesand Plato*, 5.3.7;等等。新柏拉图派文献中也对斯多亚派的这个理论有报道。

呼它。

只说灵魂有八个部分，对我们了解斯多亚的行为心理学没多大帮助。在这个问题上，对斯多亚派有研究的柏拉图派哲学家扬布里科（Iamblichus，公元3—4世纪）提供了进一步的线索。他在其《论灵魂》中说："芝诺的门人教导说灵魂有八个部分，而在灵魂（即心灵）中有着这些能力，例如，在心灵中有表象、同意、驱动力和理性。"[①] 他还把这八个部分分为两组，一组是有形的普纽玛，指五官的功能；另一组是有质的特点的"能力"（δυναμεις，其单数，拉丁文直接改写是 dunamis——引者注）。这是什么意思呢？他打比方说，就像苹果在它的同一身体里还有甜味和芳香那样，心灵在它的同一个物体内还有表象力、同意的能力、驱动力、理性的能力。可见它们同五官的能力有质的区别。

扬布里科的这个说法，对我们认识斯多亚的行为心理学就很有帮助了。

这里所说的心的"能力"，dunamis，这个词在斯多亚派那里的含义是指能够引起许多事件并控制从属于它的各种活动的能力。它是心灵的一种张力，把许多不同东西系紧在一起的有张力性质的能力（τόνικη δύναμις）。张力（τόνος，tension）是能把自己结构中的许多东西联系在一起并加以支配的力量。灵魂的能力，作为张力，便能把自身结构中的各种能力系紧并加以控制，并由此控制主体如何对待其环境的关系。例如，斯多亚派说人的知识就是心灵接受种种表象的一种张力和能力。又如克里西普说，记忆是心灵中的一个能力，它是表象的储存库，能在自己结构中把各种表象保持住，可以长时间不活动直到被激发。他们还说驱动力是心灵的一种

---

① 见 Stobaeus, *Eclogae*, 1.369。

张力或能力。这种把能力视为张力的观念,是同斯多亚派自然哲学中的整体性、贯通性的观念,同他们把连贯性(ἕξις, hexis)当作自然界中连石头也有的能力或普纽玛的观点,是一致的。有差别东西得到了统一。它来自理性、逻各斯、神。人的心灵由于具有直接来自神的最高的理性,便具有这种最高级的能力,就能支配自己的各种性能和行为。

Inwood 强调,斯多亚派的行为心理学之所以被称作是一元论的,只在于它把理性能力安置于控制产生行为的过程,不给灵魂中任何反对理性的能力留下余地来干扰其控制作用。而在柏拉图和亚里士多德那里,则有同理性竞争的因素,其行为心理学所以是二元论的。①

因此,我们若要深入了解斯多亚派行为心理学,就需要知道他们对于这四种能力及其相互关系的研究和规定。

在这个问题上,我以为 Inwood 和 Long 的论述都相当有成就。不过他们两人强调的重点不同。Inwood 在其《早期斯多亚主义中的伦理学和人的行为》一书中,一直强调“驱动力”是斯多亚行为心理学的中心概念。A.A.Long 则在他的《斯多亚主义中的表象与自我》一文中说,他赞同 Charles Taylor 的说法,即斯多亚派突出“同意”,把它作为人的能力的中心,发展意志的源泉,是他们在道德学说引起重要变迁的要点。因为,对我们有道德严格意义的东西,不仅在于其他哲学家也会谈到的自然原则或理性原则,而且就在人对自己的表象是否给予“同意”的能力。不过 Long 又有另一个说法,他说,研究芝诺残篇,直到爱比克泰德和马尔库斯·奥勒

① EHAES,p.33.

留，都可以清楚看出表象的中心地位。[①] 这样，对于斯多亚行为心理学中的四要素，即理性、表象、同意、驱动力四者中，何者才是最重要的或中心的概念，就有了几种不同的说法了。

我认为 Inwood 强调驱动力重要不是没有道理的，但它的重要只在于它是行为的直接决定者，Inwood 所说的也不过如此。但仅凭这点就断言唯有驱动力是中心概念，我认为并不妥当，也不符合斯多亚派自己的论述。因为单就驱动力是行为的直接决定者来说，对人和动物是共同的，并不能解释人的行为及其驱动力的根本特点。要说明人的行为和心理过程的根本特点，就必须把重点放到"理性"上来，放到人的理性的"表象"和"同意"上来。例如，爱比克泰德就把对"表象"是否给予"同意"，作为人是否运用了他的理性于行为（驱动力在内）的根本问题。所以，相比起来，Long 的说法就似乎更为可取了。不过他有时把"同意"当作斯多亚行为心理学的中心概念，有时又说表象是中心，也就不知道究竟什么是中心了。

所以我想，究竟孰为中心的问题似乎可以存而不论，甚至也不必把这当作什么要紧的事。最要紧的是，这四个要素在斯多亚派那里原是相互关联的，在联结中有其各自的地位，因此我们应当注意对此多作切实的研讨。其实 Long 和 Inwood 的不同强调，主要是由于研究进路上的某种差异引起；而他们在具体论述到斯多亚派的行为心理学内容时，大多仍是一致或互补的，都有相当的深度，因而其成果不妨都作为我们的参考。

---

① A.A.Long,*Representation and the Self in Stoicism; Psychology,Companions to Ancient's Thought*,ed.by Eveson, 2 ,chpter 6 ,Cambridge University Press, 1991 ,pp. 103 - 105 .

第四节　Inwood 的研究路径和行为心理要素分析

简要地说，Inwood 是从斯多亚派如何解决决定论与道德责任的对立的问题,来考察他们的行为心理学的。

斯多亚哲学认为自然法则或神意、命运是决定一切的,人只能服从。既然如此,那么人对自己的行为如何会有道德责任？决定论与自由意志的对立问题,在希腊化时代变得特别突出。对于斯多亚哲学尤其有这个问题,因为它的体系本身就有这个内在的尖锐矛盾。它的整体性的自然观使它的决定论显得极为突出,自然的必然性、神、命运是绝对的统治者,人,个人,还能有自由吗？若没有自由,人对自己行为还能有道德责任吗？Inwood 认为这是斯多亚哲学面对的最重大而尖锐的问题。因此他从这个问题入手,来研究斯多亚派行为心理学的意义,考察他们对行为心理机制及其要素的分析规定。我想这样做是有道理的。

他认为,行为心理学,无论说的是理性的还是非理性动物的行为,中心都在“驱动力”的概念。但他接着就指出,对驱动力也要放在不同要素之综合总体中来考察,它不是一个孤立的精神成分,只有在一个解释性的理论框架中,才能对驱动力作出恰当的描述。但他像是怕人会忘了似的,又强调说,唯有驱动力才是这框架中的关键部分。

我们还是先注意他对斯多亚行为心理学整个框架的研究。按照斯多亚的观点,在人的行为心理中不仅有“表象”和“驱动力”,还加上了“理性”和“同意”,而这四种能力都是在心灵的支配之下起作用的。因此,必须综合地考察它们之间的更为复合的相互关系。

Inwood 分析说，首先是（1）"理性"。希腊传统用理性做标志说明人高于动物，斯多亚派让理性在心灵中占统治地位，它是理性灵魂的领导成分。理性首先包括语言的运用，通过语言表象意义，使思想成为可能。（2）因此人的"表象"就有了新的发展，它在理性的作用和影响下，不再像动物那样仅限于感知，而有了思想、情感、记忆，等等，并能用语言来表象。（3）"同意"是理性产生的，它的力量就是理性通过语言得来的。同样，（4）在人的行为心理中，"驱动力"就不再只是由其动物性的本能和感知性的表象来决定的东西了，它是由理性和理性的表象与同意来决定的。

简言之，人由于有了理性，不仅在原先的动物行为心理要素上添加了"理性"和"同意"两种能力，而且使表象、同意、驱动力都发生了改变，从感性水平上升到理性高度，并在相互关系中贯穿了理性。斯多亚派在其行为心理学中经常只讲表象、同意和驱动力三个要素，但其中都已经贯穿了理性的作用，或者说，理性是统管，它的作用就落实于这三个要素。一个人通过教育和训练，这些能力就会形成更具持久稳定性的性格、品质，人的性格和这些要素之间是互动的关系。

对行为心理的诸要素的认识，不仅需要分别的静态的，更需要动态的过程的分析。就其过程的"实践三段论"顺序来说，在一般动物，其模式是

欲望（本能的）+表象（感知性的）→驱动力（公式1）

而在有理性的人，则在表象和驱动力间加上了同意这个环节，即是

意欲＋表象＋同意→驱动力（公式2）

这是一个亚里士多德那里还没有过的新公式。应当强调指出，在这公式中，诸因素的每一个，其所表示的心理内涵的丰富性和活动空间的广度深度，都远非一般动物所能比拟的。人的意欲，包括了从本能的直至高尚道德水平上的好恶；人的表象，可以从感知性水平达到以命题形式表示思想和真实确切的知识；人所特别具有的"同意"能力，则是他的理性中最具决定作用的所在，那是其余动物根本不可能有的。所以，人的驱动力和由此产生的实际行为同动物有原则的不同，它是加上了"同意"之后的驱动力，即经过了理性批准或拒绝之后的，动物的驱动力只是本能欲望加上感知的信息就足够产生了。

另外，由于在通常的表述中，"表象"里已经包含了"意欲"这一初始因素，因此，人的行为心理模式也可简略地表述为：

表象＋同意→驱动力（公式3）

这个用法更为经常，所以斯多亚的行为心理学理论框架常常就成为主要对上述三个要素的分析及其相互关系的研究。

在这种初步轮廓的基础上，Inwood 就来考察斯多亚派是如何来解决道德责任和决定论的悖论。他引用了斯多亚化的学园派人物 Antiochus of Ascalon 的一段论述，并从这里开始说明他本人的那种把驱动力当作中心概念的观点。这段引文的大意是：

克里西普认为，在人的行为动因中可区分为两类，一种是完善的和根本的，另一种是辅助的和切近的。因此当我们说一切按命运（因果锁链）由先前的原因而发生时，并非只指完善因，它也可以指切近因。前者是不在我们的能力之内的,但不能由此得出结论说我们行为的驱动力也不在我们的能力之内。如果我们说一切都是由完善和根本的原因发生,而由于这些原因不在我们的能力之内,那么就会得出似乎驱动力也完全不在我们能力之内的结论。那些把命运同必然性如此联结的人,就得服从这个论点的力量。但是那些不认为先前的原因都是完善的根本的原因的人,将完全不屈从于这个论点。如果有人说同意总是靠先前原因而发生,克里西普说这是容易回答的,虽然同意不能没有表象的刺激而发生,但表象是切近的原因而不是根本的原因。[①]

克里西普用来解决道德责任问题的办法是:我们当然必须肯定一切都是由因果律决定,但是,产生人的行为的原因却可以区别为两类。一类是整体自然和外部自然的规律性,它是我们行为的“完善的、根本的原因”,不在我们的能力范围之内,因此我们只能服从。另一类则不同,它是我们行为的“辅助的、切近的原因”,我们的表象、驱动力就属于这一类原因,而它是在我们每个人的能力之内的。如果“命运”作为因果锁链的意思是只指前者,那就谈不上人对自己的行为有道德责任。但是,克里西普说,情况并非完全如此,因为还有另一类因果关系。人也是靠切近因行动的。而它在我们能力之内,因此人就要对自己的行为承担道德的责任。

Inwood 认为,这就说明斯多亚派是把驱动力当作人的行为的切近因看待的。其实上述引文中也有把同意和表象作为切近因的话,但 Inwood 认为这说的也就是驱动力。他又引用另一文献资料作为斯多亚派把驱动力作为行为切近因的证据。

有人对克里西普提出质难,如果万事万物由命运推动和统治,

---

① *Cicero De Fato*, 41-2.

而命运所决定的都不会有偏斜也不能逃避,那么人们的错误就不应引起愤怒,也不应归之于人们自己及其意志。因为这不过是命运的必然,法律对罪恶的惩罚也不公正。

对此克里西普回答说,虽然一切都被命运的必然性所作的根本安排所驱使,但我们心灵的禀赋乃是按照它们自己的性格和性质来服从命运的。如果它们从一开始就以一种健康和有用的方式按照自然来塑造,在经历命运由外部施加于我们的压力时,在接受和处理上就会有较好的方式。但如果禀赋粗陋,缺乏教育开导,未得到美德的支持帮助,那么在它们遭到命运的不幸袭击时,就会由于自身的弱点和自发的驱动力而总是犯罪犯错误。这也可说是命定的,坏的禀赋不能摆脱罪恶和错误是必然的。他说,正如你扔一块圆的石头下一陡坡,这真的就是它下落的一个原因和开端;不过,它接着往下滚,就不是由于你还在推动它,而是由于自然法则和这块石头的形式是能滚动的。可见,命运的秩序和必然性是以不同的方式变换着自己的种类和原因(因果锁链)。而我们的思想、心灵和行为的驱动力是受每个人自己的意志和心灵的禀赋来控制的。正如毕达哥拉斯派所说的那样,神知道人们遭受不幸是咎由自取,每个人有他自己的权能,所以他们犯错误,是由于他们自己的驱动力。

因此,克里西普说,我们不应容忍那些做坏事和懒惰有罪的人,当他们被确认做了错事和有罪时,总把命运的必然性当借口,好像躲在庙里把它当作庇护所的人那样。①

Inwood 说,从这一段话可以得出的结论自然是:同意引起驱动力,而驱动力引起行为。一个驱动力作为一个行为的原因,是这

① EHAES, pp.48-50.

一行为的必要和充分的条件。

他强调，驱动力不仅是行为的必要条件，也是它的充分条件。他对自己的这个说法作了一番论证。遗憾的是，这个论证在我看来其实并不清楚，似乎也没有多大的必要。因为他反复说的无非是这样一个简单的事实：驱动力是引起行为的最直接、最切近的心理原因。而这并不是什么新发现，对研究行为心理的过程也没有多大帮助，因为驱动力已经是行为心理过程的终了的环节。他如此津津有味地反复强调这点，我想不过是他想论证说，唯有驱动力才是斯多亚行为心理学的中心概念。但在四要素中这样突出驱动力，实际上只能起贬低“表象”和“同意”的作用，不利于具体深入剖析行为心理的整个过程，也不符合斯多亚派的原意。所以我认为，尽管他抓住必然和道德责任的关系问题来研究很对，但在行为心理四因素中孤立地强调驱动力，仍然是不妥的，并没有充分的根据。

实际上他在自己的论述中不免自相矛盾。因为他要说驱动力，就必须同时说明表象、同意在斯多亚的行为心理学中的重要地位和作用。这时，他就不得不也突出了后二者。例如，他先说了如下的意见：“一个驱动力就是一个行为的原因，是它的必要和充分的条件，它不可避免地产生一个行为，只要没有外在的妨碍阻止身体的实施，就可以等同于行为。它比一个意向、一个行为的意志、决策还要多一些东西，因为它的角色就是一个行为的原因。”然后紧接着就不得不承认：

> 在（斯多亚哲学的）文本把表象、同意和驱动力作为系列的步骤引向一个行动之中，克里西普把同意作为关键术语。表象是外在引起的，驱动力产生行为，同意则是驱动力的经久不变的原因。人是负责的，只是因为他有“同意”的能力。对整个过程来说，一

个表象是系列的开端，是一必要的却不充分的条件。行为不会由心灵自发产生，要唤起或刺激一个驱动力，永远需要有一个表象。有表象不是我们可以控制的事，但“同意”与否则是在我们能力之内的事。

显然，在这里，他还是把“同意”作为整个过程的“关键”，也即决定性的中心环节了。既然如此，要说明斯多亚哲学解决道德责任与必然性的对立的思路，就不该只强调驱动力，也要强调其表象和同意的概念，尤其是“同意”的关键意义。

因此，我以为不必对他把驱动力当作中心概念的意见过于看重，还是如实地研讨斯多亚派对四要素及其关系的论述本身为好。事实上，Inwood 在往后的论述中，对表象和同意作了许多详细认真的分析，是非常有价值的。我们可以大略地摘其要者说说。例如他指出：

——斯多亚派行为心理学所关注的“表象”并不是单纯认知性的，而是与行为相关的“有驱动力的表象”（hormetic presentation）；表象成为“理性的表象”（rational presentation），其特点是不仅有感性知觉，也包括记忆、思想，等等，并集中表现为语言中的命题形式。因此我们必须注意斯多亚派所说的命题形式的表象；

——这种理性的又是有驱动力的表象，其语言命题形式便不是陈述式的而是命令式的。对于这种命令式的命题，斯多亚派还作了语法和逻辑的分析；

——正是这样的表象，才是“同意”的对象。同意不是对着感知和陈述性的命题而发的。例如一个看见一块饼的人，假定他是爱甜食的，当他有了这个印象之后，就会在心中产生一个命题来表述这个所见的内容。可以有一种命题，“这里有一块饼”，但那是认知性的，是否同意都不会激起他的行为。另一种命题是“吃这块饼对我是合适的”，这个表象对他的行为就很重要了。对于许多人来说，就会形成一个命令的语式：“那你就吃这块饼吧。”但是，由于人有理性，一个有智慧的人在经过伦理的和谨慎的考虑之后，就能拒绝这个命题，“不，我不可这样做”。这样，由于“同意”的能力的作用，就决定了一个驱动力是否发生，如何发生。

——这样，“驱动力”可定义为由于“同意”（包括同意和拒绝的心理行为）某个“有驱动力的表象”（具有命令形式的命题）而得到理性的控制和决定的一个心理事件。是否同意一个纯认知命题，那是一个认知事件，它不会引起行为。一个看见着火的房子里有个孩子的人，知道他该去救孩子，但他是否去做？有没有一个驱动力？不，知道并不能保证他有驱动力去行。认知的、理解的智慧同实践的、行动的智慧不是一回事。斯多亚派并不否认认知性的表象（知识）的意义，但把实践的智慧放在最重要的地位，要人把知识付诸行动，把它们联系起来。

Inwood 在分析阐述了斯多亚派关于人的行为过程的诸因素及其在过程中相互关系的模式之后，认为这就证明了他们的行为心理学是以驱动力为中心的，并由此协调了命运同道德责任。

他参照了 Charlotte Stough 的意见，他认为这是新近的一个最好的说明，它对斯多亚派协调命运与道德责任的理论作了如下解释。大意如下：

命运的运作就是原因的运作。但原因不都一样，有不同种类。人的行为有两种不同的原因，外在原因和内在原因。前者是关于环境的信息，后者是行为者灵魂的禀赋，它决定了对外因的反应。人按命运是一种理性动物，因此命运在人是通过他的理性来起作用的。理性控制、引起行为的方式是通过“同意”。人的行为永远受理性的“同意”的决定作用所控制,而这个理性的同意,是对着由表象而生的有驱动力的命题的。因此,我们的行为在我们的能力之内,并没有割断命运的因果联系。我们有着至少是对自己负责的自由。

在斯多亚派行为模式里,人并非最终的自我推动者。一个理性行为者对刺激会作怎样的反应要受种种因素制约,他的理性素质也是由各种原因造成。命运通过行为者的人起作用,其中就包括他的理性,也包括由他的经验所形成的品格。克里西普也说到这两个方面,说到那些外在因素通过影响人的理性和品格,而表现为决定人行为的命运之力。有内因外因之分。但内因还是由外因来造成。如果说行为由“同意”决定,那么同意又从何而来? 如果我们的同意由我们的品格决定,可是我们的品格又从何而来? 岂不终究还是由不受自己支配的外部因素造成? 那么,我们如何能说人要对自己的行为负责? 我们还能指责那些没有机会成为善人的可怜的灵魂吗? 如果神意是终极的原因,恶人的存在又如何解释?

斯多亚派对此有一个回答。环境是重要的,但每个人生来有良知,它是自然趋善的倾向。它在某种环境下会受到阻碍而反常。不过斯多亚派相信,这些因素决不足以阻挡道德的提高。

这就需要对人和动物的行为差别作更仔细的考察。所有动物的灵魂都有其指导的部分,是它们产生驱动力的所在。在非理性动物中,这个指导的部分不包含理性能力,其结果是它们不能有“同意”。还有一个结果是,它们也不会有与理性对立的错误的情感(παθη, passions)。例如塞内卡就说过,“发怒决不会发生,除非是在有理性的地方”。未成年的孩子也如此,所以基督教的教父哲学家奥尼金(Origen)说,未完全获得理性的孩子,不会陷入错误的情感、意志薄弱和恶。这个观点是从斯多亚派来的。斯多亚派不认为人出生时就有理性,克里西普把理性定义为一堆观念和概念的集合,人要到7岁才开始获得,到14岁才算具有了理性的能力。因为孩子学语言、词义及其联结需要一个很长过程,而获得了确切的语言能力,还不等于能对自己的行为负责。所以法学家总要给人能对其行为负责规定一个年龄,道德哲学也是如此。斯多亚派认为,动物和未成年人由于没有理性也没有错误的情感,或者还幼稚,其行为和驱动力就没有道德的责任。

当一个表象由存在对象而来的时候,就伴随着“服从”和“同意”(与否)这两种不同的对表象的反应。人对“有驱动力的表象”的反应和动物不同,动物自动地对刺激回应,是被动的服从,人却能按照自己的品格进行选择,对表象给予同意或拒绝的决定,从而有主动的自由。

不过,斯多亚派的批评者说,他们所说的“同意”是难以与“服从”分清的。怀疑主义者主张对于印象和刺激持顺从态度,这种顺从本身也可以说成是他所“同意”的;这样,人对他所同意的行为也仍然不必负责。

对此 Inwood 强调指出,有理性的人对外物和自己的表象作出同意与否的判断决定,在斯多亚派看来,主要是一种“否定性”的活动。例如,一个女人出现在一个主张独身的男子面前,并不是他放弃其主张的理由。挑逗发生了,但理性能加以拒绝,只要他的这种能力有训练。因此,“同意”和“顺从”是不同的。“同意”是人才具有的、能够对自己的意欲和表象进行评判的否定性能力。所以人的整个行为心理模式,与动物只会顺从自己的欲望和刺激来形成其取舍的驱动力的模式,就能明确地区别开来。

那么,如果应当拒绝而没拒绝,对此该如何看?斯多亚派认为这也是给予了一种“同意”,因为一个人总是有这种能够自己决定弃取的能力的。所以可说他实际上仍然是“同意”了一个他应当拒绝、能够拒绝却并没拒绝的行为,不过这个“同意”是错误的。这也许是不自觉的“同意”,但他是一个人,有“同意”的能力,所以终究也是一个“同意”(隐含的“同意”)。

斯多亚派认为,如果说一个应当拒绝却没有拒绝的“同意”是由于行为者没有弄清表象命题和同意的含义,那他还是有责任的。因为他有理性,就有可能澄清其含义,可是他却没有加以运用。若说是因为缺乏训练,那他对于自己未加训练也有责任。因为他有这个能力,这是在他自己能力范围之内的事情。斯多亚派关于这种不自觉的或隐含的“同意”的说明,是想要证明:理性行为者对自己的一切行为和引起行为的心理过程,都是有责任的。

因此,斯多亚派理论认为:人的行为既是从属于因果锁链支配的,又总有自己的责任。他的责任,深究起来,就在于他必须注意使隐含的“同意”澄清起来,使“同意”真正起到它作为表象的看门人的作用。爱比克泰德总是教人要“正确地运用表象”,所谓正确运用的意思就是:当表象出现在你的心中时,你要让它先等一等,决不要匆忙地作出决定。在这个时候,你要用自己的理性当法官,对它进行检验,然后再决定如何加以回应。Inwood 说,爱比克泰德的这个说法,抓住了老斯多亚派心理学和伦理学的中心。[①]

从以上所述,读者不难看到,Inwood 对斯多亚的行为心理学的研讨是很有成果的。抛开他老是想论证唯有驱动力才是中心概念的说法不管,他实际上还是很全面地研讨了理性、表象、同意和驱动力四要素及其互动的关系。驱动力是行为的最直接的原因,而驱动力是由理性的表象和同意来形成。表象提供内容,同意是把关者。理性

---

① EHAES, pp.52-84.

统管三要素，使人的行为心理成为彼此紧密联系着的有机过程。

第五节　Long 的路径：表象、同意与“自我”的关系

现在来谈谈 A.A.Long 新近发表的颇有新意的论文。其新意在于，他是从“关于自我的哲学”（philosophy of self）的观点来研究斯多亚行为心理学（Long 用的是“心灵哲学”这个词）的。他认为“自我”是一个心理学和伦理学的核心概念，而斯多亚的心灵哲学最有创造性和特点的地方，是它为个人自我的形成提供了理解的工具。因此，他从“自我”的角度，对斯多亚的行为心理学说和其中的范畴，作了一种在我看来是很有启发性的诠释。这个诠释，在斯多亚的文献中也是有根据的。

他评述说，近来有一个新的研究主题开始迅速发展——关于个人或人格的思考及其历史的主题。如 Rorty，Carrithers，Martin，Taylor 先后在20世纪80年代至90年代发表的论著都谈到了这个问题。这是一个渗透于哲学、心理学、人类学、历史学和文献批判学各个范围中的主题，其特别关注之处就是“表象”的问题。

他认为，“表象”一词[①]，应指个体的人觉知他们的自我的方式，或者说，是他们得到的第一人称者（first-man）所具有的世界观和经验。就此种意义而言，“自我”乃是某种本质上具有个别性或唯一性的人，每个人作为一个观察者和对话者，都有其与众不同的与世界相联系的内在通道。

---

① φαντασια，A.A.Long 自己曾译为 impression，而通常在学者中还有 appearance，presentation，representation 等译法。经过多年研究之后，他在这篇于1991年新近发表的论文中，认为还是译为 representation 为好。

他评论说，Taylor 把斯多亚派所讲的“同意”，看作古代哲学发展中的新奇创见，是很对的。它为严格意义上的人格，或个人的自我认同及其行为，提供了一个概念。接着他说，同样新奇而有意义的，是斯多亚派对“表象”的看法也和以往的看法有别。对于斯多亚派来说，表象包括了心灵的全部生活。最好把它解释为一个对意识的新的聚焦点，对觉知主体的个体性的新的聚焦点。它是人心的基本特征。一旦我们认识到这一点，就可明白为什么他们把控制和正确运用表象当作伦理学中最重要的问题。

可见，在 Long 看来，斯多亚派行为心理学中关于“同意”和“表象”的学说，都有其哲学史上的创意：它们都是属于“自我”这个唯一性主体的心理活动，因此，应当联系到“自我”来理解它们的含义和作用。

于是，Long 就以“自我”的观念为中心，对斯多亚行为心理学中“心灵”的两个相关的要素——“表象”和“同意”，作了很有新意的阐述。

表象，通常都理解为认知性的。希腊哲学家（从恩培多克勒、智者到柏拉图）都用这个词表示“显现”（appearance）给人的东西和“感知”（perception）。亚里士多德用它概括了感觉、知觉、思想、信念和想象等心理活动。有学者认为，亚里士多德只是列举了表象的这些活动，还没有把它们当作一个统一的意识，斯多亚派做到了这点，是一个新贡献。Long 说，这虽然是对的，但还是表面的看法，尚未深入实质。他认为斯多亚派的创意和贡献的真正要点，是在于他们把表象同行为者的自我觉知联系了起来。表象能够有统一性，只因为它是个体自我的表象。个体自我是有同一性的行为主体，所以他的表象有统一性，而且是同行为相关的，并非只是认知性的。

因此，斯多亚的表象概念，是一个关于个人自我及其行为的统一意识的概念。要阐明这一点,需要再一次地从头说起。

在斯多亚派看来,心理学和伦理学是内在联系着的。对此,他们的思考是从人和动物的共性开始的,因为人虽有理性,也还是动物。动物的特点是有灵魂。有灵魂是一个行为主体的标志,它使动物能推动自己运动。其动因,就是动物的灵魂中的两种能力——表象和驱动力——的联合作用。

亚里士多德说动物的表象是感知能力,它总伴随着动物的欲望能力。斯多亚派则特别注重二者的内在联系。"表象"是什么?它表象什么?他们认为,动物的表象能力虽然包括了五官对外部的感知,但是请注意——首先和主要的,乃是动物对它自己的结构和需要的感知。动物是在对自己的感知中去感知外物的。

克里西普就说过这样的话:"对每个动物来说,从一出生它就要与之适合并保持住的第一个东西,就是它自己的结构和它对此的意识。"①

罗马帝国时期的斯多亚派哲学家 Hierocles 更提出了一个很长的论证。他说动物感知力的第一个对象,并不是外界事物,而是这个动物自身。②他证明动物从出生起之后,总是不断地感知自己身体的各个部分及其特殊的能力,这种自我觉知,是它感知别的东西的前提条件。③

Long 说,Hierocles 强调"自我觉知"这点,是斯多亚派的标准学说。这种学说是斯多亚派的贡献,决定性地标志出他们的心灵哲学同以往的分别。

要点是:斯多亚派把自我觉知当作动物生存的基础。为了生

---

① D.L.,7.85.

② Hierocles,*Elements of Ethics*,col.1-6,ed.by Bastianini/Long,1992.

③ Hierocles,*Elements of Ethics*,col.6.2.

存生活,每个动物必有某种自我表象、自我感知,这种感知和表象使一个动物把它自己当作了一个经验的主体。如猫必有猫的自我觉知,狗必有狗的自我觉知,这种自我觉知是猫、狗等动物的感官发生作用的先决条件。事实上,动物的看、听等等,同我们的看、听是不同的。说到底,每个个体同其他个体,每个人同别人,都是不同的。因为每一个“自我”总有其个体性。不同的动物或人虽然有共同点,也都各有其特殊性,其自我表象必有差异,因而其对外部世界的表象也就必有差异。

与表象相关的另一个行为心理学的概念,就是自我觉知直接指向的“主宰者”,它是灵魂中下命令的部分,其作用就是进行表象和给出驱动力。因此,表象的主体和驱动力的主体是同一的,即我们称之为“自我”或“心灵”的东西。事物显现给它,它对某个显现或表象作出“我要”或“不要”(弃取)的决定。除了这个“主宰者”外,就再也没有什么主体或自我了。所以,斯多亚派的学说是不容许有分裂的自我的。人的“主宰者”就是他的“心灵”,它为斯多亚派提供了一个统一自我的概念。

心灵的一个基本作用是接受表象。外部情境或内在状态不断作用于心灵,给它提供了某些确定的内容和觉知的对象。驱动力是这同一个体的心灵对他的表象所作出的反应,它引起行为主体的一个有目的的行为。因此,与自我和驱动力相关的表象,是具有连续性和统一性的;它是某一个心灵(即自我)的经验,有其坚实的个体性内容。可以想象一条拴在行进中的车子上的狗,那自愿跟着走的狗同一条不驯服的狗之间就有区别。对于不同的狗,表象也不同。可见表象不仅同它所涉及的事物有关,也同它的主体自己如何相关。在上面的例子里,同它是哪种动物,它所受的训练和它所形成的习惯有关。

斯多亚派认为,动物的表象是“简单的”,不同于人的表象,因为动物并不综合和概念化它们的经验,它们灵魂中的主宰部分是非理性的。成年人则不同,不仅是理性的,而且一直贯穿着理性。

正统的斯多亚派坚决拒绝柏拉图派把人的灵魂分成一个是理性的心灵,另一个是非理性的情感部分的二元论观点。他们并不否认人会“非理性地”行动和思想,但坚持这只是理性自身的缺陷(如缺乏自觉和训练等),并非在人心中有另一个非理性的部分。成人的理性能够持续一贯,是因为他们的一切经验都能由于理性而用语言形成和表达,使表象以命题的形式清晰地呈现出来。

沿着语言和理性的发展道路,在人的灵魂中就发展出在表象和驱动力之上的第三种能力,对表象给予同意或拒绝的能力,这就是“同意”。

“同意”, assent,其词义是“投票表决”,即对自己的决定表示明确的态度。作为一个能力,它是在表象和驱动力之间起中介作用的力量。

表象有权要求我们注意,但它并不迫使我们作出某种行为。某种行为的驱动力要成为是我的,还要依赖于我对表象的答复:我是否同意。我有一个想法,得到某一笔钱是好的,我要不要这样做? 我可以停下来想想这样做是不是真好,我可以阻止我自己去这样做;进而,我还可以希望我没有这个表象,也许我可以对自己说,我可以试图避免这样的经验或表象。

所以斯多亚派把“同意”当作人最根本的决定性的能力,让人把注意力放在他们关注的“自我”、“第一人称的人格”上来。任何表象都是“我”的经验的一部分,而我能使之成为“我的”或“不是我的”(观点、信念、决定等),就看我是否同意。

Long 说,这样的理解,就使我们走近了爱比克泰德,走近了他的“正确运用表象”的关键性学说。

第六节　一个简要的小结和评论

1. 若干要点的简要小结

以上所述,我想已经表明,斯多亚派提出和发展的行为心理学,在哲学发展史上确实是一大贡献。这是一个有系统的,内容相当丰富,在概念上和论证上都比较严格和深入的学说。有些要点值得我们留意,可以归纳如下：

（1）斯多亚的心学是他们伦理学的一个基本组成部分,也是伦理学的一个最切近的理论基础。这个心学本身是他们的人性论的深入,而他们的人性论即关于人的自然的学说,又是以他们的自然哲学为根本的理论基础的。另一方面,由于“与自然一致”地过有道德的生活,是整个斯多亚哲学的中心命题,或研究哲学的目的。而道德必须以人有自由为前提。因此,在心学中研究和规定人的自由、自我及其生活行为中的心理结构过程,不仅对其伦理学是至关重要的,也会反过来深刻影响着斯多亚的人性学说和自然哲学本身。

因此,斯多亚的行为心理学是其整个哲学的一个重要环节,一个最引人注意的部分。我们应当从它与斯多亚哲学各部分的关联中,来看待它的意义和地位。

（2）它的研究对象,是每个人决定着自己的生活和行为的心理结构、要素和过程。所以我们在注视其心理研究时,始终不能脱离斯多亚派最关注的人的自我及其生活和行为中的实践问题。

（3）在自然阶梯中，人的行为心理是在动物的基础上发展的，又与之有原则的分别。动物的行为心理结构是人的行为心理的基础或初阶，研究必须从前者开始。亚里士多德在这方面提供了一个基础性的学说，即“实践三段论”的心理结构的学说。它是斯多亚派行为心理学的重要思想资源。

（4）人不同于动物的地方，在人有理性。随之而来，人的行为心理要素也就有了与动物不同的规定。在动物的行为心理结构中，只有“欲望”（本能的）、“表象”（感知的）和由这二者结合的“驱动力”。人有了“理性”，其行为心理结构中就在上述因素之上，又加上了“理性”和“同意”这两个新的因素，并使欲望、表象、驱动力也在理性的控制下发生了本质性的改变。

动物的行为心理结构和过程是：“欲望 + 表象→驱动力”（本能的和感性水平的）。

人的行为心理结构和过程是：“意欲 + 表象 + 同意→驱动力”（都在“理性”的控制之下，其意愿和表象都能上升到道德理性的水平）。

如果把“意欲”包含在“表象”里，即把人的表象看作“有驱动力的（因而也是有意欲在内的）表象”，那么，也可以把上述公式简约为：“表象 + 同意→驱动力”。

这一简约，就使我们能够理解何以爱比克泰德把整个的行为心理学问题、道德问题概括为“正确地运用表象”的命题。因为那正确运用表象的，就是每个人自己的理性，而这个理性对行为心理的决定作用，最终就集中体现在“同意”这个要素和环节上，简言之，就是“同意”。这样，全部问题的关键所在，就可简约地概括为“表象”和“同意”二者的关系。即：“表象＋同意”，因为驱动力和行为是从它来的，或可以画等号。

（5）斯多亚派对人的行为心理各个要素，都从其相互的关系和统一的过程中，作了许多分别的研究，进一步的规定。在我们提到的 Inwood 的那本著作中，就有不少这类更加具体精细的研讨和阐述。本书虽然不能一一介绍这些细致的说明，但我想提到这点使人有适当的注意是有好处的。当我们需要进一步深入研讨时，就可以和应当这样地去做更细致的研讨。

（6）如果说动物的行为心理过程是"实践三段论"的、具有必然性的过程，那么，人的行为心理过程也同样是一种具有必然性的合乎逻辑的过程。

差别只在于二者的必然性在水平上不同。动物的心理过程特点，是它必定要自动地服从自然；而人因为加上了理性，就能在理性水平上服从自然，其特点是，人的行为在服从自然时，有一个由自己的理性来主宰的判断、选择的心理过程，从而使自己的驱动力和行为成为由他自己来决定的事情。于是，人对自然的服从，就成为他自己的自由。这特别表现在他有"同意"的能力上。他能对做还是不做某事，由自己作出最后的理性裁决。

（7）上面所说行为心理学基本框架，在落实到每个人的生活和行为时，是同他的性格、品质有紧密联系的。人的性格和品质等，有外在环境的影响，但也是在他对自己的意愿、表象、同意、驱动力等的运用中不断培养、训练出来的。作为比较稳定和持续的因素，性格和品质对每个人的行为和心理过程作用巨大。因此，注重伦理学及其实践的晚期斯多亚派哲学家，在其行为心理学的研究中，对这方面有特别多的研究。

2. 对 Inwood 和 Long 的不同研究路径的一点评说

从 Long 对斯多亚心灵哲学的说明,包括他对理性、表象、同意、驱动力诸概念的分析及它们在整个行为心理过程中的相互关系的研究来看,与 Inwood 的论述并没有很大的区别,可以说基本上是一致的。不过他们的视角是有所不同的,对此我想应略予一点评论。

我以为考察一个对象持有若干不同的视角不仅是允许的,而且很有必要,只要选择得当,都会对我们认识和诠释有益。例如我们中国人、中国学者在研究斯多亚的这种西方的心学时,就应当有自己的角度,研究起来才有意思。任何后人的有意义的研究,都有自己的关注,这既不可避免,也绝不是坏事,因为那正是使研究活起来富有生气的永不衰竭的动力。问题只在你所选择的视角和进路是否在对象本身那里有其真实的依据。

我们上面谈到的两位是现代西方学者,在关注上有共性也有差别。只要研究有文献依据,不脱离斯多亚派自己的基本论述,就都会有益,并且我们会看到,尽管有差别,只要是认真和深入的,就必定有联系并能汇合在一起。

我认为 Inwood 只有一点不妥,就是他说唯有“驱动力”是斯多亚行为心理学的中心概念的这一意见。这个意见不能在斯多亚文献中得到证实,也同他们的心学思想本身不一致,勉强去说必定要陷于自相矛盾。但是,他从“决定论与道德责任”问题来考察是有意义的,那确实是斯多亚派自觉到的一个重大问题,有文献的依据,无论古今都有意义。所以,他的研究仍然是很有成绩的。

决定论和道德责任的对立,从根本上说是一个在具有必然性的世界上,人的生活和行动能否有自由的问题。斯多亚哲学由于突出了整体和必然,在肯定人有自由时,面对的问题当然特别尖锐。Inwood 引证了克里西普对这个问题的回答,并联系到斯多亚派的一系列观点,认为斯多亚派有一个较好的解决方案。在这个问题上,我以为 Long 从“自我”这个中心关注来看待斯多亚派对此的解决要更有深度一些。但是他是从当代所谓“自我的哲学”新热点着眼,说从这里便能看出斯多亚的“新奇贡献”,我就不能恭维了。现在追求新哲学成为时尚,西方如此,中国学者更爱追风。其实哲学作为人的终极关怀性的思考和努力,绝非赶时髦的工作,并不见得今人必定都优于古人。所谓新的“自我哲学”,所关注的还不是苏格拉底的那个“认识你自己”的古老命题,岂能算当代才有的新发现呢? 我不否认,一个深刻的中心思想永远既古老又常新,当代的关注也自有当代的新意。既然如此,用它来重新认识斯多亚的心学也就有重要意义。不过,我们既然是在研究斯多亚哲学,更重要的还是应当从他们本身的思想来给予充分的深入的说明。可是,在这方面,我认为两位学者的工作还没做到家。他们两位都提到了爱比克泰德观点重要,“走近”了他,但是都还没有在他本身下足够的功夫。其实同他相比,克里西普对自由的理解,对自由和必然的答案,在水平上相差甚远,比较勉强。何必对克里西普说得那么多而对爱比克泰德却只“提到”一下呢? 而爱比克泰德是属于斯多亚派本身的,如果承认他的思想是更正确深入的,那就是我们认识斯多亚派有关学说的更基本的根据。认真研究了他,然后才好认真谈论我们当代所能给予斯多亚学说的新解释。这是我对这两位还感到不能完全满意的地方。

爱比克泰德才是阐明斯多亚哲学的自由观的最杰出的人,同时也给必然和自由的一致提供了一个相当深刻和有说服力的解决方案。所以,我认为,我们在研究斯多亚心学的时候,不能只是“提到”他，对话的主要对象就应当是他。否则对斯多亚哲学的认识将难以透彻。因为唯有他，才是斯多亚哲学曾经达到过的深度高度的标志。

以上内容，包括对两位学者研究成果的介绍，已能使我们对斯多亚心学的基本框架和要点有一个轮廓的了解。有了这个基础，再谈爱比克泰德的有关学说就比较顺理成章了。

第七章　爱比克泰德学说的特色和纲要

第一节　他的学说在表述上的特点

1. 关注的特色

上面三章我们对斯多亚派的自然观、人性论和行为心理学作了必要的介绍讨论，这对于认识爱比克泰德的学说是必要的准备和基础的知识。从现在起，我们就来集中谈他本人的一些突出的发展和贡献。不必说，他那些最有特色的地方，仍是同他的斯多亚派前辈的成果相关的；但是，我们的注意力已不在那些一般性的学说，而是他本人的特点所在了。

对于他的学说的特色，我在第三章中已经有了一些基本说明。扼要地说，那就是：（1）他比早期斯多亚派更突出了其哲学体系中的伦理学方面；（2）进而，他又比其他晚期斯多亚派更注重伦理道德的实践方面；（3）再进一步说，由于他本人有当过奴隶的切身经历和经验，对什么才可算作真正的自由、道德和幸福，有特殊的深入思考，并且运用于自己的生活和行为之中。所以他不仅是理论家，不仅是个从理论上特别重视把伦理学同实践联系起来的斯多亚哲学家（如塞内卡等那样），更是一个以实践这个伦理学和哲学、为把自己实际地做成“一个斯多亚派”的人的实践家。换言之,他关注的中心,全在于如何“做人”,做一个理想的有道德和自由的人,如何实现一个真实的“自我”。首先是爱比克泰德他自己,与此同时,教导别人。

在这点上,他同苏格拉底和犬儒第欧根尼那样的人是完全一样的。差别只在于,他已经是生活在罗马时代的人和哲学家了,在新的历史和世界中人的处境变化了,人的精神探求又经历了长期的追寻而变得更深邃了,哲学的理论也有了后来几百年的重要进展,因此,当他又一次回到苏格拉底和第欧根尼那样的做人的哲学和实践时,他的理论和实践有了重大的新发展。这就是他的新贡献。

可见上述这些特点,不仅不违背斯多亚派的整个学说,而且恰恰给它带来了新的生动的和最真实的生命。因为整个斯多亚哲学的宗旨就是要人生活“和自然相一致”,在遵循自然法则的必然性中求得人的自由,活出一个有德的人。这个宗旨在爱比克泰德这里体现得最为鲜活,所以他成了斯多亚派哲学家中间的一颗最光亮的星。

他是道德理性的实践家,但并不因此在理论上就逊色一筹。在这方面,他优于犬儒第欧根尼,而更像苏格拉底。从理论上说,他并不搞什么体系,而是在斯多亚哲学体系的基础上,提出一些最要紧的画龙点睛的提法。在这些提法中,理论和实践,学习哲学和严格训练是紧密地结合着的。

2.把握爱比克泰德的特殊困难：他的学说的综合性特色

读爱比克泰德的《论说集》,人会感到一种深刻而生动的气息时时扑向你,启发你的心灵。但是,若有人问他的学说有几条,请你谈谈,就会使人感到很不容易说明,因为他自己从不作这样的系统性的理论解说。你又决不能说他没有理论的成竹在胸,但你若想要把他的理论说明白却一定会经验到那是多么地困难。我有这样的亲身体验,多年之后,才渐渐有了一些头绪,并且发现,这个困难在很大程度上同上面所说他的学说具有强烈的综合性质有关。

首先是他的理论总是同指导行为实践结合着的。他从不抽象地专讲理论,总是针对处于各种不同情境下的不同个人的实际困惑,向他们提出解惑的劝告和教导。为了实际的解惑,他运用了斯多亚哲学的全部重要内容,既有深刻的理论阐述,又使之具体切实。他要求他的学生和前来求教于他的人,一定要把理论变为指导他们自己的实际行为的原则和方法。这原则是关于如何做人,这方法是为此每个人所必需自觉进行的严格训练和步骤方式。这些彼此联系贯穿虽然是他的杰出之处,但在学习研究者面前出现的这个综合交织为一体的对象,要想按通常研究理论的办法来把握,就必定会感到非常困难。

这个特点要求我们在研究他的理论时,必须作双向的思考,一方面要注意从他对实践和训练的教导中把握他的理论观点和系统;另一方面,要注意从其理论的原则高度去把握它在实践和训练中的落实。这是他的理论本身的这个特色使然。这是第一点。

其次是他的理论资源的综合性。他所运用和发展的理论思考,综合吸取了从苏格拉底、犬儒派和他的斯多亚派前辈的成果，也综合了斯多亚哲学的各个方面。他把这些都紧紧地围绕着他自己所特别关注的中心，加以提炼运用；并且又都按照联系到实践的方式加以改变了。因此不容易作清晰和条理的表述。

如果有人说，在他的言论中找不到很多专门讲自然哲学或逻辑学的地方，更缺少系统的有关论述，就以为他缺少这些方面的重要思想或系统的理论，那是误解。集中于伦理实践的运用，容易使人产生这种误解。但那是不对的。他在其实践性很强的教导中，决不缺少理论的系统及其深度和广度。相反，他对自然哲学（如对神、命运等）和逻辑学理论的认识，正是在伦理学的实践运用中得到深化的，因此他不仅在伦理学理论及其实践上能够提出极富创造性的观点，在自然哲学和逻辑学方面也有新意和创见，那是很值得我们钻研的。

这种综合性并不是他的学说的缺点，毋宁说正是他的特殊的优点。不过，对于我们来说，也确实带来了不易把握的困难。

为了有助于清晰地把握住他的学说，我们就需要作出努力，试图重建他的学说的系统。这种努力必须以他本人的论述为根据，并且只有在我们深入研究了他的思考的综合性特点时，才有可能抓住他的实质。

第二节　爱比克泰德学说的纲要：三个主要提法

在《论说集》和《手册》中，记载了他的几个最重要的提法。那就是我在前面所说的他对斯多亚哲学的画龙点睛之笔。按照我的理解，有三个关键性的提法是最要紧的。它们有密切的关系，并且可以把他的全部思想提起来。因此，研讨这三者的关联，分别深入到这三点的论述中去做更仔细的研讨，就能够把握住他的全部学说的精华和方方面面。这也可以视为一个理论的系统，——在整个斯多亚派的理论基础之上的爱比克泰德的更有特色的系统。

由于他本人并没有把这些表述为一个理论的系统，因此我的这个想法不免带有猜测或假定的成分。但我以为这对理解他会大有助益，所以还是冒昧地把它提出来。是否恰当，自然还待商榷，但我想至少可以有一种抛砖引玉的作用吧。

这三个关键性的论点是：

第一点，他提出了关于人的权能的问题，对什么是我们自己权能范围之内的和不在此范围之内的作了严格的理论划分。这个提法，是他论证、诠释人能够有自由、道德和幸福的核心根据。因而，它成为爱比克泰德学说的总纲领。

第二点，他用“正确运用表象”这一最简洁的提法，概括出为了人赢得他们自己的自由和高尚，在自己的行为和内心中，所应当做的全部工作的性质和内容。这是一个同实践紧密相连的行为心理学总提法。

第三点，他提出了运用和实践这个行为心理学总提法的三个主要方面。我将称之为爱比克泰德的“心学三题”。它在理论上使上述总提法得到了展开的论述，对指导道德实践更有特别重大的意义。理性如何“正确地运用表象”，就要看这“心学三题”的理解和实践如何而定。

这三条中，第二、第三条的关联是很明显的，而第一条更根本。三者的顺序是一个理论上和实践上深入贯彻的进程。反之，没有第三条，第二条就会成为空洞和不落实的；第一条也就会成为空洞和不落实的。因此,彼此是一个互相贯穿的整体,合起来说便是一个系统的纲要。

三条都非常言简意赅。我们需要分别依据他的有关论述和运用,来加以认真和比较深入的阐释。以下几章,就来做这件事情。

第八章　人的权能的本性和界限

第一节　爱比克泰德全部学说的中心命题

爱比克泰德的《论说集》开篇第一卷第一章，就提出了这样一个问题："什么是在我们的权能之内的，什么是不在其内的？"阿利安把爱比克泰德提出的这个问题置于《论说集》的开头，作为整理编辑其全部思想学说的一把钥匙。他在摘要选编的《手册》（*Handbook*，即 Encheiridion）中也把这个问题放在第一条。这条一开头就说：

> 有些东西是在我们权能之内的，而其他的则不在其内。在我们权能之内的，是理知、驱动力、好恶的意欲，等等，一句话，我们自己的行为所能达到的一切。不在我们权能之内的，是身体、财产、名望、官职，等等，一句话，我们的行为不能达到的一切东西。

Christopher Gill 评论说，对于爱比克泰德来说，没有什么主题比"我们的行为是'在我们权能之内'"更被强调的了。从这点出发，爱比克泰德引出了人的行为心理学的模式。[①]

阿利安如此重视爱比克泰德所提出的这个问题，Gill 认为这

---

① Robin Hard 英译本 *Epictetus*，Christopher Gill 所作的导言，Everymam，1995，p.xix。

是他的思想学说中最突出的主题,这些评论应当引起我们的高度注意。前者是古人最早的评价,后者是最新近的现代评价,古今一贯,都把这个问题看作理解爱比克泰德的中心所在。我想他们的评价是很对的,确实抓住了关键。因此我们也要从这里入手,研究和阐释爱比克泰德。

分清我们权能之内和在此之外的这个提法,表面上看似乎是个简单的说法,但是在这个提法之中,实在是包含了极其根本和深刻的内涵。只有给予必要的诠释,并在运用的意义上加以诠释,才能使这些内涵显明和展现出来。

第二节 “我们权能之内”:对每个人能力所及范围的界定

1.关于“έφ ήμίν”

我们首先需要解析和澄清这个提法的含义。其中第一个要注意的是 έφ ήμίν 一词的词义。我手头的四个英译本用了不同的表述方式,最新近的一个译法是:

> Some things are up to us and others are not.Up to us are opinion,impulse,desire,aversion and,in a word,whatever are our own actions.Not up to us are body,property,reputation,office and,in a word,whatever are not our own actions.①

---

① Robin Hard 英译本 *Epictetus*, Christopher Gill 所作的导言, Everymam, 1995, p.xix。

这里把 έφ ήμίν 译作“up to us”。我们知道，在希腊文中 έφ 为前置词，加在后面名词第三格时，其意为 rest upon，即依靠，信赖的意思，ήμίν 是代词“我们”的第三格形式。所以，έφ ήμίν 原意是指“靠我们的”、“有赖于我们的”或“我们胜任的”。“up to us”的译法，从语文上说最接近原文，在英语中就是“我们所（能）及的”。

另外一些本子译为 in our power，in our control，即“在我们能力之内的”、“在我们控制范围之内的”，则是按照爱比克泰德使用这个词时所赋予的含义来译，意思很准确，表述也更明确。

我用了“在我们权能（范围）之内的”这样一个中文译法。因为我想若只用“能力”一词来译解 power 的意思还略嫌不足，西方人用 power 一词时还有“权力、权利”之意，用来译解 έφ ήμίν 是符合爱比克泰德原意的。因为他在用 έφ ήμίν 时所要表达的，正是一个关于我们人人生来都有、谁也不能否认和剥夺的最根本的“权能”的概念。现代人不是说“人权”（human right）吗？爱比克泰德的 έφ ήμίν 要说的，就是最根本的人权。

他说，对于某些事物，我们能完全由我们自己做主；但对另一些事物我们就不具有这种能力。把这二者划分清楚，对于我们是最要紧的，它关系到如何才能澄清我们作为一个人的根本权利问题。人岂能把自己的生活和行为放在自己不能做主的东西上？但是究竟什么是我们有权能做主的，和什么是自己无权能做主的，人们总是不加认真考察，处于混乱之中。种种错误都由此而起。所以，澄清什么是“在我们权能之内的”东西，澄清我们的“权能”本身，就成为最关键的问题了。

在爱比克泰德看来，人之为人的最根本的所在就在他有自己的这份“权能”。凭着它，每个人自己就能努力去争得做人的权利，成为道德的人，赢得自己的自由。所以，他把这个问题当作他的学说的第一个问题。

2. 关于“我们”

还有一点我想也需要注意，这里所说“在我们权能之内”一语中所说的“我们”不是一个集体名词，指的只是我们每一个个人。这是因为，他所关注、主张和要加以界定的“我们的权能”，绝不是我们的某个家族、集团、城邦的权能，罗马帝国的权能，而只是作为世界公民的每个个人自己具有怎样的权能。

不澄清这一点，就会对他所说的产生严重的误解。

爱比克泰德在许多地方明确指出，人们的亲属和社会的关系等，都是同身体、财产等一样，属于“在我们权能之外”的。唯有每个人直接来自神的理性才是他的真正所有。如果说，“我们”作为一个共同体的集体性的名词概念，它所指的，只是神或神的意志、自然法所治理的“世界城邦”，既然如此，那就必须用“神”来标志它了。至于人们通常所关注的家庭、家族等共同体关系，特别是人间的城市和国家，其权能虽然看起来很了不起，但是，在爱比克泰德眼中，其实并没有真正的自己自主的权能。他总是指出，权贵、富翁以至皇上们靠财富、名位等建立起来和发生作用的权势，常常背逆神的理性行事。他们只是些泥土般的存在，邪恶的奴隶，没有真正的权能，没有真正的自由。他们和他们的权势、财富、名位等终究也不能不受自然法的支配。今天虽得势，明天会垮台，就证实他们其实没有真权能、真自由。所以在我们明确自己的权能时，一个重要之点恰恰在于：要同这些人间的权势划清界限。

3. 人的权能的真实根据和主宰者只是他的理性

爱比克泰德所说的我们的权能,从根本上说就是人的理性。

我称之为他的学说总纲领的第一个提法,其特点是从每个人生来所具有的“权能”,来谈他如何成为一个有道德而自由的人。他的斯多亚派前辈已经说,由于人是理性动物,所以有道德责任,并因此也应承认人在遵循自然必然性而生活时有他自己的自由。不过,他们在讲这点时大多还是停留在理论阐述上,对如何实际做到则说得并不透彻。实际去做和做到,是靠行为的,而行为则直接是个能力的问题,要凭自己有权能。无权无能地讲道德是空洞的,不能做更不能做到。所以爱比克泰德把重心放到一个人所具有的权能上来。这并没有脱离斯多亚派哲学的根本观点;恰恰相反,他把原来斯多亚派讲得还比较抽象的“理性”活动起来,变成活生生的、人人都有并能在生活实践中运用的“权能”。这就对斯多亚派的一直在说的“理性”,起到了点化的作用。

所以,要理解爱比克泰德的这一提法,我们必须再一次地从人性的关键之处 — 人的理性讨论起。但是,这次讨论是有新意的,是从人的行为的权能的角度,来谈人的理性。

爱比克泰德哲学比他的前辈更加高扬了人的自由,他所说的道德和幸福这些老的根本主题得到了充分的实践的品格,都同他联系于人的权能来再度考察人的理性相关。他把人的理性的作用和活动概括为“正确地运用表象”(即我在上一章称之为第二个提法的观点),这一很有新意的提法,也是从人的行为必须有其权能的角度,对其理性依据作新的思考得来。

我在前面(第五章)评述斯多亚的人性论时,已经谈过他们关于人的理性的某些重要见解，那里也已涉及了爱比克泰德的观点。说过的不必简单重复，这里主要是阐发他对人的理性理解中的新意。

第三节　人的理性使他有权主宰他自己的生活和行为

在《论说集》第一卷第一章中，爱比克泰德提出划分我们的权能内外，对此权能加以规定的时候，是有论证的。论证的要点是：在人的各种能力中，唯有理性是能反思它自身并能反思和支配其他一切能力的一种特别的能力。语法的能力只能评判语言，音乐的技艺只评判旋律，都不评判它自身，也不能支配你是否去运用它们。写信时语法能告诉你写的方式，不能告诉你是否要写。你在什么时候该不该唱歌弹琴，音乐也不能告诉你。能告诉你这些的，唯有这既能反思和评价它自身，又能反思评价所有其他能力的一种能力，它就是理性的能力。能支配或主宰你的一切行为的，也唯有这个理性。

所以，人有自己的不可剥夺的权能，是因为他有理性。而人之所以有价值，能正确地生活和行动，就因为他有这个理性的权能作主宰。爱比克泰德强调要从生活实践来看待人有理性的意义、目的和作用：讲人有理性，只是为了人自己的生活和行动能合乎理性，好（善）。所以必须把理性贯穿到具体的生活行为，使它变成能力，来实现人自己理所应得的权利（自由、幸福，也即道德）。要实现人的理性权能既然只在行动之中，那么，我们关注的就不只是行为的表现本身和后果，而首先是造成行为的驱动力和引起它的表象等心理要素和过程。

这正是我们的理性权能最要关注的地方。而这种关注和作用，正是理性权能本身的意义和价值，甚至可说，就是这个理性权能的本身。因为，除了叫人正确地思想和行为而外，还有什么理性或理性的权能可说呢?

第四节　哲学的主旨：人人有权有能赢得自己的自由

W.A.Oldfather 说，他不知道还有谁比爱比克泰德讲到自由的次数更多。据他统计在爱比克泰德《论说集》和《手册》中“自由”这个词共出现有130多处。仅就这一点来说，就可表明，他对“自由”的问题是何等的强调重视。

他之所以把划分我们的权能的范围作为他的学说的第一命题，最主要的就在于为人有自由提供根据，为规定和阐明自由提供论证，为实现自由提供实践的途径。

这一点如此重要，我们就应当作一些较为认真和详细的说明。

1. 希腊化罗马哲学中对“自由”观作出最大贡献的两个人

对于西方人及其哲学来说，自由还是受奴役，实在是一个太大的问题。因为从希腊时代起，无论是城邦还是个人，甚至整个希腊民族，不是自由人就得当奴隶。受人奴役的奴隶只是别人手心里一种会说话的工具，同牲口一样可以买卖的东西，不能算作人。只有在斗争中赢得自由的，才赢得做人的资格。从此，“自由”就成为西方文化中对于人之为人的根本定义。

梭伦改革的主要一项是颁布“释负令”,取消了氏族贵族用以迫使平民卖身为奴的高利贷,否定了以自己同胞为奴隶的行为和制度。从此雅典人才有了平等的公民权利,并逐步建立健全了民主制的城邦制度,保障了全体公民个人都享有自由。抗击波斯入侵的胜利,使希腊民族赢得自由。各个城邦在彼此的竞争中也在不同程度上保持与发展了独立自由。城邦和民族的独立自由,是希腊自由的基本保障。总之,在这些斗争中希腊人成了自由人。

但是从希腊化时代起,除了马其顿人罗马人而外,所有各民族不再有自由,原先希腊人也没什么城邦的自由可谈了。于是,这个给人下定义的自由,就集中到个人,成为一个个人自由的概念。这是一个重大的转折。后来的直至如今的西方自由概念,主要是从希腊化时代之后传下来的遗产,它的核心是个人的自由和人权的概念。

所以,我们对希腊化罗马时代的自由概念必须给予特殊的关注。尽管自由的观念源于古典希腊,但这时代的自由有了新的情况和特点,彼此有着原则性的差别。

新时期对“自由”概念作出重大贡献的哲学家,首先是伊壁鸠鲁。他提出、论证和坚持了人的自由。因此伊壁鸠鲁派成为当时很有影响力的一大哲学学派。

斯多亚派在哲学上注重整体性的原则和必然性的原则,这使他们在论证个人自由上处于相当困难的地位。尽管他们说的也有道理,但是若不能有力地解决自由的问题,在面对伊壁鸠鲁派的挑战和人们的攻击质疑时,就必定十分被动,不可能赢得人们的心和真正的尊重。克里西普的努力只有部分的成绩:是招架之功,尚缺还手之力。这个难题,可以说,是到了爱比克泰德的手里才有力地得到解决的。

这个亲身当过奴隶，并且一直在追求自由的人，把他所学得的斯多亚哲学，变成了一个思考怎样做人、什么才是真正的自由的思想武器。他认为自由的根据就在每个人生来就有的权能，并提炼出了“划分我们权能内外”的根本命题来澄清这个权能的含义。从而对一个人能获得怎样的自由，作出了根本的和严格的定义。因而，他能高扬自由，严格地论证了自由的含义和界限，教导人如何运用自己的权能来赢得自由。人们评论说，是他，唯有他，才给斯多亚派哲学灌注了新的活力，其理由就在这里。

希腊化罗马哲学中新的“自由”概念的奠基人，主要就是这两个人，伊壁鸠鲁和爱比克泰德。但他们的观点是对立的。因此要认识爱比克泰德，就需要先对伊壁鸠鲁的贡献和他向斯多亚派提出的挑战，有一个必要的回顾。

2. 伊壁鸠鲁的贡献和挑战

伊壁鸠鲁的贡献在于，他在希腊化刚刚开端的时候，就反映了时代的变化要求，以简洁明确的方式，论证了原子式的个人有其自由的本性。并且证明，人能以相当容易和直截了当的方式和途径得到他的自由。伊壁鸠鲁派运用了这种伦理学说，回答了人们在新时期面对的困境和挑战，维护了个人的自由。

伊壁鸠鲁派的自由概念影响深远，直达近现代。例如青年马克思所写的那篇著名的博士论文就是专门研究和阐发伊壁鸠鲁的，其中最有思想光彩之处，即在对其原子偏斜和人有自由的论证所作的深入分析。在希腊和西方的哲学思想历史上，伊壁鸠鲁是把个人自由提到首位并给予了明确论证和阐发的第一人。

这时他们当然要以嘲笑的态度来对待与之竞争的斯多亚派。因为斯多亚派强调的是自然和世界的整体性和必然性,主张人应当无条件地服从必然性,给人的印象似乎正好是否定了个体性的个人及其自由。

可见,两派竞争的中心问题和实质在于如何看待“必然”和“自由”。

伊壁鸠鲁的解决方案是：必然性是有的,但同时也有偶然性和自由。三者可以并行而不悖。

他认为,原子在世界中做垂直下落的运动是必然性,在这一点上他同德谟克里特的想法是一样的。但是对此他作了一个重要的修正。他说,原子在下降的垂直运动中,也有略为偏斜的本性。这种看来仅仅是稍微有点偏斜的变动,就带来了一种全新的原子论学说。

偏斜说首先补上了德谟克里特原子论的一个漏洞,解决了彼此分离的原子如何能结合而形成各种事物的问题。因为如果各个原子在虚空中只有垂直运动,它们的相遇和结合便成为不可能。

更加重要的,或伊壁鸠鲁作这个修正的真正目的,则在于为人的自由提供了论证的根据。著名的罗马伊壁鸠鲁派诗人卢克莱修,在其《论自然》长诗中把这两点都说到了,而在阐明其论证了自由的意义时,更是异常的鲜明和热情：

> 当原初物体自己的重量把它们
> 通过虚空垂直地向下拉的时候,
> 在极不确定的时刻和极不确定的地点,
> 它们会从它们的轨道稍稍偏斜——

但是可以说不外是略略改变方向。
因为若非它们惯于这样稍为偏斜,
它们就会像雨点一样地
经过无底的虚空各自往下落,
那时候,在原初的物体之间
就永不能有冲突,也不会有撞击;
这样自然就永远不会创造出什么东西。

再者,如果一切的运动
永远……按一定不变的秩序产生出来,
而始基也并不以它们的偏离
产生出某种运动的新的开端
来割断命运的约束,
以便使原因不致永远跟着原因而来,——
如果是这样,那么大地上的生物
将从何处得到这自由的意志,
如何能从命运手中把它夺取过来,——
我们正是借着这个自由的意志
向欲望所招引的地方迈进,
同样地我们正是借着这个意志
在运动中略为偏离,
不是在一定的时刻和一定的空间,
而是在心灵自己所催促的地方。
因为无疑地在这些方面
乃是每个人的意志给予发端,
从那里开始,透过我们所有的四肢,
新开始的运动就流遍全身。
……
有时确实是由于意志的裁决,
全部物质就被迫改变它的路线,

……
你难道还看不见虽然外力驱使人向前，
并且常常叫他们违反自己的愿望
向前运动，被迫一直向前冲，
但是我们胸中仍然有着某种东西，
足以和它们斗争并抗拒这种外力？
可见同样地在种子中间，
除所有的撞击和重量之外，
你必须承认还有运动的另一种原因，
作为我们自由行动的天赋力量的根源。
……
人的心灵本身在它的一切作为里面
并不是有一种内在的一定必然性，
也不是像一个被征服的东西一样
只是被迫来忍受来负担，
这情况的发生乃是由于始基的微小偏离，
在空间不一定的方向，不一定的时间。①

这里所说的“极不确定的”（或“不一定的”）时间、地点等，都是对偶然性的描述词，指的是存在着与自然必然性不同的情形。在这些场合，原子和自然事物，动物和人就能够突破必然性，开始一个新的行动，自主地偏斜于必然的运动。否则人在这个世界上就只能听从必然性的摆布，没有任何自由。

可见，在伊壁鸠鲁派看来，世界上存在着三种不同的情况：必然、偶然和由于偏斜和偶然而产生的自由。他们认为，虽然自然有其必然性，但同时也应承认自由；而重点显然在于肯定自由。

① 卢克莱修：《物性论》，方书春译，商务印书馆1962年版，第76—79页。引文中“原初物体”、“始基”、“种子”等指的都是原子。

同时也很清楚的一点是，在伊壁鸠鲁派看来，这种自由是同必然对立的，是对必然的偏离和违反。他们认为，如果自然中发生的一切都是必然的，那么就不会有自由。自由的可能，只在于原子有偏斜的本性，并且自然也容许有偶然性。自由和偶然，尽管只是在自然必然性的缝隙中才有其存在，然而对确立人有自由却是特别重要的。因为它终究给自由提供了一个生存的地盘和空间，使它能够建立起来。原子偏斜说给伊壁鸠鲁派以信心来争取人自己的自由，使人可以藐视必然和命运对人的支配作用。

伊壁鸠鲁本人说过这样的话，一个明白人生目的和善是容易达到的人：

> 他嘲笑和不信有些人拿来当作万物最高主宰的那个命运，而认为情况毋宁是这样：有些事情的发生是必然的，另一些则由于偶然，还有一些则是由于我们自己的作为。因为他看到必然取消了责任，机遇或幸运不常有，而我们自己的行动是自由的，这种自由是我们承受褒贬的依据。就是听从那些关于神灵的神话，也比做自然哲学家们所主张的命运的奴隶要好得多。因为神话还给人一点希望，可以由于敬拜神灵得到恩惠，而命运的必然性则无法逃避。①

塞内卡还说伊壁鸠鲁说过如下的话：

> 在必然性中生活是一件不幸的事，但在必然性中生活并不是一个必然。走向自由的道路到处都是开放着的，这些道路是很多的，是很短的，容易走的。因此谢天谢地，在生活里没有人可以被束缚着。而

① D.L.，10.133.9-10

对必然性加以制约倒是许可的。[①]

伊壁鸠鲁所批评的"主张人要成为命运的奴隶"的自然哲学家,指的正是斯多亚派。因为他们最突出地主张人必须顺从整体的自然法则或"命运"。这一指责是否正确,是斯多亚派必须严肃回答的大问题。

3.爱比克泰德之前斯多亚派的回应

但是斯多亚派是否取消了人的自由? 可不可以有另外的自由观? 伊壁鸠鲁派的自由观本身是否完善而没有缺陷?

首先,斯多亚派决不会也不可能反对人有自由。这情形就像在中国讲伦理道德哲学的人决不会否定人伦之道一样。因为自由对于他们,正如人伦对于我们那样,是人之为人的根本定义和全部价值观念的核心。斯多亚派作为长达数百年之久的希腊化罗马时代的主流哲学,当然不可能否定这个根本。此外还有个十分重要的理由,以生活和道德为宗旨的斯多亚派非常明白,道德的善恶选择永远是以个人的思想意志的自我决断为前提的,如果世界上只有必然性而没有自由,人就只是一个被动的生物,他就不能对自己的任何行为负道德上的责任,所谓善恶的分别对他也就没有任何意义。所以肯定人有自由也是他们哲学的内在必然要求。

斯多亚派在回答伊壁鸠鲁的挑战中提出了自己的另一种自由观。他们必须在整体和部分、必然和自由的两极性巨大张力中,在仔

① 塞内卡:《书信集》,12.24,转引自马克思《博士论文》附录,人民出版社1962年版,第60页。

细研讨这些复杂的关系中,才能澄清和论证自己的自由观。这就绝不可能像伊壁鸠鲁那样直截了当,为此斯多亚派花费了极大的努力。

在斯多亚派看来,伊壁鸠鲁的自由观是非常错误的。因为他们认为,伊壁鸠鲁派完全无视人所面对的自然和社会的整体性联系和必然性,而只想规避它们。那种把必然性、偶然性、自由三者分离开来平陈并列,以为这就能给人的自由以基础和论证的办法,就是规避了自然和世界的整体性和必然性对于人的制约作用。

如我们前面说过的爱比克泰德对他们的揭露那样,伊壁鸠鲁派叫人不要参与社会的公共事务,甚至不要结婚生孩子,一心只管自己,不要去管别人的事情。但这个说法,不仅对社会行不通,就是对伊壁鸠鲁本人也行不通。他也喜欢友爱,还要写书教导人。这岂不就是在管别人的事情,证明了他所说和所行自相矛盾了吗? 也证明了他的理论是有根本性缺陷的。

斯多亚派正确地看到,自然和社会的整体性、整体与部分之间联系、必然性的法则,等等,是人所绝对无可回避的事实。因此认为伊壁鸠鲁企图规避它们,而只从必然中有偶然的缝隙,原子有做偏斜运动的本性,来讲孤立个人的自由是站不住脚的;恰恰相反,个人的自由只能存在于整体之中,只能存在于同必然的关系之中。

从生活实践的事实和哲学的整体观出发,斯多亚派断言个人必须无条件地服从整体和必然。但同时他们仍要无条件地肯定人和个人的自由,这就出现了极尖锐的矛盾。一切服从必然,如何能有自由? 这是他们必须回答的大难题。

出路不是把自由和必然简单分开,恰恰是要把两个有区别和对立的东西统一起来。伊壁鸠鲁认为同必然拉在一起就不可能有自由,斯多亚派认为只有拉在一起才会有真实的自由。这是需要严格论证才有其可能的。

首先,这个论证的终极根据只能是整体自然或神本身。

在斯多亚哲学里,神既是整体又是个体,既是必然也是自由。或者说,这些在人说来是对立的东西,在神那里原是同一的。这就奠定了自由和必然统一的第一个理论基础。

然后,再来谈人的自由这个问题本身。人不同于神,对他来说,自由和必然当然有对立并常常十分尖锐。但是由于人是神的儿女,在整体自然及其阶梯中占有最高的地位,分有了神自身的理性,能够与神直接沟通。这就给思考和研究人的自由如何可能,同必然性之间的对立应如何认识和处理使之统一,提供了线索。对此加以研究和论证,就产生了斯多亚派关于人性和行为心理的学说。其基本思路是:人作为自然的部分,虽要服从整体,但他又是一种特殊的理性动物,因此他能凭自己的理性来模仿神,在努力与自然的整体必然性求得一致中,超越自身局限,而赢得同神类似的善和自由。

但是,具体阐明自由和必然的对立统一关系还是不容易。前面提到过克里西普曾用分别“根本因”和“切近因”的办法来试图解决这个困难。但这个说法显然是相当勉强和不透彻的,而且会引出无限追溯的质问。

因此,总的说来,在爱比克泰德之前的整个斯多亚派给人的印象,是突出了必然,压抑了自由。如果没有他,这印象怕是难以消除的。事实上,对不大了解爱比克泰德学说的人来说,至今对斯多亚派的观感还是那样。

4.爱比克泰德所高扬的“自由”

爱比克泰德扭转了我们的印象。在斯多亚派众多的哲学明星中,唯有他真正回答了伊壁鸠鲁派的挑战,解决了建立斯多亚派的自由观的大问题。他是希腊化罗马时代论证和高扬了自由的最重要、最有贡献的人物之一。在深度和正确性上,比伊壁鸠鲁的贡献更大。

他所高扬的自由,有一些显著的特点。他反对空谈自由,反对把它看作任性,更反对从个人的身体、财产等物质性的利益来看待自由。他教人只应遵循自己的理性,运用自己的理性于表象,使人能面对自己的真实处境形成正确的表象和决定并付诸行动。这是一种严格规定了的理性的自由,道德自律的自由,并且是能够实践的自由。爱比克泰德谈到了一个人在各种情境下所能有的这种自由和幸福,他特别强调了一种公牛精神:在面对邪恶时,一个这样的人,就能像一头公牛在面对狮子的袭击时,能勇敢向前冲去,保护自己和牛群。这种自由是能同自然法则和神的理性一致的,因此它是同必然一致的,正像在神那里,自由和必然是同一的那样。

可见,他所说的“自由”的全部根据,就是人人都有的理性的权能,其最终的根源是神,即自然的法则、自然的理性。

为了严格规定这个自由,他认为人的权能的范围,不在身体、财产这些东西上。因此对这些东西我们不能有自由,只能服从必然性。在自然界和人世中发生的各种事情,它们对个人来说,有的好有的有害,并且是彼此冲突的,但是从神的眼光来看,这些全是必然的安排,我们只应顺从。也就是说,在这个范围里,人是不会有自由,找不到自由的。无论愿意不愿意,我们必须承认这个事实。

那么,我们还有什么自由可言呢? 难道我们能离开这个身体、这个实际的自然和人世来谈生活吗? 难道在一个到处都由必然性统治的世界中,能谈什么自由?

爱比克泰德说:能!我们有这个权能。只是你必须划清我们所具有的权能是对什么说的,它究竟是什么。如果你抓住了你所具有的理性,知道它来自神或整个自然的法则,并且学会运用到它所适用的范围,你就看到自己是完全有权能的,你也就有了自由。它是任何人不能剥夺的,连神也不能剥夺,因为神也是按照自然规律的,他给予你以理性的权能时,已经给予你以不可剥夺的自由;而你的身体、财产之类只是暂时给你使用的,它们是按照自然法则有生有灭的,自然和神到时候会收回。所以想要在这些东西上你有支配的权能和自由,是虚妄;可是在你的一生中按照理性来生活和行动,那是你的权能之内的事,在这个领域,你是完全自由的。

人们会说,爱比克泰德所说的自由还是消极的,因为他否认了人有改造物质世界的权能和自由。在近代和现代人看来,自由必定要包括改变我们的物质环境。我同意这个看法。但是我们对古人的处境和知识境况应当谅解。至少,爱比克泰德为人发现了他最终的不可动摇、不可剥夺的权能和自由的那个核心,那是至今并且永远有效的。因为他所说的"服从",决不是要人服从人间的罪恶,做罪的奴仆。恰恰相反,他总是教导人要用自己的理性对于罪恶坚定地给予抵抗。

既要"服从"自然的必然性,又要运用自己的理性来赢得正义、得到"自由",是不是自相矛盾? 用爱比克泰德经常举的例子,当一个正直的人面对囚禁、流放和处死时,他能坚定地坚持正义和道德,仍然是自由的,这同他勇敢地接受这个命运的安排是完全一致的,并不矛盾。他不会抱怨神和命运,而是感谢神给他以理性的权能,使他生活得同自然一致,有道德,是自由的人而不是一个奴隶。

他说,自由是伟大、高尚、有价值的。当你看见一个人跪在别人面前讨好和违心地说话做事,就可以确定地说他是不自由的。为了一顿饭,或为了一个统治权力、一个官爵,为了一个奴隶、一份财产。这样的人再有权势也不幸福。那些称王的和王的朋友,都不能生活得如其所愿。①

没有自由的人就是奴隶。爱比克泰德在指出人间权势并不能给皇帝和达官贵人以真自由,他们和那些屈从、讨好他们的人都是奴隶的同时,主张人应当像公牛那样勇敢地为了善、为了高尚而斗争,去争取每个人所应有的自由。他说:"是什么使人能成为他自己的主人? 是知识,如何生活的知识。"这是"神已经给了我的,是我自己的,让我服从我自己的权能。神还保留了什么?——他已给我以在选择范围内的一切,使我自由,摆脱了限制和阻碍。而身体是用土造的,神如何能使它自由,摆脱阻碍? 因为他使我的财产、家私、房屋、妻子儿女服从宇宙普遍的循环"。②

可见,他的自由观虽然同近现代人的观念有重大差异,但其核心仍然是完全正确的,一直贯穿到今天,仍有其深刻的和积极的意义。

第五节　人的权能来自神的理性

1.人的理性与神的理性的差别

爱比克泰德对人的权能范围的划分,是以人所具有的理性和它所能达到的一切为界限的,认为它不能适用于身体、财产、同伴等东西。理由是,这些东西对一个人来说终究是外物,不能以自己

① 爱比克泰德:《论说集》(*Discourses*), 4.1.54-55。

② 爱比克泰德:《论说集》(*Discourses*), 4.1.62-63;4.1.99-100。

的意志为转移。我们知道，按照斯多亚派的学说，这些东西虽然不在人的权能之内，却是在神的权能之内的。所以，对人的权能的这种界定表明，在他和斯多亚派看来，人的理性虽然直接来自神，但同神自己的理性相比，还是有着重大的差别。

我们已经说过，斯多亚派所说的神是整体自然的同义语。神是自然的主动者本原，是决定这个世界之为这个世界的主宰；他用理性、逻各斯管被动者的本原——质料，使主动本原和被动本原结合，创生了水、土、气、火元素，一切无机的和有生命的存在物，也创造了人。并且用自己的理性继续治理它们，管天管地管万物也管着人。所以在斯多亚哲学看来，神至能至善。不过，神的理性就是自然的逻各斯，用使事物新陈代谢、生死变换的法则来治理世界，在其中贯穿他的善意志。在这个意义上，整个自然的逻各斯是善。

因此，人的理性同神的理性是有所不同的。神的理性是从整体出发指向部分，也就是指向各个自然的事物和人。而人的理性则相反，它从部分即每个人的个体的自我出发，通过管住自我的表象和行为，来指向他周围的事物，逐步进到认识整个自然和神。

人有其作为自然的一部分所必然会具有的局限性，他要达到善就必须突破这些局限性。从单纯的个人的自保开始，直到认识自己是“世界城邦的公民”，是神的儿子，并在行为上做到与自然一致，才能达到他所应有的真正的善。

这就要求人分清自己身上所具有的二重性：他既有理性灵魂，也有物质身体。人的理性权能所能完全主宰的只是他的心灵的活动和由此而来的实践行为。他的身体、财产和种种人际关系，不属于他的理性权能的范围。因为这些东西，从最切近的每个人的身体说，就只是神暂时交给我们用的，何况其他？ 人的生死、疾病和种种实际处境，是他自己无法支配的事情，只能服从。人是自己能支配的（灵魂、行为）又是自己所不能支配的（身体）东西结合而成的存在物。人的本分只在抓住其权能之内的东西去努力。这才是他的善，也即是他的自由之所在。人不能要求他在身体、财产、名位这些事上有自由，那就是越权，想干涉神的安排了。并且所得的会恰恰相反，成为身体、财产、名位等的奴隶，陷于罪恶。

因此，爱比克泰德要人把自己的权能澄清，把自己所具有的最可贵的、来自神的理性紧紧抓住，加以正确运用；同时对并不真正属于自己权能之内的身体等外物，看作是对自己无所谓的，完全信任和交给自然、神意或命运。并把这两方面结合起来，也就是把在身体等方面"服从"自然同正确运用理性于表象和行为结合起来，就能同自然和神完全地达到一致了。因为一个人这样来处理他自己的二重性，从两方面的认识和行为来说，都符合了自然，同神和逻各斯一致。人应当以自己所享有的这种理性的权能和自由而感到自豪和满足。

人面对着自身的这种二重性，一方面使人有可能模仿神去追求善，另一方面也可能只从局部利益出发思想和行动，做违背整个自然秩序的事而走向恶。所以，人只能在二重性的对立矛盾中，凭着他的理性的作用和斗争来获得善和自由，这必定是一场斗争。

2. 神即是善：爱比克泰德批判人间权威和罪恶的依据

他说："神带来恩惠，善也带来恩惠，这样神的真本性所在似乎就是善的真本性所在。那么，神的真本性是什么？肉体？不！土地？名声？不！是智力、知识、正确的理性。就在这里，无需再问，去寻求善的真正本性。”①

在他看来，神即真善。因为善的真本性就是正确的理性，而神的真本性原是正确的理性，所以是同一的。神的善就在自然的秩序，在对人的关怀。而神对人的关怀的根本点只在他赐给人以理性，使人能凭这份理性自己去努力和斗争，做到与自然相一致，赢得善和自由，即人的真正幸福。

爱比克泰德高举神的理性权能的旗帜，是为了使人能够批判地看待一切人间的权势。它带有鲜明的批判意识。在这点上，它和犹太教 — 基督教否定一切偶像的一神教义及其所具有的批判精神，是非常接近的。

生活在罗马帝国繁荣时期的爱比克泰德并没有完全否认世俗权威也有某种有益于人的作用。例如他也承认，罗马皇帝给人们以和平，不再有战争，没有大的匪帮，人们能在陆地和海洋上平安航行。但是，他说，这些皇帝能给我们以爱的和平，不再有悲哀和敌意吗？ 不，不能。②

如我们下面引证的，他在许多地方都指出，无论是皇帝，还是富豪、达官贵人的权势，都是不能给人以真正的安全和自由的。他们总是用财富和名利来驱使人，用杀人、流放、囚禁来叫人害怕，以达到他们的目的。因此，追求自由和幸福的人只能依靠神和神赋予自己的理性来生活和行动，决不可依附于这些人间的权势，做他们的奴隶。

---

① 爱比克泰德：《论说集》(*Discourses*)，2.8.1-3。

② 爱比克泰德：《论说集》(*Discourses*)，3.13.9-10。

3. 每个人都是神的儿子,有最高贵的出身:人有自由平等的本性

爱比克泰德指出,人首先应当明白的一点就是:他是神的儿子,有神所特别赐予的理性,因而他身上具有神性。这是人能战胜自身和世上的各种限制和罪恶,赢得善、高贵和自由平等的根据。

他说,植物和非理性动物虽也是神的造物,但神没有给它们理性的能力,所以它们生来只为别的服务而没有自己的目的。

> 而你是一个主要的造物,你是神自己的一个片段,在你自身中有他的一部分。为什么你对自己高贵的出身这样无知?①

神就在你里面,喂养着你,伴随着你,听着看着你在想和做的一切,为什么你却忘了自己的这个本性,而不感到羞耻呢?

爱比克泰德说,如果一个人认识到我们全都首先是神的孩子,神是众神灵和人们之父,我想他就决不会以为自己是个被抛弃的和卑贱的人。但如果你以为皇上看中了你而傲慢,也没有人能忍受你。我们应当以自己是宙斯的儿子而感到骄傲,可是事实上许多人却不这样看。这是由于我们生来就有两种因素混合在我们之中,一个是身体,同动物一样,另一个是理性,同神一样。许多人倾向于同前者的联系,这是可悲的,只有少数人倾向神,是可祝福的。“我算什么? 一个穷困悲惨的人!”是的,如果你只是从你那低贱的肉体方面来看自己的话。但是你还有比这更好的东西。你为什么扔到一

① 爱比克泰德:《论说集》(Discourses),2.8.11-12。

边，只抓住那可朽的东西？[①]

可是人们却总把恺撒当作自己的主人。爱比克泰德说，你若对一个当过两次执政官的人讲这样一个真理，他同一个被卖过三次的人一样，仍然是个奴隶，那他就会打你一顿。因为这个人会神气十足地说："除了一切人的主子恺撒以外，还有谁能驱使我？"

他说，这样的人不承认自己是个奴隶，在逻辑上是不通的。因为你自己已经同意，你有了一个主人，恺撒。你想当皇帝的朋友，当富人和大官的朋友，以为同他们在一起就安全，就生活得好，就没人敢伤害你。但是难道皇上就不抢夺你，鞭打你吗？难道你不是首先就要忍受和屈从他吗？何况皇上也会死，有时也会成为我们的敌人！

其实，人们并不是怕皇上本人也不是爱他本人，怕的只是自己遭受死亡、放逐、囚禁、失去财产和公民权，爱的只是财富、地位和名誉。因此那些有权处置这些让我们爱、恨、害怕的事物的人，就必定是我们的主人；因此我们才向这些人弯腰，敬之如神灵，当他们的奴隶。这是虚妄。[②]

可见，在他看来，人只应以自己是神的儿女为骄傲，决不可以世俗的权势为骄傲。这是两个根本不同的标准和原则。按照前者，所有的人都是平等而自由的；按照后者，人就分别为高低贵贱，或以权势压迫欺凌别人，或献媚于人，或受制于人而陷于悲惨境地，这些都是人受其肉体物欲的奴役的表现，既不高贵也不自由。

---

① 爱比克泰德：《论说集》(Discourses)，1.3.1-3ff。

② 爱比克泰德：《论说集》(*Discourses*)，4.1.6ff。

第六节　正确认识人的“真实自我”

正确认识我们的理性及其权能范围，规定了我们行为所能达到的自由；从更深刻的意义上说，也是正确地认识了我自己。“认识你自己！”——这个德尔菲神庙中的铭言，苏格拉底的哲学名言，在爱比克泰德的新提法中，得到了新的更为深刻的研究和意义。

A.A.Long 说，斯多亚派对人的心灵及其能力的研究，在什么是“自我”上提出了很有创造性的见解。他说，在这方面爱比克泰德讲得最有力，虽然他的表述不系统，但在方向上是十分清晰的。

我们知道，苏格拉底在把“认识你自己”作为哲学的主要任务时，已经把探讨灵魂的善作为中心，把如何“自制”作为极其重要的一个美德。到了希腊化罗马时期，个人如何能生活下去，得到心灵的平安宁静，成为更加突出的问题，与之相应，个人的“自我”究竟是什么的问题也就突出出来。因为人的一切问题，归根到底就是他的“自我”是什么的问题。伊壁鸠鲁派说人是原子式的个人，斯多亚派则把人、个人看作自然和社会整体的一部分。由于斯多亚派在认识人的自我时必须处理部分和整体、必然和自由之间的紧张关系，在巨大张力中探讨什么是“自我”，就很不容易，也逼着他们要走一条更深入的研究之路，其结果便是发展出了一整套关于人的行为心理学的学说。但在解释人的自由上还有不足。到了爱比克泰德这里，由于明确集中地提出了人的权能的问题，并对每个人有怎样的自主权能作出了严格界定，这就在阐明什么是“自由”的同时，把什么是“真实自我”的问题引向深入。

爱比克泰德对人的真实自我的论述，诚然如 Long 所说并不系统，因为他是在联系到实践中的许多具体情况来讨论这点的。但是这决没有削弱他对真实自我的强调，反而能使他更深入地进入人的内在心理冲突中去研究“自我”的真实面貌。《论说集》第一卷的第二章就提出了这样的问题：“在一切境况中，一个人如何能保持自己的真面目？”

他说，对于什么是合理不合理，什么是善恶、有益无益，不同的人看法是不同的，心中所指的是不同的。要判断它不仅需要有对外物价值的评估能力，也涉及每个人特殊的品格。所以，一个人会认为给别人端尿壶对他是合理的，因为他想如果不服从就会挨打，吃不上饭，而端了尿壶就不会受斥责或受苦。对另一个人就不是如此，他不仅自己不提他自己的尿壶，还要别人这样做。如果你问我：“我该提尿壶吗？”我就会告诉你，有饭吃比没饭吃要好些，挨一顿毒打比不挨打更不好，所以当你在这些事上衡量你自己的时候，就去做，去端尿壶。“对，但这就贬低了我。”这是你考虑的事，你才知道你自己。这是你给自己以什么价值的事情。

他还举出当时发生的故事来谈这个问题。当尼禄皇帝要举行一个典礼时，Florus 在考虑自己是否该去参加以表现他自己，便征求 Agrippinus 的意见。“你去。”——“那为什么你自己不去？”——“因为我从没想要这样做。”

他评论这件事说，只要一个人想到这样的问题，去衡量、计算外物的价值，他就被拖进了失去其本来面目的人们的状态。你若问我，要死还是要活？我的答复是要活。要苦还是要乐？我答要快乐。如果你不扮演某个剧中的角色就要杀头，你就去扮演。但是，我有我的角色，我不去。为什么？因为你把你自己当作造袍子的许多线里的一根线，你就要想，你如何能像其他人，就如一根线不会愿意与别的线不同那样。但是我要当一根紫色的、虽微小却有着光彩的纹带，它会给所有其他的以美，为什么你要我像其他多数的那样?

另一个例子是 Helvidius Priscus。维斯帕芗皇帝让他不要出席元老院会议,或至少在会议上不要发言,并进行威胁时,他平静地回答说:“难道我对你说过我是不会死的吗?你做你的事,而我做我的事。你的权能是杀人,我的权能是无畏惧地去死;你的权能是放逐我,我的权能是无忧地离去。”

爱比克泰德说,Priscus 不过是一个人。但他同紫色的线对衣服所做的一样,给其余的立了个好的范例。别人在皇上让他不要出席时会说:“我顺从你,好让你原谅我。”而皇上也不会阻止这样的人去出席,知道他在那里坐着像一只瓦罐,他要说话,也只会说皇上要他说的话。

从这些事例爱比克泰德评说了什么是一个人的真实自我。他说,做一个人,不过是去奥林匹克赛会宣称自己是个胜利者。他努力了,不仅是在训练学校里抹了些油膏。这就是我所说的尊重一个人自己的真品格真面目的意思。

有人问,我们各人如何知道什么是适合于自己真面目的行为?爱比克泰德回答道:那岂不就像一头公牛在独自面对狮子的攻击时,觉察到自己的力量,使自己冲上前去,保护整群?同样清楚的是,那具有力量的,也就伴有对自己力量的觉察?我们也是如此。那有这种力量的就不会不觉察到它。而那没有公牛的高贵精神的人也马上就会表现出他是什么。

人要在各种处境下保持自己的真品格,就要自尊、自制,进行自我斗争,因此爱比克泰德特别强调严格训练的必要性和重要性。就像运动员要经受严酷的冬季训练那样,做好自己的一切准备,不可鲁莽地使自己陷于不能作出正确回应的境地。关于这种自我的斗争和训练,他有许多论述,这是我们后面会着重谈到的一个重要问题。

从人的真实自我，爱比克泰德看到了人的伟大和高尚所在。“人啊，若没有别的理由，就别低价出卖”。人要像苏格拉底和那些像他的人那样伟大卓越，我爱比克泰德虽然比不上苏格拉底，但是只要我不低劣，我努力，我锻炼自己，那对我就足够了。[①] 他一再评说苏格拉底和犬儒第欧根尼，就是因为他认为这正是一个人应当何以自处，锻炼自己，显示其真实自我的高贵、善和自由的典范。

我们知道，克尔凯郭尔特别强调“个人”的独特性。他批判了现代人在投票和喧闹的群众的掩盖下，个人成为不负责任、不知悔改的东西，使人的真实被抹杀和否定的流行病症。他认为从伦理和宗教的意义上说，唯有一个个人才是真实，唯有一个个人才能达到目标。耶稣被钉在十字架上是如此，每个人在面对挑战时也必须以单独的一个人来面对基督。这才是表现真理的地方。[②] 爱比克泰德在主张人必须保持自我的真实时，也说过与此精神完全一致的话。他说，坏的歌唱家是不能一个人唱的，他只能混在许多别人中间（像南郭先生滥竽充数那样）。同样，有些人不能独处。人啊！如果你还有点价值，你就要同自己对话，不要躲藏在人群里。要学会独自一个人面对嘲笑和攻击，要在这时观察、检验你自己，这样你就知道你是谁。靠什么家族、地位、财产是无益的。人难道没有自尊、荣誉心和正义吗？[③]

可见，爱比克泰德已经深刻地看到和体验到什么是人的真实、人的自我、人的本性、人的自由，总之，对人的生命最有价值的一

---

① 爱比克泰德：《论说集》（*Discourses*），1.2.33。

② 参见克尔凯郭尔，*That Individual*，Two ‘Notes’ *Concerning My Work as an Author*，写于1859。

③ 爱比克泰德：《论说集》（*Discourses*），3.14。

切,都是由他自己的权能所规定的。这权能就是他的理性,来自神所特别赐予的理性。而这个理性是属于一个人自己的,它直接面对神,因而一个人可以直接模仿神而获得他自己的善、高贵和自由。他的身体、财产、亲友关系等,对他来说是外物,是他权能范围之外的。人只应面对神,管好他自己的行为,回到他自己的真实的自我。在这方面,人是完全、绝对地自由的存在物。

换言之,正确地认识和实践一个"真实的自我",与正确地认识和实践自由是一回事,不可分离。这使爱比克泰德所要高扬的"自由"具有了更加深刻的含义,更加坚实的性质,并能教导人：要更自觉地为赢得这个真实的自我和自由去下功夫切实训练他自己。

总结起来,我认为可以这样说,在斯多亚派一般哲学家的世界观中,只有一个中心,那就是神。爱比克泰德完全同意这一点,但是同时他把我们人,每一个个人,也作为一个中心。因为我们分有了神的理性的一部分,有了人的理性和由它支配我们行为的权能。这样,对于面对自然和世界而生活和行动着的我们来说,就有了两个因果系列由以出发的中心：神的理性(主宰整个世界)和我自己的理性(主宰我的行为)。所以对我们个人来说,生活的世界就成了一个由两个中心所形成的椭圆,而不仅是单纯的一个圆心所构成的圆。这是不是一种二元论？不,不是。因为,我们的理性不过是一个神的理性的一个片段,它要服从神,不是个可以脱离神或整体自然的东西。我们的理性和它所支配的行为是同神的理性、自然法则贯通的,是协助神来完成他的善的目的的。两个圆心彼此内在为一,所以不是二元论。但是如爱比克泰德所说,神在给予我们理性和自由自主之后,就连他也不能剥夺我们的这个权能。因此,就我对待世界而言,我所具有的自我、自由和道德的权能,也有其独立的价值,是我可能同自然和神相贯通的一个决定性的阿基米德式的支点。我是由于它才能使自我有意义的。所以我自己的这个支点或中心,又成为关键。我是这样来协助神的,这是我们做人的使命。在这方面,爱比克泰德胜过了其余的斯多亚哲学家。他使斯多亚哲学获得了生命的巨大活力,达到了一个光辉的顶点。

第七节　理性权能的意义和检验全在于“运用表象”

最后,我想,我们必须注意他的第一提法同第二提法之间的深切联系。通过划分“在我们权能范围之内的和之外的”范围,他指明了在我们权能内的是“自我”、自我的“理性”,也就指明了这个理性在指导和支配行动中所涉及的全部心理活动中的作用。他把这个作用,用“正确运用表象”一语,或更简洁地说,用“运用表象”一语加以概括。这样,在“我们的(理性)权能范围之内”的提法,就同“运用表象”成了同一件事情。把我们的理性和它所具有的权能加以运用和落实,就叫“正确运用表象”。反之,也唯有“正确运用于表象”,才能使人的理性权能落实到他的生活和行为,使他成为一个真实的自我,赢得自己的自由。用我们中国人习用的话来说,才能安身(心)立命。

第九章　正确运用表象和心学三题

第一节　爱比克泰德的心学纲要

上一章我们论述了他的第一个提法，现在来接着讨论第二、三提法即“正确运用表象”和“心学三题”的含义。

爱比克泰德伦理学的特色在运用。教导人如何在生活行为中成为有道德和自由的人，是他的学说的全部目的。第一个提法对“我们的权能”作出明确的界定，是为此目的而提出的思想核心，然而这权能是要运用和落实的，这就进到了行为心理学。他认为人在行动中遇到的重大心理问题有三个方面，针对它们便提出了必须注意学习训练的心学三题，这三方面若用更简洁的语言来说，就叫作“正确运用表象”。所以第二、第三提法是贯通而不可分的，合起来便成为爱比克泰德的心学纲要。

他清楚地认识到这个工作的困难和艰巨性，总是教人不仅要从原理上弄清自己的理性权能所在，更要人在各种境遇和考验中实际做到正确地加以运用。这两头都要紧紧抓住，要训练用实践校正我们的良知和理性的权能，更要学会有效地用校正了的良知、理性及其权能来正确地处理自己的表象。这二者须臾不可分离，一头没做好，那头就不会好，二者是贯通的。

第二节　为什么心学问题可用“正确运用表象”概括

让我们对“正确运用表象”的心学总提法先作点说明。

按照“欲望＋表象→驱动力”的实践三段论式，每个动物，要使自己欲望转变成一个行为的驱动力，都要有对于当下环境中某个对象的“表象”或信息。由于欲望在每个具体情境下是当然的前提，主体的行为心理活动通常便集中在所关注对象的表象上。通过表象，它感知对象和它对自己有利或有害的性质，由此便产生一个取舍的驱动力和行为。“表象”总是有内容的，这内容一方面同外部对象有关，另一方面同动物自身的需要和欲望相关。

这一公式，大体上对人也同样适用。区别是人加上了理性。这是我们的特别权能，它能做和要做的是反思理性本身和在它支配之下的各种心理能力，运用到一切场合所得到的表象中，从而支配我们的驱动力和行为。于是，人的行为心理模式就成为“意欲＋表象＋同意→驱动力”，也可更简要地表述为“表象＋同意→驱动力”，这是因为在一般情况下“表象”已包含着“意欲”的因素。

这样，就可以把我们的行为心理要素简要地归结为“表象”和“同意”二者。如果表象正确、“同意”也正确，按照实践三段论，两个前提正确，结论必定正确，我们的驱动力和行为的正确性就得到了保证。随之而来的，便是我们得到了道德和自由。

在这两个因素里，“同意”是我们的意欲和表象的守门人、决定者。我们的理性在行为心理过程中的支配性作用，最后都集中在这里。但是，爱比克泰德强调说，我们不能只注意“同意”。如果我们以为只要靠“同意”的能力来把关，就能保证我们的行为正确，那就完全错了。

他着重指出，“同意”虽然重要,可也是最后的防线。要是我们只注意它而不先在意欲和表象上下功夫，“同意”就是空的。如果我们的意欲不端正,对表象缺少正确的认识,理性的作用还没有贯彻到它们里面去,或缺乏这种严格的训练,那么,当我们面临着种种具体的事件和重大考验时,我们就根本不可能作出正确的“同意”与否的决定。

所以,“正确运用表象”才是全部心学的实质和内容。理性的意义只在运用,这运用就是“运用表象”。“同意”作为理性权能的关键环节,其意义作用同样是运用表象,只不过是最后的把门人。理性不可平时偷懒,它必须把注意力放到全部的“正确运用表象”的工作中来。

所以,心学的全部功夫就在“正确运用表象”。

第三节　在“运用表象”中的理性和表象

1.“运用表象”的理性

对于一般动物来说,运用表象的是它的灵魂。在动物的灵魂中有本能的欲望,驱使它对与自身有关的事物感兴趣；有感觉知觉能力,使它能得到与其欲望有关的信息或表象；于是它的灵魂中就产生了获取或是拒绝某个对象的驱动力,然后就采取行动。这里没有理性的作用。

人则不同,他的灵魂中有了理性。它是人的心灵中的司令部,所以对人来说，“运用表象”的是他的理性。

对于人的理性已经谈过很多。但是在把它严格规定为“正确运用表象”的权能后，就需要从这个观点对它再作点认真的考察。

首先，理性有认识对象的功能，这是重要的。但认识本身不是目的，生活得好（善）才是目的。斯多亚派在这点上，同把求知本身当作人的本性，把思辨作为根本追求的亚里士多德，有显著的分歧。爱比克泰德所说的运用表象的理性，中心是道德理性而不是知识理性，这是第一个应当注意的。绝不忽视知识理性，但位置要放对，使之与道德理性结合为一体，使之在“运用表象”中发挥其应有的作用。

其次，人的行为和道德是在实际生活中进行和实现的，人总要吃喝穿住，过物质性的和日常性的生活，其中也需要理性的指导才能得当。因此，指导生活行为的理性，除了严格的道德理性外，还有实用的理性。斯多亚派认为对这二者也必须严加区别，并且应当把实用的理性置于道德理性的统率之下。因为人固然少不了日常生活需要的必要的满足，但做人的根本在有道德和自由。所以，运用表象的理性作为道德理性，必须同实用理性严格划分开来，是第二个需要注意的特点。在生活和行为中二者都不可少，又经常会发生对立，因此二者的位置要摆正确，使实用理性的判断能够与道德理性的择善结合和统一起来，保证道德理性在运用中贯彻到底，是爱比克泰德伦理学最关心的重大问题之一。

再次，这个“理性”同情感的关系，也对我们理解它有十分重大的关系。因为既然“运用表象”的理性主要是同生活行为相关的道德理性，那么它就内在地同人的欲望、情感有着深刻的联系。这个理性的工作和内容，就不能是纯思辨的；对它来说，如何正确处理情感方面的问题，显然更加重要。

在这点上,斯多亚派同包括柏拉图和亚里士多德在内的许多哲学家观点不同。他们大多把情感视为一种能与理性相抗衡的、也能主宰人的行为的巨大力量。这是一种行为心理学上的二元论观点。斯多亚派拒绝了这种观点而坚持了理性一元论。他们认为若是情感也决定了行为,而情感又不受道德理性的支配而常常是不由自主地发生的,那么,说人应对自己的行为负有道德责任的观点,就必定要落空了。这是斯多亚派所说的“运用表象”的理性的又一重要含义。

最后,这个“运用表象”的理性本身,有一个自然的和自己努力的成长过程,也是它的一个特点。这个特点,来自人的理性同神的有区别。

罗马法律规定,儿童要到14岁才能对自己的行为负责,理由是这时他才具备了成人的理性。斯多亚派采纳了这个看法。他们认为,知识或认识的理性能力,和日常生活中实用理性的能力,需要培养、教育和训练,道德理性使一个人行为高尚,品格优良,更需要严格的教育,特别是哲学的训练,才能成长起来。

对每个人来说,他的道德理性赖以成长的原点,是自然赋予他的“良知”。不过,同苏格拉底一样,斯多亚派认为,一个人在没有学习哲学之前,对自己的良知还没有真知,因而在面对种种具体情境时,不知道应当怎样行为才好,总是陷于混乱和无穷的错误之中。他不能正确运用自己的表象,这个事实就证明了他对自己的良知(也即是理性)其实是无知的。不解决这个问题,就谈不到正确运用自己的理性于表象和行为。所以爱比克泰德和苏格拉底一样,把“自知其(对自己的良知、理性)无知”当作一个人要学会如何做人的开端,当作哲学的入门处。当一个人开始认识到原来对自己的良知无知时,他就可以学习如何端正自己的理性和良知,并在实际生活和行为中通过不断的运用和严格的检验,来使良知或理性获得训练,成长起来。

因此,这个“运用表象”的理性本身,不是静态的,而是在生活实践和哲学实践中从良知开始,通过不断检验而成长为道德理性的真知的活生生的理性。

2.“运用表象”一语中的“表象”

当爱比克泰德把“正确地运用表象”作为伦理学和行为心理学的关键提法时,他所说的“表象”,有比人们通常使用这一概念要更广泛和深刻的意义。

说到“表象”,我们一般想到的,大概就是指那些对于外物的感觉知觉的印象,或更高些的,包括观念、知识等东西。近代哲学家如洛克、巴克莱和休谟认为我们的一切知识和观念都来自感觉印象,更给我们的理解打下了深深的印记。使我们会认为“表象”不过是“印象”,和由印象再发展出来的那些观念。但是,斯多亚派在用“表象”这个词的时候,不是这样的。在他们的哲学和行为心理学中,人的表象不仅有感觉知觉和思想,也指好恶的意欲和情感等,是内容非常广泛的概念。

对于爱比克泰德来说,“表象”是我们行为道德理性所要对它进行工作的一切对象。这里所说的一切对象,指的是一切心理的东西。它同外物对象不同,然而是相关联的,因为心理对象来自事物(包括外界事物)和自我本身,我们必须通过自己的心理活动变成实际行为,对世界和自我做工,保持一致。

如上所说,理性的一个最根本的特点,是能对自己反思。反思就是做工,对自己也做工。因而它也能对一切其他的能力,其他的心理因素的活动做工,最后产生出在正确的理性支配下的行为。所以,对爱比克泰德来说,这个“表象”的内涵也包括了理性自身,因为理性反思自身就是把它自己当作了第一要紧的运用对象。当我们把自己的理性的某个表现确定下来,比如以一个命题的形式确定下来的时候,我们再加以反思,检查它是否正确和善,就是把它当作一个对象,我们就是在“运用表象”。

一个要成为真正的善的人,要学习哲学的人,无论在生活的不断遭遇还是在自我理性的完善中,其进步是没有止境的。他的理性总在模仿神的理性,追求神的至善,所以他的“运用表象”的努力没有止境。要使行为进步,行为的心理进步,归根到底,核心还在他自己的理性本身的进步,所以它本身也要不断训练加工。

所以爱比克泰德所说的“表象”具有最广和最深的含义:它也包括理性自身,当然也就包括了意欲和情感,包括通常所说的表象,还包括对我们的“同意”能力和驱动力。例如,对我们隐含不明的“同意”要加以澄清,对我们作出的错误的“同意”加以批判审查,等等,也都属于我们理性的工作对象。

简言之,只要我们的理性在起着作用,所面对的一切加工对象都是我们的表象。“运用表象”就是要对这一切都加以反思、评判,使我们的理性在不断的加工训练中正确起来,我们的生活和行为才能高尚起来,并赢得自由。

当我们这样来理解爱比克泰德的“表象”时,不言而喻,这个“表象”概念和它所涉及的一切心理因素,也就都带上了、贯穿了理性的作用和内涵。因此我们在上面所说到的运用表象的“理性”所具有的特点,也都完全适用于理解这里所谈的“表象”。换言之,当我们谈到表象时,也要首先关注和行为的道德理性相关的表象,即表象的善恶性质；把它同认知性的、实用性的、情感性的方面划分开来，以便使理性能够独立自主地、不受它们的干扰，来发挥它的反思和主宰作用，审视和处置这些方面，把它们联系结合在择善理性的统率之下，并得到统一。

我们的表象和理性，都是在这个"运用表象"的活动之中，才不断发展，获得各自的意义和价值，走向正确的。

同样"运用"一词，也在其中获得了它的含义和意义，它指的就是人的理性权能对这些表象所能做的一切：反思、检验、评价、选择、重新解释。一句话，去正确支配和主宰我们的表象，使我们的行为能做到善。

第四节　爱比克泰德讲解"正确运用表象"的意义

因此，爱比克泰德说，各种伟大的和可怕的行为，都以表象为来源，而不是别的东西。荷马史诗的全部内容都不过是些表象和对于表象的运用。一个表象驱使帕里斯抢走了墨涅拉俄斯的妻，一个表象驱使海伦跟他走。故事就由此而起。如果我们设想墨涅拉俄斯有另一个表象，使他认为如此这般的一个妻子被人抢走并非坏事而是件好事，情形就完全不同了。不只没有《伊利亚特》，也没有《奥德修斯》了。①

这就是说，人的全部生活和行为，对我们来说，无非都是一些表象。生活是一个表象的世界，因为一切生活和行为都由表象引起，都是对表象的运用。

---

① 爱比克泰德：《论说集》（*Discourses*），1.28.11ff。

人总是在具体的情境中生活和行动的。但是种种事物和环境的作用，都是通过人对它们形成了相关的表象，才能对他起作用。因此自然和世界固然是人的生活的根本原因，但表象才是他的生活和行为的真正内在动因。表象向行为提供有内容的理由，在这基础上，才有对这个内容的"是"与"否"的判定和选择。这就是说，理性总要有它的对象，否则它是空的，这对象不是别的，只是一个有内容的表象。

所以，人的行为和相关心理的全部问题，就在表象和如何对待表象上。

当爱比克泰德说荷马史诗所说的全部内容都是表象和运用表象时，有人问，难道这样的大事，其原因如此渺小吗？爱比克泰德反问道，你所说的大事是什么呢？岂不是战争、煽动叛乱、死了很多人、毁灭了一些城邦？这有什么伟大呢？其实都是很渺小的。它同鸟的巢被毁有什么两样？在自然（的眼光）中，人的身体、财产、妻子儿女、世上的城邦等，和鸟的巢有什么两样，岂不都是很渺小的吗？人能和鸟不同的地方不在这些，只在人有善的信念和羞耻心，有理智，有良知，那才是人可以成为伟大的地方。[①]

所以正确运用表象，是每一个想成为高尚的人要必须认真去做的工作。

爱比克泰德说，就像医生和按摩师以人体、农民以土地为其加工对象那样，好人、高尚的人的主宰能力的特殊加工对象就是表象，加工就是使自己的表象与自然相一致。

每个灵魂的本性（自然）是同意真的，不同意虚假的，对不确定的持悬疑态度。同样，它的本性是欲求善的东西，厌恶恶的，中性

① 爱比克泰德：《论说集》(*Discourses*)，1.28.11 ff。

地对待非善非恶的。当善的东西出现时必趋向它，决不会拒绝一个清楚的善的表象。神和人的一切行为驱动力都靠这个原则。一个人要进行的训练，最重要的就是按照这个原则行动。你要黎明即起，从早到晚，检验你所见到、听到的任何人和事，询问自己的表象和自己是如何对待这些表象的。这样就在道德上不断进步。①

为此，他把我们的表象分为四种，指出它是按照四种方式得来的：

（1）事物之所是，向我们显现为是；

（2）事物之所不是，向我们显现为不是；

（3）事物之所是，却向我们显现为不是；

（4）事物之所不是，却向我们显现为是。

这就是说，我们的表象有真假之分，因为有些能同事物的真实面貌一致，有些则不容易一致，有假象。因此，爱比克泰德说，受过教育的人的工作，就是要对所有这些情况作出一个正确的判断。

他分析说，这个工作有许多困难。首先，在哲学上有皮罗派和学园派的怀疑主义，他们论证说作出正确判断是不可能的。其次，如果环境似是而非，它会使有些事情显得善而其实并非如此。还有习俗和习惯也会困扰我们。我们需要得到帮助来对付这些困扰着我们的困难，才能得到进步。②

因此，在爱比克泰德看来，“正确运用表象”不是一个简单的工作，而是一个求善的人所必须从许多方面认真持久地进行的斗争，包括哲学上的斗争，同周围环境及其种种假象和伪善的斗争，同自己的习惯的斗争。因此需要学习、需要严格的训练。

---

① 爱比克泰德：《论说集》（*Discourses*），3.3.1-4。

② 爱比克泰德：《论说集》（*Discourses*），1.27.1-3。

这种训练,爱比克泰德认为应当在三个领域中进行,对于他的表述,我称之为爱比克泰德的心学三命题。

第五节　爱比克泰德心学三题的表述

在爱比克泰德的论说中到处都贯穿着他的心学三命题,而集中谈到它的地方有三处。《论说集》第三卷第二章是专门谈这个问题的。我们就从这里来看他是如何论述的。

他说,对每个要成为善的和高尚的人来说,有三个研究学习的领域,是他必须受到训练的：

第一个是关于意欲（τάς όρέξεις）和厌恶（τάς έκκλίσεις）的,对这个问题的研究学习,能使一个人在他得到所意欲的东西上不致失败,不致陷入他所厌恶的事情；

第二个是关于做和不做（τάς όρμάς καί τάς άφορμάς）什么,即行为的驱动力怎样合适的,对这个问题的研究学习,能使一个人的行为有适当的方式,是经过思考的谨慎的行为；

第三个是关于怎样避免避免错误和匆忙的判断,一般说来,也就是关于运用“同意”的问题。①

这个表述,同《论说集》中另外两处的完全相同,所用的术语也一样。② 这表明爱比克泰德提出的这三个命题是经过深思熟虑的。

让我们首先弄清一个关键词。这就是第一题中我们译成“意

① 爱比克泰德：《论说集》(*Discourses*), 3.2.1-2。

② 关于这些术语的含义的研讨,参见 Brad Inwood, *Ethics and Human Action in Early Stoicism*, Appendix 2。

欲”的那个词。它在爱比克泰德的原文是 όρέξις（ 拉丁写法是 orexis，όρέξεις 是其复数形式）。按照 Inwood 的研究，亚里士多德用它作为包括欲望、动因、行为的宽泛概念，并对一切动物都适用。斯多亚派也用它，作为描述人的“驱动力”的一个词。他认为斯多亚派所用的心理术语相当复杂，对此他作了不少分析。说到 orexis 之类的词，他说那是不容易翻译的，最好不要译成英文。[①] 确实如此，我们看到在对爱比克泰德《论说集》和《手册》的各种英译文本中，对他所用的这个 orexis 的译法也各不相同，大多用 desire（欲望、意欲）这个一般中性词，有的便直接意译为 moral will，即道德的意欲或意志。

我想，重要的是弄清爱比克泰德的原意。第一题说的是善恶选择的问题，他用了 orexis，第二题说的是行为合适与否的问题，用的是 όρμή，horme，即我们前面一直译为“驱动力”的这个希腊词（在和 άφορμή，aphorme 并列时，一正一反，指该做和不该做的驱动力）。可见爱比克泰德用 orexis 所表达的，是和“驱动力”（horme）不同的另一概念。

如果说英文都很难表达爱比克泰德的原意，中文就更困难。我在翻译他的心学第一题时勉强把 orexis 译为“意欲”，实在是找不出更好的办法所致。但这个词过于中性，为了避免误解，还是应当指明它要说的是选择善恶的意欲。为了更简明起见，以后在评述中我将经常用“择善”一词来表示它。

“择善”是一种特殊的意欲或驱动力，而“驱动力”则指我们日常生活中行为适当与否的一般选择力。这是需要分别清楚的。

澄清了关键术语，我们就来分别地扼要谈谈这三个命题的意

---

① Brad Inwood，*Ethics and Human Action in Early Stoicism*，Appendix 2，p.114.

义和作用。

第六节　心学三题各自所针对的问题及其意义

在表述了人的行为和心理所面对的三个领域即心学三题后，爱比克泰德接着就指明了它们各自所针对的是哪种实际的或表象方面的问题。这也就涉及三者各自的意义和作用。

他说，在上述这些方面中，首要的和最为迫切的是如何对待我们的错误情感的问题。这是因为，错误的情感是由于我们得不到所意欲的、陷入了我们所厌恶的境况而产生的，它给人带来的是烦恼、不幸和敌意，使人不能听从理性。

其次是必须行为适当。因为我不是泥塑木雕的没感觉感情的东西，我应当保持我的自然的和获得的种种关系。如作为一个敬神的人，作为一个儿子、一个兄弟、一个父亲、一个公民，就要在处理这些关系中行为适当。

最后是对已在道德上有所进步，要使自己的思想行为在上述方面的事情中获得确定性的人说的。一个人要是能正确地运用自己的"同意"于表象，就能使自己即使在睡梦中、醉酒中和悲伤中，也不致成为未经检验的表象的俘虏。①

① 见爱比克泰德：《论说集》（*Discourses*），1.4.11；3.12。

第七节　三条中第一条是首要的，是道德行为的基础

爱比克泰德认为这三者都是重要的，并且必须有一个次序。他批评说，我们现在的哲学家们忽视了前两个领域，只忙于第三个。他们只关心研讨某些逻辑论证方面的问题，如暧昧的或假设的前提的论证，包含着疑点和缺陷的论证，等等。他们说，一个人在处理问题时，当然要小心避免上当受骗。但是，爱比克泰德问：你说的是谁必须避免受骗？——当然是指已经有了美德和善良的人。——那么，你在这方面是否没有缺点了呢？除了逻辑论证，你对别的问题就能主宰了吗？难道在你手上有钱的时候不是容易受骗的吗？当你看见一个美女的时候，你的表象如何？你的邻居接受了一笔遗产，你是否有嫉妒和敌意？你现在缺少的只是判断能力的保证吗？糟糕的人啊！就是在你研究这些逻辑论证的事情的同时，你就在害怕和焦虑有人说你的坏话，对你有什么评论。你一心期望着别人说你是个最好的哲学家，而要是有人说你的话不值得听，你的脸色就发白。你从你自己的行为能看出什么呢？①

从这段议论中，我们可以知道他批评的人，正是他自己所属的斯多亚派中的大多数的所谓哲学家。这些人以为只要从理论上明白理性的作用，只要抓住"同意"即如何论证就行了。他们不能运用理性到实际行为，因而也不能懂得"同意"之前首先要注意一个人的善恶意欲是否正确的问题，需要在这方面先加训练。所以他强调，一个要使自己生活和行为善良有美德的人，必须先训练自己选择善恶的意欲，使之正确，学会在日常生活关系中如何行为适

① 爱比克泰德：《论说集》（*Discourses*），3.2.6-11。

当,学会如何在情感汹涌而至的时候能作出正确的分辨选择,然后才能谈到如何运用“同意”。“同意”的作用,是使上述思想行为的正确性得到最后一次决定性的审查和确定。它当然是极其重要的,甚至是关键的,但如果没有前两方面的努力和训练做基础,它就不能起任何应有的作用。

这个批评,表明爱比克泰德在行为心理学上提出了很有新意的观点。它是对斯多亚哲学本身的一大贡献。

在以“如何训练自己处理表象”为主题的《论说集》第三卷第八章中,他说,当我们训练从事思辨时,同样应当训练自己如何处理表象,因为它们每天都向我们提出问题。“多么可爱的一个孩子死了,你是怎么想的?”你应当回答,这不在我们择善力的权能之内,因此你不要把它表象为一个恶事。“如此这般的一个父亲剥夺了他的财产继承权,你是怎么想的?”它不在择善力范围之内,不是一件恶事。“皇上责备他。”这也不在他的择善力支配的范围内,不是恶事。— 但是,“这些事情使他失望、悲伤、烦恼。”这就是在善恶意志的选择范围之内的事了,是恶。而如果一个人高尚地承担了这些事情,就是善。因为正确处理自己的表象,是在一个人善恶意志的选择范围之内的。

爱比克泰德接着说,我们决不同意任何行为,除非我们获得了一个正确的表象。他的儿子死了,如此而已。船沉没了,如此而已。他入狱了,如此而已。因为这都不以他的意志善恶选择为转移。但是,如果他生活得不好,这就加上了他自己的责任。①

这就是说,外在的事情,甚至包括我的身体、财产和亲人关系等,不属于我的权能可以做主的范围。我们可以说,那是由他人、人

① 爱比克泰德:《论说集》(*Discourses*),3.8。

我关系或别的原因决定的，而如从根本上说，都不是由人而是由自然的法则、神意或命运决定的。无论如何，总不是由我的意志所能决定。可是，我的权能的最终根据只是我自己的理性。所以我对这些必须置之度外。我只应关心我自己所能做的，就是运用我的理性，来形成我的有关表象，使我能正确对待和处理这些事情，行为善良和得当，这是我的责任。

这时，只是在这时，"同意"才有意义。也就是说，只是在我以善恶选择的道德理性对待事情、形成表象，但还没有把握，需要确定性的时候，"同意"的能力才显示出它的作用。

在《论说集》一卷四章贯穿着同样的精神。爱比克泰德说，一个人在道德上的进步，首先是要学习哲学家的如下教导，要意欲善、厌恶恶，使心灵宁静。因为心的平安宁静只能靠成就了所意愿的、避免了恶的才能达到。

你说你读过许多克里西普的书，那你的工作在何处？你的工作只在意欲善和避免恶；做适当的事，不做不适当的；同意和不同意。

你说你读了克里西普的《论驱动力》，那不是我期待的，我要看的是你的运用、你的准备，如何与自然一致，还是不一致。如果你行为与自然一致，我才承认你进步了；否则读了也无用。你岂不知道这本书只卖五块钱？一个运动员、一个练声的早起就练，不要空谈。要学习如何摆脱悲叹、抱怨、失望，摆脱对死、流放、囚禁、毒药的畏惧，这样在囚禁中你就可以像苏格拉底那样说："我亲爱的克利托，这是神所喜悦的，让它如此吧。"而不是像俄狄浦斯那样说："像我这样可怜的老人，满头白发，还要受这样的罪吗？"[①]

---

① 爱比克泰德：《论说集》(*Discourses*)，1.4。

第一个领域的心学训练，特别是针对错误的情感，如种种的烦恼、焦虑和恐惧这些表象方面的问题而发的。斯多亚派伦理学要达到的目的，是与自然一致地、道德高尚地生活，从而实现心灵的平安、宁静和幸福。它的敌人就是错误的情感，因此，人应当如何运用自己的理性来支配自己的情感表象，战胜错误的即背离理性的情感，就成为他们的行为心理学和伦理学的一个重点。下一章我们将专门来谈他们这方面的学说。这也是爱比克泰德为什么把择善的问题提到第一位的一个主要原因。

第八节　行为和驱动力适当的作用和意义

第二题是关于我们做什么和不做什么为适当的问题。它也是理性对表象进行选择处理的一个领域，但与第一题所关注的领域不同。简要地说，第一题直接教导和训练人关注其道德理性的运用，而第二题则是要人研究和训练如何运用其实用的理性，如何处理自己的实用理性同他的道德理性的关系。这同样是一个重要的基本问题。

人在生活中时刻会遇到种种的实际问题，人际关系中充满着实际的利害关系问题，这是每个人必须认真对待和处理的。斯多亚派从不否认每个人都有自保自利的本性，认为这是合理正当的。因此他们主张的道德决没有否定人有其利益，只是认为每个人应当完善他自己的利益和幸福。所谓完善，就是要叫自保自利自爱达到与整个自然和社会、他人相一致的水平。而这即是道德和真正的幸福。

因此，人就不仅需要道德理性，也要运用其实用的理性，并使之与道德理性一致。我们在看待和处理涉及同自己利益相关的一切事情上，在涉及人我利益发生矛盾的种种场合，必须行为适当。这同样是个如何“运用表象”的重要问题。

详细讨论这方面的问题，就涉及爱比克泰德对人和人的种种关系，如家庭、亲属、朋友、城邦的看法；另一方面，是关于“保留”的学说。前一方面，我们已经谈过不少，后面还必须再加阐明。后一方面，我们将专门用一章来加以说明。

第十章　如何在生活行为中实践善

爱比克泰德以三个提法综合提炼了斯多亚派的哲学，而它的目的只是为了教导人在实际中活出善，活出一个真实的自我，使人在生活和行为中"与自然一致"。否则，正如他所说，这些学说就都没有意义了。阿利安汇集的一部《论说集》，全是这样的教导。在注重行为实践上，他同苏格拉底和孔子是同样的，使人感到一种贴近生活的亲切。

在说明了他的基本理论观点之后，我想，现在是应当掉过头来，着重从另一头来了解他的时候了。这就是要思考、研究他是如何把他的学说运用落实的。他本人、他面对的学生和来向他求教的人们，都是在特定的环境下生活和行动的，各人都有自己的特殊的经历、素质和品格，在每个特定的行为场合中都有其特定的表象和驱动力。因此我们所见到的善和恶的思想和表现，实在说来都是极具体的，因此他对这些具体事情的评判和教导也极具体。实践检验着每个人的行为表象，也检验着爱比克泰德和他的学说。因此，通过这些特定的具体的实践，我们对他的上述三个提法才能有真实和贯通的深切认识。

第一节　从一些突出事例的对比说起

人的善恶，在遇到严重困难和考验时表现得最清楚，那时是一点也含糊不了的。所以爱比克泰德经常问道，在面对流放、囚禁、严刑拷打以至处死的关头，你该怎么对待？在法庭上面对审查拷问的时候，你该怎样表现你自己？你在生命、财产等利益遇到侵害，在处于困难境地时，应当怎样显示你是一个真正的人？因为，在这些情况下，一切空话都不再有任何作用和意义。检验一个人的善恶选择的试金石就在这里。

他亲身经历过罗马奴隶的生活，他的主人埃巴普罗迪托和那个曾经是他的同伴的费立西俄，原先也都当过奴隶。这两个人在被释放后成了怎样的“自由人”？许多别的奴隶同伴无不渴望自由，他们的生活和做人的表象又如何？他们达到了真正的自由吗？还有那些身居高位非常走红的自由公民社会的上层人物，受到无数的吹捧颂扬，他们真的是自由人吗？所有这些人，他们对自己生活的表象是什么，又是如何运用这些表象的？

爱比克泰德亲眼看到这一切。他看到有两类全然不同的人。他们在行为和表象上，在品德和素质上，在运用表象或善恶选择上，是彼此鲜明地对立着的。有活生生的例证。

维斯帕芗皇帝让人送话给 Helvidius Priscus，要他不要出席元老院的会议，他回答说，不让我当元老是你权力中的事，但只要我还是，我就必去。

—— 好吧，要是你参加，至少不要说话。

—— 你不征求我的意见，那我就会沉默。

—— 但是我要问一下。

—— 那我必说我认为是正确的。

—— 如果你这样，我要处死你。

—— 我对你说过我是不会死的吗？你做你的事，而我做我的事。你的能力是杀人，我的能力是无惧地去死；你的权力是放逐我，我的权能是无忧地离去。

一个人在被处斩刑要掉脑袋时是怎么想的？拉特安努斯挨了第一刀还没死，这时候他畏缩害怕了吗？没有，他再一次勇敢地伸出他的头颅来。在这当口那无耻之徒，埃巴普罗迪托还来到他跟前，要他说出什么。在这时候，一个怕死的会怎样做？但他的回答，只是轻蔑和拒绝。

Agrippinus 得到消息，元老院开会要讨论处置他。他焦虑吗？没有。他说，不管结果怎样，还有五个钟头，我有时间按平时一样洗个冷水澡锻炼身体，那我们就去锻炼吧。洗过之后消息来了，是流放还是死刑？流放。好，我们就到非洲去，在那里吃我们的饭。这是何等的平静！有一次 Florus 问他，我该不该去参加皇帝的庆典？他说："去。"——"那你自己为什么不去？"——"因为我从没想过要做这样的事。"他同 Florus 对于皇上的庆典的表象，和如何运用这个表象的想法为什么会如此不同？因为，"我不要成为我自己的障碍"，他的表象和行为，正是他常说的这句格言的见证。

这些事例岂不是同大多数人的作为不同，特别是同埃巴普罗迪托和费立西俄成为鲜明对照？这两个人当过奴隶，岂不爱自由？但是他们成了 freeman（罗马释奴之称）之后，追求和得到了什么样的"自由"呢？难道一副奴颜婢膝的模样，往上爬到皇上宠信的权贵地位，能耀武扬威、作威作福，就是"自由"？岂不是个更让人感到可耻可悲的奴才？——爱比克泰德看到这个情景恶心地说，要是我也这样，我就情愿别活了。

埃巴普罗迪托已经靠着拍皇上的马屁爬到高位了，可是当费立西俄，那个原先被他当作无用东西卖掉的奴隶，现在比他更贴近皇上了，于是，他就像变魔术似的一下子换了全然另一副面孔，用肉麻的话称颂费立西俄：哦！多么可敬的人！他多么有智慧！

爱比克泰德对于这几个事例作了十分强烈的道德评价，我想绝大多数有良知的人是会赞同的。对他的这种评价的依据也会有所感受。那就是 Priscus 说的：怎么处置我，那是你的权力；可我怎么看待这个处置和你，那就不在你的权力之内，而是在我自己，我有我自己的权能。他分别了两种权能，运用了自己的权能来蔑视专制君王的权能，使他的行为高贵而自由。但是埃巴普罗迪托却相反，他把自己的灵魂和权能抛在一旁，全都卖给了别人，卖给了权势和金钱。于是就成了一个十足卑鄙的奴才。

行为就是人。作出不同行为的，无论高尚或卑鄙，都来自各自灵魂的选择。用爱比克泰德的概念来说，就是他们心中对事情的表象不同，如何运用表象不同。

爱比克泰德说，整部《伊利亚特》所描述的都是表象和运用表象，《奥德修》也一样。因为“表象”无非是人所遭遇、感受和想到的一切事情，“运用表象”是人对这些事情和内容的评判和解释，跟着就采取行动。这两者不就是人的全部生活史的真实内容和过程吗？我们能看见的生活、历史、行为，究其动因都在人的表象和运用表象。古今中外，概莫能外。这个说法是不错的。

所以，上述事例中的道德评价，也就是对两种对立的表象和运用表象的评价。其中最突出的一点，是两种人对于人的权能表象不同：有的以为只有一种权能可以支配一切，那就是君主的权势，政权、军队、监狱和金钱排场的权能，因此我必须追随它屈从它，才有我的“好”；另一种人则认为我还有我自己的权能，那才是我做人的真正价值，真正的“好”（善），因此我可以只凭我自己的权能来表象这世界上发生的一切，正确运用表象来决定我自己该做什么，不在乎你有什么权能。

爱比克泰德的这个观点，我想也是多数有良知的人们所能接受和赞同的。

但是，虽然我们在这类鲜明的例证中可以接受他的评价，并不等于在别的情况下也会同意他的观点。我们会极其自然地提出一大堆疑问，例如：

——我们虽然有自己的良知和理性权能，它在道德上无疑有重大意义，可我们是社会性的生物，必定要在社会中生活，那么我们怎么可能无视这些管理着社会的权威？难道不是这种权力在支配着人们和生活中各种重要事情？在这个方面，我们这些个人的能力如此渺小，岂能同它相比？

——再则，因为我们是社会性的生物，而道德虽然同个人意志的自主自由不可分，具有个体性的形式；可就其运用的对象的内容来说，只是我和别人的关系，完全是社会性的。这是斯多亚派和爱比克泰德承认的，在他们批评伊壁鸠鲁派时强调的就是这一点。既然如此，我在运用自己的道德理性权能时，就不能避开同社会及其权势的种种关系。应该如何对待才是正确的？

——这些社会的权势，虽然会有种种毛病甚至罪恶，可是它既然不可少，就总有它的存在的理由，包括自然的理由，甚至伦理道德的理由，还有人说它有天命的理由。并且，君王们和权势们，也为社会做许多必要的和有益的事，爱比克泰德也承认罗马皇帝和帝国给人们带来了某种安全。那么，道德家能仅仅由于这种权势的某种缺陷和罪恶就否定它的正当性和价值吗？

——再说个人的权能，如何表象它也同样有一大堆疑问。说人有理性固然对,但是现实的人是有身体和物质需要的,我要生活就得有财产,有家庭、亲人和朋友的相互帮助支持,难道能只靠心灵、理性生活? 伊壁鸠鲁也说个人的自由幸福主要靠理性,但他也承认需要财产、安全。而爱比克泰德却说身体、财产等不在我们的权能之内,因此我们对这些要抱着无所谓的态度。按照这种说法,所谓我们自己的权能和自由,岂不是空话,阿Q式的自欺欺人? 除了高唱道德调门,有什么实践意义?

人们提出这些问题是自然的、合理的。我们知道,由于霍布斯、洛克、斯宾诺莎、卢梭和马克思等哲学家的艰苦研究,和许多社会学家的努力,由于英、法、美等国的革命和社会进步的实践不断进展,人们才逐渐明白了社会权力的由来、演变和某些本质与机制。但还是留下了无数的谜有待继续研究。爱比克泰德显然没有也不可能弄清楚所有这类问题,我们也不能要求古人过多。但是我要说,无论如何,他的成就依然有其伟大的价值,正是后来新学说的一个重要思想源泉;因此,它是人类思想史上的一个里程碑。

第一,他把每个人都有自己的权能,和其核心是理性和对表象的运用,明确地提出来加以阐明,总是一个了不起的成就。其中便包含着现代“人权”思想的要素。谁能否认?

第二,他认为每个人运用其表象的权能,作为人的本性,是直接来于自然(或神的理性)的,因而论证了人有能力通过自由的努力与自然必然性相一致。与之相比,人类的社会权力则不一定具有这种本性,要看它是否同自然法、同个人权能一致。这就不仅为人有道德和自由作了论证,也为后人研究社会权力的本质和由来,提供了一个重要的新视角,一个很有意义的批判意识。

第三,他至少已经为人的自由和高尚留下了一个地盘,一个阿基米德式的支点。这难道不是伦理学上的一个伟大成就?

最后，应当指明，事实上他绝没有停留在简单地划分人的两种权能，肯定每个人有其权能的水平。因为他极其明白，人所特有的理性权能要运用落实，就必须深入到种种具体的生活和行为中去，正确处理涉及自身和外部的物质事物和实际的人际关系问题。他虽然认为身体、财产等不是在我们的权能范围之内的东西，但他并没有否认心灵同这些是结合的，我们能通过正确的表象和行为对它起某种作用；而如何处理这种表象，他肯定这是在我们权能之内的。他对每个人自己的权能和社会性的权能虽然作了严格区别，并没有说二者没有关系，只是为正确认识和处理这类关系提供了明确的界限。

末了这一点是特别值得我们注意的。所以爱比克泰德在要人分别自己权能范围的时候，十分注意和强调每个人必须从日常的事情和行为上懂得如何与别人和社会相处，正确地运用这类表象。他说，我们应当从每天的具体事情上的表象入手，严格训练如何正确地加以运用。否则在考验到来时，你的理性权能便不能正确发挥作用，因为它还很软弱，不是久经锻炼而坚强的能力。

他特别注重道德的落实，在落实的实践中对学说本身作进一步的诠释和检验。因此，需要通过研讨他关于日常行为上的言说，来对本节提到却还显得比较笼统的他的观点，尤其是他关于人的权能的说法，作更切实深入的了解和反思。

第二节　日常生活的道德实践：对人伦和利益的表象

对于我们中国读者来说，一当踏入日常的普通的生活和行为伦理规范领域，就会立即感到爱比克泰德的教导同我们中国人的传统的巨大差别。我认为这是由于中西人性论就有重大差别的缘故，而其根源在更久远和深刻的历史文化之中，那是要由比较文化人类学来研究的问题。关于这些问题，在前面第二、五章中我已经作了必要的交代，这里就不必赘言了。但我仍要请读者随时再予留意，因为这里的研讨是一点脱离不了上述背景和基础的。我还愿意指出，通过具体研讨爱比克泰德的日常实践教导，也必能加深我们对于中西文化和人性学说上的比较性的认识。这是大有益处的。当我们把这些总合起来的时候，我们对于中西伦理道德和文化的同和异，便能得到一个更为清晰的概念。知己知彼，比较的研究才能上路；减少泛泛之论，才好得到确切的收获。

注意到这一点，我们就来言归正传。

如我在前面说过的那样，斯多亚派和爱比克泰德认为人有社会性的本性，他们批评伊壁鸠鲁的重点就在这里。在人的种种社会关系中，他们认为父子、兄弟、亲属、朋友、城市、民族、国家，是从里到外一层一层扩展开来的圈子。所以家庭中的人伦关系和朋友关系，就成为爱比克泰德道德实践教导中最切近的一个题目。这个想法，同中国的传统最接近。我们就从这个地方开始谈起。

在他和其他希腊哲学家的言说中，人伦之道主要运用的概念是“爱”或“友爱”（friendship）。它包括了我们所说的孝悌忠信各德目，也有分别的讨论。他教导他的学生说：

> 要记住，你是一个儿子，什么是做儿子的职责和品德。你的一切是属于你父亲的，不可指责他，不可说和做伤害他的事，在一切事情上要听从他、协助他。要记住，你是一个兄弟，要尊重你的兄

弟。要尽到责任，说话和气，除了择善，你不应同他有任何争执。[①]

这些说法是合乎我们中国人所主张的人伦之道的。所以我认为可以肯定：爱比克泰德主张了人伦道德。在全部道德实践中，人伦关系和人伦之道是人们最经常需要关注的表象。他要人经常注意正确地运用这类表象。

违背人伦之道的行为是错误的。其原因同样是：我们的表象发生了错误，我们没能正确运用表象。

爱比克泰德说：当你看见一条小狗摇着尾巴，同另一个小狗玩耍，会说它们多么友爱。可是，让我们看看这个友爱是什么，扔一小块肉到它们中间，你就明白了。同样，扔一块土地在你和你的儿子中间，你就会看到他多么快地变得希望你早点死，而你也因此同样对他如此。然后你就哭喊：我养了一个什么儿子！你一心巴望着我被埋葬！扔一个漂亮姑娘到人们中间，一个老人和一个年轻人都爱上了她；或者再扔一点荣誉在他们之间。如果你甘冒生命危险，也会说和 Admetus(欧里庇得斯一个戏剧中的人物)同样的话："你享受着生活的欢乐，为什么你的父亲不该同样得到？"[②]

难道不是人人都爱自己的小孩吗？他发烧的时候你很痛苦，恨不得代替他发烧才好。但是考验到来的时候，这个爱就结束了。难道 Eteocles 和 Polyneices（欧里庇得斯《腓尼基的姑娘》的剧中人物）不是同父同母所生，总在一起生活，吃在一起，睡在一起，常常亲吻吗？所以人们看到他们的样子，就要嘲笑哲学家们说的所谓友爱。当一个王国，就像一小块肉扔到小狗中间那样扔进他们之间，看看他们说的是些什么话：

① 爱比克泰德：《论说集》(*Discourses*)，2.10.7-8.

② Euripides,*Alcestis*,691.

Eteo.：在城堡之前哪有你站的地方？

Poly.：你有什么理由来问我这个？

Eteo.：我要对付你，宰了你。

Poly.：这也同样是我的意愿。[①]

爱比克泰德从无数的这类事例分析评论说，人所热诚致力的，是他天然地爱的。他不会热诚地爱对他不好的，也不会热心于同他无关的。那对他是好的，他就关心，就爱。因此，知道善的，也就知道如何爱它们。分不清善、恶和非善非恶的，如何能有爱的能力？所以，爱的能力只属于有智慧的人。

人们会说，怎么会是这样呢？我没有智慧，却爱我的孩子。——你承认自己没有智慧，令我惊奇。你缺什么？你难道没有用你的感官？你没有分别表象？你说你缺少智慧，是你常被表象所吸引管不住自己而烦恼。

在父子兄弟这类人伦关系的事情上，一个人如何能做到有道德？这个问题的解决，对于实践道德来说，实在是个最基本的所在。这一点我们中国人最能领会。其实，古今中外，概莫能外。因为家庭、家族、朋友的人伦关系，是每个人每天都要遇到的天然亲密的生活关系，这类事情和表象是最具日常性和普遍性的。然后，他才进到更扩展的社会关系。因此认识和实践善和拒绝恶，也必须从这些关系入手。

因此，爱比克泰德在这个问题上的观点和分析解决，是最值得我们注意的。它对于我们了解他的全部伦理道德思想是一个眼。

确实如此。他是从根本上来谈这个问题的。而正是在这里，我

① Euripides,*Phoenician maidens*,621 ff.

们可以发现他同中国传统的人伦教导有蛮大的分别：他完全没有把义利对立起来，恰恰相反，他是从“利”来讲“义”的，而且是直截了当地把每个人自己的利益，当作基础来论证道德的合理性。在他看来，全部的问题，只在于对“我”的利益本身究竟是什么，究竟在哪里，应当怎样认识和解释才正确。他在举出和评论上述事例之后总结说：

> 这是一个普遍的法则，绝不会骗人的：每个动物都固有的本性是它自己的利益，没有什么比它更强而有力。任何显得是对这个利益成为阻碍的，无论是一个兄弟，还是你的父亲或孩子，都会成为可恨的、可诅咒的。
>
> 所以，当任何一个人把自己的利益同神圣、美德、他的国家、父母、朋友放在同等的地位联系在一起时，所有这些都是安全的。但如果他把自己的利益同朋友、国家、家庭、正义分离开来，所有这些就被自私自利所压倒而丧失。
>
> 把“我”和“我的”放在哪里，我就必倾向那里。若放在肉体和外物那边，决定的力量就在那里；若在择善一边，我也必在那里。只要我是在我的善的选择那里，我就必如我应当所是的那样，是一个朋友、一个儿子或一个父亲。因为在这种情况下，我的利益就在于保守住我的信实、节制、耐心、合作的品质，保持我与他人不冲突。①

这就是说，每个人的“我”的利益，必支配他的爱、他的表象和行为，最亲密的父子兄弟朋友也没有例外。但是，对我的利益究竟是什么、在哪里，应当有正确的表象。我有我的利益，而我只是自然、社会和家庭亲友中的一个部分，所以我的利益应当同整体的利

① 爱比克泰德：《论说集》(Discourses)，2.22。

益一致。我和你一致，和整体一致，并不是否认了我的利益，而恰恰是正确理解了我的利益，正确地运用了我的利益的表象。因为部分必在与别人、与整体之中才有生命，才有其真实可靠的利益。

因此我的利益、“好”就有两种意义和规定。一种只是我作为部分的局部利益，一种是我作为部分同整体相一致的利益。前者使我的表象和运用限于我的身体，我的财产，等等，它使我同别人、同整体及其利益分开和对立；后者使我超出这种局限性，我也正确地尊重别人的利益，甚至把别人的、整体的利益看得比我自己的身体和财产更重。但是这并不是否定了我的利益，恰恰是实现了我的真正的利益，因为我作为部分，就像脚是人体的部分那样，其真正的利益就在于同自然一致。这才是我的自己利益的正确表象，真实的好或善。

这就涉及利益是在身体、财产这些外物，还是在道德理性的问题。把前者视为我的利益的根本，我就要同别人争吵，彼此诅咒，像野兽一样厮打，丧失人性的高尚和尊贵。把择善视为我的利益的根本，我就能孝慈友爱，同别人和整体和谐，实现我的高贵的人性。这样对比起来，究竟哪个是“我的利益”的所在，“我”作为人的高贵之处，究竟是因为我有身体和财产还是因为我有道德的理性，岂不是我应当首先澄清的根本问题和表象吗？

我认为爱比克泰德的这一观点是不能否认的，正确的。比抽象的义利之辨要实在。我们要道德，但不能否认利益，应当正视利益。只有正视而不是企图绕开利益，对它有正确的认识、表象，才能谈得上有正确的道德表象和行为。

但是也正因如此，他会说出在我们中国人听来会非常吃惊的话：

> 善比一切形式的人伦关系更为可取（That is why the good is preffered above every form of kinship.）。我的父亲对我来说算不得什么，重要的只是善。——“难道你的心肠这样硬？”——是的，这是我的本性，它（善）是神给我的。因为这个理由，如果善（good，与“好”是一个词）是某种不同于高尚和正义的东西，那么父子兄弟和国家以及一切关系就简单地消失了。但是，我应当忽视我的善，让你得到它，我应当为你让路？为了什么我应当这样做？只因为你是我的父亲和兄弟吗？不。你不等于善，我应做的只是为了我自己的善。但是，如果我们把好（good）安置在正确的善恶选择之中，这些人伦关系的保持就在自身成为一个善，而那放弃其外在所有物的人就得到了善。①

可见，重视人伦关系道德的爱比克泰德，还是把善本身同人伦严格分开了。善只属于神，而人伦是属于人的。人伦里也有两种利益和好（即善），一种是身体健康和财产富裕等等的，一种是符合自然整体即神的法则和理性。前者并非真正的人伦之善，它会使一切人伦关系瓦解。唯有后者才是真正的好，才能使人伦得到维护。所以，不可笼统地说我要让着我的父亲和兄弟。我只是在外在的东西如财产等上应当让着他们，而在善恶选择上不能让着任何人，包括我的父母兄弟在内，我始终要保持自己的择善的权能。

我认为他的这个说法是正确的，是对人伦之道的更为深一层的解说。我们中国人虽然最重人伦之道，但认为人伦本身就等于善，“孝悌也者，其为人之本欤”，本身就无条件地等于善，没有提出更高层次的善作为终极的依据。这样，在人伦本身受到物质利益的影响而扭曲时，我们的道德也就只好跟着扭曲了。唐玄宗提倡《孝经》，可是他保持住了人伦之道和爱了吗？没有。后来他还是

---

① 爱比克泰德：《论说集》（*Discourses*），3.3.5-8。

被他的儿子当成废物扔掉了，连他自己也没有保持住人伦之爱。以孝治天下的汉代不断演出过这类悲剧。这类的事例在我们的历史和现实生活中难道还少吗？

就这样，爱比克泰德就区别了两种好或善（good），两种不同的利益。他把真正的善只落实到与物质利益完全不同的理性道德善。对此，人们当然会问：难道任何人能不顾自己的身体和实际需要？难道离开了实际生活的利益，还能讲什么真正的道德或理性善吗？这岂不是抽象的道德空谈说教？

实际上爱比克泰德一点也没有空谈，他的教导很讲实际，极为务实。

他和斯多亚派有一个基本哲学观点：理性和质料是结合不能分的。理性是主动者本原，物质东西是被动者本原，神和整个自然是二者的结合，每个人也如此。人有理性也有身体，结合起来才有活着的人和他的生活。爱比克泰德把这个观点落实到人的生活，所以，他在说我们权能的范围只在理性运用表象，把身体财产之类排除在外时，并不是指二者之间没有关系。我们不能作这种简单化的理解。他的意思只在于指明，在二者的结合中，理性始终是主动者本原，起着支配作用；因此，我对自己的身体和物质的需要等等的表象，必须听从理性，而不应颠倒，让这些东西支配我，使我的理性泯灭、歪曲，陷于错误的行为。显然，分清主宰者和被主宰者，只是为了实现主宰者的作用，当然不是主张二者没关系。若没关系，主宰者的作用岂不落空？这作用，就是人的心灵对自己的身体，理性对外物通过表象并通过身体转化为行动来行使的。同宇宙中主动本原与被动本原的结合一样。

因此，人应当如何认识和实践善，是同人应如何在物质世界中处理其利益不可分的；而什么是我对自己利益的正确表象，又是同我应当如何处理人我之间在物质利益上的相互关系不能分的。

让我们记住：爱比克泰德之所以能把个人的利益同他人的利益结合，使道德本身成为一个人的最大的自我利益，根据在神或自然的整体性。因为神的自我利益就是使人、使所有自然有其各自应有的利益。

人也能仿效神，只是他不能直接像神，而需要从自己的本性和处境出发作出努力，才能使自己的利益同别人的社会的利益一致起来，达到他自我的最大利益——获得道德和自由。根据就在人是神的儿女，或世界公民。神给予每个人的最大财富是理性和运用理性的权能，那是神自己的理性的一个片段，并且完全交给人自己做主，谁也不能剥夺的。其次，也给他一个身体和有关的物质生活条件，但那是暂时给他的，不能由他自己完全做主；人伦和社会关系会制约它，而最后的决定权还在自然法则，在神意。一个人的使命是协助神，就要按照神的样子运用自己的理性来表象自己的利益，使之与他人和自然的利益一致。

这个运用理性于表象的工作，最实际的就是如何对待身体、财产和人际关系中的种种利益的问题。只有在正确的运用中才有择善理性本身的真正落实。

在有关实际生活和利益的问题上，斯多亚派提出了“保留”的学说。爱比克泰德吸取了这个观点，作为其心学三题的第二题中的成分。在心学三题中，他对行为选择提出了全面的观点和论述，其中对什么是应当“无保留”和什么是应当“有保留”的作了明确划分。这种划分对我们考察这个问题有重要关系。

第三节　选择问题："无保留"、"保留"、"暂时搁置"

1. 斯多亚派关于"保留"的学说

Inwood 指出，运用保留的驱动力（impulse with reservation）是斯多亚派伦理学中的一个本质性的概念。这一看法是对的。

提出"保留"的概念是由以下情况引起的：一切人都追求他们认为是好（善）的东西。但人们以为是好的大多数事情，在严格的意义上说算不上是真正的好。世俗的好，像健康和财富等，可以运用得好，但也可以坏；所以不是真正的善，也不是人的生活的根本目的。不过它们还是值得我们花费大多数的时间的，斯多亚派也不否认这一点。人人愿意求善（好），但普通人没有严格区别这两种不同的善，因而也就不明白真正的善，把次等的好当作追求的主要目标。这样在行动中就会发生错误，总是陷入烦恼和焦虑，得不到心灵的平安和自由。所以，要教导人分别真正的好和世俗的好。那些次等的好只是在弱的意义上（weaker sense）有价值，所以对选择这类"好"的时候，要持"保留"的态度。

克里西普就这样说过：当以后的事情还不清楚时，我总要选择更适合于和自然相一致的事。因为神自己让我倾向于选择它。但是如果我知道了我命定要生病，我甚至就会乐意生病。因为脚也是这样，如果它有心灵，也乐于走泥泞的路。[①]

这就是说，神对一切有安排，但人却不能知道在每个场合神会

---

① 爱比克泰德：《论说集》（*Discourses*），2.6.9-10。

给他准备着什么命运。因为神是整体,我是部分,就像脚是人的身体的一部分那样。如果脚有知它也喜欢洁净,这是它作为一个部分的自然想法。但是当人(整体)下命令让它走泥泞时,它就必须立即放弃原来想洁净的想法,无条件地服从并乐于走向泥泞,并看到这才是自己的真正的善。

人虽有理性和知识,但他不能像神那样知道和支配一切。那么,面对不确定的未来,我该如何行动? 首先是择善,那永远是合乎神意的;同时我也要身体健康,要种地做工经商和从事各种公私的实际事务,谋得生计并使我得到财产和名利,这也是适当的,因为这类需要和追求是我作为一个生物的本性,此本性也是自然的神赐的。但是我必须明白,这些追求只是从我作为自然的一个部分出发的,有局限性。因此我对自己的这类想法要持"保留"态度,以便随时准备好听从命运和神的安排,同自然保持一致。

塞内卡对"保留"(拉丁词 exceptio)也作了讨论。他说,一个人在不确定的情况下行动时,运用保留的表述是:"如果没有什么事情发生去阻止它。"[①] 它的主要意思是:在你做你认为是适当的事情时,你要准备好发生你所没想到的事情,这样你就不会受挫、悔恨或需要改变自己的心灵。他还说:一个人最平安的路是少企望幸运,总念着她而决不相信她的许诺。总要这样说:我要扬帆航行,如果没有什么突发事件中断它;我要成为执政官,如果没有什么阻碍我的话;我的事业将要成功,如果没有什么干扰的话;等等。我们认为对于一个有智慧的人来说,没有什么是同他的期望相反的事情,其理由就在于此。[②]

---

① Seneca, *On Benefits*, 4.34.4.

② Seneca, *On Tranquility*, 13.2ff.

2. 爱比克泰德："保留"和"无保留"——材料"无所谓"，对它的运用"不是无所谓"

如果说，爱比克泰德的斯多亚派前人已经提出了关于"保留"的学说，那么他的新贡献何在？

对于这个问题，他是在心学三题的高度上重新加以考察和处理的，因此绝非塞内卡那种仅从应付突然事件有心理准备的较为消极的观点可比。爱比克泰德提出的是一种以更加积极的确保择善在实践中得到贯彻的学说。首要的是择善，其次是行为适当，这是他的心学三题中第一、二题的主要概念，"保留"的问题是放在第二题中处理的，而第二题是从属于第一题的。我们要在它们的相互联系中，才能明白这些概念各自的地位、意义和价值。

因此，我们必须再读一下这两个命题的表述，并加以认真的讨论。

> 第一个是关于意欲（orexis）和厌恶（ekklisis）的。对这个问题的研究学习，能使一个人在他得到所意欲的事情上不致失败，不致陷入他所厌恶的；
>
> 第二个是关于做（horme）和不做（aphorme），即行为的驱动力怎样合适的。对这个问题的研究学习，能使一个人的行为有适当的方式，是经过思考的谨慎的行为。

老斯多亚派提出"保留"的观点时，并没有像爱比克泰德这样对两种选择作出如此明确的划分，也就没有专门的术语来表示这种划分。对他们来说，orexis（一般的词义是"渴求"）只是驱动力（horme）里的一种，一个很一般的词。爱比克泰德则把它作为专指辨别和选择善恶的能力,用来表述第一命题,使 orexis 成为我们道德的关键概念。这时,他就把一般行为的驱动力(horme, impulse)同择善力(orexis,很难英译)明确分开,只用于第二个命题。鉴于这一区别的重要性, Inwood 建议在英文中用 choice 一词表示善恶选择,用 selection 指称那些实用性的选择。在中文里,我想可用"择善"表示前者,后者只好照意思译为"适当的选择"或"日常生活中实用的选择",等等。"适当"在英文中就是 appropriate。

每个人面前同时有两类利益和价值选择,但是分量不同。择善是根本,它是无条件的,正确的选择是"无保留"的;涉及身体、财产和与此相关的人际关系中好坏选择,不能都由我做主,在价值上也是次等的,应当从属于善恶选择,因此它本身只是适当与否的事情。在同前一选择相比时,我们必须对它有"保留"。这样,他就把"保留"的问题放到了一个它所应当在的位置上了。

爱比克泰德和斯多亚派常常教人分别三类事物,善的,恶的,非善非恶的。对非善非恶的东西,他又称之为"无所谓的"(indifferent)。第二命题所涉及的身体、财富和人与人之间的物质利益关系,就是"非善非恶"和"无所谓"的东西。它们对人的物质存在和生活绝不可少,怎么说"无所谓"? 他是否想抹杀人的这种需要和选择的意义,鼓吹纯抽象的善恶选择? 不是这样的。如果他的意思是说在这个意义下的必需也"无所谓",就不会说行为和表象应当"适当"了。他们说这些东西"无所谓",仅指这些外物本身无所谓善恶,"非善非恶"。因此,同择善是生活的根本目的相比,对这类东西的选择仅仅是"适当"与否的事情。

爱比克泰德提出的上述两个命题,使这两类选择以明确的表述形式划分清楚。这是一个贡献。

但是划分本身并不是目的。他的目的只是为了在实际生活中教人实践善。我们都知道,在实际生活中,从来都没有什么游离于人们对物质事物和关系的行为选择的善恶选择,二者永远是结合在一起的。也就是说,决不会有什么抽象的择善,择善只能实现于正确处理物质的实际的事情之中。所以,分清两种选择只不过是要人摆正各自的地位,使我们能够在实践中确保择善力能得到正确的运用。

这才是重点所在。所以,我们要注意,当他说我们对身体和外物应持"无所谓"的态度时,绝非指可以对这些事情采取消极不管的态度,如中外许多遁世和混世的思想和哲学主张的那样。恰恰相反,他要求的是一种最积极的态度。这点集中表现在爱比克泰德的如下论点中。他特别强调 :

> 行为的材料是无所谓的 ; 但是我们对它们的运用不是无所谓的。①

> 就像一个假言命题是个无所谓的东西,但你对它的判断却不是无所谓的那样,生活是无所谓的,但是运用它,就决不是无所谓的事情。当你被告知有些东西是无所谓的时候,你决不能因此不谨慎 ; 当有人要你谨慎时,你也不可卑贱,或在实际行为中胆怯。在必须具有实践技巧的时候,你不要装会,而要向内行请教,保持你的镇静。②

"材料", material things,是无所谓的,但如何运用它却绝不是无所谓的,这句话是关键。爱比克泰德的这个说法是他在行为伦理

① 爱比克泰德 :《论说集》(*Discourses*), 2.5.1。

② 爱比克泰德 :《论说集》(*Discourses*), 2.6.1-5。

道德学说上的重大贡献。

我们中国人在教导人要对人对事明智豁达时,常用这类的话:"那些都不过是身外之物"而已,意思就是要看淡,把它看作是些"无所谓"的东西,你求心安就好了。这意思同爱比克泰德和斯多亚派的类似。但是,请留意:第一,他所说的那些无所谓的东西,包括了一切物质性的东西, material things,我的"身体"也在其内;并且对我们来说,要持无所谓态度的第一个对象就是我自己的身体。因为在他们看来,如果不把我的身体视为无所谓的东西,就不会对财产等有无所谓的态度;因为财产等被人看重只是由于我有身体。对我的身体都看不开,别的如何看开? 心安从何谈起? 所以,他们绝不会用"身外之物"的词表述这类东西,用"心外之物"来表述才准确。

这些心外之物,就它本身"非善非恶"来说是些无所谓的东西。但这完全不是说,我们对它的行为和表象也是无所谓的。这是因为我们善还是恶,真正说来就在对这些无所谓的东西有怎样的行为之中。

爱比克泰德的这一学说,我认为最重要和有意义的地方,就在于给实践善指出了落实的关键所在。我认为他严格区别了消极遁世混世和极其认真积极地处世这两种人生态度,反对了前者,主张了后者。说到这里,我不免想到我们中国人常常爱说的"难得糊涂"这句话来。这句话里包含着生活的智慧,不是没有意义的;但是它有很大的毛病,因为它没有区别开我对外物本身的看法,和我对它应当如何行为适当,这两件在原则上有分别的事情。对这些外在事物本身,我应当无所谓,不在乎、不计较,在这方面持"糊涂"态度是高尚的明智的,"难得糊涂"很可贵;但这同我对这些事物的行为谨慎适当,涉及善恶时决不含糊,正是相反相成的。如果我在这方面也"糊涂"了事,高尚和卑劣不分,乱搞一通,还讲什么做人？离开这些实践，你的择善，你的心安理得，不就全都落空了吗？实际上，郑板桥讲这句话时，他是分别了这两种情况的。这一点我们从他的为人实践就可以知道。但是人们却并没明白他的意思，把它当作主张糊涂混世的哲学名言到处流行，就成了"东施效颦"。所以我想，爱比克泰德的话，会有助于重新诠释他的这个话的真义。

爱比克泰德说，健康和疾病，富或穷，事业的成败，乃至生和死，对选择了善的人而言，都是无所谓的。但你在对这些事情的行为表象中，是由外物支配你，还是你能用善恶做标准来支配它们，绝不是无所谓的。外物支配你，你必忽喜忽忧，对人忽爱忽恨，忧心忡忡，怨天尤人；如果你能运用你的理性去择善，运用择善力来决定你如何处理对外物的行为和表象，你就能在任何时候保持自己的高尚品质，心地平静善良，使自己追求的善生活得到落实。这正是真正考验你的地方。

可见第一命题所说的择善，是同第二命题所说的选择适当，在实践中是不能分开的，相反相成。不认真训练对日常生活的处理能力，使之得当，择善是空谈；而日常行为的得当，更不能离开择善的指导和决定作用。二者的严格分别，正是为了保证择善在实践中得到实现。

3. 心学三题中三种选择在实践中的统一

《手册》第一条提出"我们的权能"和"运用表象"的问题。但是爱比克泰德对他的学生的实际状况和人之为善不易，有很深切的认识。要教导他们落实为善，必须教他们从实际中学会分辨不同的事物和选择。因此《手册》第二条就说：

> 要记住，选择善能许诺你得到你所意欲的善，厌恶恶能许诺你避免你所意欲的恶。那得不到所意欲的善的人，陷于所厌恶的恶的人就经验到不幸。如果你厌恶的事情是不自然的并在我们权能之内，你就决不会陷于你欲避免的。但是，你若厌恶或试图避开生病、死亡、贫困，你就会经验到不幸。因此对一切不在我们权能之内的事情，你要抛开你的厌恶，而把它只用于不自然的和在我们权能之内能处理的事情上。
>
> 但是，现在，先完全搁置你的善恶意欲吧。因为你若意欲任何不在我们权能之内的东西，你必不幸；因为你对在我们权能之内的是正确的意欲，还什么都没有抓住。你先只运用适当的驱动力选择做或不做，但对这类选择，你要看轻些，要有保留，不可看得太重（but lightly,and with reservation and without straining）。

选择善恶是做人的根本。但是欲善的人，开始并不懂得什么是真正的善，分不清善恶是符合自然还是不自然，也分不清自己权能的内外。这时他只是凭自己的利益好恶行事。因此，爱比克泰德让人先搁置选择善恶的问题，也就是说，你要明白这时你还不能对善恶有明白正确的表象，不要以为你这时以为是“好”的就是真正的“好（善）”。你要时时记住真正做到能“择善”不易，把这个问题放在心中，通过你的实践的检验、批判来训练自己，才能逐渐解决这个根本问题。那么先从哪里做起？你要从日常生活中行为和表象能否做到适当做起。

但是他提醒人，在这方面，你不要看得太重，要有“保留”。原因也是你在这时还没具备真正的择善力。

一个“暂时搁置”，一个“保留”，都是为了给人在实际生活中学会运用“择善”留下足够的时间和空间。因为择善最重要，可又不容易；人首先要生活，只能在生活中逐步学会什么是择善。所以先要抓实际生活中的选择来讲，而这时你对你的选择就必须有“保留”，以便通过经验和反思，再来解决暂且搁置却始终是心中想着的中心——择善的问题。这也就是行使“同意”的事情。

这个意思，爱比克泰德也常常作另一种表述。人人都有良知，它是生来就有的趋善本性；但是它还需要训练，在实践中得到检验和反思，才能逐渐走向正确，发展成正确的择善的“同意”能力。自觉求善的人，都要经历这一实践过程，才能由一个普通人成长为有道德理性品格的、高尚而自由的人。

这就是学会正确运用表象的意思。运用就是检验，就是通过检验来重新解释表象。爱比克泰德有一句名言：

> 表象，等我一会儿，让我看看你是什么，你表象的是什么。让我检验你。[①]

这是一个愿意求善的人随时都要注意的工作。在他专门说到心学三题的第三题时，更着重强调了这一点。他说，第三个领域是关于“同意”和那些似是而非而有吸引力的事情。苏格拉底经常嘱咐人，“不可过未经检验的生活”。我们不接受未经检验的表象，而要对它说，“停一停，让我看看你是什么，你是从哪儿来的。”就像守夜的更夫所说，“请把你的证件拿来给我看”。你有来自自然的证件吗？那能被我们接受的表象岂不必须有这样的证件吗？[②]

因此，心学三题是在运用、检验表象的实践中彼此相关的。第

---

① 爱比克泰德：《论说集》(*Discourses*)，2.18.24。

② 爱比克泰德：《论说集》(*Discourses*)，3.12.14-15。

一题是关于择善的问题，择善第一重要。但开始时我们的表象和择善能力（良知）还没有得到检验和训练，因此实际入手需从日常生活中做起，这里的问题是选择要“适当”，在“适当”中学习择善；并由于择善能力锻炼不够，在“适当”中就必须有“保留”。第一题和第二题就联系起来了。在这时候，我虽然时时关注“择善”，却同时也是对它的“暂时搁置”，直到我通过检验能够形成正确的表象和善恶抉择时，再作“同意”与否的决定。因此“同意”的问题，爱比克泰德是放到最后，即第三题才讲的。它既同第一题有关，也同第二题有关，是择善的最后步骤、看门者和落实。

总之，“择善”是根本，“适当”是择善的具体实践处，“同意”是择善在行为中落实的关口。三者在密切联系中互动，使择善在实践中得以落实。

4. 日常生活中落实择善

在“无所谓”的事情中，做到“不是无所谓”。需要对人的生活实践的各种具体表现作最广泛深入的研究思考，而要教导人做到这点，还需教每个愿意这样做的人自己作最认真的学习和训练。“这里就是罗得斯”，正是最要紧的地方。

爱比克泰德的教导中的绝大部分的具体内容，都与此有关。我们不能一一都说到，但考察其中的若干方面是不可少的。他说：

> 我向一个人致问候，他却闭门不纳，我应当怎么做？我去同他

谈话，他不理我，我应当低三下四？——不。他不接纳我，那是他的事，不是我的事。我对这种表象采取无所谓的态度，但是我自己要做得对，我对他有礼貌，对他不理睬我报以平静的态度，这就对了。“永远要记住，什么是你自己的和什么是别人的事，那你就决不会烦恼了。”①

“我爸把我的钱拿走了”，这伤害了你没有？没有。“我兄弟要得到土地的大部分”，让他愿得多少就多少。他拿走了你的节制、信心、对兄弟的爱了吗？谁能夺走你的这些所有呢？宙斯也不能。他也决不会愿意这样，相反，他把善的本性放在我自己的权能之中，给了我他自己所有的。你有了它，就能摆脱一切阻碍、强制和限制。②

苏格拉底在家里总是耐心对待老婆和不好的儿子。老婆坏脾气，不过是把水泼到头上，把饼摔到脚下，这对我是什么？什么都不是。人不能指望老婆孩子和别人没有过失。如果指望，就是希望某种不属于自己能力范围的事成为属于自己能力之内的事。实践择善才是我的工作，这是神给我们的。

我们事实上不能期待别人没有毛病。“我的邻居向我扔石头”。那因此你就可以是一只狼，反咬一口，向他扔石头？问问你自己有什么珍贵的地方吧。③

“他是盗贼，难道不该处死他？”——盗贼是什么意思呢？他们在善恶选择上迷误了。我们应当对他发怒，还是怜悯？我们该处死一个不能分别黑白的瞎子吗？对被夺走了他的最有价值的正确择善力的人，一个病人，你该怜悯而不是敌视他。你对他发

---

① 爱比克泰德：《论说集》（*Discourses*），2.6.6-8。

② 爱比克泰德：《论说集》（*Discourses*），3.3.9-10。

③ 爱比克泰德：《论说集》（*Discourses*），4.5。

> 怒,是因为他愚蠢,那你怎么如此有智慧？ 因为我所炫耀的东西被他从我们这里拿走了。你不炫耀你的衣服,就不会对偷你衣服的人发怒；你不炫耀你女人的美丽,就不会对淫荡者发怒。所以你对自己生气,要胜过对别人生气。你有邻人所没有的衣服,你炫耀它,而他不懂人的好究竟在哪里,以为只在漂亮的衣服；岂不是同你一样吗？[①]

一个长官在剧场中的行为受到众人的指责,他很不高兴,到爱比克泰德那里来诉说。爱比克泰德对他说：

> 你为什么对模仿你的人发怒呢？ 只因为他们是群众,而你是官,他们的上司？ 他们说,看看皇上的代理人在戏院的行为吧。他叫嚷,那我们也能叫嚷；他从座位上跳起来,我也能从我的座位上跳起来；他有好多奴隶为他捧场,我虽然没有,我也要尽量高声大叫,跟他们一样响。一切人岂不是都憎恨挡他的道的人和事吗？ 他们喜欢一个演员,你喜欢另一个；你挡了他们的道,他们也要挡你的道。你比他们有权势,他们就做他们所能做的,指责挡着他们道的人。你要你所欲的,他们就不该说出他们所欲的？ 农夫岂不咒骂宙斯挡他们的道,而水手也是？ 人们不咒骂恺撒吗？ 宙斯、皇帝岂不知道这一点？ 如果惩罚所有骂他的人,他就无人可统治了。[②]

爱比克泰德说,这些判断是关于家庭友爱、城邦和谐、民族和平的。可人们只会读,并没信,"在家像狮子,出外像狐狸"。实在说来,若善恶在外物,父子兄弟也没有爱,世界各处都是敌人和背叛；若把正确选择作为唯一的善,错误的选择视为唯一的恶,就不会有

① 爱比克泰德:《论说集》(*Discourses*), 1.18.3-13。

② 爱比克泰德:《论说集》(*Discourses*), 3.4。

任何争吵和咒骂了。[①]

请读者注意，这里所说的正确和错误的选择，就是在实际生活行为中的选择，是在涉及身体、财产、名誉地位之类事情时的善恶选择。在这些事情上，我也有自己的利益和选择，但这种选择只在于“适当”，要有“保留”，因为它涉及外物，而外物是不在我的权能范围内的。所以如果在这些事情上同别人发生矛盾，我就应当舍弃我的利益而让着别人，同别人保持和谐一致。而这，也正是保持住我自己的善或最大利益的正确判断或表象。

爱比克泰德的这些说法，或许会被人以为是主张了一种“逆来顺受”的处世哲学。因为凡事都让着人，我还有什么利益、面子和好处？我还有什么自由？岂不是个窝囊废？事实上有许多人，甚至哲学家也有这种看法。但是，我以为不然，大大的不然。前面我们已经看到了他颂扬的“公牛”精神，在 Priscus 这些形象同埃巴普罗迪托、费立西俄之流的对比中是何等鲜明！难道这里主张了什么“逆来顺受”吗？

那怎么解释这种似乎是悖论的教导呢？因为理性运用的领域不同。我们只是在身体、财产之类事情上要让着别人，在身体健康和生病、生和死上不在乎，对这些事情上的选择总持“保留”态度；但在善恶选择的事情上，我决不会放弃自己的权利和能力，总持“无保留”的一往无前的勇敢态度。在实际生活中，这两者必须结合，因为并没有脱离实际生活的择善，所以，我对实用性的利益在选择上的保留和退让，正是在择善上确保我的权能不受任何阻碍得到行使，即确保我的根本的利益（善）。前一方面的“软弱”，其实是真正的“刚强”。在这个方面我让着别人，并不是我怕什么，

① 爱比克泰德：《论说集》(*Discourses*)，4.5.35，31-32。

而恰恰是因为我不怕失去什么；这样的人,到了关键的考验时刻,他的择善的坚定、勇敢和强大,就显示出来了。

苏格拉底就是这样的榜样。他在法庭上为了自己的善和城邦的善进行辩护,是何等的智慧勇敢！在退让求饶就能减刑免刑时,他向法官跪下求宽恕了吗？在临刑时他悲伤哭喊了吗？没有,一点也没有。而他对家人、同伴、城邦的公民们,总是友爱、尊重和劝导人。所以爱比克泰德总是以他和第欧根尼为典范,在"有保留"的事情上永远行为适当,在"无保留"的领域永远勇敢地择善。

第四节　爱比克泰德的情感学说

1.情感问题同善恶选择关系最为密切和重大

上面我们论述的问题主要是他的心学第二命题在实践中的意义。日常行为的适当,主要涉及的是人我利益关系,它同讲择善的第一题密切相关。但是,同择善相关的还有另一个大问题,就是如何对待"错误的情感"问题。它是在第一命题本身讨论的,可见它同善恶选择的关系更直接和重要。爱比克泰德在分别对三题所针对的对象和含义进行阐明时,首先就指出：

> 首要的,最为迫切的,是如何对待错误情感（the passions）的问题。因为这些错误的情感只是由于我们不能得到所意欲的和陷入所厌恶的而激起。它给我们带来的是混乱、烦恼、不幸和灾难,叹

息和悲伤，敌意和嫉恨，使我们甚至不可能听从理性。[①]

为什么他把情感方面的问题放在"首要的、最为迫切的"地位？难道它比利益问题还要重要、还要迫切？

爱比克泰德显然是这样看的。我们也应当同意，因为这个看法是有道理的。说情感的问题更重要，这道理可以简要地认为有如下几点：

第一，我们是人，是有情感的动物，不是机器。说白一点，只讲行为适当与否，利益关系处理是否合适，那是连银行或事务所里的计算机也可以做到的事。但我们是人，不仅有理智，更是一个有情的活物。人的理智从来不是单独存在的、像一部机器那样运转着的东西，它总是同我们的情感联系为一体的统一的心灵的活动。

第二，我们的行为，从来都不是由纯智性的能力和知识作决定的，而是同情感结合着作出决定。不仅如此，还可以肯定地说，人在日常生活中和遇到重大事件的时刻，情感作用常常远胜于理智的计算。人们常说，"他感情一冲动就干了这事"，说的就是这种情形。确实，在许多时候，我们还来不及对事情的利害轻重加以斟酌衡量，就凭自己的直觉和情感决定了如何行动的选择。

第三，情感这个东西，固然从根本上同人的利益相关，但造成它的，还有更多的复杂因素，会形成一个人的性格和素质。而凝结着深刻情感因素的性格，对我们每个人的生活与行为经常发生着作用。"江山易改，本性难移"，一个人的脾性一旦形成，在其内心中就有其相当稳定的存在。所以当人发生某种情感冲动时，在大多数的情形下连自己也难以控制，因为"剪不断，理还乱"，很难理出

---

① 爱比克泰德：《论说集》(*Discourses*)，3.2.3。

头绪和根源。而利益的问题,只要事实明白,一般是容易弄清楚是非的。所以情感问题比利益要更复杂得多,不全是一回事,需要专门研究。

最后也是最重要的一点是:对于一个人来说,做人做事是否得当,善恶选择是否正确,最终还是要看他是否能落实到“心安”。所谓“心安”也就是情感能保持平安和宁静。“心安”虽然并非总是“理得”,但真正“理得”的人总必是“心安”的。

我们都知道,人的情感无论对错都具有相当强烈的性质。一个人若被错误的情感所控制,心中充满着恐惧、焦虑、不安和敌意时,他如何还能静下心来听理性的话,做到行为“适当”和正确地“择善”? 那就全成为不可能的事了。并且,更要紧的是他就得不到平安和幸福。每个人企求的真正的“好”只在幸福,若能保证自己内心的情感总处于和平宁静之中,他就必是一个真正幸福和自由的人。因此,情感的问题同人的终极关怀有本质性的直接的关联。

可见,情感正确与否同道德理性的正确与否,有最深切的关联,或者可以说,二者几乎是同一件事情。

我认为,我们中国人讲伦理道德特别注重一个“情”字,总是把讲道德同培养相应的情感联系在一起,这是很对的。一个人若没有人伦之爱的情感,能说他明白了人伦之道吗?——可是希腊人传下来的西方道德哲学传统,通常给我们的印象似乎是正好与此相反:他们强调理性,主张了理性主义的道德学说,似乎没有对情感问题给予足够的重视。斯多亚派给人的印象尤其如此,因为他们总是要人“不动心”、冷漠无情。

2. 希腊道德理性与情感之间的巨大张力

这种印象不能说“事出无因”。不过照我的看法，这印象其实并不那么正确，较为肤浅。说是“事出有因”，是因为他们强调理性比我们更突出些。他们的生活史情境与古代中国大不相同，面对的问题要复杂得多。我们的伦理道德归结起来就是人伦之道，而它是同人伦之爱的情感天然融贯在一起的。这对于古代中国人似乎已经足够了，能够在其中“心安理得”。但是对希腊人、希腊化罗马世界里的人和近代现代西方人却远远不够，因为他们要实际对待的人事和关系，相当早就超出了氏族和家族人伦的范围，超出了小城邦的范围，人成了世界性的公民。这样原先的人伦道德对他们就不够用了。

他们的道德和情感原来同我们一样也是浑然一体地结合着的，因为他们原先也是从氏族家族过来的，也都遵循着与我们类似的人伦的道德，人伦情爱与之浑然一体地结合着。但是后来生活关系改变了，而生活又不能没有道德，他们就必须寻求能够说明和处理种种复杂得多的事情的新道德，理性的分辨就成为首要的事情。这是不是说他们就轻视、忽视了情感在道德中的作用和意义？

我认为可以断然地说，绝非如此。西方人也是人，他们的情感决不会比别的民族就差些，那是不合人性的说法。我们不必多说诸如荷马史诗和希腊悲剧中的种种深刻的情感冲突的描写，就是哲学家也如此。例如亚里士多德就说过，在城邦中，友爱比公正还重要；又如伊壁鸠鲁虽然是典型的个人快乐主义者，也说友爱是幸福中最主要的东西。他们讲伦理道德并没有同情感问题分开。不过由于提出了新型的道德观，人伦关系和这类道德降到了次要地位，情况的错综复杂性要求人对是非有更高的检验和分辨能力，理性便突出地占据了心灵中的关键地位。这样，原先同情感浑然一体的道德，也就大大地拉开了同情感的距离。理性要分辨利益问题，也要在这种情境下重新审视情感，包括原来的人伦情感。于是，他们就面对着巨大的张力，对情感问题的研究和处理也就同先前大为不同了。

这一转变是在古典希腊城邦时期发生的，苏格拉底在其中起着关键性作用。他是在希腊提出新道德观念和实践的第一人，是后来西方道德传统的开创者、奠基者。所以我们要弄清斯多亚派和爱比克泰德如何处理理性和情感的关系问题，就需要对他如何形成新见解的背景有所认识。

错误的情感常常是非常强烈的。在它面前，人们通常都认为理性式的道德的说教显得十分苍白无力。因为情感最难用理性来分析，多数人也不去作这种分析，在生活中他们经常听凭自己的好恶和追求快乐避免痛苦的激情，来支配自己的行动。有些人会愈陷愈深：爱得发狂，恨得发狂；被恐惧和焦虑所完全控制。在这种情形下，人就丧失了理性的正确判断能力。

这个问题，在苏格拉底和智者的争论中成为一个相当突出的问题。

智者高尔吉亚曾写过一篇著名的《海伦颂》。海伦的美貌是希腊人的骄傲，但她的行为却受到普遍指责，高尔吉亚作的是一篇为她翻案的文章。事情是这样的：海伦是宙斯和斯巴达王后涅墨西斯的女儿，年轻时她被雅典的忒修斯劫持到阿提卡，后来被她哥哥救回到斯巴达，嫁给了斯巴达国王墨涅拉俄斯。但她和特洛伊王子帕里斯相恋，被拐到特洛伊，这件事成为特洛伊战争的导火线。帕里斯战死后，她又嫁给他的弟弟伊福玻；而在特洛伊城陷落时，她又把伊福玻出卖给了她的前夫斯巴达王墨涅拉俄斯，同他一起回到斯巴达。希腊人喜欢她的美貌，但认为她的作为很不道德，高尔吉亚认为这是一种传统的偏见，为她辩护。其一是说她的行为有当时的环境，那是神的安排，命运使然。其二是说她受到种种言辞的诱惑，这也不能由她自己负责。最后是说，她的行为是受爱情驱使。高尔吉亚说，情欲是人的本性，每个人看到迷人的对象，灵魂就为之骚动，因而海伦就跟着帕里斯走了。这是本性使然，不是她自己可选择的，所以她也不能对此负责。因此，她对自己的行为没有道德的责任。

这不过是一个案例，它的背后是整个智者思潮的哲学道德观。

智者普罗泰哥拉提出了“人是万物的尺度：一切是之为是的尺度，一切非之为非的尺度”的命题。人们面对的对象总是同我们自己有关的，但是以前在认识论方面却天真地以为既然是客观事物，我们就能给以纯客观的认识和规定。智者把这个观点改变了，这在希腊哲学史上是一次“哥白尼式的革命”。这种转变是同希腊生活中的变革密切相关的，人在历史中的作用得到巨大的发挥和发展，在雅典尤其突出，人们看到各种重大的新事物是他们自己创造出来的，也应当由人来作出评价。因此，看人看事，就把目光集中到人本身上来。

既然如此，对人本身应当怎样看，怎样对待，就成为认识和行动的关键问题。正是在这个关键之点上，苏格拉底同智者发生了原则的分歧。在智者看来，人是物欲的，凭其好恶的感觉、情欲来思想和行为的动物，所谓理性无非是人人都按各自的利益和好恶来发表意见进行判断的能力。因此并没有什么普遍和客观的善恶是非标准可言。这是他们的道德观。

苏格拉底目睹了雅典的危机和道德败坏，认为智者的道德观正是这种危机的思想原因，所以他提出了一种理性主义的道德论来与之对立、进行斗争。关键就在对人本身如何认识：人的本质是什么，他只有物欲和与之相关的好恶吗？ 不。那绝不是人的真正利益和善，生活实践证明它给人带来的必是善恶是非一片混乱，以及数不清的错误和灾难。善恶在人，却仍然是有客观标准和真理的。它来自神，就在神给予我们心灵的理性能力之中。问题只在于人应当正确地“认识你自己”，实现神给你作为一个人的使命和价值。

因此，他把理性提到了道德的首位，一切事情的善恶是非只应由智慧和知识来判断。人只有努力摆脱物欲和受其污染的错误情感，才能净化自己的心灵，赢得美德。他特别指出错误的情感对我们认识真理或择善的危害：

> 每个快乐和痛苦的情感就像一颗铆钉那样，把我们的灵魂钉牢在肉体上，并且使我们的灵魂把肉体认作真实的就当作真理接受下来。①

用“铆钉”这个词来形容错误情感同肉体及其欲望的联系何等紧密，是很生动和确切的。他看到错误情感对人看待事物的善恶是非的污染作用极大，若不通过检验和批判，一切判断和行为选择都必定跟着发生错误，善恶颠倒，还有什么道德可言？

他很清楚解决这个问题是极为困难的。因为在生活和行为的领域，是非真假问题不能不同利益和好恶情感联系和纠缠在一起。

---

① 柏拉图：*Phaedo*，83d。这一篇记述了苏格拉底临终前关于生死、灵魂、哲学和道德的最重要的教导。虽然其中加进去了柏拉图本人的“相论”（通常译作“理念论”。不过柏拉图的 ἰδεα 不是什么“理”，更不是什么“念”，故此译法不妥。恰当的译法是“相”。详见陈康所著《巴曼尼得斯篇》注35，商务印书馆1982年版。柏拉图认为他的相论可为苏格拉底观点作论证），但其他描述仍是可信的。

要澄清这种是非,他只能求助于严格的理性。在这方面,先前希腊人已经发展了的逻辑理性是最重要的资源。这种理性主要是从数学和自然哲学研究中发展起来的。由于这类研究的对象与充满着利害和情感的人事对象不同,就能较为容易发展出一种冷静的即所谓“客观性”的研究态度,而其研究结果也能用相当严格的科学理性方法加以检验。在这种理性看来,真假是非是可以明确划分和严格检验的,因而能给人以真理和信心。这无疑是希腊人最杰出的成就之一。

苏格拉底认为,现在我们在讨论人的行为道德问题时,也应当严格地运用这种理性的方法,对人的行为和道德善恶加以检验。这就产生了一种崭新的道德理性哲学。

然而,人的生活和行为这类对象,毕竟同数学自然科学的对象大为不同,在这个领域中处处充满着利害冲突和情感冲突。所以在当时,道德研讨能否成为一种理性的科学,本身就是一个极大的问题。为什么苏格拉底要反复地同人讨论诸如美德是不是知识,是不是可以教人,原因就在这里。另一方面,按照古老的传统,道德是神圣的智慧,来自神的命令,绝不是什么一般所谓的知识。对于它所规定的善恶,根本无需人来讨论其是耶非耶,人只应服从它,照着做就是了。但是苏格拉底遇到了新问题,他认为自己不能回避,只能勇敢地进行一场道德革命。所以他不畏重重困难,包括向传统道德提出挑战。在这个时候,他所依靠的就只能是理性,但是我们应该看到,那已经不再仅是原先的那种只以数学和自然事物为对象的理性,其内容和方法也大不相同,这是一种新的理性 —— 道德理性。

所以,这种以人和人的生活为对象、以择善为宗旨的道德理性哲学,包含着巨大的张力：如果它不首先把理性和情感严格划分开来,就得不到严格的理性,也就没有能力去检验善恶;而如果理性不能真切运用到利益和情感,它就称不上是真正的道德理性。

斯多亚派是沿着苏格拉底的这条理性主义的路线来发展伦理道德哲学的,在新的历史情况下,更加突出了对错误情感的否定。他们同样也在巨大的张力中,并且所要面对和处理的比城邦希腊人的还要复杂困难。

3. 希腊化罗马时代人最迫切的关怀

当爱比克泰德说如何对待错误情感是"最为迫切的"问题时,除了我们上面说的那些基本理由外,显然还有一个时代背景的原因。

我们可以说,整个一部希腊化罗马时代的哲学史、伦理学史,乃至基督教的形成和传播史,都同情感的问题有关。正如我前面说过的那样,这时代的人们有一种普遍的强烈感受,犹如大海里时时会遇到风暴的一只小船上的人的感受,不知道哪里是能给他平安的陆地。它表达了人们内心中的恐惧和痛苦是何等强烈。所以,这时期的各个哲学,尤其是五花八门的宗教,都以向人提供治疗这类心病的药方为己任,或以此作为招摇过市的骗人旗号。从下层民间到最高权贵,到处都盛行占卜,拜各色各样的神灵。这些药方虽然良莠不齐,但在迎合人们最深切的需要上是共同的。

用我们现代的语言说,就是人在空前的困境中,特别需要求得一个"终极性的关怀"。

正是在对这个问题的思考的竞争中,产生了几种最有意义和影响的哲学,如皮罗主义、伊壁鸠鲁主义和斯多亚主义,也产生了一种高级的宗教——基督教。

这些哲学之间，它们同各种宗教之间，最后，在它们同基督教之间，又彼此进行着激烈的竞争。谁正确，谁最有力量，都要在道理上和生活实践中经受检验。只有能说服人和能为人广泛接受的，才能赢得胜利。这是一种高水平的互相竞争，有彼此的吸取，更有彼此的批判，便形成了一部前后长达数百年的希腊化罗马思想史。它是一部极其伟大和深刻的人的心灵成长史。

我要特别强调这个时代的哲学史主要是一部心灵史。因为它关注的绝不是什么纯“理性”，也不是数学和自然哲学的理性，而是活着的有着强烈苦难感觉迫切等待救助的心灵。更准确地说，这“心灵”也是“理性”，不过它的根本和中心只是道德理性（如苏格拉底所关注的），而绝不是似乎可以脱离生活和情感的形上思辨，像亚里士多德有时所强调的那样。伊壁鸠鲁和斯多亚派所讲的理性都有这样的特征，他们是接着苏格拉底而不是接着亚里士多德的思辨来讲哲学的，目的都在使我们的心灵和情感得到平安和宁静。

我认为这种理性观，绝不是他们的缺点，毋宁说正是他们的优点。培根以来的西方哲学家、哲学史家，包括黑格尔和文德尔班在内，只看重亚里士多德和他之前的希腊哲学，认为那里才有理论深度，希腊化时代哲学就不行了，至多是运用前人的成果而已。其实这种哲学史观本身是值得反省的，他们对苏格拉底的问题，对哲学真正是干什么的，并没有搞透彻。真正说来，西方近现代的大多数哲学中的“理性”观，其实反而不及他们。当代生存主义者最重视死亡、焦虑等问题，这是他们的优点，但又被视为“非理性主义”。可见“理性”还是被抽象地看成只是思辨的理性。我想，在这点上，今人未必胜过古人。

4. 正确的和错误的情感

斯多亚派是接着苏格拉底和犬儒派的路前进的。他们高举道德理性，在新的条件下面对着的是人们更迫切需要救助和治疗的心灵问题。为什么人痛苦、害怕、焦虑万分？他们把这些都归结为情感中产生了错误的表象，“错误的情感”，只有理性才能真正治疗它们。在这种巨大的张力中，斯多亚派的教导是：要由坚定正确的理性，对一切“不动心”。

因此斯多亚派常给人以这样的印象，似乎他们主张了一种抹杀一切情感的、极其冷漠无情的人生态度。

其实，这种印象并不那么正确。因为他们并没有否定一切情感。

文献表明，斯多亚派把情感分成了两类：有错误的情感，也有正确的情感。他们说，道德善良的意愿、喜悦（joy）、谨慎、对神的虔敬，等等，是正确的情感，因为它们是同自然一致的。Inwood 指出了这点，他认为对此我们应当注意。因此他还认为，对于他们所使用的 πάφος 一词，是不该译成 emotion 的。因为这个英文词可泛指所有的情感，用它来译就容易误导，使人以为斯多亚派反对了所有的情感，连正确的情感也不要了。他们用的 πάφος 这个希腊词，指的只是“错误的情感”。为了分清，应当用另一个词 passion 来表示才合适。

由此可知，人们通常对斯多亚派的印象是不准确和不妥当的。他们强调“不动心”，主要是针对着人们在行为中不重视理性的弊端来说的。因为对情感表象若不特别注意用理性给予严格的检验，就很容易把错误的情感当作正确的接受下来，它就乘虚而入，主宰了我们。别的一切错误随之而来，就难以纠正了。他们认为这最危险的事情。

按照理性或与自然一致做标准，老斯多亚派先把情感划分为正确的和错误的两大类。在错误的情感中，再划分为两类四种：欲望和恐惧，快乐和痛苦。欲望和恐惧这一类是基础性的，来自与利益直接相关的好与恶，“欲望”是意欲好（善）的不正确的形式，“恐惧”是厌恶坏（恶）的不正确的形式。由此派生出另一对错误的情感，快乐和痛苦，“快乐”是由不正确的欲望刺激而生，“痛苦”由不正确的恐惧刺激而生。但是反过来，它们又会强烈地使“欲望”和“恐惧”增强，使人愈陷愈深，难以自拔，所以也必须严加注意和纠正。这四种错误的情感，都是由于没有正确运用理性造成，都违反了自然，因此治疗都得依靠理性——来自神的正确和善的理性。这样人才能与自然一致，获得真正的善和正确的情感，心灵的宁静。[①]

斯多亚派坚持道德理性在处理情感表象问题中有决定性的作用。它同主张情感能独立于理性而对人的行为起支配作用的观点，或主张理性、情感都能起决定作用的观点，是对立的。我们前面已经说到的（行为动因的）一元论和二元论之争，指的就是这种原则分歧。

他们在理论上论证了自己的理性一元论。但是这说说还是比较容易的，真正做到就很难了。他们自己也承认，即使是很有智慧的“贤人”，sage，在遇到突如其来的打击时，也不免会脸上发白。如果连这样的人也难以做到完全用理性控制自己的情感，那么拿来要求学生和一般人，岂不是过于苛刻了吗？这样的学说又有多大意义呢？

---

① Inwood，EHAS，第五章。

5. 爱比克泰德解决这个问题的贡献

不必多说，爱比克泰德同样坚持了斯多亚派关于理性对情感能够起支配作用的一元论。但是他比其他斯多亚派更注重实践，并在其实践性的教导中使这一学说获得了生气勃勃的活力。这是他的新贡献，这贡献是从何而来的呢？

我认为，第一点在于，他对情感表象和理性对情感表象的运用，都是从如何对待利益的问题谈起的，联系得更紧密，这就牢牢地抓住了根本，也就更有说服力。

他总是强调，如果人认识到自己的真实利益只在于和自然相一致，他就能明白自己生来就有的好恶之情原是良知，同理性的择善并不矛盾。但同时也就应明白，错误的情感并不是像人们常常以为的那样是什么自然的东西，而正是对他自己的真正利益和良知的违背。因此，道德理性对情感表象的支配作用，并不是一种外来的强制和压抑，如人们经常认为的那样；恰恰相反，它正是人在行为中使自己的利益和良知得到实现所最迫切需要的指导和保证。

第二点在于，他非常清楚，人们在遇到各种事情时情感会汹涌而来，理性向错误的情感做工是不容易的，是一场困难的斗争。因此他不仅首先教导人要懂得运用理性于情感表象的意义（关系到能否得到自由和高尚，做一个人的根本价值）；而且仔细分析指明了这项工作的步骤，教人如何去训练自己达到这个目的。这些教导包括：

——在尚未弄请什么是真正的善恶之前，必须让表象先等一等，以便我们能够运用理性来检验它们；

——实践要从切实的日常生活行为做到“适当”开始。其中

—— 首先分清在我们权能之内和之外的东西，先立其大者（我权能之内的），对外物就能无所谓，这是善恶划分的基础，也是第一步；

—— 然后他再着重教导人，对这些无所谓的东西如何表象绝不是无所谓的，必须十分认真检验，因为表象和运用表象在我们权能之内，是有善恶分别的。

实际上，这里已经讲到了大量的日常生活和行为中的情感表象问题了。因为我们的情感表象，正是在日常生活和行为中，在处理与利益相关的实际的人际关系中一起产生的。

现在我们就来专门讨论他对情感问题的实践教导。

6.“我”在实践中如何辨别选择情感表象

我们知道，伊壁鸠鲁对他那个时代人们的心病（情感病）开出了药方，其主要内容是所谓“四重疗法”，简略地说即是如下四句教：神不必畏，死无可畏，痛苦易除，快乐易得。[①]“快乐”和他特别提出的“友爱”是人的最大的幸福的观点，是他对情感问题的正面主张。

伊壁鸠鲁派在同斯多亚派的竞争中，很长时期里有某种优势。因为他们对个人如何能获得快乐和幸福，避免畏惧和痛苦的情感问题，给予了某种简明易行的答案，而斯多亚派却总要人绝对服从命运，使人感到压抑。他们叫人“不动心”，缺乏动人的力量，显得

① 伊壁鸠鲁：《基本学说》，1—4条，“四重疗法”一语是后来伊壁鸠鲁派人费洛德姆所说。有关说明参见杨适《伊壁鸠鲁》第二章第三节。

只是对有情世界的冷漠。

但是伊壁鸠鲁派有其内在的问题。因为他们企图为人提供的心灵平安宁静，只建筑在纯个人的快乐和自由之上；这种个人是从社会分离和隐退的。这样，他们所说的“友爱”本身就成为缺乏根基的东西。此外，他们所说的“快乐”，是同尽可能关注个人的身体健康、适当的财产和安全等密切联系着的。在斯多亚派看来，对“无所谓”的东西如此重视，这本身就是一种错误的情感，怎么能使人得到心灵的平静？所以斯多亚派对他们的批评是有理的。不过要想战胜伊壁鸠鲁，光靠“正确”是远远不够的。这里更重要的是自己首先要有足以感动人的力量。

只是到了爱比克泰德，斯多亚派的主张本身才展示出比伊壁鸠鲁派更加动人的力量，其正确性也同时得到了发展和深化。

爱比克泰德所发挥的斯多亚道德学说，在处理人际关系上，显然比伊壁鸠鲁要优胜得多。这一点我们从上面所说已经可以得出明确的结论。

与之同时，他在教导如何对待种种错误情感表象上，无论在范围上和深度上，也都远远超出了伊壁鸠鲁派。我们不能在此一一列举。只能就其中某些要点作些介绍评述。

首先还是来谈如何理解“爱”的情感的问题。他对这一情感表象所作的分析反思最多，但都不是抽象谈，而是在教导人如何在日常生活实践中训练自己运用利益表象和人际关系表象的同时来谈的。例如前面谈过的许多事例都是如此。

对“爱”或“友爱”应当怎样认识和实践？父子兄弟朋友关系是人人都有的自然本性之一，人伦之爱和与人保持和谐的情感，是人人都有的良知。但是一旦有一个美丽的姑娘或一块土地放在我和别人之间，放在父子兄弟之间，是我和他们都喜爱欲求的对象,那我应该怎么办? 这对我和他们都有切身利益,我该如何处理这个利益表象和由此而生的"好(善)"情感表象?

在这时候,爱比克泰德说,你就要好好分辨、检验和选择什么是真正的善了。通常的情形是,我把得到这个女人、这块土地,当作我的"好(善)"。这样,我就必定要同我的父亲、儿子和兄弟争夺;而在他们同我争夺时,我就必定会憎恨他们。于是得到的必然是憎恨、嫉妒、焦虑、畏惧和不幸。这就是我要求的善,这就是我的真正的利益吗? 我呼天喊地,怨恨我的儿子没良心,咒骂我的父亲老不死,我的心还会有片刻的平安和幸福吗? 我的人伦之爱,我的良知在哪里,它还有吗? 就丧失完了,没有了。对于这类对我关系重大的情感和利益的表象,难道我不应该从开始起就对它们作一番认真的检验选择?

运用你的理性检验这些表象,就可以发现,它从头起就是不对的。因为我若把自己的利益、好恶情感只放在某个姑娘、一块土地、一份钱财上,我就不仅会同别人发生争夺,会损害到别人,而且是首先损害了我自己:我的良知,我的人伦之爱的情感,我的高尚和自由。因为我把自己的这些最宝贵的价值,都押在那些无所谓的外物上,也就是说,我把自己卖给了外物,当了它的奴隶,成了比它还低贱的东西。

当你分辨了这点时,难道你还愿意自己是这样的一个奴隶、一只狼,而不再愿意选择做一个人,一个高贵的自由的人吗?

可见,当你"爱"某个东西、某个人的时候,你对这个情感表象必须先认真检验一番,凭你自己的理性来运用这个表象。看重外物,必使你是非颠倒,爱恶混淆,你必见不到何处是你的真正的善、正确的爱。因此,爱比克泰德谆谆教诲他的学生说,你必须努力,在每天遇到的每件事情中去训练你自己。

其他的各种情感表象也一样。你要学会随时检验，训练自己。人们时时容易产生的“焦虑”、“发怒”、“怨天尤人”、“敌意”和“恐惧”等，都是些错误的情感。你要学会认识它们的原因，给予检验辨别，给予重新解释。你同别人在一起的时候，你觉得厌烦；一个人的时候，又害怕孤独。这些表象对不对？——你若同别人一起时，你应当把它视为参与庆典或宴会；你独自一人时，你可以感到平安清静如同宙斯曾经也是一个人那样。这都应当由你自己作主，因为你的表象是属于你自己的。你的种种烦恼，究其原因都是来自外物，来自本来你应视为无所谓的东西。可你却看得那么重，那你就不可能正确地择善。

> 人们产生畏惧的原因是某些东西，它是由别人给予而可以从你那里取走的东西，这人也就成为你畏惧的原因。堡垒的摧毁不是靠火与剑，而是判断。专制君王的堡垒可以摧毁。我们丢开身体和它的每个部分，丢开影响身体的东西如财产、名誉、官职、孩子、兄弟、朋友，等等，把这些都不当作是属于自己的，那我就决不会在我所意愿的事情上受到任何阻碍。我把自己的选择服从神，神所愿的就是我所愿的，他所不愿的就是我所不愿的。我怎么还会畏惧，怎么可能被摧毁？①

> 在使心灵喜欢的，或有用的，或以情感爱着的一切东西上，要记住告诉你自己它们是属于哪一类的，从最细小的东西开始。如果你喜欢一个瓦罐子，你就说，“我现在喜欢的只是个瓦罐子”，那么当它破碎时，你就不会烦恼了。如果你亲吻你的孩子或妻子，要对自己说你亲吻的只是一个有死的人，那么当他们死亡的时候，你就

① 爱比克泰德：《论说集》（*Discourses*），4.1.85-89。

不致悲伤了。[①]

这里说到"畏惧"和"悲伤"的看法,适用于一切错误情感表象。爱比克泰德要人认识,每个人的真正的利益或善全不在这些"心外之物"上。

使我们中国人读来会感到别扭的可能是这样一点,他要人把自己的亲人也列入外物范围,要人在爱他们的同时有"保留",以便在失去他们时自己能够不悲伤。他还说当你远行时你妈妈感到悲伤,你也不要悲伤,因为她悲伤是在我权能范围之外的事,而我不悲伤是在我权能之内的事。—— 我承认,在这里他那种斯多亚派"不动心"的哲学,真的很不能让我接受。我还认为,这确实是他的一个不小的缺陷,基督教之所以终究要扬弃包括斯多亚派在内的希腊和希腊化罗马哲学,是与此有重要关系的。我们中国人讲人伦之爱,在这方面有比他强的地方,也在这里。

但尽管如此,他的学说在寻求真正的善在哪里的问题上,比我们的传统观念有强处,而同基督教的超越性的真善即神相接近。此外,我们会看到,这也是他对那个时代的人的处境和情感的治疗所需,不得不然的一种处理方式。最后,我们还得承认,爱比克泰德其实还是对人很有情感的。不过他认为要想保持人伦和谐和正确情感,必须冷静地只照着神的意愿和善来生活和行为。所以他总是教人,要紧紧把握住自己,从自己做起,靠自己的理性赢得自己的真正的利益 —— 与自然一致地生活。这样才能赢得自我的高尚和美好情感,使自己的心灵平安自由。

---

① 爱比克泰德:《手册》(*Manual*),第三条。

7.如何对待别人的错误和错误的情感

我们已经看到他教导人在外物的问题上采取不在乎的态度，这里既指要让着别人，同样也指一种大无畏的勇敢，如对于权势者的淫威应有的态度。两者毫不矛盾，正是相辅相成。

我可以在外物的利益问题上让着我的亲人、朋友和公民伙伴。甚至在暴君要流放、囚禁和处死我的时候，他也说，让他去这样做好了。因为他有这个权势。不过他的权势只能涉及我的身体，并不能涉及我的判断。所以我在保持自己的善的方面，永远是最勇敢的。

在这一点上，他比别人和其他斯多亚派说得更好。所以我不认为他的哲学只是让人听从一切。虽然他没有能提出一种实际地改变世界的哲学，但是他坚持了每个人都有保持自己的自由和道德善的权利这个核心。

但是，我们对于别人的错误或恶，只讲我不在乎，我让着他，就够了吗？ 如果只是那样，你爱比克泰德何必还要教导别人择善，岂不你自己“独善其心”也就够了，正如你批评伊壁鸠鲁时所说的一样？

当然不是如此。爱比克泰德以苏格拉底、第欧根尼为榜样，认为真正的哲学家都是神派遣到人间来的使者，目的是要帮助人为善。教人善的当然自己先要做好，但若说自己善却不能教别人，你自己的善也没了意义。因为你没做神要你做的，你自己的善又在何处？

一个人在外物的事情上让着别人，这还是消极的，因为这时候你虽然不同别人争吵，但是对方的行为和表象还是错误的。你让了他，只是你当做的事情的一部分，更应想到的是你能使他也学会择善，这才是你的积极的善。但是这件事情比自己要求自己更难。因为这是在他的权能之内的事情，不在你的权能之内。所以这更需要认真研究这样的善如何可能，如何适当，如何才能做到做好。道德教育的关键就在如何处理这个难题。

爱比克泰德经验丰富，非常明白其中的困难曲折，他建议人钻研苏格拉底的榜样，运用高度的艺术来做这件重大的工作，并提出了他自己的劝导。

首先是“怜悯”人。—当别人做了对你的错事，你不应对他发怒；因为他做了错事，例如偷了我或某人的钱财，这对我有什么损失呢？不过是无所谓的东西，为什么他拿走就不行？可是这对他倒是一个真正的损失，良知和善的损失，他甚至没有能运用他最可贵的理性。因此我对他只能怜悯。

对于深深陷入错误情感而难于自拔的人要怜悯。爱比克泰德几次说到有关美狄亚的故事。她是希腊传说中的一个女巫或女神，她的一些故事被几位著名作家写成戏剧广为传扬。美狄亚帮助她的丈夫阿尔戈人的英雄伊阿宋取得了金羊毛，但后来她的丈夫抛弃了她，同科林斯国王克瑞翁的女儿相爱。美狄亚为了报复，杀死克瑞翁和他的女儿，还有她自己与伊阿宋所生的两个儿子。欧里庇得斯在其悲剧《美狄亚》中描写了后面这段故事。

爱比克泰德评论说，美狄亚不能忍受她遭到的不幸，杀死了自己的孩子。她的行为至少在一点上是一颗高尚心灵的行为，因为她有一个正当的表象，那就是一个人所意欲的并不一定是真的。她说：“我要对伤害我错待我的人复仇。可是，我能从置他于如此悲惨境地中得到什么？这是如何做到的？我要杀掉孩子们。但这也是惩罚我自己。可我还在乎什么呢？”

这是一个灵魂中巨大力量的爆发和偏差。因为她不知道我们所意欲善的力量该用到何处。那不是从我们权能之外的事情能得到的。

一个人不会选取自己认为是无益的行为。美狄亚是怎么想的？她说：

> 是的，我知道我所取的是恶，
> 但我的情感支配了我的决定。①

她不能忍受不幸，可是对丈夫的怒气和复仇心使她认为这样做才是更有益的。她受这个感情表象的欺骗了。如果她明白她受骗，就不会这样做。如果你不要他做你的丈夫，不要想保持你同他的关系，只听神的话，就能保持你自己的自由和善，谁能阻碍你强迫你？那她会不幸福吗？但是只要不能做到这一点，她除了按照她认为那对她来说是真的去做，还能怎样呢？

所以爱比克泰德说：你为什么对这可怜的女人生气？她在最重要之点上陷于错误，为什么你不怜悯她，如同怜悯瞎子、跛子，而那些人是心灵上的支配部分瞎了跛了？②

8. 哲学家的神圣使命——教人为善的根据和正确方法

怜悯有错误的世人，这是重要的一步，但是不够，因为这还只是消极的。怜悯他，是因为人原来都有理性和择善的良知良能，他

① Euripides, *Media*, 1078-9.

② 爱比克泰德：《论说集》(*Discourses*), 1.28.6-10；2.17.19-25。

是由于缺乏教育训练不会正确运用，而使自己的心灵荒废了，所以陷于错误和罪恶。所以，尽力教人学会正确地择善，使人能摆脱错误和罪恶而得到他本来应有的幸福和自由，才是积极的。这就是哲学家的神圣使命。

因此爱比克泰德批评另外一些哲学家和导师，包括柏拉图和亚里士多德。他说那些想过安宁、闲暇、旅游和学习研究日子的人，同想得到财富和权势的一样，都是把价值放在外物。因为这会使人一样受制于他人。你想读书。书是为什么的？苏格拉底是一个想在吕克昂的学园里，有闲暇每天同青年人谈论理论的人吗？①

爱比克泰德以苏格拉底和第欧根尼为榜样，把教人学习择善当作自己的工作和生活中最重要的事情。他最仔细地研究、思考和实践了这项使命的意义、可能性和适当的方式。他是一个苏格拉底类型的哲学家，一个生活的导师。在这方面，他们同孔子、耶稣和佛陀的精神与实践是一致的。

这最崇高也最困难。因为一个人自己择善虽不容易，毕竟可以自己做主，但别人是否愿意择善和做到却是唯有他自己才能决定的事。任何别人，就是神也不能强制一个人为善。因此教人为善是否可能，本身就是一个很大的问题。

爱比克泰德渴望人们成为高尚自由的真正的人，但人们做不到，我们是否应当失望或者斥责他们？不。要看到人的本性中有良知，那是神平等地给予每个人的。不会正确加以运用的人，是由于缺乏教育，不都是他们自己的过错。因此对错误和罪恶虽要指明，却不可指责人，首先只应怜悯他们，在有可能时更要帮助和教育他们。当人愿意求教以求善的时候，问题就在教育本身如何了。

---

① 爱比克泰德：《论说集》（*Discourses*），4.4.1、4、21。

他对学生说,在这里,我是你们的老师,你们来受教于我。我的任务是要确保你们得到自由、盼望、幸福,不受任何限制和阻碍;而你们则要同我一起学习和实践这些事情。如果这目的正确,你们和我就要各自承担起这项工作。那为什么你们不去努力?看看一个工匠如何把手头的材料变成一个产品吧;只要有适当的材料,完成这个工作还缺什么呢?这个材料是不可教育的吗?不,它是可教育的。

> 它是在我们的权能范围之外的吗?不,在一切事情中唯有它是在我们权能之内的。财富、健康、名誉都不在我们的权能之内,除了正确运用表象之外,一切都不在我们的权能之内。唯有这按本性不屈从于任何限制和阻碍。
>
> 那么,你们为什么不完成这个工作?告诉我,你们有什么理由。它必定或者在我,或者在你们,或者在这项工作的性质。这项工作是可行的,是全然在我们权能之内的事情。毛病必定或者在我,或在你们,或者更正确地说,在双方。那么该怎么办?你是否终于愿意让我们开始做如我所说的这项工作?那就让我们把过去放到一边。那就让我们开始,照我的话去做,你就会看到你的进步。[①]

不愿受教的人,是在哲学老师权能之外的,再有智慧的人对他也没有任何办法。对这些陷于错误和不幸的人我只能怜悯。但愿意到我这里来受教为善的,情况就完全不同了,这件事就在我们的权能之内了。

我们的权能在这个事情上是什么?是你自己的意愿和在实践中认真学习训练正确运用表象;是作为老师的我自己如何,并有正确的教导内容和方法;是我们对择善这个工作的本性有正确的

① 爱比克泰德:《论说集》(*Discourses*),2.19.29-34。

认识，按照它去有步骤地训练。这些都要严格。

所以，他对学生的要求是严的；

所以他对自己更严格，不仅要有明确的正确的哲学理论，更要能贯彻在一切行为之中；

所以他以苏格拉底教导人的方式为榜样。先要教导人自知无知，并从检验每天生活行为中的对自己的良知是否有真知开始。每日每时检验自己的表象，学习正确运用表象。采取上述各种必要的步骤。

凡是当过老师的人都知道这些困难和道理。但是有种种不同的学生，更有种种不同的老师。当我读到爱比克泰德的这些话时，我自然想到孔子、苏格拉底、耶稣和佛陀，也想到我所见过的各式各样的老师，更反思我自己。我不禁掩卷而叹：世上号称哲学家的不算少，当老师的更无其数，几个懂得其中的真滋味？

结束语

本书是我自己读爱比克泰德和研究斯多亚哲学多年的一些心得。我想，他所提出的心性论和道德学说对今天仍然很有意义和价值。对于面临新挑战的我们中国人尤其如此。

我们应当扩展我们的精神空间，——现在我们已生活在20—21世纪之交的时代，在物质的和经济政治方面已经走向现代化，甚至也有了所谓“后现代”的问题，但是我们的精神空间在一些关键之处仍停留在老地方，或者许多还只是老东西的改头换面。不错，中国的传统文化是一份极可珍视的精神财富，其价值观中有极可贵的内核，但有些则确实迫切需要更新。我们中国人若想赢得与世界上最优秀民族和人民及其文化的同等地位，甚至更好，得到奥林匹克的桂冠，还有很长的路要走。中国人在21世纪应当有这样的志气，但我们不要作空洞的夸口，要的是最切实的工作。说到切实，许多人脑子里出现的就是经济、科技，最多是政治，乃至艺术，等等。但是，诚如我们的圣贤和摩西、佛陀、耶稣和本书所论及的苏格拉底、爱比克泰德所说的那样，最最根本的切实在人，在如何做人，做一个能够择善的人，成为一个以真正择善为本的民族。这一点不努力，做不到赶上他们甚至更好，那么别的一切成就，尽管也许可以达到，却很可能最后给我们带来的并不是我们所期待的，而很可能是更难以控制的更大灾难。

比较而言，在别的方面迎头赶上人家已经很不容易。但是我们应当取法乎上，而不是仅仅跟着人家时髦的潮流追赶。因此最根本的还在心性和道德方面。这方面要做好最难最要紧，而我们今天在这方面的问题也最严重。所以我以为这方面最需要我们反思。从现象上说，今天中国道德方面危机严重，同我们传统最重道德心性反差最强烈，但难道这只是因为今天我们的同胞都不要祖宗了吗？我以为不好简单这样讲，我不赞同这类笼统的指责。不仅是对老百姓，对许多领导人物也可适用，例如他们中也有很不错的人物，也在认真提倡道德和传统。知识分子中更多的也是如此。丢掉传统长处的毛病是有的，但是我们也不能认为我们的老传统本身就全好了，没有毛病需要反思了。有些先生大声疾呼回到传统，其中有许多心意是好的。但我以为，在世界上更多的伟大精神资源已经能够为我们所具有和思考吸取的今天，扩大我们中国人的精神视野，从别人的传统中得到营养启示，重新认识和反思自己的传统，去掉自大盲目性，使我们的传统得到更新，获得新生命，是更为急需的。否则我以为，在当今的时代情境中我们的道德危机能否真的有一个可信的解决方案和前景，恐怕是难以寻到的。我和各位读者一样，生活在这个时代，亲身经历和无数有关的经验，使我有了上面这些想法。这使我在读爱比克泰德的时候，心中受到极大的震动。所以我的研究尽管还不够，也还是愿意提供出来，给关心这个问题的朋友们。

限于本书篇幅，有一些很可注意的问题，如爱比克泰德和斯多亚派与基督教的关系，他对后世西方哲学和文化的影响，还有同中国文化系统的比较，本书都只能有所涉及，不能专门展开再谈了。最简略地说，他的著作和思想一直保存了下来，影响于后世，早已成为西方人的精神生活深层的一部分，一个基因。我们知道马尔库斯·奥勒留的《沉思录》和2世纪的Gellius，Lucian都受到了他的重要影响,新柏拉图派的 Simplicius(6世纪)对他的《手册》写过评论。早期基督教会的教父们如亚历山大的克莱门、奥尼金、Chrysostom 对他的严格的理想主义很感兴趣。在中世纪的教会和修道院中,曾两次用他的《手册》作为训练指南。到了近代十六七世纪时,法国作家蒙田、巴斯卡等也很喜欢他。在19世纪的英国,他受到 Matthew Arnold 高度赞扬。在西欧、北美,他的《论说集》、《手册》曾多次译成各种文字一再出版,为许多读者和思想家喜爱。其中也包括一些著名人物,如腓特烈大帝。美国海军将领 James Stockdale 承认他在越南战争中被俘囚禁时,是爱比克泰德帮助了他,使他保持住了自己内在的刚毅力量①,可见他的思想不仅是属于"哲学家"们的,更是属于人和生活的。

本书目的主要是介绍评述他的思想学说本身。希望读者能通过它对爱比克泰德和斯多亚派有一个基础的切实的了解,并能从中获益。坦诚地说,我研究西方的和希腊的哲学多年,读到爱比克泰德,才感到真正抓住了最要紧的地方。他的思想看来似乎通俗,其实极深,想真弄明白很不容易。如我说过的那样,就是西方人和他们的学者、哲学家、哲学史家们,以前对他的重视和研究也很不够。可以说是到了这个世纪特别是最近一段时期,他们才重新发现了原来在希腊化哲学中也有这么有意思的东西,便很注意地进行了再研究。但毕竟还不够,在斯多亚派中专门研究爱比克泰德就更少。相比起来,中国学者不免更加滞后。然而,在我看来,在西方哲学史上的伟大人物中,他才是我们中国人今天最值得给予特殊注意的一个人。所以就大胆地把自己的这点心得当作一块砖先抛出来了,——相信会引出许多玉的。

---

① J.B.Stockdale, *Courage under Fire : Testing Epictetus' Doctrines in a Laboratory of Human Behavior, text of a speech given at King' s College*, London, 15 November 1993, Hoover Essays, 6.

〔附录〕
爱比克泰德生平年表

公元约55年	出生于罗马帝国东部的弗吕家（Phrigia）。
60年	约5岁时被卖到罗马，成为埃巴普罗迪托的奴隶。 后来跟从穆梭留斯·罗夫斯（Musonnius Rufus）学习斯多亚派哲学。但年代不详。罗夫斯三次被放逐（60—62年；65—68年；70—79年）离开罗马又返回。爱比克泰德究竟是在什么时期跟随他在罗马学习的，我们不清楚。
?	爱比克泰德被释放，成为自由人，并开始了哲学工作。但年代亦不详。
89年	爱比克泰德在Domitian皇帝驱逐哲学家的行动中被放逐到希腊的Nicopolis，在那里他建立了一所自己的学校。
约107—109年	阿利安在Nicopolis随爱比克泰德学习。
约115—117年	爱比克泰德在60岁之后，为了养活一个被人遗弃的小孩而结婚。
135年	爱比克泰德在80岁时去世。

文本文献和研究参考书目（主要用书）

甲、文本文献（Source books）和资料（包括辑佚）

一、爱比克泰德（Epictetus）

《论说集》（*Discourses*，*or Disserrationes*，*as reported by Arrian*）

《手册》（*Manual*，*or Handbook*，*Encheiridion*）

A. 希腊文本，见以下 B（1）Oldfather 的与英译文对照的希腊文本。

B. 英文译本我所参照的有以下4种：

（1）Oldfather 译本，Harvard University Press，London，1979。

（2）Matheson 译本，收于 W.J.Oates 所编辑的 The Stoics & Epicurean Philosophers，Random House，New York，1940。

（3）George Long 译本，收入美国芝加哥大学的以 R.M.Hutchins 为主要编辑者所编辑的 *Great Books of The Western World* 丛书第12卷，Encyclopaedia Britannica，Inc.，1980。

（4）Christopher Gill 编辑，Robin Hard 译本，Everyman，London，1995。

二、斯多亚派（Stoics）与伊壁鸠鲁派、皮罗怀疑派

（1）Diogenes Laertius（D.L.），*Lives of Eminent Philosophers*，Vol.7 & 10，Greek text and the English translation by R.D.Hicks，Harvard University Press，London，1938.

（2）A.A.long & D.N.Sedley，*The Hellenistic Philosophers*（HP）. 该书是编辑者按照希腊化时期各派哲学的体系和主要观点，从大量原始文献中辑佚选编而成的一部综合性资料，且其中有些资料一般研究者不易见到，故甚有用。它的第一卷是英文本（有编者的评论），第二卷是希腊文和拉丁文原著。资料丰富，也比较齐全，可作为研究的原始资料引用。

三、苏格拉底

塞诺封：《回忆苏格拉底》。

柏拉图：《Phaedo》。

四、犬儒派

D.L.，第6卷等。

五、皮罗怀疑派

D.L.，第9卷等。

六、亚里士多德

《论动物运动》、《论灵魂》、《尼各马可伦理学》、《大伦理学》等。

乙、其他研究著作

1.E.Zeller, *The Stoics,Epicureans,and Sceptics*, London, 1870.

2.A.F.Bonhoffer, *The Ethics of the Stoic Epictetus*, Peter Lang, 1859–1919.

3.A.A.Long, *Hellenistic Philosophy*, Duckworth, 1974, 1986.

4.A.A.Long, *Problems in Stoicism*, ed.The Athlone Press, London, 1971.

5.J.M.Rist, *Stoic Philosophy*, Cambridge University Press, 1969.

6.Brad Inwood, *Ethics and Human Action in Early Stoicism,EHAES*, Clarenden Press, Oxford, 1985.

7.Christopher Gill, *Ancient Psychotherapy*, *Journal of The History of Ideas*, Vol.XLVI, No.3, July–Sept.1985.

8.A.A.Long, *Representation and the Self in Stoicism*, *Ch.6 of Psychology*, *Companions to Ancient Thought*, *No.2,ed.by Everson*, 2, Cambridge University Press, Cambridge, 1991.

9.汪子嵩等:《希腊哲学史》第二卷,人民出版社1993年版。

10.杨适:《哲学的童年:希腊哲学发展线索研究》,中国社会科学出版社1987年版。

11.杨适:《伊壁鸠鲁》,东大图书公司1996年版。

12.杨适:《中西人论的冲突》,中国人民大学出版社1991年版。

附注:以上书目中有几种最常用的,有缩略用法,如D.L.、HP、EHAES等,请读者留意其所指代。